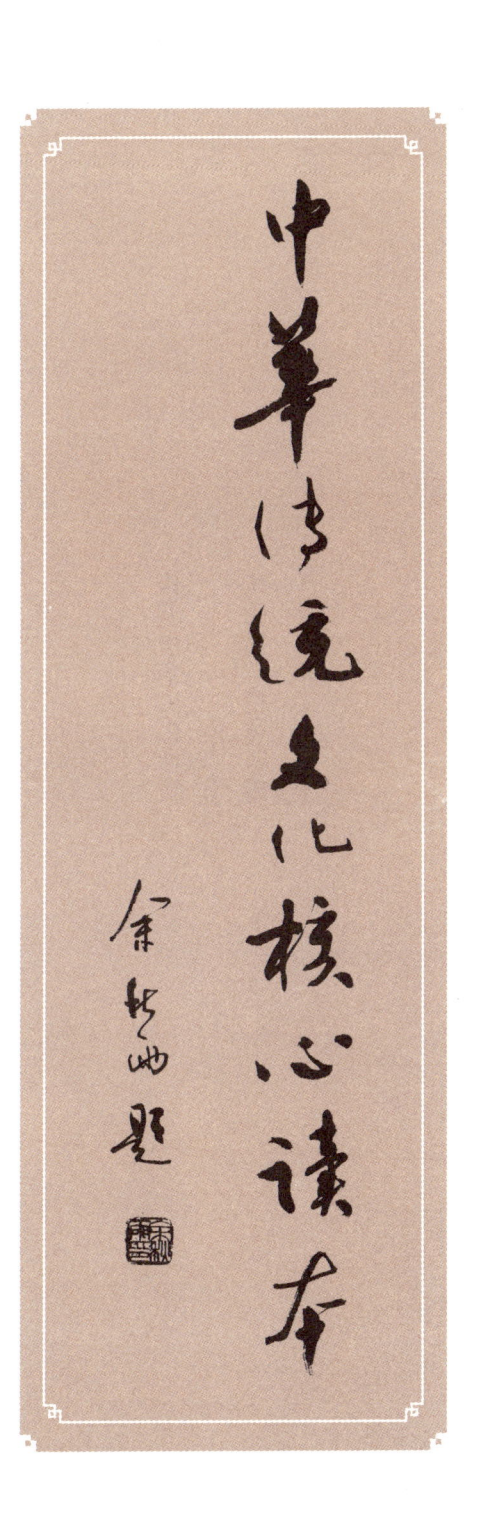

中华传统文化核心读本

传承中华文化精髓

建构国人精神家园

# 朱子家训·颜氏家训·孔子家语

[清]朱用纯 等/著
金源/编译

天地出版社 TIANDI PRESS

图书在版编目（CIP）数据

朱子家训·颜氏家训·孔子家语／（清）朱用纯等著；金源编译．—成都：天地出版社，2019.9（2021年8月重印）
（中华传统文化核心读本：精选插图版）
ISBN 978-7-5455-4863-1

Ⅰ.①朱… Ⅱ.①朱… ②金… Ⅲ.①古汉语-启蒙读物②家庭道德-中国-南北朝时代③孔丘（前551-前479）-生平事迹 Ⅳ.①H194.1②B823.1③B222.2

中国版本图书馆CIP数据核字（2019）第076184号

## ZHUZI JIAXUN·YANSHI JIAXUN·KONGZI JIAYU
## 朱子家训·颜氏家训·孔子家语

| 出品人 | 杨 政 |
|---|---|
| 作 者 | ［清］朱用纯 等 |
| 编 译 | 金 源 |
| 责任编辑 | 陈文龙 沈海霞 |
| 封面设计 | 思想工社 |
| 内文排版 | 九章文化 |
| 责任印制 | 王学锋 |

| 出版发行 | 天地出版社 |
|---|---|
| | （成都市槐树街2号 邮政编码：610014） |
| | （北京市方庄芳群园3区3号 邮政编码：100078） |
| 网 址 | http://www.tiandiph.com |
| 电子邮箱 | tianditg@163.com |
| 经 销 | 新华文轩出版传媒股份有限公司 |

| 印 刷 | 河北鹏润印刷有限公司 |
|---|---|
| 版 次 | 2019年9月第1版 |
| 印 次 | 2021年8月第3次印刷 |
| 开 本 | 710mm×1000mm 1/16 |
| 印 张 | 23 |
| 字 数 | 477千字 |
| 定 价 | 39.80元 |
| 书 号 | ISBN 978-7-5455-4863-1 |

版权所有◆违者必究

咨询电话：(028)87734639（总编室）
购书热线：(010)67693207（营销中心）

本版图书凡印刷、装订错误，可及时向我社营销中心调换

 出版说明

中华文明历史悠久，源远流长。五千年的中华文明光辉灿烂，硕果累累，对后世产生了积极而深远的影响。作为华夏儿女，这是值得我们每一个人骄傲和自豪的地方。

中华传统文化，是中华文明在五千年的发展历程中诞生的成果之一，它以儒、道文化为主体，包含政治、经济、思想、艺术等各类物质和非物质文化。具体而言，中华传统文化包括诗、词、曲、赋、古文、书法、对联、灯谜、成语、中医、国画、传统节日、民族音乐等等，可谓博大精深，形式多样。

习近平总书记指出，中华优秀传统文化是我们最深厚的文化软实力，也是中国特色社会主义植根的文化沃土。中华优秀传统文化，滋养了中华民族的民族精神，赋予了中华民族伟大的生命力和凝聚力，是中华文明成果的创造力源泉。继承和发展中华优秀传统文化，学习、掌握其中的各种思想精华，不仅对我们树立正确的世界观、人生观、价值观大有裨益，而且也能为我们处理各种社会事务提供有益的启发和指导。

为弘扬中华优秀传统文化，满足广大读者对优秀传统文化的阅读需求，我们遴选了这套"中华传统文化核心读本·精选插图版"丛书。本丛书分"贤哲经典""历史民俗""文学菁华"三个系列，每个系列精选代表性的书目若干，基本涵盖了传统文化的各个类别。

为便于广大读者对传统经典的学习和吸收，本丛书对涉

及古文的品种基本采用了注译和白话两种处理方式，以消除读者阅读的障碍。另外，本丛书每个品种都配有大量精美的古画插图，这些插图与内容互为补充，相得益彰，让读者在阅读中获得艺术的享受。

# 前言

　　中华民族素以重视"家教"著称于世,有道是家和万事兴。古人讲"齐家治国平天下",足见家庭教育、家风、家庭氛围对下一代、对我们自己和对国家的重要性。当然,人的成长离不开学校教育和社会教育,但家庭教育毕竟是基础。中国古代进行"家教"的各种文字记录,包括散文、诗歌、格言等,通常称为"家训",自周以来至清仅目前可见的就有二百多部(篇),《朱子家训》《颜氏家训》《孔子家语》便是其中的优秀代表。这些家训,对于提高国民的文化素质、道德修养,从而促进社会和谐至今具有不可低估的积极作用。

　　《朱子家训》又名《朱子治家格言》《朱柏庐治家格言》,是清代学者朱用纯根据自己一生的研究,以儒家"修身""齐家"的核心思想为宗旨,广采儒家的为人处世经验编撰而成的。作者朱用纯,字致一,自号柏庐,明末清初江苏昆山人。朱用纯一生研究程朱理学,主张知行并进,其著作有《愧讷集》《大学中庸讲义》等,其中,以《朱子家训》最有影响,三百多年来脍炙人口,家喻户晓。

　　《朱子家训》通篇以对偶句一气呵成,言及卫生、安全、勤俭、饮食、房田、婚嫁、祭祖、读书、教育、财酒、诚信、体恤、谦和、无争、交友、自省、向善、纳税、为官等诸多内容。

　　《朱子家训》本为朱用纯教育子女所用,他在家训中要子女安分守己,勤劳节俭,将古代圣贤的思想用平白的话语说给子女们听。《朱子家训》自问世以来流传甚广,被历代士大夫尊为"治家之经",清至民国年间一度成为童蒙必读课本之一。由于其内容深刻、精警,而又明白如话,发人深思,故在民间广为流传。

《颜氏家训》是中国最著名、最有影响力的一部"家训",其内容涉及许多领域,强调教育体系应以儒学为核心,尤其注重对孩子的早期教育,并在儒学、文学等方面提出了自己独到的见解。

作者颜之推,字介,琅邪临沂人。颜之推自步入宦途,历官四朝。由于他身处社会动荡之时,并多次成为亡国之人,耳闻目睹了许多士大夫家破人亡的现实,因此,他看到了社会的险恶及士族统治的危机。从士族地主的立场出发,为保持自己家族的传统与地位,他根据自己的经历和体验,写出了一部完整的家庭教科书——《颜氏家训》,用以训诫其子孙。

《颜氏家训》全书共七卷二十篇,内容广泛,涉及儒学、史学、文学、音韵、训诂、风俗习惯以及当时各地的生活方式,"又兼论字画音训,并考定典故,品弟文艺",内容的确"曼衍旁涉"。其核心主要是以传统儒家思想教育子弟,讲如何修身、治家、处世、为学等,其中有许多具有积极意义的见解。如提倡学习,反对不学无术;认为学习以读书为主,又要注意工、农、商、贾等各种技艺和知识;主张"学贵能行",反对空谈高论,不务实际。此外,书中还对南北朝社会风气、习俗进行评论,如:赞成北方妇女参加劳动,反对重男轻女;提倡锻炼身体以养生,反对苟且偷生和炼丹服药追求长生;认为仕宦出处,要听其自然,反对钻营官职,贪图利禄。这在当时是难能可贵的。

《颜氏家训》文笔流利,风格平易亲切,讽刺之笔意味隽永,虽然是骈体,但理论平实且不落俗套,在当时南方浮华、北方粗野的气氛中自成一家。故范文澜先生评价颜之推"是当时南北两朝最通博最有思想的学者"。王利器先生对《颜氏家训》的学术地位予以很高的评价，他说："《颜氏家训》是一部很有用的典籍，它以训家名理为名目，其实讲的内容很宽，有些甚至现在看来是绝学，如音韵学。"正因如此，《颜氏家训》自问世以来，备受推崇。宋代著名藏书家陈振孙认为"古今家训，以此为祖"；王钺认为它"篇篇药石，言言龟鉴，凡为人子弟者，可家置一册，奉为明训"。

此外，《颜氏家训》还为研究南北朝历史和研究《汉书》《文心雕龙》及其他经典提供了大量参考资料。因此说，《颜氏家训》既是一部见解记录，又是一部道德规范的教科书，更是一部优秀的文学作品。

《孔子家语》记录了孔子及其弟子的思想及言行，是一部有关孔子生平事迹的资料汇编，大多是有关孔子的逸闻趣事。其体例与《论语》相似，但篇幅却远远超过了《论语》。它记录和介绍了孔子的先世、孔子的出生死亡、孔子的日常生活、孔子的政治活动和教学活动以及孔子学生的事迹。但记述最多的还是孔子的思想主张，是我们了解和研究孔子及早期儒家学派的重要参考资料。

本书编排严谨，校点精当，并配以精美的插图，以达到图文并茂、生动形象的效果。此外本书版式新颖，设计考究，双色印刷，装帧精美，除供广大读者阅读欣赏外，更具有极高的研究和收藏价值。

# 目 录

## 朱子家训 / 001

## 颜氏家训 / 013

| 第一篇 | 序致 | 015 | 第十一篇 | 涉务 | 084 |
| --- | --- | --- | --- | --- | --- |
| 第二篇 | 教子 | 016 | 第十二篇 | 省事 | 086 |
| 第三篇 | 兄弟 | 020 | 第十三篇 | 止足 | 091 |
| 第四篇 | 后娶 | 023 | 第十四篇 | 诫兵 | 092 |
| 第五篇 | 治家 | 026 | 第十五篇 | 养生 | 094 |
| 第六篇 | 风操 | 031 | 第十六篇 | 归心 | 096 |
| 第七篇 | 慕贤 | 047 | 第十七篇 | 书证 | 105 |
| 第八篇 | 勉学 | 050 | 第十八篇 | 音辞 | 130 |
| 第九篇 | 文章 | 069 | 第十九篇 | 杂艺 | 135 |
| 第十篇 | 名实 | 080 | 第二十篇 | 终制 | 142 |

# 孔子家语 / 145

| | |
|---|---|
| 相鲁第一 …………… 147 | 困誓第二十二 …………… 263 |
| 始诛第二 …………… 151 | 五帝德第二十三 …………… 269 |
| 王言解第三 …………… 154 | 五帝第二十四 …………… 273 |
| 大婚解第四 …………… 158 | 执辔第二十五 …………… 275 |
| 儒行解第五 …………… 161 | 本命解第二十六 …………… 280 |
| 问礼第六 …………… 165 | 论礼第二十七 …………… 282 |
| 五仪解第七 …………… 168 | 观乡射第二十八 …………… 286 |
| 致思第八 …………… 175 | 郊问第二十九 …………… 289 |
| 三恕第九 …………… 188 | 五刑解第三十 …………… 291 |
| 好生第十 …………… 193 | 刑政第三十一 …………… 294 |
| 观周第十一 …………… 201 | 礼运第三十二 …………… 297 |
| 弟子行第十二 …………… 205 | 冠颂第三十三 …………… 305 |
| 贤君第十三 …………… 211 | 庙制第三十四 …………… 307 |
| 辩政第十四 …………… 217 | 辩乐解第三十五 …………… 308 |
| 六本第十五 …………… 223 | 问玉第三十六 …………… 312 |
| 辩物第十六 …………… 234 | 屈节解第三十七 …………… 315 |
| 哀公问政第十七 …………… 241 | 七十二弟子解第三十八 …………… 321 |
| 颜回第十八 …………… 245 | 本姓解第三十九 …………… 333 |
| 子路初见第十九 …………… 250 | 终记解第四十 …………… 336 |
| 在厄第二十 …………… 256 | 正论解第四十一 …………… 340 |
| 入官第二十一 …………… 259 | |

# 朱子家训

## 朱子家训

### 【原文】

黎明即起[1]，洒扫庭除[2]，要内外整洁。

既昏便息，关锁门户[3]，必亲自检点[4]。

### 【注释】

〔1〕黎明：天快亮的时候。

〔2〕庭除：庭院。刘兼诗："月移花影过庭除。"

〔3〕门户：古代把双扇的门叫门，单扇的门叫户。

〔4〕检点：细心察看。

### 【译文】

天刚刚亮的时候就起身，洒水打扫庭院，要里里外外都整齐、干净。

天刚黑的时候便休息，关好门，一切都要亲自查看，以免疏漏。

### 【原文】

一粥一饭，当思来之不易；

半丝半缕，恒念物力维艰[1]。

### 【注释】

〔1〕恒：常常。

### 【译文】

吃饭的时候要想到粮食来之不易；

对于衣服用度，要常常想着这些物产资财来之不易，要珍惜。

### 【原文】

宜未雨而绸缪[1]，勿临渴而掘井。

### 【注释】

〔1〕绸缪：《诗经·豳风·鸱鸮》："迨天之未阴雨，彻彼桑土，绸缪牖户。"这里指做好下雨前的各种准备工作，即后世"未雨绸缪"之意。

【译文】

下雨前，要先做好准备工作，不要等到口渴了才想起来挖井。

【原文】

自奉必须俭约[1]，宴客切勿留连。

【注释】

〔1〕自奉：对自己的奉养，也就是自己的生活消费。

【译文】

自己的生活消费要节俭，宴会宾客的时候一定不要沉迷不止。

【原文】

器具质而洁，瓦缶胜金玉[1]；
饮食约而精[2]，园蔬愈珍馐[3]。

【注释】

〔1〕瓦缶：一种瓦质容器，俗称瓦罐。
〔2〕约：简约，简要，在这里当"简单"讲。
〔3〕珍馐：珍奇、贵重的食物。

勿营华屋，勿谋良田

【译文】

使用的器具质实而清洁，就是瓦罐也胜过金碗玉器；

饮食虽节俭但精粹，就是自家园里的蔬菜也胜过珍奇贵重的食物。

【原文】

勿营华屋，勿谋良田。

【译文】

不要营造华丽的住宅，不要谋求肥饶的田地。

## 【原文】

三姑六婆[1]，实淫盗之媒[2]；
婢美妾娇，非闺房之福。
童仆勿用俊美，妻妾切忌艳妆。

## 【注释】

〔1〕三姑六婆：据陶宗仪《辍耕录》，三姑指尼姑、道姑、卦姑，六婆指牙婆、媒婆、师婆、虔婆、药婆、稳婆。

〔2〕媒：媒介。

## 【译文】

三姑六婆这类人做的事都是不正派的；
女仆美丽小妾娇媚，这并不是家庭的福气。
童仆不要用模样俊美的，妻妾也切勿使她们浓妆艳抹。

## 【原文】

宗祖虽远，祭祀不可不诚；
子孙虽愚，经书不可不读[1]。

## 【注释】

〔1〕经书：经是指"五经"，即《诗经》《书经》《易经》《礼记》《春秋》。书是指"四书"，即《论语》《孟子》《大学》《中庸》。

## 【译文】

宗祖虽然已离我们遥远，但是祭祀时对他们一定要怀着诚心；
子孙虽然还很愚顽，但是一定要让他们阅读儒家的经典著作。

## 【原文】

居身务期俭朴，教子要有义方[1]。

## 【注释】

〔1〕义方：合乎义理的法则。《左传》上说："臣闻爱子，教之以义方。"义方就是教导子弟的正确方法。

【译文】

为人作风一定要俭朴，教导子弟一定要有正确的方法。

【原文】

勿贪意外之财，勿饮过量之酒。

【译文】

不要贪图意外的钱财，不要饮酒过量。

【原文】

与肩挑贸易[1]，勿占便宜；
见贫苦亲邻，须加温恤[2]。

【注释】

[1]与肩挑贸易：肩挑，指肩挑货物到处销售者。贸易，以金钱或货物交换货物，俗称买卖。
[2]温恤：温，指温存，殷切慰问。恤，抚恤。

【译文】

和走街串巷的小商贩做买卖，不要占小便宜；
遇见生活贫苦的亲友或邻居，需要加以关切的慰问和体恤。

【原文】

刻薄成家，理无久享；
伦常乖舛[1]，立见消亡。

【注释】

[1]伦常乖舛：伦，人伦，即君臣、父子、夫妇、兄弟、朋友。常，五常，即仁、义、礼、智、信。伦常就是人类相处的伦理道德。乖舛，乖是冲突的意思，舛是错乱的意思。

【译文】

以刻薄持家，绝没有长久享受的道理；
人们的伦理道德意识互相冲突，错乱，毁灭的日子就不远了。

【原文】

兄弟叔侄，须分多润寡[1]；
长幼内外，宜法肃辞严。

【注释】

[1]分多润寡：分多，是指从多的里边分出一部分，即把多的减少。润寡，润是修饰，这里应理解成增添的意思，寡是少的意思。润寡是在少的部分上再增添一些。

【译文】

手足亲戚之间，需要互相帮助，富足的要救助贫困的；
长幼辈分之下，礼法应该谨严，谈话应该庄重。

【原文】

听妇言，乖骨肉[1]，岂是丈夫？

【注释】

[1]乖骨肉：乖，冲突、矛盾的意思。骨肉，比喻至亲。《吕氏春秋·精通》："父母之于子也，子之于父母也，一体而两分，同气而异息……痛疾相救，忧思相感，生则相欢，死则相哀，此之谓骨肉之亲。"此句可解释为：乖离骨肉之情。

【译文】

听妇人之言，分离骨肉之情，使亲人不和，难道是大丈夫所为吗？

【原文】

重资财，薄父母，不成人子。

【译文】

看重钱财，亏待父母，这样的人就不能称其为子女。

重资财，薄父母，不成人子

【原文】

嫁女择佳婿，勿索重聘[1]；
娶媳求淑女，勿计厚奁[2]。

## 【注释】

〔1〕勿索重聘：勿，不可以。索，索要，讨取。重聘，订婚的礼物叫聘礼，大量的聘礼叫重聘。

〔2〕奁：嫁妆，旧时为嫁女而置备的衣物、用具。

## 【译文】

嫁女儿要选择一个好夫婿，不要索取大量的订婚礼物；

娶媳妇要求娶一个贤良的女子，不要计较她是否有丰厚的嫁妆。

## 【原文】

见富贵而生谄容者[1]，最可耻；

遇贫穷而作骄态者，贱莫甚。

## 【注释】

〔1〕谄容：逢迎讨好的言语和表情，俗称"拍马屁"。

## 【译文】

见富贵之人而生出巴结、奉承的态度的人，最可耻；

遇贫穷之人而做出骄横无礼的表情的人，是最鄙贱不过的。

## 【原文】

处世戒多言，言多必失

居家戒争讼[1]，讼者终凶；

处世戒多言，言多必失。

## 【注释】

〔1〕居家戒争讼：居，平常。戒，防止，避免。争讼，由互相争执引起的诉讼官司。

## 【译文】

居家过日子要避免争辩诉讼，不然的话要闹出不好的结果；

为人处世不要讲话太多，话多了必然会出现失误。

【原文】

勿恃势力[1]，而凌逼孤寡[2]；
勿贪口腹，而恣杀牲禽。

【注释】

[1]恃：依赖，倚仗。
[2]凌逼孤寡：凌逼，欺凌逼迫。孤，失去父亲的孩子叫孤；寡，失去丈夫的人叫寡。

【译文】

不要仗着势力去凌侮逼迫孤儿寡妇；
不要贪图口腹之享而毫无顾忌地宰杀禽畜。

【原文】

乖僻自是[1]，悔悟必多；
颓惰自甘[2]，家道难成。

【注释】

[1]乖僻自是：乖僻，形容一个人言行怪异。自是，自以为正确。
[2]颓惰自甘：颓，颓废、精神不振作。惰，懒惰。自甘，指自己心甘情愿。

【译文】

一个性情古怪偏激、常常认为自己所作所为是正确的人，他一定悔悟很多；
一个颓废懒惰、沉迷不悟的人，他一定治理不好自己的家业。

【原文】

狎昵恶少[1]，久必受其累[2]；
屈志老成[3]，急则可相依。

【注释】

[1]狎昵：不拘礼节的亲近。恶少，即行为不良的少年。
[2]累：牵涉，牵连。
[3]屈志老成：屈志，屈就的意思，高才任低职叫屈就。老成，《诗经·大雅·荡》曰："虽无老成人，尚有典刑。"老成即老成持重的正人君子。

【译文】

　　如果与不良少年交往亲密，日子久了必定会受他的连累；

　　恭敬自谦，虚心地与那些阅历多而善于处事的人交往，在危难之际可依靠那些人。

【原文】

　　轻听发言[1]，安知非人之谮诉[2]，当忍耐三思。

【注释】

　　[1]轻听发言：轻听，轻易相信别人说的话。发言，发表自己的意见。

　　[2]谮诉：以虚伪的事实诬陷别人。

【译文】

　　轻易相信别人说的话，如何知道那不是诬蔑人的坏话呢？应当耐心三思。

【原文】

　　因事相争，焉知非我之不是，须平心暗想。

【译文】

　　由于事端而发生争执，怎么知道那不是自己的错误呢？需要静下心来认真思考。

【原文】

　　施惠勿念[1]，受恩莫忘。

【注释】

　　[1]施惠：施恩惠于人。

【译文】

　　施恩惠给别人，心里不要老记着；接受了别人的恩惠，一定要想着报答。

【原文】

　　凡事当留余地，得意不宜再往。

【译文】

做任何事情都要留有余地，得意之后就应适可而止。

【原文】

人有喜庆，不可生妒嫉心；
人有祸患，不可生喜幸心。

【译文】

他人有喜庆之事，不可产生嫉妒的心理；
他人遭遇祸患，不可产生幸灾乐祸的心理。

【原文】

善欲人见[1]，不是真善；
恶恐人知，便是大恶。

【注释】

[1]欲：希望。

【译文】

一个人做了好事想要别人知道，这不是真正的做好事；
一个人做了坏事唯恐他人知道，这种做法更加错误。

【原文】

见色而起淫心，报在妻女；
匿怨而用暗箭，祸延子孙。

【译文】

人如果见美色而产生淫欲之心，那么就会报应在他自己的妻女身上；
人如果怀恨在心而用暗箭伤人，那么祸患将延及他的子孙。

【原文】

家门和顺，虽饔飧不继[1]，亦有余欢；
国课早完[2]，即囊橐无余[3]，自得至乐。

【注释】

〔1〕饔飧：早餐叫饔，晚餐叫飧。饔飧是一日三餐的意思。
〔2〕国课：国家规定的租税。
〔3〕囊橐：大袋叫囊，小袋叫橐。

【译文】

家庭和睦，即使一日三餐都吃不饱，也会有其他的欢乐；
国家的赋税早早交完，即使口袋中没有了剩余，也能自得快乐。

【原文】

读书志在圣贤，非徒科第；
为官心存君国，岂计身家。

【译文】

读书的目的在于继承圣贤之道，而不只是获取功名；
为官之人心中想的是国家，哪里顾及个人身家性命。

【原文】

守分安命，顺时听天；
为人若此，庶乎近焉[1]。

【注释】

〔1〕庶乎：差不多，即几乎。

【译文】

安守本分，顺应天命；
为人像这样，就差不多接近最佳境界了。

# 颜氏家训

# 第一篇　序致

【原文】

夫圣贤之书，教人诚孝，慎言检迹，立身扬名，亦已备矣。魏、晋已来，所著诸子，理重事复，递相模效，犹屋下架屋、床上施床耳。吾今所以复为此者，非敢轨物范世也，业以整齐门内，提撕子孙。夫同言而信，信其所亲；同命而行，行其所服。禁童子之暴谑，则师友之诫不如傅婢之指挥；止凡人之斗阋，则尧舜之道，不如寡妻之诲谕。吾望此书为汝曹之所信，犹贤于侍婢寡妻耳。

【译文】

那些圣贤留下的著作，教诲人们忠诚孝顺、说话要谨慎、做事要检点、建功立业、传扬美名等道理，也已经很完备了。魏晋以来各学派撰写的著作，事情和道理多是重复的，互相模仿，就像屋下架屋、床上叠床一样多余。我现在之所以还写这个，并不是想要为世人作规范，只是为了整顿家门风气，提醒子孙。同样一句话，让人信服了，是因为说话人是自己所亲近的人；同样一个嘱咐，要让人遵行，是因为人们遵行自己所信服的人。要禁止儿童胡闹、嬉笑，那师友的训诫，就不如奴婢的指挥；要禁止兄弟之间的内讧，那么尧舜之道，还不如妻子的劝导。我希望这本书能被你们信服，总要胜过侍婢、妻子吧。

【原文】

吾家风教，素为整密。昔在龆龀，便蒙诱诲；每从两兄，晓夕温清，规行矩步，安辞定色，锵锵翼翼，若朝严君焉。赐以优言，问所好尚，励短引长，莫不恳笃。年始九岁，便丁荼蓼，家涂离散，百口索然。慈兄鞠养，苦辛备至；有仁无威，导示不切。虽读《礼》《传》，微爱属文，颇为凡人之所陶染，肆欲轻言，不修边幅。年十八九，少知砥砺，习若自然，卒难洗荡，二十已后，大过稀焉；每常心共口敌，性与情竞，夜觉晓非，今悔昨失，自怜无教，以至于斯。追思平昔之指，铭肌镂骨，非徒古书之诫，经目过耳也。故留此二十篇，以为汝曹后车耳。

【译文】

我们颜氏家族的门风家教，一向是严整缜密的。我很小的时候，就受到长辈的诱导教诲；常常跟着两位兄长学习，早晚向父母请安，冬天为父母温被，夏天为父母扇凉，一举一动都规规矩矩，言语平和，举止方正，严肃端庄，好像拜见父母。父母经常勉励我，询问我的爱好，鼓励我克服自己的缺点，发扬自己的优点，这些没有一样不是恳切深厚的。我刚满九岁，父母便去世了，从此家道衰落，一家百余口零落离散。慈爱的兄长抚养我长大，历尽千辛万苦。兄长仁慈没有威严，对我监督教导不够严厉。我虽然读过《礼记》《左传》，有点喜欢作文章，但是因与世俗之人交往，受他们的熏染，放纵私欲，随意说话，不修边幅。到了十八九岁，我才稍微懂得磨炼节操德行，但习惯成自然，最终还是无法根除。二十岁以后，就很少有大的过错，但还是经常心和口相敌，理智与感情互相冲突。夜里觉察出白天的过错，今日又对昨日的过失十分后悔。自己常叹息由于没有受到良好的教育才到了今天这个地步。回想自己一生的教训，铭心刻骨，它不只是把古书的告诫读读看看就能体会到的。因而留下这二十篇文章，你们可以拿来作为后车之鉴。

## 第二篇　教子

【原文】

　　上智不教而成，下愚虽教无益，中庸之人，不教不知也。古者，圣王有胎教之法：怀子三月，出居别宫，目不邪视，耳不妄听，音声滋味，以礼节之。书之玉版，藏诸金匮。生子咳提，师保固明孝仁礼义，导习之矣。凡庶纵不能尔，当及婴稚，识人颜色，知人喜怒，便加教诲，使为则为，使止则止。比及数岁，可省笞罚。父母威严而有慈，则子女畏慎而生孝矣。吾见世间，无教而有爱，每不能然；饮食运为，恣其所欲，宜诫翻奖，应诃反笑，至有识知，谓法当尔。骄慢已习，方复制之，捶挞至死而无威，忿怒日隆而增怨，逮于成长，终为败德。孔子云"少成若天性，习惯如自然"是也。俗谚曰："教妇初来，教儿婴孩。"诚哉斯语！

【译文】

　　如果一个人智力超群，那么不用教诲他也能成才；如果一个人智力低下，即使谆谆教诲也一点用处没有；普通人却是必须教育才能提高的。在古代，贤明的君王有所谓胎教之法：女子怀胎三个月时，应当让其迁移到别的宫殿居住，不让她看到和听到不好的东西；音乐、饮食按礼制加以节制。君王将胎教之法写在玉版上，藏在金柜里。孩子在襁褓之中，太师、太保就阐明忠孝礼义，以此对他引导教育。普通百姓虽不能和皇家一样，也应当在孩子的婴儿时期，刚刚懂得看人脸色、辨别人的喜怒的时候，就开始教育他。让他做什么，就得做什么；不让他做什么，就不能做什么。这样到了五六岁，就可以少受鞭笞的责罚。父母既威严又慈爱，子女才会畏惧谨慎，从而生出孝心。我看世上有些父母，对子女不加以教诲，一味溺爱，常常做不到这一点。父母对孩子的饮食起居、言谈举止过于迁就，任其为所欲为，一些本是应该训诫的，反而加以奖励；应该呵责的，反而一笑了之。等孩子长大一些，会认为理法就应是这样，等已经养成了骄横的习性，这时才去管教他们，即使将他们捶打鞭挞至死，父母也难以树立威信。父母越来越愤怒，孩子对父母的怨恨也越来越深。这样的孩子长大以后，终将败德破家。孔子说过的"少年形成的性格，就会习惯成自然"讲的正是这个道理。俗话又说："教导媳妇要从她初来时开始，教育孩子要从婴儿的时候开始。"这话说得太有道理了！

## 【原文】

　　凡人不能教子女者，亦非欲陷其罪恶；但重于诃怒伤其颜色，不忍楚挞惨其肌肤耳。当以疾病为谕，安得不用汤药针艾救之哉？又宜思勤督训者，可愿苛虐于骨肉乎？诚不得已也。

　　王大司马母魏夫人，性甚严正。王在湓城时，为三千人将，年逾四十，少不如意，犹捶挞之，故能成其勋业。梁元帝时，有一学士，聪敏有才，为父所宠，失于教义。一言之是，遍于行路，终年誉之；一行之非，掩藏文饰，冀其自改。年登婚宦，暴慢日滋，竟以言语不择，为周逖抽肠衅鼓云。

## 【译文】

　　一般说来，那些不能很好教育子女的父母，也不是存心要让子女去犯罪作恶，只是难于下狠心呵责怒骂，怕对孩子的脸面有所伤害；不忍心鞭挞，怕孩子受皮肉之苦。这应当用一个人生病来作比喻，怎么能不用汤药针灸来治病呢？又应该想想那些勤于督促训导孩子的父母，怎么会愿意呵责虐待自己的亲生骨肉呢？实在是不得已啊！

　　大司马王僧辩的母亲魏夫人，秉性严厉且方正。王僧辩在湓城时，是统率三千人的将领，已经四十多岁了，但只要稍微不称魏老夫人的意，老夫人还要用棍棒来教训他。所以，最后王僧辩能建功立业。梁元帝时，有个学子很聪明很有才气，深得父亲的宠爱，但父亲却不重视对他的教育。他有一句话说得有道理，父亲就让全街的人知道，整年地称赞他；他有一件事做错了，父亲就为他百般遮掩粉饰，指望他自己改正。他到了为学求官、成婚娶妻的年龄，残暴傲慢一天厉害于一天。终因言语放肆，被周逖杀掉，还抽了肠子，血被用来涂战鼓了。

【原文】

　　父子之严，不可以狎；骨肉之爱，不可以简。简则慈孝不接，狎则怠慢生焉。由命士以上，父子异宫，此不狎之道也；抑搔痒痛，悬衾箧枕，此不简之教也。或问曰："陈亢喜闻君子之远其子，何谓也？"对曰："有是也。盖君子之不亲教其子也。《诗》有讽刺之辞，《礼》有嫌疑之诫，《书》有悖乱之事，《春秋》有邪僻之讥，《易》有备物之象：皆非父子之可通言，故不亲授耳。"

【译文】

父子之严，不可以狎；骨肉之爱，不可以简

　　父亲对孩子要严厉，对孩子不能过于亲昵；骨肉之间要相亲相爱，不能过于简慢。如果做不到这样，就形成不了父慈子孝的关系，还会生出放肆不敬之心。士大夫阶层以上的人，父子分室而住，这是防止亲昵的办法；为父母按摩止痛止痒，收拾卧具等，都是为了防止简慢不庄重。有人问道："陈亢听说了孔子疏远儿子的事，感到高兴，这是为什么呢？"我回答说："这是有道理的。君子不会亲自去教授孩子。《诗经》中有讽刺的言辞，《礼记》中有避嫌的告诫，《尚书》中记有背道淫乱的事情，《春秋》中有对邪僻的讥讽，《周易》中有包容阴阳万物的卦象。这些都是不适宜由父亲向儿子直接讲解的，所以孔子也不亲自教自己的儿子。"

【原文】

　　齐武成帝子琅邪王，太子母弟也，生而聪慧，帝及后并笃爱之，衣服饮食，与东宫相准。帝每面称之曰："此黠儿也，当有所成。"及太子即位，王居别宫，礼数优僭，不与诸王等。太后犹谓不足，常以为言。年十许岁，骄恣无节，器服玩好，必拟乘舆；常朝南殿，见典御进新冰，钩盾献早李，还索不得，遂大怒，诟曰："至尊已有，我何意无？"不知分齐，率皆如此。识者多有叔段、州吁之讥。后嫌宰相，遂矫诏斩之，又惧有救，乃勒麾下军士，防守殿门；既无反心，受劳而罢，后竟坐此幽薨。

## 【译文】

北齐武成帝的儿子琅邪王高俨,是太子高纬的同母弟弟,小时候就聪明伶俐,武成帝和皇后对他十分宠爱。他的衣服饮食,与太子高纬没有什么两样。武成帝常当面称赞他说:"这孩子很聪明,将来会有所成就的。"等到太子继位,琅邪王就移居于别的宫殿,新王平日对他的待遇都很优厚,远远超过了其他诸王。皇太后还觉得不够,常常唠叨这件事。琅邪王十岁左右的时候,骄横放肆,毫无节制,器用服饰,珍奇玩物,一定要和皇帝一样。他曾到南殿朝见,看见皇上的近侍典御、钩盾令给皇帝进献新出的冰块、李子,回去后就派人索要,却未能如愿,就大发脾气,怒骂道:"皇帝都有了,为什么没有我的份!"他的不知分寸不守本分,差不多就是这个样子。有识之人都讥讽他像共叔段、州吁一样不懂得君臣之礼。后来,琅邪王因嫌恶宰相,就假传圣旨杀掉宰相,又担心皇帝知道会下旨解救,于是命令手下军士防守殿门。他并无反叛之心,听了皇帝几句安慰的话就撤了兵,最后还是因为此事被幽禁起来处死。

## 【原文】

人之爱子,罕亦能均;自古及今,此弊多矣。贤俊者自可赏爱,顽鲁者亦当矜怜。有偏宠者,虽欲以厚之,更所以祸之。共叔之死,母实为之;赵王之戮,父实使之。刘表之倾宗覆族,袁绍之地裂兵亡,可为灵龟明鉴也。

## 【译文】

人们疼爱自己的孩子,却很少有能够做到一视同仁的,从古到今,这方面的弊端实在太多了。聪慧漂亮的孩子固然值得赏识和爱惜,顽劣愚笨的孩子也应当予以同情与怜爱。那些偏宠孩子的人,虽然是想厚待他,实际却是害了他。共叔段之死,实际上是母后姜氏造成的;赵隐王如意被杀,实际上是父皇刘邦造成的。至于刘表家族的覆灭,袁绍的兵败失地,这些都可以作为灵龟明镜,供后人借鉴。

人之爱子,罕亦能均

【原文】

　　齐朝有一士大夫，尝谓吾曰："我有一儿，年已十七，颇晓书疏。教其鲜卑语及弹琵琶，稍欲通解，以此伏事公卿，无不宠爱，亦要事也。"吾时俛而不答。异哉，此人之教子也！若由此业，自致卿相，亦不愿汝曹为之。

【译文】

　　北齐的一位士大夫曾经对我说："我有一个儿子，已经十七岁了，颇通文墨，我就教他鲜卑语和弹琵琶，稍加点拨就学会了。将来用这些本领服侍公卿大夫，没有人不宠爱他。这也是一件紧要的事啊！"我当时听了没有做出反应，心想这位士大夫教育儿子的方法也太令人吃惊了！如果像他这样取媚于人，即便能够做到宰相的位置，我也不愿意你们去做这样的事。

## 第三篇　兄弟

【原文】

　　夫有人民而后有夫妇，有夫妇而后有父子，有父子而后有兄弟：一家之亲，此三而已矣。自兹以往，至于九族，皆本于三亲焉。故于人伦为重者也，不可不笃。兄弟者，分形连气之人也。方其幼也，父母左提右挈，前襟后裾，食则同案，衣则传服，学则连业，游则共方，虽有悖乱之人，不能不相爱也。及其壮也，各妻其妻，各子其子，虽有笃厚之人，不能不少衰也。娣姒之比兄弟，则疏薄矣；今使疏薄之人，而节量亲厚之恩，犹方底而圆盖，必不合矣。惟友悌深至，不为旁人之所移者，免夫！

兄弟者，分形连气之人也

【译文】

　　有了人类然后才有夫妇，有了夫妇然后才有父子，有了父子然后才有兄弟。一家中的亲人就是这三种关系。由此类推，直至产生出九族的亲属，都源于这"三亲"关系。因此在人伦中，这三亲最为重要，绝不可以轻慢这种亲情。兄弟之间，形体分开，而气血相通。当他们年纪还小的时候，父母左手拉着哥哥，右手牵着弟弟；哥哥拉着父母的前襟，弟弟牵着父母的后摆；兄弟吃饭在同一张桌子上，衣服也是同一件衣服哥哥穿了以后再由弟弟穿，读书也是这样，学的东西也一样，游玩也在同一个地方。即使有违逆愚顽的行为，也不能不相亲相爱。弟兄们长大之后，各自有了自己的妻子和儿女，即使诚实忠厚的人，兄弟之情也不能不有所减弱。妯娌之情与兄弟之情相比，就会疏远淡薄很多了。现在让感情淡薄的人来制约兄弟间浓厚的亲情，就好像容器方底配上圆盖，必然不能密合无间了。只有兄弟之情深切恳至，不受旁人的影响而改变，才能避免以上的情况啊！

【原文】

二亲既殁，兄弟相顾，当如形之与影，声之与响；爱先人之遗体，惜己身之分气，非兄弟何念哉？兄弟之际，异于他人，望深则易怨，地亲则易弭。譬犹居室，一穴则塞之，一隙则涂之，则无颓毁之虑；如雀鼠之不恤，风雨之不防，壁陷楹沦，无可救矣。仆妾之为雀鼠，妻子之为风雨，甚哉！

【译文】

父母双亲都故去之后，兄弟应该互相照应，关系亲密得应当像身体与影子、声音与回响一样。爱惜先人给予的躯体，珍惜从父母那里分得的血气，如不互相爱惜，还有谁值得如此惦念呢？兄弟之间，有别于他人，彼此期望过高就容易产生怨恨，但关系亲近，不满也就容易消除。就好像住房一样，破了一个洞就及时堵塞，裂了一条缝就及时封住，这样就不必为房子的倒塌而担心了。如果鸟雀、老鼠、风雨的破坏都不担忧、不提防，那么墙壁就会倒塌，房梁就会毁坏，就无法再补救了。一个家庭里，奴仆、侍妾好像老鼠和鸟雀，妻儿好像风雨，而且更厉害呀！

【原文】

兄弟不睦，则子侄不爱；子侄不爱，则群从疏薄；群从疏薄，则僮仆为仇敌矣。如此，则行路皆踏其面而蹈其心，谁救之哉！人或交天下之士，皆有欢爱，而失敬于兄者，何其能多而不能少也！人或将数万之师，得其死力，而失恩于弟者，何其能疏而不能亲也！

【译文】

如果兄弟之间不和睦，那么子侄之间就不会相亲相爱；子侄之间不互相爱护，家族中的子弟就疏远淡漠；家族中的子弟疏远淡漠，那么仆役之间也互相视为仇敌。这样的话，陌生人都会来欺负他们，还有谁会来相救呢！有的人结交天下之士，与他们都友好相处，关系融洽，却对自己的兄长丝毫没有敬意。为什么能够亲近那么多人却不能尊重自己的兄长呢！有的人能率领几万军队，能得到将士们的拥戴，但对自己的弟弟反而缺少慈爱。为什么能够亲善关系疏远的人而不能亲近自己的亲人呢？

## 【原文】

娣姒者，多争之地也，使骨肉居之，亦不若各归四海，感霜露而相思，伫日月之相望也。况以行路之人，处多争之地，能无间者，鲜矣。所以然者，以其当公务而执私情，处重责而怀薄义也；若能恕己而行，换子而抚，则此患不生矣。

## 【译文】

妯娌之间，是非常容易产生纠纷矛盾的，如果是同胞姊妹，与其让她们成为妯娌住在一起，倒不如分别嫁到不同的地方，这样，她们反而会因感叹霜露的降临而互相思念，仰观日月的运行而相互想念。何况妯娌本是陌路之人，能够亲密无间没有矛盾的，实在是太少了。之所以会这样，是因为大家面对家庭中的集体事务时却各怀私心，肩负重大的家庭责任时心里却挂念着个人的恩怨。如果她们能够实行"己所不欲，勿施于人"的原则，把妯娌的孩子当成自己的孩子加以爱抚，那么也就不会产生这种弊端了。

## 【原文】

人之事兄，不可同于事父，何怨爱弟不及爱子乎？是反照而不明也。沛国刘琎尝与兄瓛连栋隔壁。瓛呼之数声不应，良久方答；瓛怪问之，乃曰："向来未着衣帽故也。"以此事兄，可以免矣。

## 【译文】

人们侍奉兄长，远远不会像侍奉父母那样恭敬，那又怎么可以埋怨兄长怜爱弟弟不如怜爱儿子呢？这反而证明了自己缺乏自知之明。沛国的刘琎曾经与兄刘瓛两家住隔壁，中间只有一墙之隔。有次哥哥刘瓛呼唤弟弟刘琎，叫了几声没有听到回应，过了很久才有应答。刘瓛感到奇怪，就问他原因，刘琎说："因为刚才没有穿戴整齐。"像这样敬奉兄长，就不必担心哥哥对弟弟的情义不如对自家的儿子的怜爱了。

## 【原文】

江陵王玄绍，弟孝英、子敏，兄弟三人，特相友爱，所得甘旨新异，非共聚食，必不先尝，孜孜色貌，相见如不足者。及西台陷没，玄绍以形体魁梧，为兵所围，二弟争共抱持，各求代死，终不得解，遂并命尔。

## 【译文】

江陵的王玄绍，弟弟王孝英、王子敏，兄弟三人十分友爱。如果谁得到一些美味可口或新鲜的食物，都要三人共享，决不一人先尝。他们勤勉尽力，互相尊敬，相见时总感到没有相处够一样。后来战火蔓延到江陵，王玄绍因体态魁梧，被敌兵包围。两个弟弟争着保护他，都要替他去死，最终没有消除灾难，便与兄长一同被害了。

## 第四篇　后娶

## 【原文】

吉甫，贤父也，伯奇，孝子也。以贤父御孝子，合得终于天性，而后妻间之，伯奇遂放。曾参妇死，谓其子曰："吾不及吉甫，汝不及伯奇。"王骏丧妻，亦谓人曰："我不及曾参，子不如华、元。"并终身不娶，此等足以为诫。其后，假继惨虐孤遗，离间骨肉，伤心断肠者，何可胜数。慎之哉！慎之哉！

## 【译文】

尹吉甫是一位贤明的父亲，尹伯奇是一个孝顺的儿子。慈父和孝子在一起，应该可以享尽天伦之乐了，然而由于尹吉甫的后妻挑拨离间，尹伯奇竟然被赶出家门。曾参的妻子死后，他就对儿子说："我不如尹吉甫贤良，你们也不如尹伯奇孝顺。"王骏丧妻后也对别人说："我不如曾参贤良，我儿子不如曾参的儿子曾华、曾元孝顺。"曾参、王骏后来都终身没有再婚。这些事例都是值得人们借鉴的。后母残酷虐待前妻的孩子，挑拨离间父子感情，这种令人伤心断肠的事，数都数不过来。要慎重啊！要千万小心！

## 【原文】

江左不讳庶孽，丧室之后，多以妾媵终家事；疥癣蚊虻，或未能免，限以大分，故稀斗阋之耻。河北鄙于侧出，不预人流，是以必须重娶，至于三四，母年有少于子者。后母之弟，与前妇之兄，衣服饮食，爱及婚宦，至于士庶贵贱之隔，俗以为常。身没之后，辞讼盈公门，谤辱彰道路，子诬母为妾，弟黜兄为佣，播扬先人之辞迹，暴露祖考之长短，以求直己者，往往而有，悲夫！自古奸臣佞妾，以一言陷人者众矣！况夫妇之义，晓夕移之，婢仆求容，助相说引，积年累月，安有孝子乎？此不可不畏。

### 【译文】

　　按江东的风俗，人们不嫌弃小妾生的孩子，所以妻子死后，不一定续娶，多让小妾主持家务。虽然家中鸡毛蒜皮的小纠纷或许不能避免，但由于后来主事的妾没有名分，所以很少发生兄弟内讧的家门之耻。黄河以北地区的人则鄙视小妾生的孩子，这些孩子不能与正妻所生的孩子享有平等的地位，因而妻子死后必须重新娶妻，以至有人先后娶了三四次，造成最后继母年龄比大儿子还要小。后妻生的弟弟与前妻生的哥哥，在衣服饮食、婚娶求官等方面之间的分别，竟像士大夫与庶民一样，世俗都对此习以为常。父亲死后，家庭内部的诉讼就闹到了公堂，彼此互相诽谤污辱。前妻的儿子诬蔑后母是小妾，后母的儿子贬斥异母哥哥为用人；为了自己在官司上胜诉，都把家里的丑事揭露出来，哪怕把父亲的言行隐私传播出来也在所不惜。这样的事处处都有，真是可悲啊！自古以来，奸诈的臣子，谄媚的小妾，用一句话将人害惨的事太多太多了。何况现在有夫妻名分，妻子早早晚晚向丈夫进谗言，离间父子关系，侍仆为了讨主子的欢心，也在一旁加以引诱。这样长年累月，怎么会有孝子呢？这真让人感到害怕啊！

### 【原文】

　　凡庸之性，后夫多宠前夫之孤，后妻必虐前妻之子；非唯妇人怀嫉妒之情，丈夫有沉惑之僻，亦事势使之然也。前夫之孤，不敢与我子争家，提携鞠养，积习生爱，故宠之；前妻之子，每居己生之上，宦学婚嫁，莫不为防焉，故虐之。异姓宠则父母被怨，继亲虐则兄弟为仇，家有此者，皆门户之祸也。

### 【译文】

　　一般说来，大多数人的性格，后夫对于前夫的儿子多宠爱，而后妻对前妻之子却多虐待。这并非只是妇人天生具有嫉妒之心、男人头脑糊涂的缘故，这也是事物的情势使他们这样做的啊。前夫的孤儿，在这一家中是异姓，不能也不敢与这家的儿子争短长，后夫尽心抚养他，日积月累就会产生父子之情，因此后夫宠爱前夫之子。至于前妻的儿子，地位往往在自己的儿子的上面，求学做官，婚姻嫁娶，都生怕会对自己儿子产生不利影响，因此后妻虐待他。异姓的儿子受宠，亲生的儿子就怨恨父亲；后妻虐待前妻的儿子，兄弟之间就会变成仇敌。如果哪家有这类情况，这都是家族的祸患啊！

### 【原文】

　　思鲁等从舅殷外臣，博达之士也，有子基、谌，皆已成立，而再娶王氏。

基每拜见后母，感慕呜咽，不能自持，家人莫忍仰视。王亦凄怆，不知所容，旬月求退，便以礼遣，此亦悔事也。

## 【译文】

殷外臣是颜思鲁的堂舅，是位博学通达的人。儿子殷基、殷谌都已娶妻生子，而殷外臣续娶王氏为妻。殷基每次拜见后母，都因思念生母而伤心痛哭，以至无法控制自己，弄得家里的人都不敢抬头看他。王氏也很悲伤，不知道如何是好。不到一个月就请求离去，殷外臣就按礼节将她送走了。这件事真令人遗憾啊。

## 【原文】

《后汉书》曰："安帝时，汝南薛包孟尝，好学笃行，丧母，以至孝闻。及父娶后妻而憎包，分出之。包日夜号泣，不能去，至被殴杖。不得已，庐于舍外，且入而洒扫。父怒，又逐之。乃庐于里门，昏晨不废。积岁余，父母惭而还之。后行六年服，丧过乎哀。既而弟子求分财异居，包不能止，乃中分其财；奴婢引其老者，曰：'与我共事久，若不能使也。'田庐取其荒顿者，曰：'吾少时所理，意所恋也。'器物取其朽败者，曰：'我素所服食，身口所安也。'弟子数破其产，还复赈给。建光中，公车特征，至拜侍中。包性恬虚，称疾不起，以死自乞，有诏赐告归也。"

## 【译文】

《后汉书》记载：汉安帝的时候，有个叫薛包的汝南人，字孟尝。学问和品行都好，母亲已经去世了，他因为极尽孝道而闻名。他的父亲娶了后妻后就十分憎恶他，将他分出去另过。薛包日夜哭泣，不肯离家，最后父亲竟用棍子打他。不得已，他只好在屋外搭了草棚栖身，天一亮就回家打扫庭院。父亲大怒，又把他赶了出来，他就在里门外搭个茅屋暂住，然而还是坚持每天早晚回家请安问候。一年多以后，父母感到羞愧，就让他搬到了家里。后来他为父母守孝六年，服孝期间万分悲痛。父母死后不久，弟弟要求分财产分开过，薛包无法劝止，就将财产平分。家中奴婢，薛包自己要那些老的，他说："这些奴仆和我相处的时间很长，你使唤起来很不方便。"田地房屋，他要的是荒芜破败的，他说："这些是我从小所熟悉的，对它们很留恋。"他还把那些破旧的器具全留下了，说："这些器物是我平时常用的，已经用惯了。"后来他的弟弟几次把自己的那份家产破败了，薛包还一次又一次地接济弟弟。建光年间，朝廷优礼征召他，并授予侍中的官职。薛包生性恬淡，以有病为由推辞不就，以死乞回。皇帝下诏准许他还乡。

# 第五篇　治家

【原文】

夫风化者，自上而行于下者也，自先而施于后者也，是以父不慈则子不孝，兄不友则弟不恭，夫不义则妇不顺矣。父慈而子逆，兄友而弟傲，夫义而妇陵，则天之凶民，乃刑戮之所摄，非训导之所移也。

【译文】

一般来说，风俗教化，都是先从上面实行，然后再让下面效仿；是自己先带头施行，而后再让别人实施。所以父亲不慈爱，儿子就不会孝顺；兄长不友爱，弟弟就不会恭敬；丈夫不仁义，妻子就不会和顺。如果父亲慈爱而儿子乖逆、兄长友爱而弟弟傲慢、丈夫仁义而妻子骄横，那么，这些人就必定是天生的恶人，只能用刑罚制服他们，训诫诱导是不能使他们改变的。

【原文】

笞怒废于家，则竖子之过立见；刑罚不中，则民无所措手足。治家之宽猛，亦犹国焉。

施而不奢，俭而不吝

【译文】

家里废弃了鞭笞的惩罚，那么孩子的过错立刻就会出现；国家的刑罚不公平，百姓就会不知所措。治理一个家庭既要宽大也要严厉，与治理国家一样。

【原文】

孔子曰："奢则不孙，俭则固；与其不孙也，宁固。"又云："如有周公之才之美，使骄且吝，其余不足观也已。"然则可俭而不可吝也。俭者，省约为礼之谓也；吝者，穷急不恤之谓也。今有施则奢，俭则吝；如能施而不奢，俭而不吝，可矣。

## 【译文】

孔子说:"奢侈就会显得不谦逊,节俭则会使人显得鄙陋。与其奢侈而造成不谦逊,不如节俭而显得鄙陋。"孔子又说道:"假如一个人的才能像周公那样,但他既骄纵又吝啬,那么这人别的方面也就不值一提了。"这么说来,为人应该省俭而不应该吝啬。省俭是指节约用度又符合礼节;吝啬是指对穷困急难的人也不关照周济。现在有的人施舍时过于奢侈,省俭时又过于吝啬。如果能做到施舍而不奢侈,节俭而不吝啬,那就可以了!

## 【原文】

生民之本,要当稼穑而食,桑麻以衣。蔬果之畜,园场之所产;鸡豚之善,埘圈之所生。爰及栋宇器械,樵苏脂烛,莫非种殖之物也。至能守其业者,闭门而为生之具以足,但家无盐井耳。今北土风俗,率能躬俭节用,以赡衣食;江南奢侈,多不逮焉。

## 【译文】

百姓生存的根本,关键是种植五谷桑麻,来解决吃饭穿衣的问题。蔬菜果品的聚积,来源于果园菜圃的种植;鸡肉、猪肉等佳肴,来源于鸡窝猪圈的畜养。再推及房屋器具、柴火蜡烛等,这些东西没有一样不是来源于耕种养殖。如果能守住家业,即使关起门来什么生活必需品都可以自给,要说缺少,只是没有生产食盐的盐井而已。如今北方的风俗,大都能勤俭节约,这样可以使衣食都有保障;江南的风俗奢侈浪费,在节俭方面远远不及北方。

## 【原文】

梁孝元世,有中书舍人,治家失度,而过严刻。妻妾遂共货刺客,伺醉而杀之。

世间名士,但务宽仁,至于饮食饷馈,僮仆减损,施惠然诺,妻子节量,狎侮宾客,侵耗乡党,此亦为家之巨蠹矣。

齐吏部侍郎房文烈,未尝嗔怒,经霖雨绝粮,遣婢籴米,因尔逃窜,三四许日,方复擒之。房徐曰:"举家无食,汝何处来?"竟无捶挞。尝寄人宅,奴婢彻屋为薪略尽,闻之颦蹙,卒无一言。

## 【译文】

南北朝梁元帝时,有一位中书舍人,治家的分寸没有把握好,过于严厉苛刻。他的妻妾最后难以忍受就一起去收买刺客,趁他酒醉时将他杀害。

当今世上的一些名人,只是一味地追求所谓的宽厚仁爱,家里的大小事,哪怕是宴请客人或馈赠物品,也被仆人随意缩减;答应别人的要求所给予的帮助,也会遭到妻儿的控制,妻儿还敢对客人戏弄侮辱,侵害邻里乡亲。这也是家中的一大弊害啊！

北齐吏部侍郎房文烈，从来没有生气发怒过。有一次因连遭大雨，家中断粮，他叫奴婢去买米。奴婢竟趁这个机会逃跑了，过了三四天，才被抓到。房文烈语气和缓地问道："一家这么多人都等你买米来，你到哪儿去了？"居然没有捶打鞭挞一下奴婢的意思。房文烈曾将房子借给一个人居住，这个人的奴婢竟然把房子拆了当柴来烧，几乎快拆光了。房文烈听到这件事，只是皱了皱眉头，始终连一句话都没说。

## 【原文】

裴子野有疏亲故属饥寒不能自济者，皆收养之。家素清贫，时逢水旱，二石米为薄粥，仅得遍焉，躬自同之，常无厌色。邺下有一领军，贪积已甚，家僮八百，誓满一千；朝夕每人肴膳，以十五钱为率，遇有客旅，更无以兼，后坐事伏法，籍其家产，麻鞋一屋，弊衣数库，其余财宝，不可胜言。南阳有人，为生奥博，性殊俭吝，冬至后女婿谒之，乃设一铜瓯酒，数脔獐肉；婿恨其单率，一举尽之。主人愕然，俛仰命益，如此者再。退而责其女曰："某郎好酒，故汝常贫。"及其死后，诸子争财，兄遂杀弟。

## 【译文】

南北朝时期的裴子野将远亲旧属中挨饿受冻而无力自救的人，全都收养起来。其实裴家也并不富有，碰到水旱灾年，用二石米熬成稀粥，每人只能分到一点。裴子野也同大家一样喝稀粥，从不流露出厌烦的神色。邺下有一位领军，贪得无厌，积累了很多家产，光仆人就有八百多人，他发誓要达到一千人。家中每人每天的伙食费的标准是十五钱，遇到来客人，也不特别招待。后来他因犯罪被判刑，在抄没登记其财产时，光是麻鞋就有一屋子，破衣服堆满了几个仓库，其他贵重的东西不可胜数。南阳有个人，经营得法，积累了不少财产，但生性特别省俭吝啬。冬至后女婿前来拜见他，他只摆了一小铜壶的酒，几小块獐肉招待女婿。女婿对他的怠慢很不满意，一下子就将酒肉吃光。他先是一惊，很快勉强又叫人添酒加菜，前后添了两次。吃罢退下来时，他就斥责女儿说："你丈夫贪杯好酒，怪不得你家里总是受穷。"等到他死后，几个儿子争夺财产，最终哥哥竟然杀死了弟弟。

孔子

## 【原文】

妇主中馈，惟事酒食衣服之礼耳，国不可使预政，家不可使干蛊。如有聪明才智，识达古今，正当辅佐君子，助其不足，必无牝鸡晨鸣，以致祸也。

江东妇女，略无交游。其婚姻之家，或十数年间，未相识者，惟以信命赠遗，致殷勤焉。邺下风俗，专以妇持门户，争讼曲直，造请逢迎，车乘填街衢，绮罗盈府寺，代子求官，为夫诉屈。此乃恒、代之遗风乎？南间贫素，皆事外饰，车乘衣服，必贵齐整；家人妻子，不免饥寒。河北人事，多由内政，绮罗金翠，不可废阙，羸马悴奴，仅充而已；倡和之礼，或尔汝之。

河北妇人，织纴组紃之事，黼黻锦绣罗绮之工，大优于江东也。

## 【译文】

妇人主持家务，指的只是操办酒食、衣服等礼仪方面的事而已。对于国家来说，妇人是不能参与政事的；对家庭来说，妇人也不能干预男人们的事。她们倘若具备聪明才智，博古通今，应当辅佐丈夫，弥补丈夫的不足。一定不要有"母鸡报晓"的事，以免把灾祸引入家门。

江东妇女，几乎很少与人交往。就连亲家之间，有的也十几年不亲自来往。只是派人赠送礼物，代为问候，以此表达亲情。邺下的风俗，全靠妇女当家做主，为辨曲直，诉讼公堂；请客送礼，逢迎达官；乘马车的妇女把街巷都塞满了，穿绸着缎的妇女挤满官府，或是替儿子求官，或是为丈夫鸣冤。这是恒州、代郡的北魏遗风吧？在南方，即使是穷人家，对排场也非常讲究，车马衣服，一定要整齐；家里妻儿等人衣食却放在了次要位置。黄河以北地区大多数由妇女当家，绫罗绸缎，金银珠宝，都是她们不可缺少的东西，而家中马匹瘦弱不堪，奴仆面黄肌瘦，仅仅是充数而已。连夫妻之间也没有夫唱妇随之礼，相互贬低轻贱。

黄河以北地区的妇女，纺棉织布的本领和织锦绣花的功夫要远远强于江南妇女。

## 【原文】

太公曰："养女太多，一费也。"陈蕃曰："盗不过五女之门。"女之为累，亦以深矣。然天生烝民，先人传体，其如之何？世人多不举女，贼行骨肉，岂当如此，而望福于天乎？吾有疏亲，家饶妓媵，诞育将及，便遣阍竖守之。体有不安，窥窗倚户，若生女者，辄持将去；母随号泣，使人不忍闻也。

## 【译文】

姜太公说："女儿养得太多，实在是一种耗费。"陈蕃说："一家有五个女儿，盗贼都不会去他家偷窃。"可见抚养女儿实在是太拖累人了。但是女孩也是天生的众民之一，女儿也是父母的亲生骨肉，你又能拿她怎么办呢？世上的人也是多不愿意养育女儿，生了女儿就随意杀害。这样做难道还指望上天赐福给你吗？我有一个远亲，家里有许多姬妾，她们中有谁快要生小孩时，他就派仆人守门。临近分娩，仆人就从窗户往里窥探，在门旁边等候着。如果生下来的是女儿，就立即抱走扔掉，没人敢来救援，母亲随之大声哭喊，让人不忍心再听下去。

## 【原文】

妇人之性，率宠子婿而虐儿妇。宠婿，则兄弟之怨生焉；虐妇，则姊妹之谗行焉。然则女之行留，皆得罪于其家者，母实为之。至有谚云："落索阿姑餐。"此其相报也。家之常弊，可不诫哉！

## 【译文】

妇女的秉性，大都是对女婿十分宠爱而对儿媳十分冷淡。宠爱女婿，就会使自己的儿子产生怨恨；虐待儿媳，就会造成女儿们竞相讲她的坏话。无论是出嫁还是待嫁在家，都要得罪家人，这实际上是当母亲的造成的。以至有句谚语讲："婆婆吃饭好冷清。"这实在是自作自受！这是家中常有的弊病，不能不当作鉴戒啊！

## 【原文】

婚姻素对，靖侯成规。近世嫁娶，遂有卖女纳财，买妇输绢，比量父祖，计较锱铢，责多还少，市井无异。或猥婿在门，或傲妇擅室，贪荣求利，反招羞耻，可不慎欤！

## 【译文】

婚姻嫁娶找配偶时要找清白的，这是先祖靖侯立下的规矩。近来婚姻嫁娶，就有将女儿嫁出去而获得钱财，用彩礼买媳妇的。还有斤斤计较对方家世，讨价还价，与市场交易一样。有的人将女儿嫁给猥琐的女婿，有的人娶了骄横的媳妇，为贪图虚荣，谋取财物，反而招来羞耻，这不能不慎重啊！

## 【原文】

借人典籍，皆须爱护。先有缺坏，就为补治，此亦士大夫百行之一也。济阳江禄，读书未竟，虽有急速，必待卷束整齐，然后得起，故无损败，人不厌其求假焉。或有狼籍几案，分散部帙，多为童幼婢妾之所点污，风雨虫鼠之所毁伤，实为累德。吾每读圣人之书，未尝不肃敬对之；其故纸有《五经》词义，及贤达姓名，不敢秽用也。

**【译文】**

　　从别人那里借来的书籍,都应该加以爱护。如果借来的书本来就有破损,就应该先加以修补,这也是士大夫应该做的百事中的一件。济阳有个叫江禄的人,如果书还没有读完,即使突然遇到急事,也一定要先把书整理好,然后才起身,所以他看过的书都完好无损,别人也乐意把书借给他。有的人将借来的书乱七八糟地堆在书桌上,书和书套四处散落,常被小孩、侍妾、婢女弄脏,被风雨虫鼠毁坏。这实在是一件不道德的事情。我每次读圣人的书籍,从来都是恭恭敬敬;就是一些旧纸,如果纸片上有《五经》词句和圣贤名人的姓名,也不敢胡乱地拿去使用。

**【原文】**

　　吾家巫觋祷请,绝于言议;符书章醮,亦无祈焉,并汝曹所见也。勿为妖妄之费。

**【译文】**

　　我们家对请那些男巫女巫招神弄鬼的事,从来不会考虑的;也不请道士设坛醮祭,求符驱鬼。这些都是你们所亲眼看到的。以后你们也不要把钱花在这些装神弄鬼的虚妄的事情上。

## 第六篇　风操

**【原文】**

　　吾观《礼经》,圣人之教:箕帚匕箸,咳唾唯诺,执烛沃盥,皆有节文,亦为至矣。但既残缺,非复全书;其有所不载,及世事变改者,学达君子,自为节度,相承行之,故世号士大夫风操。而家门颇有不同,所见互称长短;然其阡陌,亦自可知。昔在江南,目能视而见之,耳能听而闻之;蓬生麻中,不劳翰墨。汝曹生于戎马之间,视听之所不晓,故聊记录,以传示子孙。

**【译文】**

　　我看《礼经》上讲的都是圣人的教诲:在长辈面前如何使用簸箕、扫帚,如何使用勺筷,咳嗽、吐痰应当注意什么,如何持烛照明、端盆送水侍奉长辈洗手等,所有这些礼节,在书中都有明确的规定,说得已经十分完备了。只是《礼经》本身就已经残缺，不十分完整了；其中没有记载的内容，以及随着世事的变迁而改变的地方，博学通达之士便自己去权衡度量，沿袭施行，所以世人称之为士大夫风度节操。而各个家庭所规定的风度也略有不同，对这些礼仪的看法也各有长短。不过大体的门径总是可以看得出的。从前在江南的时候，这些风度节操能亲眼见到，亲耳听到；就像蓬草生长在大麻中，不用依靠绳墨也能长得很直。你们生于兵荒马乱的年代，没能受到耳濡目染，所以我姑且将这些风度节操记录下来，流传给子孙后代。

## 【原文】

《礼》曰："见似目瞿，闻名心瞿。"有所感触，恻怆心眼；若在从容平常之地，幸须申其情耳。必不可避，亦当忍之；犹如伯叔兄弟，酷类先人，可得终身肠断，与之绝耶？又："临文不讳，庙中不讳，君所无私讳。"益知闻名，须有消息，不必期于颠沛而走也。梁世谢举，甚有声誉，闻讳必哭，为世所讥。又有臧逢世，臧严之子也，笃学修行，不坠门风。孝元经牧江州，遣往建昌督事，郡县民庶，竞修笺书，朝夕辐辏，几案盈积，书有称"严寒"者，必对之流涕，不省取记，多废公事，物情怨骇，竟以不办而还。此并过事也。

近在扬都，有一士人讳审，而与沈氏交结周厚，沈与其书，名而不姓，此非人情也。

凡避讳者，皆须得其同训以代换之：桓公名白，博有五皓之称；厉王名长，琴有修短之目。不闻谓布帛为布皓，呼肾肠为肾修也。梁武小名阿练，子孙皆呼练为绢；乃谓销炼物为销绢物。恐乖其义。或有讳云者，呼纷纭为纷烟；有讳桐者，呼梧桐树为白铁树，便似戏笑耳。

## 【译文】

《礼记·杂记》上说："见到与亡父、亡母长得十分相像的人，听到与亡父、亡母相同的名字，心里就很不安。"这是因为心中有所感触，自然心中感动；如果是在一般的情况下，在平常的地方，当然必须把这种思念之情宣泄流露出来。如果无法回避，就应该把这种情感克制住。比如叔伯、兄弟与父亲长得极为相像，难道可以因为见了面总是悲伤而与他们断绝交往吗？《礼记·曲礼》上说："读文章时不避父讳；在宗庙中祭祀祖先时不避父祖之讳；臣子在君王面前说话时不避私家之讳。"因而，当听见与父母名字相同的字眼时，首先应该对此加以斟酌考虑，不必都要求急于回避。梁朝有个叫谢举的人，声望很高，他每次听到父母的名字，就大哭一场，因而遭到世人的讥讽嘲笑。还有一个叫臧逢世的人，是臧严的儿子，他学问品行都好，无愧于臧家的门第。梁元帝负责管理江州时，派他前往建昌县督察公事。郡县的民众争着向他上书汇报，日夜不停，桌子上堆满了公文。他一看见文书中提到"严寒"二字，就痛哭流涕，连文件里讲的是什么也弄不清了，这样影响了公事，群众很有意见，他竟因此而被撤职了。这些做法都太过分了。

近几年在扬州地区，我见到一位读书人取名"审"，他与一位姓"沈"的人交情深厚，姓沈的人给他写信，只署名字，不署姓氏。这就不太合乎人情了。

大凡必须避讳的字，都应该用词义相近的字来替代。齐桓公名叫小白，所以博戏中的"五白"变成了"五皓"；汉代淮南厉王名叫长，琴原来称作长短，为了避讳，改说成修短。但没有听说为了避讳"布帛"说成"布皓"，将"肾肠"说成"肾修"。梁武帝小名叫阿练，他的子孙为了避讳，将"练"说成"绢"，于是将"销炼"东西说成"销绢"东西。这恐怕就不十分妥当了。甚至有人为了避讳"云"字，将"纷纭"说成"纷烟"；为了避讳"桐"字，将"梧桐"说成"白铁树"，这就几乎和开玩笑差不多了。

## 【原文】

周公名子曰禽，孔子名儿曰鲤，止在其身，自可无禁。至若卫侯、魏公子、楚太子，皆名虮虱；长卿名犬子，王修名狗子，上有连及，理未为通，古之所行，今之所笑也。北土多有名儿为驴驹、豚子者，使其自称及兄弟所名，亦何忍哉？前汉有尹翁归，后汉有郑翁归，梁家亦有孔翁归，又有顾翁宠；晋代有许思妣、孟少孤，如此名字，幸当避之。

今人避讳，更急于古。凡名子者，当为孙地。吾亲识中有讳襄、讳友、讳同、讳清、讳和、讳禹，交疏造次，一座百犯，闻者辛苦，无憀赖焉。

昔司马长卿慕蔺相如，故名相如，顾元叹慕蔡邕，故名雍，而后汉有朱伥字孙卿，许暹字颜回，梁世有庾晏婴、祖孙登，连古人姓为名字，亦鄙事也。

## 【译文】

周公给儿子取名叫禽，孔子给儿子取名叫鲤，这些名字只与被命名的人本身有关，自然没有什么不可以。至于像卫侯、魏公子、楚太子都取名叫虮虱；司马长卿又叫犬子，王修名叫狗子，这种名字就牵连到他们的父辈，所以在情理上有所不通了。古人的这种命名方法，现在的人觉得十分可笑。北方人常给儿子取驴驹、豚子之类的名字。儿子长大后，自己称呼自己或兄弟称呼他的时候，该怎么受得了呢？前汉有人叫尹翁归，后汉有人叫郑翁归，梁朝也有人叫孔翁归，又有人叫顾翁宠；晋代有人叫许思妣、孟少孤，这类名字都是应当避免的。

现代人的避讳，比古代人还要讲究。为儿子取名字时，要为儿孙着想。我的亲友中有的避讳"襄"，有的避讳"友"，有的避讳"同"，有的避讳"清"，有的避讳"和"，有的避讳"禹"，与他们交往疏远的人稍不留心，就很容易犯忌讳，以致一次座上屡屡有人冒犯，听到的晚辈感到麻烦和痛苦，而且无所适从。

从前，司马长卿因为很钦慕蔺相如，所以就将名字改为相如；顾元叹钦慕蔡邕，所以改名为雍。后汉的朱伥字孙卿，许暹字颜回，梁代有人叫庚晏婴、祖孙登，这些人把古人连名带姓用到自己的名和字中，这种做法也是很庸俗浅薄的。

## 【原文】

昔刘文饶不忍骂奴为畜产，今世愚人遂以相戏，或有指名为豚犊者。有识傍观，犹欲掩耳，况当之者乎？

近在议曹，共平章百官秩禄，有一显贵，当世名臣，意嫌所议过厚。齐朝有一两士族文学之人，谓此贵曰："今日天下大同，须为百代典式，岂得尚作关中旧意？明公定是陶朱公大儿耳！"彼此欢笑，不以为嫌。

## 【译文】

从前有个叫刘文饶的人，不忍心用畜生一类的字眼来骂奴仆，而当今有些愚蠢的人，相互开玩笑时就用畜生这类词，有的人用猪儿、牛犊称呼别人。有见识的旁观者尚且捂着耳朵不忍心听，何况被戏弄的人呢？

最近一些天，我在议曹和众人一起讨论百官俸禄的事，有一位大官，是当代的名臣，他对讨论中的百官俸禄过高表示不满。原属齐朝的一二位士族文学侍从，对这位显贵说："现在天下统一了，天下大同，我们应该为后世树立一个典范，哪能用过去的老观念来衡量呢？您一定是陶朱公的大儿子吧！"说罢彼此大笑，都对这种戏谑不嫌忌。

## 【原文】

昔侯霸之子孙，称其祖父曰家公；陈思王称其父为家父，母为家母；潘尼称其祖曰家祖：古人之所行，今人之所笑也。今南北风俗，言其祖及二亲，无云家者；田里猥人，方有此言耳。凡与人言，言己世父，以次第称之，不云家者，以尊于父，不敢家也。凡言姑姊妹女子子：已嫁，则以夫氏称之；在室，则以次第称之。言礼成他族，不得云家也。子孙不得称家者，轻略之也。蔡邕书集，呼其姑姊为家姑家姊，班固书集，亦云家孙，今并不行也。

凡与人言，称彼祖父母、世父母、父母及长姑，皆加尊字，自叔父母已下，则加贤字，尊卑之差也。王羲之书，称彼之母与自称己母同，不云尊字，今所非也。

## 【译文】

过去，侯霸的子孙，把自己的祖父称为家公；陈思王曹植把自己的父亲称为家父，把自己的母亲称为家母；潘尼把他的祖父称为家祖：古人的这种称呼法，今人会认为是可笑的。如今南北的风俗，却没有把祖父和父母称为家祖家父家母的；只有那些下里巴人才这么称呼。一般说来，在与别人谈话，说到自己的伯父的时候，应该按长幼顺序称呼，不冠以"家"的原因，是因为伯父比父亲年长，不敢称家某某。凡是称呼姑姊妹等女子，已出嫁的就以她丈夫的姓氏称呼，未出嫁的就用长幼排行顺序来称呼。这意味着女子一行婚礼就成为夫家的人了，不能再称家某某。称呼子孙不能称家某，那样显得对他们过于轻慢。蔡邕在文集中，称他的姑姑、姐姐为家姑、家姐；班固在文集中称他的孙子为家孙。这种称呼现在已经过时不用了。

一般来说，在与人谈话时，称呼对方的祖父母、伯父母、父母以及姑姑，都要加个"尊"字；叔父、叔母以下的辈分，就加个"贤"字。这样显示出尊卑的差别。王羲之在文章中，称呼别人的母亲和称呼自己的母亲相同，不加"尊"字，现在认为，这种做法是非常不礼貌的。

## 【原文】

南人冬至岁首，不诣丧家；若不修书，则过节束带以申慰。北人至岁之日，重行吊礼；礼无明文，则吾不取。南人宾至不迎，相见捧手而不揖，送客下席而已；北人迎送并至门，相见则揖，皆古之道也，吾善其迎揖。

## 【译文】

南方人在冬至、年初的时候，是不会亲自到办丧事的人家吊唁的，只是写封信表示慰问；如果不写信，就等过了冬至、年初，穿着礼服前去吊唁。北方人在冬至和年初的时候，则对吊唁之礼十分重视。这种做法在礼仪上没有明文规定，因而我觉得不可取。当有客人来到时，南方人不到门外迎接，见面只拱手而不行礼作揖，送客时只离开座位并不送到门口。而北方人却都走到门外，宾主相见行礼作揖，这些做法都符合古时礼节，是我所欣赏的。

## 【原文】

昔者，王侯自称孤、寡、不谷，自兹以降，虽孔子圣师，与门人言皆称名也。后虽有臣、仆之称，行者盖亦寡焉。江南轻重，各有谓号，具诸《书仪》；北人多称名者，乃古之遗风，吾善其称名焉。

## 【译文】

从前的帝王、诸侯以孤、寡或不谷等自称。王侯以下的人，即使是孔子这样的大圣人，与他们的门徒谈话时也直呼自己的名字。后来有人自称为臣、仆，但这样做的人也不是太多的。江南人不论地位高低，都有与他相称的自称称号；这些称号在《书仪》中都有记载。北方人大多以名自称，这是古代遗留下来的风尚，这种自称名字的做法也是我所欣赏的。

## 【原文】

言及先人，理当感慕，古者之所易，今人之所难。江南人事不获已，须言阀阅，必以文翰，罕有面论者。北人无何便尔话说，及相访问。如此之事，不可加于人也。人加诸己，则当避之。名位未高，如为勋贵所逼，隐忍方便，速报取了；勿使烦重，感辱祖父。若没，言须及者，则敛容肃坐，称大门中，世父、叔父则称从兄弟门中，兄弟则称亡者子某门中，各以其尊卑轻重为容色之节，皆变于常。若与君言，虽变于色，犹云亡祖亡伯亡叔也。吾见名士，亦有呼其亡兄弟为兄子弟子门中者，亦未为安贴也。北土风俗，都不行此。太山羊侃，梁初入南；吾近至邺，其兄子肃访侃委曲，吾答之云："卿从门中在梁，如此如此。"肃曰："是我亲第七亡叔。非从也。"祖孝徵在坐，先知江南风俗，乃谓之云："贤从弟门中，何故不解？"

## 【译文】

每当说到已故长辈的名字时，按理应当产生悲伤之情。对古人来说，这是非常容易的事，现在的人却觉得很难。不到不得已的时候，江南地区的人是不谈论家世的，如果不得不讲家世祖先的事，就用书面表达，很少当面谈论。北方人经常很随便地谈论家世，互相询问。这种事各人有各人的习惯，不必强加于人。如果别人强加于自己，就应当设法予以回避。如果自己的官职不高，被有权势的人所迫而回避不了，那就要沉住气随机应变，做一些简单的回答，草草了结，不要让谈话反反复复，使祖先受到侮辱。如果父亲已经去世，在提到他的时候，要表情严肃，坐得端端正正，称亡父为大门中；提到去世的伯父、叔父，就称他们为从兄弟门中；提到去世的兄弟，就称兄弟的儿子"某某门中"。根据他们地位的尊卑、身份的高低来确定自己表情上应拿捏的分寸，总之表情要与平时不同。如果与君主谈起自己已故的长辈，虽然也要流露出悲痛的神情，但还是称他们为亡祖、亡伯、亡叔。我见过一些名士，也有称呼自己去世的兄弟为兄子门中、弟子门中，这也不是特别恰当的。北方的风俗，都不这样称呼。泰山有个叫羊侃的人，在梁朝初年归顺南朝。我最近到邺城去，他的侄子羊肃前来询问羊侃的情况，我回答说："你的从兄弟门中在梁朝的情况如何如何。"羊肃说："他是我的亲七叔，不是堂叔。"当时祖孝徵在座，他对南方的风俗比较了解，就对羊肃说："说你从兄弟门中，就是指你去世的叔叔，你怎么不知道呢？"

## 【原文】

古人皆呼伯父叔父，而今世多单呼伯叔。从父兄弟姊妹已孤，而对其前，呼其母为伯叔母，此不可避者也。兄弟之子已孤，与他人言，对孤者前，呼为兄子弟子，颇为不忍；北土人多呼为侄。案：《尔雅》《丧服经》《左传》，侄虽名通男女，并是对姑之称。晋世已来，始呼叔侄；今呼为侄，于理为胜也。

## 【译文】

古代的人都称呼伯父、叔父，现在的人大多单称伯、叔。如果伯父、叔父的子女丧父后，那么在他们面前说话的时候，称他们的母亲为伯母、叔母，这是无法回避的。如果兄弟们去世了，当着兄弟子女的面，与别人谈话时，直呼他们为兄之子、弟之子，是不忍心的，北方人大多呼作"侄"。据考证：在《尔雅》《丧服经》《左传》等书中，"侄"的称呼虽说男女都通用，但都是相对于姑姑而言的。晋代以来，才开始有叔侄的称呼，现在把兄子弟子称为"侄"，从情理上来说，也是比较恰当的。

## 【原文】

别易会难，古人所重；江南饯送，下泣言离。有王子侯，梁武帝弟，出为东郡，与武帝别，帝曰："我年已老，与汝分张，甚以恻怆。"数行泪下。侯遂密云，赧然而出。坐此被责，飘飖舟渚，一百许日，卒不得去。北间风俗，不屑此事，歧路言离，欢笑分首。然人性自有少涕泪者，肠虽欲绝，目犹烂然；如此之人，不可强责。

## 【译文】

离别容易，再见面就困难了，所以古人十分重视离别之情。江南人饯行时，谈到分离就掉眼泪。梁朝有位亲王已经被封侯，他是梁武帝的弟弟。他在要去东方郡县任职之前，与梁武帝告别。梁武帝说："我已经老了，和你分离，真是很伤心。"说罢，禁不住眼泪都流出来了。亲王虽然表情沉重，却哭不出来，面带愧色地离开了皇宫。他因此受到指责，在渡口往返徘徊了一百多天，最终还是没有离开。北方的风俗却不屑于离别的凄切，送别时，总是欢笑着分别。当然有的人天生不爱流泪，即使悲痛得肝肠寸断，两眼依然亮闪闪的，对这样的人，我们既不能勉强，也不能责备他。

## 【原文】

凡亲属名称，皆须粉墨，不可滥也。无风教者，其父已孤，呼外祖父母与祖父母同，便人为其不喜闻也。虽质于面，皆当加外以别之；父母之世叔父，皆当加其次第以别之；父母之世叔母，皆当加其姓以别之；父母之群从世叔父母及从祖父母，皆当加其爵位若姓以别之。河北士人，皆呼外祖父母为家公家母，江南田里间亦言之。以家代外，非吾所识。

【译文】

一般来说，称呼亲戚，都应用不同词语加以分别，不可随便称呼。没有教养的人，在祖父祖母去世后，称呼外祖父、外祖母，与称呼祖父、祖母相同，这让听的人很不舒服。即使是当面称呼，也应当加个"外"字来区别；称呼父母的伯父、叔父，都应当加上他们的长幼顺序来区别；称呼父母的伯母、叔母，都应当加上她们的姓氏来区别；称呼父母的堂伯父、堂伯母、堂叔父、堂叔母、堂祖父、堂祖母，都应当加上他们的爵位或者姓氏来区别。黄河以北地区的士人都称呼外祖父、外祖母为家公、家母，江南乡间百姓也有这样称呼的。为什么用"家"来代替"外"？其中的缘故我就不清楚了。

【原文】

凡宗亲世数，有从父，有从祖，有族祖。江南风俗，自兹已往，高秩者，通呼为尊；同昭穆者，虽百世犹称兄弟；若对他人称之，皆云族人。河北士人，虽三二十世，犹呼为从伯从叔。梁武帝尝问一中土人曰："卿北人，何故不知有族？"答云："骨肉易疏，不忍言族耳。"当时虽为敏对，于礼未通。

【译文】

同宗亲属的世系辈分，有伯父、叔父、堂祖父以及族祖较远的宗亲。江南的风俗，从这开始延伸，辈分高、有官品的人，应该在称呼上加"尊"字；同一祖宗的后人，即使已经过了百代，对于同辈的人，也称作兄弟，而对外人说的时候，都说是"族人"。黄河以北地区的士人，即使隔了二三十代，仍然称作堂伯、堂叔。梁武帝问一个中原士人说："你是北方人，怎么不知道'族人'这种称呼？"士人回答说："同宗骨肉之间的关系容易疏远，所以不忍心用族人这个称呼。"当时他的回答虽说很机敏，在礼节上却是讲不通的。

【原文】

吾尝问周弘让曰："父母中外姊妹，何以称之？"周曰："亦呼为丈人。"自古未见丈人之称施于妇人也。吾亲表所行，若父属者，为某姓姑；母属者，为某姓姨。中外丈人之妇，猥俗呼为丈母，士大夫谓之王母、谢母云。而《陆机集》有《与长沙顾母书》，乃其从叔母也，今所不行。

【译文】

我曾经问周弘让："父母的表姐妹应该怎么称呼？"周弘让回答说："把她们

称作丈人。"自古以来还没见过用"丈人"来称呼女人的。我是这样称呼我的姑表亲的：如果是父亲的姐妹，就称她为某姓姑；如果是母亲的姐妹，就称她为某姓姨。自己家和外家丈人的妻子，在乡下称作丈母；而士大夫则以王母、谢母来称呼。《陆机集》中有《与长沙顾母书》一文，这个顾母，是陆机的堂叔母，这种称呼现在已经不通行了。

## 【原文】

齐朝士子，皆呼祖仆射为祖公，全不嫌有所涉也，乃有对面以相戏者。

## 【译文】

齐朝的那些士人，都把仆射祖珽称为祖公，一点都不忌讳这样的称呼会牵扯到对自家祖父的称呼，甚至还有当着祖珽的面相互取笑的。

## 【原文】

古者，名以正体，字以表德，名终则讳之，字乃可以为孙氏。孔子弟子记事者，皆称仲尼；吕后微时，尝字高祖为季；至汉爰种，字其叔父曰丝；王丹与侯霸子语，字霸为君房。江南至今不讳字也。河北士人全不辨之，名亦呼为字，字固呼为字。尚书王元景兄弟，皆号名人，其父名云，字罗汉，一皆讳之，其余不足怪也。

《礼·间传》云："斩缞之哭，若往而不反；齐缞之哭，若往而反；大功之哭，三曲而偯；小功缌麻，哀容可也，此哀之发于声音也。"《孝经》云："哭不偯。"皆论哭有轻重质文之声也。礼以哭有言者为号，然则哭亦有辞也。江南丧哭，时有哀诉之言耳；山东重丧，则惟呼苍天，期功以下，则惟呼痛深，便是号而不哭。

## 【译文】

古时候人的名字，名用来表明身份，字则用来表示德行。人去世后，要避讳他的名，字却可以作为孙辈的氏。例如，孔子的弟子在记录孔子的言行时，都称他为仲尼；吕后贫贱的时候，曾经以汉高祖刘邦的字称呼他为季；到汉代的爰种，叫他叔叔的字为丝；王丹与侯霸的儿子说话时，也直接用侯霸的字君房来称呼；江南至今不避讳先人的字。黄河以北地区的士大夫们对名和字完全不加区别，名也称作字，字自然也叫作字。尚书王元景兄弟俩，都被称作是名人，他俩的父亲名云，字罗汉，他俩对父亲的名和字全都加以避讳，其余人的各种各样的避讳，就不足为怪了。

《礼记·间传》说："披戴斩缞孝服的人，一痛哭便至气竭，仿佛再回不过气来似的；披戴齐缞孝服的人，悲声阵阵连续不断；披戴大功孝服的人，哭起来要一声三折，余音犹存；披戴小功、缌麻孝服的人，脸上显出哀痛的表情也就可以了。这些就是哀痛之情通过声音表现出来的不同情况。"《孝经》上说："孝子痛哭父母的哭声，气竭而后止，哭声不会带有余音。"这些话都论说哭声有轻微、沉重、质朴、和缓等种种不同。按礼俗以哭时带有话语者叫作号，如此则哭泣也可带有言辞了。江南地区在居丧哭泣时，经常杂有哀诉的话语；从前山东一带在披戴斩缞孝服的丧事中哭泣时，只知喊天呼地，在披戴齐缞、大功、小功以下丧服的丧事中哭泣时，则只是倾诉自己的悲痛多么深重，这就是号而不哭。

## 【原文】

江南凡遭重丧，若相知者，同在城邑，三日不吊则绝之；除丧，虽相遇则避之，怨其不己悯也。有故及道遥者，致书可也；无书亦如之。北俗则不尔。江南凡吊者，主人之外，不识者不执手；识轻服而不识主人，则不于会所而吊，他日修名诣其家。

## 【译文】

江南地区，一般遇到大的丧事，如果是相互了解的知心朋友，且又在同一城邑居住，假如三天之内不去吊唁，丧家就与他断绝交往；丧期过后，即使在路上迎面相见，也会避开他，这是怨恨他们不怜恤自己。如果是在外地的，或另有原因不能前来吊唁的，写封信安慰也可以；如果不写信，也照样与他们断绝来往。北方的风俗却不是这样。江南凡是来吊唁的人，除丧主之外，不会与不相识的人握手；认识丧家的远亲而不认识丧主，就不必到现场吊丧，过几天，准备了名帖，再到丧家表示慰问就行了。

## 【原文】

阴阳说云："辰为水墓，又为土墓，故不得哭。"王充《论衡》云："辰日不哭，哭必重丧。"今无教者，辰日有丧，不问轻重，举家清谧，不敢发声，以辞吊客。道书又曰："晦歌朔哭，皆当有罪，天夺其算。"丧家朔望，哀感弥深，宁当惜寿，又不哭也？亦不谕。

## 【译文】

阴阳家认为："辰日是水墓，又是土墓，因此辰日是不能哭丧的。"王充的《论衡·辩祟》中说："辰日不应该哭丧，要是哭丧就会再死人。"现在一些不明白的人，辰日遇到丧事，就不分轻丧还是重丧，全家静悄悄的，不敢发出哭声，还以此为由谢绝前来吊丧的客人。道家认为："晦日唱歌，朔日哭泣，都是有罪的，上天会减损他们寿命的。"如果有人在辰日遇到丧事，心中悲痛万分，难道只是因为怕自己减寿，就不敢哭丧了吗？这让人很不理解。

【原文】

　　偏傍之书，死有归杀。子孙逃窜，莫肯在家；画瓦书符，作诸厌胜；丧出之日，门前然火，户外列灰，祓送家鬼，章断注连。凡如此比，不近有情，乃儒雅之罪人，弹议所当加也。

【译文】

　　旁门左道之类的书籍，说人死后鬼魂会在某一天回到家中。这一天，丧家的子孙们都逃避在外，谁也不肯留在家中；还画符书用各种方法来镇压先人的鬼魂。出殡的那一天，丧家就在门前烧火，将草灰撒在庭院里，将鬼魂送走，写奏章给上天断绝家人和"鬼"的关系。诸如此类的做法，都是不讲情理的，这么做看起来很儒雅，实为罪人，应该受到指责批评。

【原文】

　　已孤，而履岁及长至之节，无父，拜母、祖父母、世叔父母、姑、兄、姊，则皆泣；无母，拜父、外祖父母、舅、姨、兄、姊，亦如之。此人情也。

　　江左朝臣，子孙初释服，朝见二宫，皆当泣涕；二宫为之改容。颇有肤色充泽，无哀感者，梁武薄其为人，多被抑退。裴政出服，问讯武帝，贬瘦枯槁，涕泗滂沱，武帝目送之曰："裴之礼不死也。"

【译文】

　　父亲或母亲去世之后，每到过年和冬至的时候，假如没了父亲的，就要拜见母亲、祖父母、世叔父母、姑母、兄长、姐姐，同时还要哭泣；假如没了母亲，就要拜见父亲、外祖父母、舅舅、姨母、兄长、姐姐，也要哭泣。这些都是人之常情啊。

　　梁朝的大臣去世后，他们的子孙除去丧服，上朝拜见皇帝和太子的时候，都要哭泣流泪；皇帝和太子会因感动而改变脸色。但也有一些肤色面容很丰润饱满的人，完全没有守丧期间很悲痛的样子，梁武帝便看不起他们的为人，这些人大多被斥退。裴政脱去丧服，行僧礼朝见梁武帝的时候，身体瘦弱，形体枯槁，哭泣也不能自止，涕泪横流，梁武帝目送着他出去，说："裴之礼（裴父）虽死犹生啊！"

【原文】

　　二亲既殁，所居斋寝，子与妇弗忍入焉。北朝顿丘李构，母刘氏，夫人亡后，所住之堂，终身锁闭，弗忍开入也。夫人，宋广州刺史纂之孙女，故构犹染江南风教。其父奖，为扬州刺史，镇寿春，遇害。构尝与王松年、祖孝徵数人同集谈宴。孝徵善画，遇有纸笔，图写为人。顷之，因割鹿尾，戏截画人以示构，而无他意。构怆然动色，便起就马而去。举坐惊骇，莫测其情。祖君寻悟，方深反侧，当时罕有能感此者。吴郡陆襄,父闲被刑,襄终身布衣蔬饭,虽姜菜有切割,皆不忍食;居家惟以掐摘供厨。江宁姚子笃,母以烧死,终身不忍啖炙。豫章熊康,父以醉而为奴所杀,终身不复尝酒。然礼缘人情,恩由义断,亲以噎死,亦当不可绝食也。

## 【译文】

父亲和母亲都去世后,父母生前斋戒时住的房屋,儿子与媳妇都不忍心进去。北朝顿丘郡的李构,在他的母亲刘太夫人去世后,就把母亲所住的堂屋一直紧锁着,不忍心开门进屋。刘氏是刘宋时代广州刺史刘纂的孙女,所以李构是受了江南风俗的影响。李构的父亲李奖,是扬州刺史,他在镇守寿春时遇害。李构曾经与王松年、祖孝徵等人在一起宴饮闲谈。祖孝徵擅长画画,正巧有纸笔,就画了几个人像。过了一会儿,他因为割取宴席上的鹿尾就开玩笑地把人像斩断给李构看,他本没有别的意思,只是顺手割断而已。李构看后却非常悲伤,脸色都变了,起身跃马而去。在座的人都很惊讶,不知道这是怎么回事。祖孝徵过了一会儿才醒悟过来,才明白李构是因为他割画中人而想到父亲被杀害的事悲痛万分。祖孝徵感到十分惶恐不安,当时很少有人对这样的事那么敏感。吴郡的陆襄,父亲陆闲被斩首,陆襄终身穿布衣吃蔬菜,而且蔬菜也不切不割,即使是姜菜,只要被刀切过,都不忍心食用,烧菜时,只是用手将菜拉断掐断。江宁的姚子笃,母亲是被大火烧死的,他因此终身不忍心吃烤肉。豫章郡的熊康,父亲因酒醉而被奴仆杀害,他因此终身不再喝酒。然而礼节是由人情而制定的,报答恩德也要依据教义,如果父母是被噎死的,也该不致因此而不再吃东西了吧。

## 【原文】

《礼经》:父之遗书,母之杯圈,感其手口之泽,不忍读用。政为常所讲习,雠校缮写,及偏加服用,有迹可思者耳。若寻常坟典,为生什物,安可悉废之乎?既不读用,无容散逸,惟当缄保,以留后世耳。

思鲁等第四舅母,亲吴郡张建女也,有第五妹,三岁丧母。灵床上屏风,平生旧物,屋漏沾湿,出曝晒之,女子一见,伏床流涕。家人怪其不起,乃往抱持;荐席淹渍,精神伤怛,不能饮食。将以问医,医诊脉云:"肠断矣!"因尔便吐血,数日而亡。中外怜之,莫不悲叹。

父之遗书,母之杯圈,感其手口之泽,不忍读用

## 【译文】

《礼经》上说：父亲遗留下来的书籍，母亲使用过的杯子，因为经过父母的手口，有着留存的气息，所以儿子不忍心阅读和使用。因为这些书籍正好是亡父经常研读的，或是亲手誊写校对过的，或是特别常用的，书上留有他们使用过的痕迹，所以会触发思念之情。如果只是一般的书籍，以及一些生活必需品，怎么能全部不用呢？既然不用，又不允许随意散失，那么只有封存起来，留给后世了。

颜思鲁等人的四舅母，是吴郡张建的亲生女儿，她的五妹三岁时母亲就去世了。灵床上摆设的屏风，是母亲生前用过的旧物。有一次房屋漏雨，把屏风给淋湿了，家里人把它拿出去晒，五妹一见到屏风，对母亲的思念之情油然而生，就伏在灵床上痛哭流涕。过了很长时间，家里人还不见她站起来，觉得奇怪，就过去扶她，只见灵床已经被泪水浸透了。她的神气也极其沮丧，不思饮食，家里人让大夫给她看病，大夫诊脉以后说："她悲伤过度，肠子已都断了！"她从此吐血不止，没几天就死了。亲戚都很可怜她，没有一个不悲伤感叹的。

## 【原文】

《礼》云："忌日不乐。"正以感慕罔极，恻怆无聊，故不接外宾，不理众务耳。必能悲惨自居，何限于深藏也？世人或端坐奥室，不妨言笑，盛营甘美，厚供斋食；迫有急卒，密戚至交，尽无相见之理：盖不知礼意乎！

## 【译文】

《礼记》上说："忌日不宴饮作乐。"正因为对亡故的父母有说不尽的感念思慕之情，悲伤哀痛，所以这天不接待宾客，不处理事务。但是若真能自觉做到悲伤怀念，又何必非得关在家里不出门呢？世间有些人虽然端坐在深室，可是却并不妨碍他们谈笑风生，他们依旧置办丰富的饮食，对亡者也供奉着丰厚的斋食；遇到十分紧迫的事情，或是至亲好友来访，他们却认为没有接见的道理：他们是不明白礼的本质啊！

## 【原文】

魏世王修，母以社日亡。来岁社日，修感念哀甚，邻里闻之，为之罢社。今二亲丧亡，偶值伏腊分至之节，及月小晦后，忌之外，所经此日，犹应感慕，异于余辰，不预饮宴、闻声乐及行游也。

## 【译文】

三国魏时期，王修的母亲在社日这天去世。第二年的社日，王修感念母亲的恩德，非常悲伤，邻里乡亲听说了这件事，就停止了社日的活动。如果父母去世的忌日，正逢伏日、腊日、春分、秋分、冬至、夏至，以及"月小晦后"的那一天，人们应遵守除一般的忌讳规矩外，在这些日子里，也应当追思亡父、亡母，不同于平常日子，不参加宴饮，不听音乐，不出门游玩。

## 【原文】

刘绍、缓、绥，兄弟并为名器，其父名昭，一生不为照字，惟依《尔雅》火旁作召耳。然凡文与正讳相犯，当自可避；其有同音异字，不可悉然。刘字之下，即有昭音。吕尚之儿，如不为上；赵壹之子，傥不作一：便是下笔即妨，是书皆触也。

## 【译文】

刘绍、刘缓、刘绥兄弟三个都是名人，他们的父亲叫刘昭，因而，他们一生不谈、不写"照"字，只是遵从《尔雅》，将"昭"写作"炤"。然而，凡是文字正好与人名相同而犯了避讳，自然应当回避，如果是同音字，就不可以全都回避了。"刘"字下半部就与"昭"字同音。吕尚的儿子如果不能读写"上"字，赵壹的儿子如果不能读写"一"字，那真是一下笔就有妨碍，只要一写字就会触犯忌讳了。

## 【原文】

尝有甲设宴席，请乙为宾；而旦于公庭见乙之子，问之曰："尊侯早晚顾宅？"乙子称其父已往，时以为笑。如此比例，触类慎之，不可陷于轻脱。

## 【译文】

曾经有某甲摆下了酒宴，准备请某乙来做客，在早上的时候，某甲在公庭遇到某乙的儿子，就问他："令尊大人什么时候可以光临寒舍？"这个儿子却回答说他父亲已经去了，当时被传为笑话。像这类的事情，凡碰上后就该慎重对待它，千万不能轻佻、草率。

## 【原文】

江南风俗，儿生一期，为制新衣，盥浴装饰，男则用弓矢纸笔，女则刀尺针缕，并加饮食之物，及珍宝服玩，置之儿前，观其发意所取，以验贪廉愚智，名之为试儿。亲表聚集，致宴享焉。自兹已后，二亲若在，每至此日，尝有酒食之事耳，无教之徒，虽已孤露，其日皆为供顿，酣畅声乐，不知有所感伤。梁孝元年少之时，每八月六日载诞之辰，常设斋讲；自阮修容薨殁之后，此事亦绝。

## 【译文】

江南的风俗，在小孩生下来满一周岁的时候，要给孩子做新衣、洗澡并装扮起来。如果是男孩，就将弓箭、纸笔摆在他面前；如果是女孩，就将刀尺、针线摆在她面前。此外，再摆上食物、珠宝、古玩，看看孩子抓取哪一样东西，用这来预测孩子将来是聪明还是愚笨，是贪婪还是廉洁，这就叫作"试儿"。这一天，亲朋好友都来聚会，主人设宴招待他们。从这以后，如果双亲都还健在，每到这一天，就要置办酒席来宴请宾客。可是无知的人，父亲去世后，每到这一天，还依然摆设酒食，尽兴饮酒，纵情声乐，而不知道应该有所感伤。过去梁朝孝元帝，年少的时候，每逢八月六日生日这一天，总要吃斋念佛，举办宣讲佛法的集会。自从太后阮修容过世后，这件事也就停止了。

## 【原文】

人有忧疾，则呼天地父母，自古而然。今世讳避，触途急切。而江东士庶，痛则称祢。祢是父之庙号，父在无容称庙，父殁何容辄呼？《苍颉篇》有"㐈"字，《训诂》云："痛而谇也，音羽罪反。"今北人痛则呼之。《声类》音于耒反，今南人痛或呼之。此二音随其乡俗，并可行也。

## 【译文】

人如果忧愁痛苦或疾病缠身，就呼叫天地父母，从古到今都是这个样子的。不过如今的人很忌讳这样，认为这样呼叫冒犯了天地父母。江东的士大夫和平民患病疼痛时，就呼叫"祢"。父亲的庙号称作"祢"，父亲在世不允许称呼庙号，父亲去世了怎么能随意称呼呢？《苍颉篇》中有"㐈"字，《训诂》解释说：这是疼痛时发出的呼叫，读音是羽罪反。现在北方人遭受痛苦时就呼叫"㐈"。南方的《声类》说"㐈"字的读音是于耒反。现在南方人遭受痛苦时也有呼叫"㐈"的。"㐈"的两种读音只要依照各自的风俗就行，都是可以并存使用的。

## 【原文】

梁世被系劾者，子孙弟侄，皆诣阙三日，露跣陈谢；子孙有官，自陈解职。子则草屩粗衣，蓬头垢面，周章道路，要候执事，叩头流血，申诉冤情。若配徒隶，诸子并立草庵于所署门，不敢宁宅，动经旬日，官司驱遣，然后始退。江南诸宪司弹人事，事虽不重，而以教义见辱者，或被轻系而身死狱户者，皆为怨仇，子孙三世不交通矣。到洽为御史中丞，初欲弹刘孝绰，其兄溉先与刘善，苦谏不得，乃诣刘涕泣告别而去。

## 【译文】

梁朝，如果官吏因犯法而被拘禁，他的子孙、兄弟、侄儿都要光着脚、披头散发到京城宫门前谢罪三天。子孙中有当官的，不但要去谢罪，还应自己请求解除官职。儿子要穿草鞋粗衣，不梳洗，诚惶诚恐，在路上徘徊不定地等候执事，见了执事就不断磕头，直到流血，为父亲申诉冤情。如果父亲被发配，成为服劳役的罪犯，所有的儿子要一起在衙门前搭个草棚居住，不敢安稳地住在家里，往往要在这草庵中住上十天半月，直到官府不让住才回到自己家中。江南的御史，有弹劾纠察官吏的权力。有的官吏的案情并不严重，只是由于违背教义，就遭到御史的污辱，或者是稍微受到牵连而被囚禁以致死在牢狱之中，御史因此与人结下了冤仇，双方的子孙三代都不会相互来往。例如，到洽是御史中丞，正打算弹劾刘孝绰，他的哥哥到溉从前与刘孝绰关系十分要好，因而对弟弟进行了苦苦劝阻，但最终未能成功，只好到刘孝绰家，流泪向他告别，然后黯然离去了。

## 【原文】

兵凶战危，非安全之道。古者，天子丧服以临师，将军凿凶门而出。父祖伯叔，若在军阵，贬损自居，不宜奏乐宴会及婚冠吉庆事也。若居围城之中，憔悴容色，除去饰玩，常为临深履薄之状焉。父母疾笃，医虽贱虽少，则涕泣而拜之，以求哀也。梁孝元在江州，尝有不豫，世子方等亲拜中兵参军李猷焉。

## 【译文】

兵器是凶器，战争是危险的事，都不是安全之道。在古时候，天子身穿丧服出征，将军则凿开凶门率军出发。如果父亲、祖父、伯父、叔父征战沙场，晚辈在家中要自我约束，不奏乐，不宴饮，不举行婚礼、冠礼等吉庆典礼。如果长辈被围困在城中，晚辈就不要修饰面容，将装饰品和玩赏之物全部除掉，常流露出如临深渊、如履薄冰的谨慎神情。父母病情很严重，前去请医生时，即使医生地位低、年纪轻，也应该流着泪行礼拜见，哀求他为父母诊断治疗。梁朝孝元帝在江州时，曾经得了重病，太子萧方等就亲自拜请中兵参军李猷为父治病。

## 【原文】

四海之人，结为兄弟，亦何容易。必有志均义敌，令终如始者，方可议之。一尔之后，命子拜伏，呼为丈人，申父友之敬；身事彼亲，亦宜加礼。比见北人，甚轻此节，行路相逢，便定昆季，望年观貌，不择是非，至有结父为兄，托子为弟者。

## 【译文】

来自不同地方的异姓之人，结拜为兄弟，这谈何容易。必须是志同道合，始终如一的人，方才可以考虑这件事。只有这样，然后才让儿子拜见自己的结义兄弟，以丈人来称呼他，表示孩子对父亲朋友的敬意。自己对结义兄弟的双亲，也应该以礼相待。如今发现北方人对这个礼节十分疏忽，他们行路相逢也可以随便结拜为兄弟，只是看对方的年纪与外表是否合适，而不是辨别是非，甚至还有和父辈的人结拜为兄弟，将儿子辈的人当作弟弟之类的事。

**【原文】**

昔者，周公一沐三握发，一饭三吐餐，以接白屋之士，一日所见者七十余人。晋文公以沐辞竖头须，致有图反之消。门不停宾，古所贵也。失教之家，阍寺无礼，或以主君寝食嗔怒，拒客未通，江南深以为耻。黄门侍郎裴之礼，号善为士大夫，有如此辈，对宾杖之。其门生僮仆，接于他人，折旋俯仰，辞色应对，莫不肃敬，与主无别也。

**【译文】**

过去，周公接待贫贱的贤士的时候，洗头时曾三次绾起头发停下来，吃饭时曾三次吐出正在咀嚼的食物，一天接见了七十多人。晋文公有一次以正在洗头为借口，拒绝接见宫中的小臣头须，头须因此讥讽他思虑颠倒。不让宾客滞留在门前，这种礼节是古人所崇尚的。缺乏教养的人家，守门人也没有礼貌，有时用主人正在睡觉、吃饭、发怒等为借口，将客人拒之门外，不予通报。江南人认为这样做很没面子。黄门侍郎裴之礼，被称作士大夫中的佼佼者，如果发现仆人怠慢宾客，就当着客人的面用棍棒处罚这个仆人。家中的侍者与仆人接待宾客时，通报迅速，言行举动，严肃恭敬，对待宾客像主人一般不二。

## 第七篇　慕贤

**【原文】**

古人云："千载一圣，犹旦暮也；五百年一贤，犹比髆也。"言圣贤之难得，疏阔如此。傥遭不世明达君子，安可不攀附景仰之乎？吾生于乱世，长于戎马，流离播越，闻见已多。所值名贤，未尝不心醉魂迷向慕之也。人在年少，神情未定，所与款狎，熏渍陶染，言笑举动，无心于学，潜移暗化，自然似之。何况操履艺能，较明易习者也？是以与善人居，如入芝兰之室，久而自芳也；与恶人居，如入鲍鱼之肆，久而自臭也。墨子悲于染丝，是之谓矣。君子必慎交游焉。孔子曰："无友不如己者。"颜、闵之徒，何可世得！但优于我，便足贵之。

**【译文】**

古人说："一千年有一位圣人出现，已经近得像从早到晚那么快了；五百年出现一位贤人，已经密得像肩碰肩一样了。"这话是说圣贤之人是很不容易出现的。因而，如果遇上罕见的圣贤之人，怎么能不亲近仰慕他呢？我生于乱世，在兵荒马乱中流离飘荡，看到的、听到的已经很多了。遇到有名望的贤人，未尝不心醉神迷、向往倾慕。人在年轻的时候，思想性格尚未定型，所接近的人很容易在自己身上产生影响，即使无心效仿，在潜移默化中，言谈举止也与贤人有许多相似之处；操行才能，受贤人的影响就更明显了。因此，与好人相处，如同进入放满芝兰的房屋，时间久了，自然也会染上香气；与坏人相处，如同进入满是鲍鱼的店铺，时间久了，自然会染上臭味。墨子看见白丝浸在黄色染缸就变黄，浸在黑色染缸就变黑，因而发出感叹，指的就是这个道理。君子结交朋友一定要慎重。孔子说："不要跟不如自己的人结交朋友。"颜渊、闵子骞之类的贤人，一辈子也难得遇上一位！只要一个人比我强，那么他就值得我敬重。

【原文】

世人多蔽，贵耳贱目，重遥轻近。少长周旋，如有贤哲，每相狎侮，不加礼敬。他乡异县，微藉风声，延颈企踵，甚于饥渴。校其长短，核其精粗，或彼不能如此矣。所以鲁人谓孔子为东家丘。昔虞国宫之奇，少长于君，君狎之，不纳其谏，以至亡国，不可不留心也。

【译文】

在当今世上，流传着一种弊病，对耳闻十分看重，却对亲眼看到的事物很轻视，相信听到的远处的东西，轻视见到的近处的事物。从小一起长大的人，如果其中有贤能聪明的，却不知加以礼敬，还常常对他轻侮怠慢。而他乡异地的人，稍有名气，有些人就只凭借耳闻，盲目崇拜，伸长脖子，踮起脚跟，如饥似渴地盼望。若核实其长短，考察其优劣，远处的贤人或许还不如身边的贤人。所以鲁国人都不把孔子当成圣人，而把他称为东家丘。从前虞国的宫之奇，比国君略大一二岁。国君不知尊重他，不肯接受他的劝谏，最终导致国家灭亡。这种教训不能不注意啊！

【原文】

用其言，弃其身，古人所耻。凡有一言一行，取于人者，皆显称之，不可窃人之美，以为己力；虽轻虽贱者，必归功焉。窃人之财，刑辟之所处；窃人之美，鬼神之所责。

【译文】

采用了一个人的意见，而不能厚待这个人，对古人来说是件可耻的事情。凡是一句话或一件事是从他人处取来的，都应该说明出处，不能夺人所好，据为己有；自己所效法的人，即使地位低下，身份卑贱，也应该归功于他。盗取别人的财物，要受到法律的制裁；窃取别人的功绩，鬼神也要对他施以惩罚。

## 【原文】

梁孝元前在荆州，有丁觇者，洪亭民耳，颇善属文，殊工草隶。孝元书记，一皆使之。军府轻贱，多未之重，耻令子弟以为楷法，时云："丁君十纸，不敌王褒数字。"吾雅爱其手迹，常所宝持。孝元尝遣典签惠编送文章示萧祭酒，祭酒问云："君王比赐书翰，及写诗笔，殊为佳手，姓名为谁？那得都无声问？"编以实答。子云叹曰："此人后生无比，遂不为世所称，亦是奇事。"于是闻者稍复刮目。稍仕至尚书仪曹郎，末为晋安王侍读，随王东下。及西台陷殁，简牍湮散，丁亦寻卒于扬州。前所轻者，后思一纸，不可得矣。

## 【译文】

当初，梁朝的孝元帝在荆州时，有一位幕僚名叫丁觇，是洪亭的一位普通民众，擅长写文章，还善于书写草书、隶书。孝元帝发布的公文、命令，全部由他来办理承担。将帅幕府中的大多数人，认为丁觇出身低微，瞧不起他，觉得让子弟跟他学书法是可耻的事。当时流传着这样一句话："丁君十张纸，不如王褒几个字。"我对丁君的书法一向十分喜爱，常常收集他的墨迹加以珍藏。孝元帝曾派名叫惠编的典签，将丁觇的文章送给书法家萧祭酒看，萧祭酒问道："君王近来赐送的文章的作者和抄写文章的人，真是一位高手。不知这个人叫什么名字？怎么从未听说过呢？"惠编就把实情告诉他。他赞叹道："真是后生可畏，世人当中竟没有赏识他的，真是一件奇事！"于是，听说了这件事的人，才渐渐地对丁觇稍加重视了。丁觇的官职逐渐地升到尚书仪曹郎，后来又担任晋安王的侍读，跟随晋安王顺江东行。后来江陵西台发生战事陷落敌手，文书典籍大量散失，丁觇不久也死于扬州。那些以前瞧不起他的人，后来想得到一张他的手迹，已经不可能了。

## 【原文】

侯景初入建业，台门虽闭，公私草扰，各不自全。太子左卫率羊侃坐东掖门，部分经略，一宿皆办，遂得百余日抗拒凶逆。于时，城内四万许人，王公朝士，不下一百，便是恃侃一人安之，其相去如此。古人云："巢父、许由，让于天下；市道小人，争一钱之利。"亦已悬矣。

齐文宣帝即位数年，便沉湎纵恣，略无纲纪；尚能委政尚书令杨遵彦，内外清谧，朝野晏如，各得其所，物无异议，终天保之朝。遵彦后为孝昭所戮，刑政于是衰矣。斛律明月，齐朝折冲之臣，无罪被诛，将士解体，周人始有吞齐之志，关中至今誉之。此人用兵，岂止万夫之望而已哉！国之存亡，系其生死。

张延儁之为晋州行台左丞，匡维主将，镇抚疆场，储积器用，爱活黎民，隐若敌国矣。群小不得行志，同力迁之。既代之后，公私扰乱，周师一举，此镇先平。齐亡之迹，启于是矣。

## 【译文】

侯景刚攻入建业的时候，台城城门虽关闭了，但里面官员兵将和百姓都很恐慌，都觉得不安全。太子左卫率羊侃坐镇东掖门，分兵部署，处置筹划，一夜之间就安排妥当，使城内军心民心安定下来，才得以坚守了一百多天。当时城内有四万人左右，其中王公大臣不下百人，只依仗羊侃一个人得以安身。人的才能高低，就有如此的不同。古人说："巢父、许由，把天下这样贵重的大利都推让掉了；而市井小人，却为一个小钱争夺不休。"他们之间的境界高低也相差太大了。

齐朝文宣帝即位没几年，就放纵恣肆，沉溺于酒色，无法无天。但他总算还能将朝政授权于尚书令杨遵彦，才能天下太平，朝野相安无事，各得其所，民众对国家大事没有非议，这种局面一直延续到天保末年。后来杨遵彦被孝昭帝杀害，国家的政治就从此衰落下去。斛律明月是齐朝安邦御敌的主帅，无辜被杀，因而导致军心涣散，北周才顿生吞并齐国的野心。在关中，人们至今还怀念着斛律明月。这个人用兵打仗，又岂止是千军万马众望所归！他的生死，牵系着国家的存亡。

张延隽在担任晋州行台左丞时，帮助主将镇守边疆，储备兵器，积蓄器物，爱护黎民百姓，使晋州威重得足以抵一个敌国。一些不得志的小人，合力排挤他。后来取代他的人，是个无能之辈，将晋州上下弄得一片混乱。北周的军队举兵进攻，晋州首先被扫平。齐朝灭亡的征兆，就是从这开始显露的。

## 第八篇　勉学

## 【原文】

自古明王圣帝，犹须勤学，况凡庶乎！此事遍于经史，吾亦不能郑重，聊举近世切要，以启寤汝耳。士大夫子弟，数岁已上，莫不被教，多者或至《礼》《传》，少者不失《诗》《论》。及至冠婚，体性稍定；因此天机，倍须训诱。有志尚者，遂能磨砺，以就素业，无履立者，自兹堕慢，便为凡人。人生在世，会当有业：农民则计量耕稼，商贾则讨论货贿，工巧则致精器用，伎艺则沉思法术，武夫则惯习弓马，文士则讲议经书，多见士大夫耻涉农商，羞务工伎，射则不能穿札，笔则才记姓名，饱食醉酒，忽忽无事，以此销日，以此终年。或因家世余绪，得一阶半级，便自为足，全忘修学；及有吉凶大事，议论得失，蒙然张口，如坐云雾；公私宴集，谈古赋诗，塞默低头，欠伸而已。有识旁观，代其入地。何惜数年勤学，长受一生愧辱哉！

## 【译文】

自古以来，贤明的君王还不忘勤学，何况平常的人呢！这种事经籍史书中多有记载。我不能一一列举，现在只稍举近世比较重要的事，来启发开导你们。士大夫的子弟，从几岁开始，没有不接受教育的。他们中学得多的，已经学到《礼记》《左传》；学得少的，也学到《诗经》《论语》。到了举行冠礼、成婚的年龄，体质、性情都渐成熟，更要利用他们的灵性，加倍地对他们进行训导教诲。有志向的人，就要经得起磨炼，成就事业；没有志向、缺乏毅力的人，从此懈怠，就变成了平庸之人。人生在世，应当从事一项职业，农民盘算核计耕种庄稼，商人就要商谈买卖交易，工匠致力于制造精巧的器物，艺人潜心钻研技艺，武士经常练习射箭骑马，文人讲解议论经书。但现在却多见一些士大夫，他们不屑于务农、经商，不愿意从事工匠、艺人的职业，射箭则不能射穿盔甲上的叶片，写字只会写自己的名字，整天吃饱喝足，无所事事，以此消磨时光，虚度一生。有的人凭借祖上的余荫，谋得一官半职，就自我满足，全然忘记研习学业；一旦遇上吉凶大事议论得失的场合，就张口结舌，如同坠入云里雾里之中；参加官府及私人宴会，人家在谈古论今、吟诗赋词，他只好装聋作哑一言不发，或者就是打个哈欠，伸个懒腰而已。有见识的旁观者，都替他羞愧，恨不得钻到地下去。这些士大夫为什么当初不花几年工夫刻苦学习，而要一生遭受羞辱呢！

## 【原文】

梁朝全盛之时，贵游子弟，多无学术，至于谚云："上车不落则著作，体中何如则秘书。"无不熏衣剃面，敷粉施朱，驾长檐车，跟高齿屐，坐棋子方褥，凭斑丝隐囊，列器玩于左右，从容出入，望若神仙，明经求第，则顾人答策；三九公宴，则假手赋诗。当尔之时，亦快士也。及离乱之后，朝市迁革，铨衡选举，非复曩者之亲；当路秉权，不见昔时之党。求诸身而无所得，施之世而无所用。被褐而丧珠，失皮而露质，兀若枯木，泊若穷流，鹿独戎马之间，转死沟壑之际。当尔之时，诚驽材也。有学艺者，触地而安。自荒乱以来，诸见俘虏。虽百世小人，知读《论语》《孝经》者，尚为人师；虽千载冠冕，不晓书记者，莫不耕田养马。以此观之，安可不自勉耶？若能常保数百卷书，千载终不为小人也。

## 【译文】

梁朝鼎盛时期，一些官宦人家的子弟，大多不学无术，以至于当时有谚语说："上车不掉下来就可以当著作郎，提笔能写普通的书信就可以做秘书郎。"这些贵族子弟没有一个不是把衣服熏香，把脸刮得干干净净，涂脂抹粉，乘长檐车，穿高齿木屐，坐在方格图案的褥子上，靠着杂色丝绸缝制的靠枕，左右陈放着古玩器物，进进出出，悠然安逸，远远望去，犹如神仙一般。参加科举考试就雇人替考，

常保数百卷书，千载终不为小人也

参加三公九卿的宴会就请人替他作诗。在当时，也算得上快活的人。战乱之后，改朝换代，掌握选拔官吏的人，不再是从前的亲戚，朝中当权的人，不再是旧日的同党，进而想跻身于社会，竟毫无本事，退而想讲求个人的品行，又一无是处。他们披着粗布衣服，失去了珠宝，再也没有华丽的外表，而露出了本来的面目，呆头呆脑像一截枯木，又像即将干涸的河流。在乱军中，他们颠沛无依，暴尸荒野。在这个时候，他们才觉得自己是个无用的人。那些具备真才实学的人，就能随遇而安。自从战乱以来，可以看到那些俘虏中，有些人即使世代都是平民，只要读过《论语》《孝经》，还可以去当老师谋生；有些人即使是世代相传的世家子弟，没有学问不通文墨的，也只好沦为种地养马的奴仆。从中可以看出，怎么能不勉励自己刻苦学习呢？如果能熟读百卷经书，永远也不至于沦为低贱的人。

### 【原文】

　　夫明"六经"之指，涉百家之书，纵不能增益德行，敦厉风俗，犹为一艺，得以自资。父兄不可常依，乡国不可常保，一旦流离，无人庇荫，当自求诸身耳。谚曰："积财千万，不如薄伎在身。"伎之易习而可贵者，无过读书也。世人不问愚智，皆欲识人之多，见事之广，而不肯读书，是犹求饱而懒营馔，欲暖而惰裁衣也。夫读书之人，自羲、农已来，宇宙之下，凡识几人，凡见几事，生民之成败好恶，固不足论，天地所不能藏，鬼神所不能隐也。

### 【译文】

　　读懂"六经"的要旨，弄通百家的著作，即使不能有益于个人德行，改变社会风气，至少还算掌握一门学问，可以靠它自谋生路。父亲、兄长不能长期依靠，家乡邦国也不可能常保无事，一旦颠沛流离，没有人保护，只好靠自己了。谚语说："家财万贯，不如一技在身。"技艺中最容易学习而且值得崇尚的没有比读书更好的了。世上的人不论是聪明还是愚蠢，都希望认识的人多，见识的事广，却不肯用功读书，这就好像想吃得饱却懒得做饭，想穿得暖却不肯去裁制衣服一样。自从伏羲、神农以来，喜欢读书的人，认识了多少人，见识了多少事，看到了人类的成败与好恶，这些固然不值得再说，就连天地万物道理，鬼神之事，也都能通晓。

## 【原文】

有客难主人曰："吾见强弩长戟，诛罪安民，以取公侯者有矣；文义习吏，匡时富国，以取卿相者有矣；学备古今，才兼文武，身无禄位，妻子饥寒者，不可胜数，安足贵学乎？"主人对曰："夫命之穷达，犹金玉木石也；修以学艺，犹磨莹雕刻也。金玉之磨莹，自美其矿璞，木石之段块，自丑其雕刻；安可言木石之雕刻，乃胜金玉之矿璞哉？不得以有学之贫贱，比于无学之富贵也。且负甲为兵，咋笔为吏，身死名灭者如牛毛，角立杰出者如芝草；握素披黄，吟道咏德，苦辛无益者如日蚀，逸乐名利者如秋荼，岂得同年而语矣。且又闻之：生而知之者上，学而知之者次。所以学者，欲其多知明达耳。必有天才，拔群出类，为将则暗与孙武、吴起同术，执政则悬得管仲、子产之教，虽未读书，吾亦谓之学矣。今子即不能然，不师古之踪迹，犹蒙被而卧耳。"

## 【译文】

有位客人追问我说："我看见有的人只靠手执武器，除暴安良，因而获得公侯的爵位；有的人只凭借阐释法度，研习吏道，就去匡救时代，使国家富强，以取得卿相的官职。而那些学通古今、文武双全的人，却没有官禄爵位，妻子儿女饥寒交迫，这种人却多得数不清，这样看来学习又有什么值得崇尚呢？"我回答说："人的命运坎坷或者通达，就好像金玉和木石；钻研学问，掌握本领，就好像琢磨金玉与雕刻木石的手艺。琢磨过的金玉之所以好看，是因为金玉本身是美物；一截木头、一块石头之所以难看，是因为尚未经过雕刻。但我们怎么能说雕刻过的木石胜过尚未琢磨过的宝玉呢？所以，我们不能将有学问的贫贱之士与没有学问的富贵之人相比。而且拿武器去打仗，拿着笔去做官吏，身死名灭的多如牛毛，出类拔萃者则少如芝草。如今，埋头读书，传扬道德文章的人，劳而无益的，少如日食；追求名利，耽于

不得以有学之贫贱，比于无学之富贵也

享乐的人多如秋草。二者怎么能同日而语呢？况且，我又听说：'生下来不学就会的人，是天才；经过学习才会的人，就差了一等。'因而，学习是使人增长知识，明白通达。如果说有天才的话，一定是出类拔萃的人，当将领就暗中知晓了孙子、吴起的兵法；当宰相就同于管仲、子产的政治素养，像这样的人，即使不读书，我也说他们是已经学过了。你们现在既然不能达到这样的水平，再不去学古人，就像盖着被子蒙头大睡，什么也不知道。"

## 【原文】

人见邻里亲戚有佳快者，使子弟慕而学之，不知使学古人，何其蔽也哉？世人但知跨马被甲，长矟强弓，便云我能为将；不知明乎天道，辨乎地利，比量逆顺，鉴达兴亡之妙也。但知承上接下，积财聚谷，便云我能为相；不知敬鬼事神，移风易俗，调节阴阳，荐举贤圣之至也。但知私财不入，公事夙办，便云我能治民；不知诚己刑物，执辔如组，反风灭火，化鸱为凤之术也。但知抱令守律，早刑晚舍，便云我能平狱；不知同辕观罪，分剑追财，假言而奸露，不问而情得之察也。爰及农商工贾，厮役奴隶，钓鱼屠肉，饭牛牧羊，皆有先达。可为师表，博学求之，无不利于事也。

## 【译文】

人们一看见邻里乡亲中有优秀的人，就让自己的子弟钦慕而向他们学习，却不知道让子弟向古人学习，这是多么愚昧无知啊！世人只看到当将军的骑马披甲，挺长矛挽强弓，就认为自己也能当将军；而不知道明辨天时地利，估量敌我形势的优劣，洞悉国家兴亡的规律。只知道当宰相的秉承旨意，指挥下属，积累财富，囤积粮食，就认为自己能当卿相；而不知道敬奉鬼神，移风易俗，调顺阴阳，推贤荐能等重要职责。只知道不谋取私利，不贪图钱财，勤于公务，就认为自己能治理百姓；而不知道治民要有自己诚心为民示范，要像良御驾车一样得心应手，要有因势利导止风灭火，化鸱鸟恶鸟为凤凰的本领。只知道司法的谨守法令规律，及早判罪，延迟赦免，就认为自己也会审理案件；而不知道同辕观罪，分剑追财，用假言诱使伪诈者暴露，无须反复审问就能使案情自明等种种技巧。总而言之，不管是务农的、做工的、经商的、当仆人的、做奴隶的，还是钓鱼的、杀猪的、喂牛的、放羊的，他们中间都曾出现过贤明通达之人，可以作为学习的表率。如果能广泛地向他们学习，对事业会有帮助。

## 【原文】

夫所以读书学问，本欲开心明目，利于行耳。未知养亲者，欲其观古人之先意承颜，怡声下气，不惮劬劳，以致甘腝，惕然惭惧，起而行之也。未知事君者，欲其观古人之守职无侵，见危授命，不忘诚谏，以利社稷，恻然自念，思欲效之也。素骄奢者，欲其观古人之恭俭节用，卑以自牧，礼为教本，敬者身基，瞿然自失，敛容抑志也；素鄙吝者，欲其观古人之贵义轻财，少私寡欲，忌盈恶满，赒穷恤匮，赧然悔耻，积而能散也；素暴悍者，欲其观古人之小心黜己，齿弊舌存，含垢藏疾，尊贤容众，茶然沮丧，若不胜衣也；素怯懦者，欲其观古人之达生委命，强毅正直，立言必信，求福不回，勃然奋厉，不可恐慑也；历兹以往，百行皆然。纵不能淳，去泰去甚。学之所知，施无不达。世人读书者，但能言之，不能行之，忠孝无闻，仁义不足；加以断一条讼，不必得其理；宰千户县，不必理其民；问其造屋，不必知楣横而梲竖也；问其为田，不必知稷早而黍迟也；吟啸谈谑，讽咏辞赋，事既优闲，材增迂诞，军国经纶，略无施用：故为武人俗吏所共嗤诋，良由是乎！

## 【译文】

读书钻研学问，本来是为了启发智力，开阔视野，以利于自己的品行。对于那些不知奉养父母的人，应当让他们看看古人如何尊崇父母的心意，顺承父母的愿望，和颜悦色地与父母说话，不怕劳苦地去为父母做好吃的东西，从而使他们感到惭愧恐惧，进而仿效古人行孝道。对于那些不知侍奉君王的人，要让他们借鉴古人忠于职守，不滥用职权，危难之中勇于承担责任，不忘劝谏，为国家社稷谋利的品行，从而使他们躬身反省，念念不忘效法古人。对于那些一向骄奢淫逸的人，要让他们借鉴古人恭敬省俭，谦卑自持，以礼让为修身养性的根本，以恭敬为待人处世的基础，从而使他们警觉自己的过失，有所收敛，有所节制。对于那些一向鄙陋吝啬的人，要让他们借鉴古人重义气，轻钱财，少私欲，忌满盈，能周济贫苦百姓，使他们悔恨以前的所作所为，从而做到既能聚积财物，又能施舍与人。对于那些一向残暴凶悍的人，要让他们借鉴古人小心谨慎，懂得坚齿易亡、柔舌久存的道理，容忍别人的缺点，敬重贤者，宽待众人的品行，从而使他们幡然悔悟，学会谦让。对于那些一向懦弱的人，要让他们借鉴古人乐天达命，刚毅正直，言而有信，祈求福运而不悖逆祖道的原则，使他们奋发励志，不再胆怯恐惧。除此之外，多方面的品行，都可以从书中得到借鉴。即使无法学得完整，也能够避免极端过分的言行。只要多学习，做起事来就会得心应手。然而现在有些读书人，只知空谈，却不能实行，忠义谈不上，仁义也很欠缺。再加上他们审断一桩官司，不一定明了其中的道理；当县令，也不一定亲自治理百姓；盖房子，不懂得楣是横的、梲是竖的；从事耕作，不知道农作物的生长规律；只知道吟啸谈笑，讽咏辞赋，事是很悠闲的，但人则更迂腐荒诞，对统军治国、筹划安邦是毫无办法的。因而这些人遭到军士胥吏的讥讽诋毁，也实在是事出有因啊！

## 【原文】

夫学者所以求益耳。见人读数十卷书,便自高大,凌忽长者,轻慢同列。人疾之如仇敌,恶之如鸱枭。如此以学自损,不如无学也。

## 【译文】

人们学习是为了有所收获。可我看有些人,其实只读了几十卷书,就自高自大,不把长者放在眼里,对同辈更是十分傲慢轻视。人们像憎恶仇敌一样憎恶这种人,像厌恨鸱鸟一样厌恨这种人。像这样因为有了点学问反而使自己的品行招致损害,还不如没有学问。

## 【原文】

古之学者为己,以补不足也;今之学者为人,但能说之也。古之学者为人,行道以利世也;今之学者为己,修身以求进也。夫学者犹种树也,春玩其华,秋登其实;讲论文章,春华也,修身利行,秋实也。

## 【译文】

古人学习是为了自己,用学习来弥补自己的不足;现在的人学习是为了别人,只求能说会道,向别人炫耀。古人学习是为了别人,实践真理,为社会谋利;现在的人学习是为了自己,提高自己的学问修养是为了谋取官禄爵位。学习就像种树,春天可以观赏花朵,秋天可以收获果实;研习讨论文章,如同赏玩春花,修身养性为社会谋利,如同收获秋实。

## 【原文】

人生小幼,精神专利,长成已后,思虑散逸,固须早教,勿失机也。吾七岁时,诵《灵光殿赋》,至于今日,十年一理,犹不遗忘;二十之外,所诵经书,一月废置,便至荒芜矣。然人有坎壈,失于盛年,犹当晚学,不可自弃。孔子云:"五十以学《易》,可以无大过矣。"魏武、袁遗,老而弥笃,此皆少学而至老不倦也。曾子七十乃学,名闻天下;荀卿五十,始来游学,犹为硕儒;公孙弘四十余,方读《春秋》,以此遂登丞相;朱云亦四十,始学《易》《论语》;皇甫谧二十,始受《孝经》《论语》:皆终成大儒,此并早迷而晚寤也。世人婚冠未学,便称迟暮,因循面墙,亦为愚耳。幼而学者,如日出之光,老而学者,如秉烛夜行,犹贤乎瞑目而无见者也。

## 【译文】

人在小的时候,精神易于集中;长大以后,心思就容易分散。因此,必须

重视早期教育，不能错过良机。我七岁的时候，背诵过《灵光殿赋》，直到现在，每隔十年温习一遍，仍然没有遗忘；二十岁以后背诵过的经书，虽也会背，但只要有一个月不温习，就忘得差不多了。然而，人的一生有许多坎坷，要是年轻时失去了学习的机会，到了晚年也应该加紧学习，不能自暴自弃。孔子说："到了五十岁学习《易经》，就可以避免大的过错。"曹操和袁遗，到了晚年更加专心刻苦，这两个人都是从小就好学，而到了晚年仍能坚持。曾子七十岁才开始学习，后来名闻天下；荀子五十岁才出来游学，还成为一代宗师；公孙弘四十多岁才读《春秋》，并因此而做了卿相；朱云也是四十多岁才开始学《易经》《论语》；皇甫谧二十岁才学《孝经》《论语》，而他们最后都成了大儒。这些人都是年少的时候不用功，到老了才醒悟过来的例子。世上的人到了结婚、加冠的年龄，如果还没有开始学习，就觉得一切都晚了，于是就这样一直拖延下去，就像面对墙壁，什么都看不见一样，也就太愚昧了。小时候好学，就像旭日东升放出的光芒；老的时候好学，就像手持蜡烛在夜里行走，但还是比闭上眼睛、什么也看不见的人强多了。

**【原文】**

　　学之兴废，随世轻重。汉时贤俊，皆以一经弘圣人之道，上明天时，下该人事，用此致卿相者多矣。末俗已来不复尔，空守章句，但诵师言，施之世务，殆无一可。故士大夫子弟，皆以博涉为贵，不肯专儒。梁朝皇孙以下，总丱之年，必先入学，观其志尚，出身已后，便从文吏，略无卒业者。冠冕而为此者，则有何胤、刘瓛、明山宾、周舍、朱异、周弘正、贺琛、贺革、萧子政、刘绍等，兼通文史，不徒讲说也。洛阳亦闻崔浩、张伟、刘芳，邺下又见邢子才：此四儒者，虽好经术，亦以才博擅名。如此诸贤，故为上品，以外率多田野间人，音辞鄙陋，风操蚩拙，相与专固，无所堪能，问一言辄酬数百，责其指归，或无要会。邺下谚云："博士买驴，书券三纸，未有驴字。"使汝以此为师，令人气塞。孔子曰："学也禄在其中矣。"今勤无益之事，恐非业也。夫圣人之书，所以设教，但明练经文，粗通注义，常使言行有得，亦足为人；何必"仲尼居"即须两纸疏义，燕寝讲堂，亦复何在？以此得胜，宁有益乎？光阴可惜，譬诸逝水。当博览机要，以济功业：必能兼美，吾无间焉。

【译文】

　　学习风气的兴盛与衰微，随着世道的变迁而变化。汉代的贤能是以精通一部经书来弘扬圣人之道，上通天文，下知人事，靠这个而做到卿相的人也很多。近世清谈之风盛行以来，读书人拘泥于文章词句，只会背诵师长的言论，如果靠这些东西处理谋生治世之事，就派不上用场了。士大夫子弟都崇尚广泛涉猎各种典籍，不肯像汉人那样专心钻研一经。梁朝贵族子弟，在童年时，必须先让他们入学，观察他们的志向与爱好，但到成年为官以后，就转而学文官的事务，几乎没有人能完成学业。当官的人有这么做的，如何胤、刘瓛、明山宾、周舍、朱异、周弘正、贺琛、贺革、萧子政、刘绍等，他们能够兼通文史，不仅仅是会讲解经术而已。我也听说洛阳有崔浩、张伟、刘芳，邺下有邢子才，这四位学者，不仅喜好经术，也以博学多才闻名。像这样的贤人，才是上品。而其他的人就多是村夫庸人，言语鄙陋，举止粗俗，没有节操，与人相处，固执武断，没有一点本事，问他一句话，就会回答数百句，倘若问他其中的意思到底是什么，他也不知道。邺下有句谚语说："博士去买驴，契约写了三张，还没有写到一个驴字。"尽是一些废话，如果你们拜这样的人为师，就会被他气死。孔子说："好好学习，官禄就在其中。"现在有人只在无益的事上下功夫，大概不能算学业。圣人的典籍，是用来教育人的，只要能阐明经义，略微通晓注文的意思，使人的言行有所依据，足以懂得为人之道就行了。何必"仲尼居"三个字，就用了两张纸来注释，"仲尼居"的"居"是闲居的住所，还是讲习经术的厅堂，这一类的争议又有什么意义？争个谁高谁低，又有什么必要呢？光阴是很宝贵的，应该珍惜，它像流水一样，一去不复返。应当博览经典著作，以成就功业。如果能做到博览与专精两全其美，那样我也就没必要再说什么了。

【原文】

　　俗间儒士，不涉群书，经纬之外，义疏而已。吾初入邺，与博陵崔文彦交游，尝说《王粲集》中难郑玄《尚书》事。崔转为诸儒道之，始将发口，悬见排蹙，云："文集只有诗赋铭诔，岂当论经书事乎？且先儒之中，未闻有王粲也。"崔笑而退，竟不以粲集示之。魏收之在议曹，与诸博士议宗庙事，引据《汉书》，博士笑曰："未闻《汉书》得证经术。"收便忿怒，都不复言，取《韦玄成传》，掷之而起。博士一夜共披寻之，达明，乃来谢曰："不谓玄成如此学也。"

## 【译文】

如今的儒士，往往许多书都没看过，除了研读经书、纬书，也就只读点注解儒家经书的讲疏而已。我刚到邺城的时候，与博陵的崔文彦交往。有一次与他谈起《王粲集》中关于诘难郑玄注解《尚书》的问题。崔文彦转而又与几位儒士谈起这事，刚刚开口，他们就无端斥责说："文集中收录诗歌词赋、铭文诔文，怎么会论述经书的问题呢？况且先前的儒士中，没听说过有王粲这个人。"崔文彦笑了笑，便告退了，也没有把王粲的集子给他们看。魏收任职议曹的时候，曾和几位博士议论宗庙的事，他引用《汉书》作论据，博士笑着说："从来没听说《汉书》能够用来论证儒家经术。"魏收很生气，一句话也不再说，拿出《汉书·韦玄成传》，扔给博士，就起身离开了。博士花了一夜的时间在书中披阅寻找，到了天亮，才前来道歉说："原来不知道韦玄成还有这样的学问。"

## 【原文】

夫老、庄之书，盖全真养性，不肯以物累己也。故藏名柱史，终蹈流沙；匿迹漆园，卒辞楚相，此任纵之徒耳。何晏、王弼，祖述玄宗，递相夸尚，景附草靡，皆以农、黄之化，在乎己身，周、孔之业，弃之度外。而平叔以党曹爽见诛，触死权之网也；辅嗣以多笑人被疾，陷好胜之阱也；山巨源以蓄积取讥，背多藏厚亡之文也；夏侯玄以才望被戮，无支离拥肿之鉴也；荀奉倩丧妻，神伤而卒，非鼓缶之情也；王夷甫悼子，悲不自胜，异东门之达也；嵇叔夜排俗取祸，岂和光同尘之流也；郭子玄以倾动专势，宁后身外己之风也；阮嗣宗沉酒荒迷，乖畏途相诫之譬也；谢幼舆赃贿黜削，违弃其余鱼之旨也：彼诸人者，并其领袖，玄宗所归。其余桎梏尘滓之中，颠仆名利之下者，岂可备言乎！直取其清谈雅论，剖玄析微，宾主往复，娱心悦耳，非济世成俗之要也。洎于梁世，兹风复阐，《庄》《老》《周易》，总谓《三玄》。武皇、简文，躬自讲论。周弘正奉赞大猷，化行都邑，学徒千余，实为盛美。元帝在江、荆间，复所爱习，召置学生，亲为教授，废寝忘食，至乃倦剧愁愤，辄以讲自释。吾时颇预末筵，亲承音旨，性既顽鲁，亦所不好云。

## 【译文】

老子、庄子的著作，强调的是修身养性，保全本质，而不肯因身外之物拖累自己。因此，老子隐姓埋名在周朝担任柱下史，后来又出关到沙漠，隐居起来。庄子在漆园隐身匿迹，后又辞谢楚王召请不肯为相。他们都是无所拘束，自由自在的人。何晏、王弼师法前人，论述道家的深奥玄理，竞相宣扬崇尚老、庄之学。当时的人如影随形，如草随风，都以神农、黄帝的教化作为立身之本，将周公、孔子的儒家经术置之度外。何晏因与曹爽结党而被斩，正触犯了老庄所反对的

"死权"的网；王弼因讥笑别人而遭人憎恨，也陷入老庄所不赞成的"好胜"的陷阱之中；山巨源因蓄积财物而遭人讥讽，这是重蹈积蓄越多、失去越多的覆辙；夏侯玄因炫耀才学名望而被害，这是因为他没有从支离和臃肿大树得以自保的故事中吸取教训；荀奉倩丧妻后，过度悲伤而死，正是因为没有像庄子那样丧妻后鼓盆而歌的通达之情；王夷甫丧子后，悲伤不已，不像东门子丧子后的潇洒豁达；嵇康因不随流入俗而遭祸害，哪里是老子所说的与世无争，不露锋芒之辈；郭象权倾一时，炙手可热，没有达到甘于人后、忘掉自我的境界；阮籍好酒贪杯、荒诞迷乱，背离了险途中应该小心谨慎的古训；谢幼舆因贪赃枉法而被罢免，违背了不应该贪得无厌的教义。这些人，都是老庄学派的领袖人物，为人们所景仰，而还这样直接违反老庄学说。至于那些受到尘世污浊之风的熏染、追逐名利的人，还值得细说吗？他们只会高谈阔论，剖析玄奥微妙的义理，宾主互相问答，只求怡心悦耳，无助于济世济国。到了梁朝，这种清谈之风又盛行起来，《庄子》《老子》《周易》被总称为《三玄》。梁武帝、简文帝都亲自演讲讨论。周弘正奉命传播道教，学徒超过千人，盛况空前。梁元帝在江州、荆州期间，也很喜欢讲习《三玄》，召集门生，亲自传授，废寝忘食，夜以继日，甚至在极度疲倦或忧愁烦闷的时候，也用讲述玄学来排遣。我那时也在现场听他讲授，只是自己生性愚钝，也不太喜欢这一类的说教。

## 【原文】

齐孝昭帝侍娄太后疾，容色憔悴，服膳减损。徐之才为灸两穴，帝握拳代痛，爪入掌心，血流满手。后既痊愈，帝寻疾崩，遗诏恨不见太后山陵之事。其天性至孝如彼，不识忌讳如此，良由无学所为。若见古人之讥欲母早死而悲哭之，则不发此言也。孝为百行之首，犹须学以修饰之，况余事乎！

## 【译文】

齐朝的孝昭帝，在娄太后病重期间，一直在她身边侍候，因此弄得面容憔悴，茶饭不思。当徐之才给娄太后针灸两处穴位的时候，孝昭帝想为娄太后代受疼痛，握紧双拳，指甲刺入手心，血流满手。后来太后病好，孝昭帝却很快就病死了。他留下的诏书中，表示因不能为娄太后送终感到遗憾。孝昭帝天性至孝到如此程度，但不知忌讳又到如此程度，实是由于没有学问造成的。如果他从书中看到古人曾讥讽那些盼着母亲早死就可以为她哭丧的人的记载，就不会说这样的话了。行孝在多种优良品德中居第一位，还需要通过学习去培养完善，更何况别的事呢？

## 【原文】

梁元帝尝为吾说："昔在会稽，年始十二，便已好学。时又患疥，手不得拳，膝不得屈。闲斋张葛帱避蝇独坐，银瓯贮山阴甜酒，时复进之，以自宽痛。率意自读史书，一日二十卷，既未师受，或不识一字，或不解一语，要自重之，不知厌倦。"帝子之尊，童稚之逸，尚能如此，况其庶士，冀以自达者哉？

【译文】

梁元帝曾对我说："从前我在会稽的时候，年纪只有十二岁，就已经爱好学习了，当时我患有皮肤病，手足都不能伸屈自如。我在闲斋中挂上葛布织的帱帐，挡避苍蝇，一人独坐，用小银瓶装上山阴甜酒，不时喝一点，以此来缓解痛楚。这时我就全神贯注地攻读史书，一天读二十卷，当时没有老师传授，遇到不认识的字，不理解的句子，自己就反复揣摩，不知疲倦。"处于帝王之子这样尊贵的地位，又在好逸乐的童年时候，尚且能够如此用功，何况那些希望通过学习以求显达的普通读书人呢？

【原文】

古人勤学，有握锥投斧，照雪聚萤，锄则带经，牧则编简，亦为勤笃。梁世彭城刘绮，交州刺史勃之孙，早孤家贫，灯烛难办，常买荻尺寸折之，然明夜读。孝元初出会稽，精选寮案，绮以才华，为国常侍兼记室，殊蒙礼遇，终于金紫光禄。义阳朱詹，世居江陵，后出扬都，好学，学贫无资，累日不爨，乃时吞纸以实腹。寒无毡被，抱犬而卧，犬亦饥虚，起行盗食，呼之不至，哀声动邻，犹不废业，卒成学士，官至镇南录事参军，为孝元所礼。此乃不可为之事，亦是勤学之一人。东莞臧逢世，年二十余，欲读班固《汉书》，苦假借不久，乃就姊夫刘缓乞丐客刺书翰纸末，手写一本，军府服其志尚，卒以《汉书》闻。

【译文】

古代勤奋好学的例子不胜枚举。苏秦读书时用锥子刺腿以驱赶睡意；文党投斧挂树，毅然前往长安求学；孙康在夜里靠雪地的反光苦读；车胤收集萤火虫照明读书；倪宽、常林耕地时也常带着经书，抽空背诵；温舒一边放牧一边在蒲草上写字，这些都是勤奋学习的榜样。梁朝彭城的刘绮，是交州刺史刘勃的孙子，很小就没了父亲，因家里穷没钱

映雪读书·孙康

买灯烛，就常将买来的荻草折断点燃，用来照明夜读。孝元帝当初出任会稽时，精心挑选了一批官吏，刘绮因才华出众被任命为常侍兼记室参军，很受孝元帝的器重，后来被加封为金紫光禄大夫。义阳的朱詹，世代住在江陵，后来迁到扬都，他刻苦好学，因家中贫困窘迫，有时几天无米下锅，就靠吃废纸来充饥。天冷没有毡被，就抱着狗睡御寒。狗也饿得受不了，跑到外面去偷食，他叫了几声，也没有见它回来，那悲哀的叫声，惊动了四邻。但他依然没有荒废学业，最终学成而做官，官位升到镇南录事参军，受到孝元帝的礼遇。这几乎是一般人无法做到的，他却做到了，也算是勤奋好学的人。东莞郡的臧逢世，二十多岁的时候，想读班固的《汉书》，苦于借来的书不能长期供自己阅读，就向他的姐夫刘缓讨要写名片、书信留下的边角纸，抄录《汉书》。幕府军中的同事都很钦佩他的毅力。臧逢世终于因精通《汉书》而闻名于世。

## 【原文】

齐有宦者内参田鹏鸾，本蛮人也。年十四五，初为阉寺，便知好学，怀袖握书，晓夕讽诵。所居卑末，使役苦辛，时伺闲隙，周章询请。每至文林馆，气喘汗流，问书之外，不暇他语。及睹古人节义之事，未尝不感激沉吟久之。吾甚怜爱，倍加开奖。后被赏遇，赐名敬宣，位至侍中开府。后主之奔青州，遣其西出，参伺动静，为周军所获。问齐主何在，绐云："已去，计当出境。"疑其不信，欧捶服之，每折一支，辞色愈厉，竟断四体而卒。蛮夷童卯，犹能以学成忠，齐之将相，比敬宣之奴不若也。

## 【译文】

齐朝有个宦官，叫田鹏鸾，本来是少数民族人，十四五岁入宫当宦官时就非常好学，总是带着书，早晚背诵。尽管他职位低贱，非常辛苦，但还是抓紧空余时间，向人请教。他每次到文林馆，都累得气喘吁吁，汗流浃背，除了请教书中问题，无暇谈及其他的事情。每每看到书中关于古人守节操、讲仁义的事，总是十分感动，感叹不已。我非常喜欢这个孩子，极力开导鼓励他。后来他得到君王重用，被赐名为敬宣，官位升到侍郎中开府。北齐后主逃往青州之前，让敬宣到西边去侦察动静，结果被北周的军队俘虏，那些人向他盘问北齐后主的去向，他撒谎说："已经逃走了，估计已出了国境。"周军不相信，对他严加拷打，每打断一只手，一只脚，他的声音和神色就变得更加严厉，最终竟然被打断了四肢而死。少数民族的孩子，尚且能通过学习成为忠臣，而齐朝的文官武将，还不如这位名叫敬宣的奴仆。

## 【原文】

邺平之后，见徙入关。思鲁尝谓吾曰："朝无禄位，家无积财，当肆筋力，以申供养。每被课笃，勤劳经史，未知为子，可得安乎？"吾命之曰："子当以养为心，父当以学为教。使汝弃学徇财，丰吾衣食，食之安得甘？衣之安得暖？若务先王之道，绍家世之业，藜羹缊褐，我自欲之。"

## 【译文】

邺城被北周军扫平之后，我们被逼迁徙至关内。那时思鲁曾对我说："现在不在朝中做官没俸禄，家中又没有积攒财产，我应当用自己的体力去挣钱，以尽供养父母的责任。现在您常督促我学习，勤勉致力于经史之学，不知道尽做儿子的义务，这叫我怎能心安？"我训斥他说："当儿子的固然应把供养双亲放在心上，父亲应当以督促你们学习为教育的原则。假如你们放弃学业去谋取钱财，我即使是丰衣足食，也不会感到吃得舒心，穿得暖和。如果你们致力于先王之道，继承祖上的读书传统，我即使是布衣素食，也感到心安理得。"

## 【原文】

《书》曰："好问则裕。"《礼》云："独学而无友，则孤陋而寡闻。"盖须切磋相起明也。见有闭门读书，师心自是，稠人广坐，谬误差失者多矣。《穀梁传》称公子友与莒挐相搏，左右呼曰："孟劳。"孟劳者，鲁之宝刀名，亦见《广雅》。近在齐时，有姜仲岳谓："孟劳者，公子左右，姓孟名劳，多力之人，为国所宝。"与吾苦诤。时清河郡守邢峙，当世硕儒，助吾证之，赧然而伏。又《三辅决录》云，灵帝殿柱题曰："堂堂乎张，京兆田郎。"盖引《论语》，偶以四言，目京兆人田凤也。有一才士，乃言："时张京兆及田郎二人皆堂堂耳。"闻吾此说，初大惊骇，其后寻愧悔焉。江南有一权贵，读误本《蜀都赋》注，解"蹲鸱，芋也"，乃为"羊"字；人馈羊肉，答书云："损惠蹲鸱。"举朝惊骇，不解事义，久后寻迹，方知如此。元氏之世，在洛京时，有一才学重臣，新得《史记音》，而颇纰缪，误反"颛顼"字，顼当为许录反，错作许缘反，遂谓朝士言："从来谬音'专旭'，当音'专翾'耳。"此人先有高名，翕然信行；期年之后，更有硕儒，苦相究讨，方知误焉。《汉书·王莽赞》云："紫色蛙声，余分闰位。"谓以伪乱真耳。昔吾尝共人谈书，言及王莽形状，有一俊士，自许史学，名价甚高，乃云："王莽非直鸱目虎吻，亦紫色蛙声。"又《礼乐志》云："给太官挏马酒。"李奇注："以马乳为酒也，挏挏乃成。"二字并从手，挏挏，此谓撞捣挺挏之，今为酪酒亦然。向学士又以为种桐时，太官酿马酒乃熟。其孤陋遂至于此。太山羊肃，亦称学问，读潘岳赋"周文弱枝之枣"，为杖策之杖；《世本》"容成造历"，以历为碓磨之磨。

## 【译文】

《尚书·仲虺之诰》说:"喜爱提问,就能丰富知识。"《礼记·学记》说:"自己一个人学习,而没有朋友之间的互相切磋,就会变得孤陋寡闻。"这里说人一定要有切磋以互相启发,才能明白。闭门读书的人,容易自以为是,而在大庭广众之中经常出差错。《穀梁传》中提到公子友与莒挐跤,手下的人呼:"孟劳。"孟劳是鲁国的宝刀名,《广雅》中也是这么解释的。最近我在齐国,遇到有个叫姜仲岳的人,他对我说:"孟劳是指公子友旁边那个姓孟名劳的人,这个人力气很大,为国人所重视。"为此他极力和我争辩。当时清河郡的郡守邢峙也在场,他是当代的大儒,出面帮我证明孟劳是宝刀名,姜仲岳这才红着脸表示佩服。再比如,《三辅决录》中说,灵帝宫殿的门柱上题有:"堂堂乎张,京兆田郎。"这句话大概出自《论语》,我认为:它是用"堂堂乎张"四个字来评价京兆的田凤长得相貌堂堂。一位有才学的士人,却认为这句话的意思是说:"当时的张京兆和田凤都长得相貌堂堂。"他听了我的说法以后,一开始觉得很惊讶,后来很快就明白过来,惭愧自己错了。江南有一位权贵,读了有谬误的《蜀都赋》注本,本中将"蹲鸱,就是芋头"误写作"蹲鸱,就是羊头"。因而,他收到别人馈送的羊肉以后,就回信答谢道:"谢谢你送给我的蹲鸱。"大家对他的这种说法都感到很奇怪,不知他写的是什么意思。很久以后弄清真相,才知道是《蜀都赋》之错字造成的误会。北魏时期,洛阳有一位才学渊博的重臣,刚得到一本《史记音》,这本书的注音有很多谬误,书中针对"颛顼"的"顼"字的反切写错了,它本来应该读作许录反,书中误写作许缘反。这位重臣以讹传讹,对朝中人士说:"人们历来都将'颛顼'误读作'专旭',其实应当读作'专翾'才对。"由于他当时名望很高,大家很信服遵从他的说法。一年以后,又有一位大学者经过苦心研究探讨,才知道原来是那位大臣读错了。《汉书·王莽赞》说:"紫色蛙声,余分闰位。"这句话大意是:"王莽篡权是以假乱真。"从前,我曾与别人谈论《汉书》,谈到王莽的相貌。有一俊士,自认为是一个史学家,名望很高,自称精通史学,他说:"王莽不只是眼如鹰目,唇如虎唇,而且脸色发紫,声如蛙鸣。"又如《汉书·礼乐志》说:"给太官挏马酒。"李奇注解说:"以马乳为酒也,挏挏乃成。""挏""挏"两个字,偏旁都从"手"。挏挏这里是指上下捣击、搅拌的意思。现在的酪酒就是这样酿成的。从前的学士认为这句话是说种桐花的时候，太官酿酒才熟。他们孤陋寡闻竟然到了这种程度。泰山的羊肃，也是以博学见称，他读潘岳赋中"周文弱枝之枣"这句话，他将"弱枝"的"枝"误当作"杖策"的"杖"；《世本》中有"容成造历"这句话，他将"历"字当作"碓磨"的"磨"。

## 【原文】

谈说制文，援引古昔，必须眼学，勿信耳受。江南闾里间，士大夫或不学问，羞为鄙朴，道听途说，强事饰辞：呼徵质为周、郑，谓霍乱为博陆，上荆州必称陕西，下扬都言去海郡，言食则馎口，道钱则孔方，问移则楚丘，论婚则宴尔，及王则无不仲宣，语刘则无不公幹。凡有一二百件，传相祖述，寻问莫知原由，施安时复失所。庄生有乘时鹊起之说，故谢朓诗曰："鹊起登吴台。"吾有一亲表，作《七夕》诗云："今夜吴台鹊，亦共往填河。"《罗浮山记》云："望平地树如荠。"故戴暠诗云："长安树如荠。"又邺下有一人《咏树》诗云："遥望长安荠。"又尝见谓矜诞为夸毗，呼高年为富有春秋，皆耳学之过也。

## 【译文】

谈话写文章，援引一些古时典故，必须是从书中亲眼所见，不要相信传闻之辞。江南民间有的士大夫既不勤学好问，又怕文章写得浅近鄙俗，于是利用道听途说来的东西勉强粉饰自己的文章。例如，把索要抵押品说成"周郑"；把霍乱称之为霍光的封号"博陆"；上荆州一定要说成"去陕西"；下扬都一定要说成"去海郡"；讲到吃饭就是"馎口"；把钱称作"孔方"；把迁移说成"楚丘"；把结婚说成"宴尔"；提到王姓的人，无不称"王粲"；说起刘姓的人，无不称"公幹"。这种称呼有一二百种。士大夫们互相沿袭、互相影响，一旦问起他们出自何典则多不知道了，往往用得驴唇不对马嘴。庄子有"乘时鹊起"的说法，于是谢朓便写出了"鹊起登吴台"的诗句；我有一位表亲，作了一首《七夕》诗，则说"今夜吴台鹊，亦共往填河"。《罗浮山记》说："望平地树如荠。"于是戴暠的诗就有"长安树如荠"，邺下有个人在《咏树》诗中也就有了"遥望长安荠"。还有人将狂妄自大称作"夸毗"，将高年称作"富有春秋"。这些都是相信道听途说造成的过错。

## 【原文】

夫文字者，坟籍根本。世之学徒，多不晓字：读《五经》者，是徐邈而非许慎；习赋诵者，信褚诠而忽吕忱；明《史记》者，专徐、邹而废篆籀；学《汉书》者，悦应、苏而略《苍》《雅》。不知书音是其枝叶，小学乃其宗系。至见服虔、张揖音义则贵之，得《通俗》《广雅》而不屑。一手之中，向背如此，况异代各人乎？

夫学者贵能博闻也。郡国山川，官位姓族，衣服饮食，器皿制度，皆欲根寻，得其原本；至于文字，忽不经怀，己身姓名，或多乖舛，纵得不误，亦未知所由。近世有人为子制名：兄弟皆山傍立字，而有名峙者，兄弟皆提手傍立字，而有名机者；兄弟皆水傍立字，而有名凝者。名儒硕学，此例甚多。若有知吾钟之不调，一何可笑。

## 【译文】

文字是典籍的根本。现今世上学习的人，很多不知字义的重要；读《五经》的人，肯定徐邈而否定许慎；学习辞赋的人，信服褚诠而忽视吕忱；读《史记》的人，注重徐野民、邹诞生对音义的研究，而废弃对小篆籀文的钻研；学习《汉书》的人，欣赏应邵、苏林等人的注释，而忽略了《苍颉篇》《广雅》。他们不知道研究语音只是文字的枝叶，研究字义才是文字的根本。有的甚至只看重服虔、张揖研究音义的著作，而不屑于同样是他们所写的《通俗文》《广雅》等更根本的书。对同一个人所写的著作尚且有这么大的差异，何况不同的时代、不同的人呢？

求学的人崇尚广学博闻。大凡郡国、山川、官位、姓族、衣服、饮食、器皿、制度等问题，他们都想要寻根究底，弄清事物的缘由；可是对于文字，他们却掉以轻心，连自己的名字姓氏也常常写错，即使没有错误，也不知道其由来。近代有人为儿子起名：兄弟都以"山"旁的字命名，有的却名叫"峙"；兄弟都以"手"旁的字命名，有的却名叫"机"；兄弟都以"水"旁的字命名，有的却叫"凝"。大学者中，这样的例子也很多。如果被行家看出其中的不协调，该是多么可笑。

## 【原文】

吾尝从齐主幸并州，自井陉关入上艾县，东数十里，有猎闾村。后百官受马粮在晋阳东百余里亢仇城侧。并不识二所本是何地，博求古今，皆未能晓。及检《字林》《韵集》，乃知猎闾是旧邋余聚，亢仇旧是䭫欿亭，悉属上艾。时太原王劭欲撰乡邑记注，因此二名闻之，大喜。

吾初读《庄子》"螝二首"。《韩非子》曰："虫有螝者，一身两口，争令相龁，遂相杀也。"茫然不知此字何音，逢人辄问，了无解者。案：《尔雅》诸书，蚕蛹名螝，又非二首两口贪害之物。后见《古今字诂》，此亦古之虺字，积年凝滞，豁然雾解。

尝游赵州，见柏人城北有一小水，土人亦不知名。后读城西门徐整碑云"洦流东指"。众皆不识。吾案《说文》，此字古魄字也，洦，浅水貌。此水汉来本无名矣，直以浅貌目之，或当即以洦为名乎？

世中书翰，多称勿勿，相承如此，不知所由，或有妄言此忽忽之残缺耳。案：《说文》："勿者，州里所建之旗也，象其柄及三斿之形，所以趣民事，故恩遽者称为匆匆。"

## 【译文】

我曾经跟随北齐文宣帝到过并州，由井陉关进入上艾县，县东几十里，有个猎间村。后来，百官曾在晋阳以东百余里的亢仇镇接受马匹粮食。大家都不知道这二地原来是什么地方，查阅了大量的古今文献也没有查到。直到翻检了《字林》《韵集》，才知道猎间村原来称作"䜅余聚"，亢仇原来称作"馂𩜅亭"，都隶属于上艾县。当时太原的王劭要撰写邑记注，我就把这两个村镇的名称告诉他，他非常高兴。

我刚读《庄子》时，看到"蝍二首"这句话，《韩非子》中说："虫中有蝍，一个身子两张嘴，为争食互相噬咬，因而互相残杀。"我弄不懂"蝍"字的意思，逢人就问，却根本没有人能解释这个字。据查证：《尔雅》等字书认为，蚕蛹名叫"蝍"，但它并不是有两个头两张嘴为抢食而互相残杀的虫子。后来看见《古今字诂》这本书，书中指出："蝍"字就是古代的"虺"字。多年的疑惑豁然开朗、茅塞顿开。

我曾经到过赵州，见柏人城北边有一条小河，当地人也不知道它的名称。后来我读城西门徐整碑的碑文，碑文中有"洦流东指"这句话，大家都不知道这句话是什么意思。我考证《说文解字》，这个"洦"就是古代的"魄"字，用来形容水浅的样子。这条河从汉朝以来就没有名称，只是因为水浅就称它为"洦"，或许就用"洦"字来给它命名吧？

现在人写信，多写"匆匆"一词，这种写法一直沿袭下来，而没有人知道它的由来，有的人就妄加说明："匆匆"是"忽忽"的残缺字。经查阅：《说文解字·勿部》解释说："勿，是乡邑树立的旗帜。""勿"字的字形就像旗杆和旗穗，这种旗帜是用来催促民众抓紧农事的，所以就将紧急匆忙称作"匆匆"。

## 【原文】

吾在益州，与数人同坐，初晴日晃，见地上小光，问左右："此是何物？"有一蜀竖就视，答云："是豆逼耳。"相顾愕然，不知所谓。命取将来，乃小豆也。穷访蜀士，呼粒为逼，时莫之解。吾云："《三苍》《说文》，此字白下为匕，皆训粒，《通俗文》音方力反。"众皆欢悟。

愍楚友婿窦如同从河州来，得一青鸟，驯养爱玩，举俗呼之为鹖。吾曰："鹖出上党，数曾见之，色并黄黑，无驳杂也。故陈思王《鹖赋》云：'扬玄黄之劲羽。'"试检《说文》："鶾雀似鹖而青，出羌中。"《韵集》音介。此疑顿释。

## 【译文】

我在益州的时候，与几个人在一起闲坐，正好天初晴，阳光很明亮，我看见地上有些小小的光亮点，就问左右的人："这是什么东西？"有一蜀地的童仆靠近看了看，回答道："是豆逼。"我们听了不明白，我叫他拿过来，原来是小豆。我几乎问遍了蜀地的士人，为什么都把"粒"叫作"逼"，当时没有谁能解释这中间的道理。我就说："《三苍》《说文》中，这个字就是'白'下加'匕'，都解释为'粒'，《通俗文》注音作'方力反'。"大家高兴地领悟了。

愍楚的连襟窦如同从河州来，他在那边得到一只青色的鸟，驯养作为宠物，所有的人都称这只鸟为鹖。我说："鹖应是上党那边出产的，我曾经多次见过，它的羽毛的颜色全都是黄黑色，没有夹杂其他的颜色。所以曹植的《鹖赋》说：'鹖扬起那黄黑色的劲翅。'"我试着翻检《说文》，上面说："鸩雀像鹖而毛色是青的，出产于羌中。"《韵集》的注音为"介"。这个疑问顿时就消除了。

## 【原文】

梁世有蔡朗者讳纯，既不涉学，遂呼莼为露葵。面墙之徒，递相仿效。承圣中，遣一士大夫聘齐，齐主客郎李恕问梁使曰："江南有露葵否？"答曰："露葵是莼，水乡所出。卿今食者绿葵菜耳。"李亦学问，但不测彼之深浅，乍闻无以覈究。

思鲁等姨夫彭城刘灵，尝与吾坐，诸子侍焉。吾问儒行、敏行曰："凡字与谘议名同音者，其数多少，能尽识乎？"答曰："未之究也，请导示之。"吾曰："凡如此例，不预研检，忽见不识，误以问人，反为无赖所欺，不容易也。"因为说之，得五十许字。诸刘叹曰："不意乃尔！"若遂不知，亦为异事。

## 【译文】

梁朝有位叫蔡朗的忌讳"纯"字，他原本不爱学习，就把莼菜称为"露葵"。那些不学无术之徒，也就跟着盲目地仿效。承圣年间，朝廷派一位士大夫出使北齐，北齐的主客郎李恕在席间问这位梁朝的使臣说："江南有露葵吗？"使臣回答说："露葵就是莼菜，生在水中的，你现在吃的不是露葵，是绿葵菜。"李恕也是有学问的人，只是还不了解对方学问的深浅，猛一听这话也无法去核实推究。

思鲁等人的姨夫是彭城的刘灵，曾经与我同坐闲谈，他的几个孩子在旁边陪侍。我问儒行、敏行兄弟道："凡与你们父亲名字同音的字，一共有多少？你们都能认识吗？"他们回答说："没有探究过这个问题，请您开导指示。"我说："凡是像这一类的字，如果平时不预先翻检研究，忽然见到又不认识，错拿去问人，反而会被无赖所欺骗，所以是不可等闲视之的。"于是我就给他们解说这个问题，一共说出了五十多个字。刘灵的儿子们感叹道："想不到有这样多！"要是他们一点都不了解，那也确实是怪事。

## 【原文】

校订书籍，亦何容易，自扬雄、刘向，方称此职耳。观天下书未遍，不得妄下雌黄。或彼以为非，此以为是；或本同末异；或两文皆欠，不可偏信一隅也。

**【译文】**

校订书籍，也不是容易的事情，只有扬雄、刘向才算是能胜任这个工作的。一个没有看遍全天下书籍的人，就不能妄加修改校订。不同的书籍中，有的这本以为不对，那本以为对；有的观点大同小异；有的两种说法都有偏颇。所以不能偏听偏信，倒向一边。

## 第九篇　文章

**【原文】**

夫文章者，原出"五经"：诏命策檄，生于《书》者也；序述论议，生于《易》者也；歌咏赋颂，生于《诗》者也；祭祀哀诔，生于《礼》者也；书奏箴铭，生于《春秋》者也。朝廷宪章，军旅誓诰，敷显仁义，发明功德，牧民建国，施用多途。至于陶冶性灵，从容讽谏，入其滋味，亦乐事也。行有余力，则可习之。然而自古文人，多陷轻薄：屈原露才扬己，显暴君过；宋玉体貌容冶，见遇俳优；东方曼倩，滑稽不雅；司马长卿，窃赀无操；王褒过章《僮约》；扬雄德败《美新》；李陵降辱夷虏；刘歆反复莽世；傅毅党附权门；班固盗窃父史；赵元叔抗竦过度；冯敬通浮华摈压；马季长佞媚获诮；蔡伯喈同恶受诛；吴质诋忤乡里；曹植悖慢犯法；杜笃乞假无厌；路粹隘狭已甚；陈琳实号粗疏；繁钦性无检格；刘桢屈强输作；王粲率躁见嫌；孔融、祢衡，诞傲致殒；杨修、丁廙，扇动取毙；阮籍无礼败俗；嵇康凌物凶终；傅玄忿斗免官；孙楚矜夸凌上；陆机犯顺履险；潘岳干没取危；颜延年负气摧黜；谢灵运空疏乱纪；王元长凶贼自诒；谢玄晖侮慢见及。凡此诸人，皆其翘秀者，不能悉纪，大较如此。至于帝王，亦或未免。自昔天子而有才华者，唯汉武、魏太祖、文帝、明帝、宋孝武帝，皆负世议，非懿德之君也。自子游、子夏、荀况、孟轲、枚乘、贾谊、苏武、张衡、左思之俦，有盛名而免过患者，时复闻之，但其损败居多耳。每尝思之，原其所积，文章之体，标举兴会，发引性灵，使人矜伐，故忽于持操，果于进取。今世文士，此患弥切，一事惬当，一句清巧，神厉九霄，志凌千载，自吟自赏，不觉更有傍人。加以砂砾所伤，惨于矛戟，讽刺之祸，速乎风尘，深宜防虑，以保元吉。

【译文】

　　文章起源于"五经"；诏书、制命、对策、檄文之类的文章，起源于《尚书》；序、述、论、议等论说文章，起源于《易经》；诗、歌、辞、赋之类的文章，源于《诗经》；祭、祀、哀、诔之类的文章，产生于《礼记》；书、奏、箴、铭等文牍文体，起源于《春秋》。朝廷的宪章，军旅用的誓、诰，都是扬显仁义，彰明功德，治理民众，建设国家等方面，用途是很广泛的。至于用文章来陶冶性情，婉言劝谏，体味文章的妙趣，也是一件赏心乐事。生平行有余力，也可以学作文章。然而自古以来的文人，大多陷于轻浮。例如：屈原就爱显露才华，表现自己，公开暴露君主的过错；宋玉体态容貌艳冶出众，被人看作戏子；东方朔言行滑稽，不够庄重；司马相如图谋资财，没有操守；王褒的过失见于《僮约》；扬雄作《剧秦美新》赞美王莽而败坏了自己的德行；李陵辱没身份，投降匈奴；刘歆在王莽执政时摇摆不定；傅毅依附结党于权贵；班固剽窃父亲写的史书；赵壹过分恃才傲物；冯敬通华而不实遭排挤；马季长谄媚权贵而受人讥诮；蔡邕依附董卓而被杀；吴质横行霸道而触怒乡里；曹植傲慢无礼而触犯国法；杜笃向人借贷而不知满足；路粹心胸过于狭隘；陈琳粗疏狂放；繁钦生性不知检点；刘桢桀骜不驯被罚做苦役；王粲轻率浮躁而遭人厌恶；孔融、祢衡狂放傲慢因而被害；杨修、丁廙蛊惑生事而遭殃；阮籍不守礼节，败坏礼俗；嵇康傲视他人而不获善终；傅玄负气争吵而被免职；孙楚傲慢自负而触怒上司；陆机违背正道，走上险路；潘岳非法侵吞官府资财，自取倾危；颜延年意气用事因而遭贬；谢灵运空放粗疏，违背法纪；王元长叛逆作乱，自己害了自己；谢朓轻侮怠慢他人而被害。以上这些人，都是文人中的杰出者，不能全记述，大抵都是这样。至于帝王中有文采的人，也在所不免。从古以来天子中有才华的人，只有汉武帝、魏太祖、魏文帝、魏明帝、宋孝武帝等。这些人都遭到世人的议论，都不是有美德的君主。至于像子游、子夏、荀况、孟轲、枚乘、贾谊、苏武、张衡、左思之类，有盛名而能免过祸患的，虽时有所闻，但他们大多经历了许多坎坷。我反复思考这件事，推究这种现象是怎样造成的。大概是由于文章的功能在于表达作者的感受，抒发性灵，这容易使人恃才自负，疏忽操守，从而胆大妄为。现在的文人，这种弊病表现得更为明

加以砂砾所伤，惨于矛戟，讽刺之祸，速乎风尘

显。一件事办得恰当，一句话说得清新奇巧，就神飞九霄，趾高气扬，孤芳自赏，自我陶醉，旁若无人。再说，沙砾伤人比矛戟更厉害，讽刺别人招来的祸患比风雷来得更快，这真应当深深防虑，以保大吉大福。

**【原文】**

学问有利钝，文章有巧拙。钝学累功，不妨精熟；拙文研思，终归蚩鄙。但成学士，自足为人。必乏天才，勿强操笔。吾见世人，至无才思，自谓清华，流布丑拙，亦已众矣，江南号为诒痴符。近在并州，有一士族，好为可笑诗赋，诋擎邢、魏诸公，众共嘲弄，虚相赞说，便击牛酾酒，招延声誉。其妻，明鉴妇人也，泣而谏之。此人叹曰："才华不为妻子所容，何况行路！"至死不觉。自见之谓明，此诚难也。

**【译文】**

做学问有聪明和迟钝之别，写文章有灵巧与拙劣之分。迟钝的人研究学问，只要刻苦用功，也能达到精深熟练的水平；笨拙的人写文章，即使深思熟虑，终归鄙俗不堪。只要学问有成，就足以立世为人了。如果天生缺乏才气，就不要勉强提笔撰文。我见过世上的一些人，其实很没有才思，还自以为文笔清新华丽，将其拙劣的文章四处传扬，这样的人不算少了。江南称这种人为"诒痴符"。最近在并州，有一位士族，他喜欢写一些自以为诙谐的诗赋，调侃邢公、魏公，大家都在嘲笑他，假意夸赞他的诗赋。于是他就宰牛筛酒宴请大家，想赢得更多的赞誉。他的妻子是个明白人，哭着劝他不要如此，他叹着气说："我的才华连妻子和儿子都不欣赏，更何况不相干的人呢！"至死都没有醒悟。人贵有自知之明，做到这一点实在是一件很难的事呀。

**【原文】**

学为文章，先谋亲友，得其评裁，知可施行，然后出手；慎勿师心自任，取笑旁人也。自古执笔为文者，何可胜言。然至于宏丽精华，不过数十篇耳。但使不失体裁。辞意可观，便称才士；要须动俗盖世，亦俟河之清乎！

**【译文】**

学写文章，应先和亲朋好友商量，得到他们的肯定，知道可以写作了，然后才动手；千万不能自以为是，被别人所取笑。自古以来执笔写文章的人数不胜数，然而达到气势宏伟、华丽精当的文章不过数十篇而已。写的文章只要不违背结构体裁，辞意还可观，就可以称作才士了。真要使自己的文章惊动流俗，压倒当世，怕也只有等到黄河变清的那一天才有可能吧！

## 【原文】

不屈二姓，夷、齐之节也；何事非君，伊、箕之义也。自春秋已来，家有奔亡，国有吞灭，君臣固无常分矣；然而君子之交绝无恶声，一旦屈膝而事人，岂以存亡而改虑？陈孔璋居袁裁书，则呼操为豺狼；在魏制檄，则目绍为蛇虺。在时君所命，不得自专，然亦文人之巨患也，当务从容消息之。

或问扬雄曰："吾子少而好赋。"雄曰："然。童子雕虫篆刻，壮夫不为也。"余窃非之曰：虞舜歌《南风》之诗，周公作《鸱鸮》之咏，吉甫、史克《雅》《颂》之美者，未闻皆在幼年累德也。孔子曰："不学《诗》，无以言。""自卫返鲁，乐正，《雅》《颂》各得其所"。大明孝道，引《诗》证之。扬雄安敢忽之也？若论"诗人之赋丽以则，辞人之赋丽以淫"，但知变之而已，又未知雄自为壮夫何如也？著《剧秦美新》，妄投于阁，周章怖慑，不达天命，童子之为耳。桓谭以胜老子，葛洪以方仲尼，使人叹息。此人直以晓算术，解阴阳，故著《太玄经》，数子为所惑耳；其遗言余行，孙卿、屈原之不及，安取望大圣之清尘？且《太玄》今竟何用乎？不啻覆酱瓿而已。

## 【译文】

不屈身侍奉二姓的君主，这是伯夷、叔齐的节操；和他们相反，可以侍奉无道的君主，这是伊尹、箕子的原则。可是自从春秋以来，大夫和诸侯的国和家都有变动灭亡被吞并的，君臣之间没有固定的名分。然而，君子之间一旦绝交，绝不互相辱骂。君臣一旦分手，臣子已经屈膝侍奉别的君王了，怎么能因故国的存亡而改变对故君的态度呢？陈琳在袁绍手下为袁绍撰文，就骂曹操是豺狼；后来在曹操麾下为曹操起草檄文，就骂袁绍是蛇虺。当然这是受命于君王，身不由己。然而这也是文人的大毛病，应当慎重对待不可轻率。

有人问扬雄说："你从小就喜欢作赋吗？"扬雄回答说："是的。这不过是小时候的雕虫小技，成年人是不屑于作赋的。"我个人是不同意这种说法的：虞舜所作的《南风》，周公所作的《鸱鸮》，尹吉甫、史克所作的《雅》《颂》等诗，没听说他们因为在年轻时写诗而损坏了德行。孔子说："不学《诗经》就不善辞令。""我从卫国回到鲁国，便开始整理乐章，将《雅》《颂》的诗篇明确归类，各得其所。"孔子弘扬孝道，引用《诗经》为证，扬雄怎么敢于轻视这样的诗赋呢？就他所说"古人诗赋美丽而可供效法，今人的诗赋华艳而过分荒唐"，这只是诗人到辞人的变化而已，我不知道扬雄成年时都写了些什么，他写那本向王莽讨好的《剧秦美新》，又胡乱地从天禄阁上往下跳，整日惊慌失措，恐惧不安，一个人不达天命，这才真是小孩子的所为啊！桓谭认为扬雄胜过老子，葛洪认为扬雄可以与孔子相提并论，这种见解让人感到遗憾。这个扬雄只不过是通晓术数，善解阴阳而写了一部《太玄经》，有些人就被他迷惑了。他一生的所作所为，赶不上荀子、屈原，怎么能步大圣人的后尘呢？再说《太玄经》现在看来又有什么价值呢？也只能用来盖盖酱瓿而已。

## 【原文】

齐世有席毗者，清干之士，官至行台尚书，嗤鄙文学，嘲刘逖云："君辈辞藻，譬若荣华，须臾之玩，非宏才也；岂比吾徒千丈松树，常有风霜，不可凋悴矣！"刘应之曰："既有寒木，又发春华，何如也？"席笑曰："可哉！"

## 【译文】

齐朝有个人叫席毗，是位清廉能干之士，官至行台尚书。他瞧不起文学，就嘲笑刘逖道："你们这类人卖弄辞藻就像花草一样，只能供人短时间的欣赏，不是栋梁之材；怎么能比得上我这样的千丈松树，常遇风霜而不凋零。"刘逖回答说："如果既是栋梁之材，又能表现出如春花般的才情，怎么样？"席毗笑了笑说："那当然好啊！"

## 【原文】

凡为文章，犹人乘骐骥，虽有逸气，当以衔勒制之，勿使流乱轨躅，放意填坑岸也。

## 【译文】

一般来讲，写文章好比人乘快马，虽然有一种飘逸之气，却仍要勒紧缰绳，有所约束，不要让它放任自流，随意乱跑，以至于坠入沟壑。

## 【原文】

文章当以理致为心肾，气调为筋骨，事义为皮肤，华丽为冠冕。今世相承，趋本弃末，率多浮艳。辞与理竞，辞胜而理伏；事与才争，事繁而才损。放逸者流宕而忘归，穿凿者补缀而不足。时俗如此，安能独违？但务去泰去甚耳。必有盛才重誉，改革体裁者，实吾所希。

## 【译文】

文章应该以义理、情致为心肾，以气韵、才调为筋骨，以叙事、用典为皮肤，以华丽辞藻为冠冕。现在世代相承的文风，则舍本逐末，多是写浮艳的文字，言辞与义理相争，突出文辞，掩盖义理；叙事与才调相争，则用事繁复而才思受损，好放逸的人写起来就行为放荡而忘其主旨；穿凿拘泥的，则东修西补，文义不通；现在的时世崇尚如此，个人怎么能独自违背呢？只是去掉太过分的就行了。一定要有一位才华横溢、有崇高声誉的人出来改变这种文风，这实在是我所期望的。

【原文】

古人之文，宏才逸气，体度风格，去今实远；但辑缀疏朴，未为密致耳。今世音律谐靡，章句偶对，讳避精详，贤于往昔多矣。宜以古之制裁为本，今之辞调为末，并须两存，不可偏弃也。

【译文】

古人的文章，才气之宏伟放逸，还有体度风格方面，都远胜于今人的文章。只是在用词遣句、过渡等方面有些粗疏质朴，于是文章就显得不够精致细密。现在的文章，音律和谐华丽，辞句骈偶对称，该避讳的地方也精细周详地考虑到，这些方面比过去好得多了。应该以古文的体制为根本，以今人的文辞音调作补充。二者并存，不可偏废。

【原文】

吾家世文章，甚为典正，不从流俗；梁孝元在蕃邸时，撰《西府新文》，讫无一篇见录者，亦以不偶于世，无郑、卫之音故也。有诗赋铭诔书表启疏二十卷，吾兄弟始在草土，并未得编次，便遭火荡尽，竟不传于世。衔酷茹恨，彻于心髓！操行见于《梁史·文士传》及孝元《怀旧志》。

【译文】

先父的文章，很是典雅纯正，不随世俗。梁朝孝元帝早年在湘东王府的时候，辑录《西府新文》，先父的文章一篇也没被收录。其原因也就是这些文章与潮流不合，没有那种浮艳的文风。先父的文集共二十卷，其中收有诗歌、辞赋、铭文、诔文、上书、奏章、启事等。我们兄弟在服丧期间，还没有来得及将文集加以编辑整理，就遭逢火灾，最终没能让它流传于世，真叫人痛心，这是永远无法弥补的遗憾。父亲的操守品行，在《梁史·文士传》和梁元帝的《怀旧志》中都有记载。

【原文】

沈隐侯曰："文章当从三易：易见事，一也；易识字，二也；易读诵，三也。"邢子才常曰："沈侯文章，用事不使人觉，若胸臆语也。"深以此服之。祖孝徵亦尝谓吾曰："沈诗云：'崖倾护石髓。'此岂似用事邪？"

【译文】

沈约说："文章应该遵循'三易'的原则：一是用典让人明白易懂，二是文字容易让人识认,三是让人易于诵读记忆。"邢子才常说:"沈约的文章,用典使人察觉不出,就好像直抒胸臆一般。"这一点让人非常佩服。祖孝徵也曾对我说:"沈约的诗说'崖倾护石髓',这句话哪里像是在用典啊?"

## 【原文】

邢子才、魏收俱有重名,时俗准的,以为师匠。邢赏服沈约而轻任昉,魏爱慕任昉而毁沈约,每于谈晏,辞色以之。邺下纷纭,各有朋党。祖孝徵尝谓吾曰:"任、沈之是非,乃邢、魏之优劣也。"

## 【译文】

邢子才、魏收都很有名望,当时的人都以他们为标准,以他们为宗师。邢子才欣赏佩服沈约,而轻视任昉,魏收爱戴钦佩任昉而诋毁沈约,他俩常在宴饮聚会时争论得面红耳赤。邺都的人对此也众说纷纭,各处形成宗派。祖孝徵曾对我说:"任昉、沈约谁是谁非,只要看一看邢子才、魏收二人,谁优谁劣就知道了。"

## 【原文】

《吴均集》有《破镜赋》。昔者,邑号朝歌,颜渊不舍;里名胜母,曾子敛襟:盖忌夫恶名之伤实也。破镜乃凶逆之兽,事见《汉书》,为文幸避此名也。比世往往见有和人诗者,题云敬同,《孝经》云:"资于事父以事君而敬同。"不可轻言也。梁世费旭诗云:"不知是耶非。"殷沄诗云:"飘飏云母舟。"简文曰:"旭既不识其父,沄又飘飏其母。"此虽悉古事,不可用也。世人或有文章引《诗》:"伐鼓渊渊"者,《宋书》已有屡游之诮;如此流比,幸须避之。北面事亲,别舅摛《渭阳》之咏;堂上养老,送兄赋桓山之悲,皆大失也。举此一隅,触涂宜慎。

## 【译文】

《吴均集》中有篇《破镜赋》。从前有个城邑名叫朝歌,颜渊因为不崇尚音乐,就不在这里落脚;有个乡里名叫胜母,曾子讲究孝道,就不愿走过那里。这都是因为讨厌其丑恶的名称会玷污了自己的德行。"破镜"是一种凶恶而暴逆的野兽,《汉书》中有明确记载,做文章最好避免写到这名称。近代往往见到有人奉和别人的诗作,题为"敬同",《孝经》里说:"资于事父以事君而敬同。"因而,不能随意用"敬同"这个词。梁代的费旭的诗中说:"不知是耶非。"殷沄的诗中说:"飘飏云母舟。"简文帝则说:"费旭居然不认识他的父亲,殷沄居然让他母亲飘荡。"这些虽然都是过去的事,但现在的人也要注意避讳。世人不识反语的忌讳,在文章中引用《诗经》"伐鼓渊渊"的诗句,《宋书》中曾讥讽这种无知的人。这一类毛病,希望也要避免。尚在侍奉母亲与舅舅告别时,却抒发《渭阳》

丧母别舅的感叹；双亲健在，送别兄长时，却表达《恒山》所吟唱父死卖儿的悲哀，这些都是大大的过失。举这些例子，你们就可以触类旁通，举一反三，处处都应该慎重。

## 【原文】

江南文制，欲人弹射，知有病累，随即改之，陈王得之于丁廙也。山东风俗，不通击难。吾初入邺，遂尝以此忤人，至今为悔；汝曹必无轻议也。

## 【译文】

江南人写好文章以后，希望有人批评指责，知道有不妥的地方就及时改正。陈思王曹植就是从丁廙那里学到了这种习惯。山东地区的风俗，是不许别人对自己的文章提出疑问。我刚到邺都的时候，就曾经因为批评别人的文章而得罪人，如今还为这事感到后悔。你们千万不要轻率地议论别人的文章。

## 【原文】

凡代人为文，皆作彼语，理宜然矣。至于哀伤凶祸之辞，不可辄代。蔡邕为胡金盈作《母灵表颂》曰："悲母氏之不永，然委我而夙丧。"又为胡颢作其父铭曰："葬我考议郎君。"《袁三公颂》曰："猗欤我祖，出自有妫。"王粲为潘文则《思亲诗》云："躬此劳悴，鞠予小人；庶我显妣，克保遐年。"而并载乎邕、粲之集，此例甚众。古人之所行，今世以为讳。陈思王《武帝诔》，遂深永蛰之为思；潘岳《悼亡赋》，乃怆手泽之遗。是方父于虫，匹妇于考也。蔡邕《杨秉碑》云："统大麓之重。"潘尼《赠卢景宣诗》云："九五思飞龙。"孙楚《王骠骑诔》云："奄忽登遐。"陆机《父诔》云："亿兆宅心，敦叙百揆。"《姊诔》云："倪天之和。"今为此言，则朝廷之罪人也。王粲《赠杨德祖诗》云："我君饯之，其乐泄泄。"不可妄施人子，况储君乎？

## 【译文】

凡是代替别人写文章，都要用他的口气，这是很自然的。因而表现哀伤凶祸内容的文章，不能随便替人代笔。蔡邕为胡金盈作《母灵表颂》，文中写道："悲母氏之不永，然委我而夙丧。"又为胡颢代笔替他父亲写墓志铭说："葬我考议郎君。"还有《袁三公颂》中说："猗欤我祖，出自有妫。"王粲替潘文则写的《思亲诗》说："躬此劳悴，鞠予小人；庶我显妣，克保遐年。"这几篇文章都收集在蔡邕、王粲的文集里，这种例子有很多。古人的这种做法，在现在的人看来就是犯了忌讳。陈思王曹植的《武帝诔》，表达了对亡父的怀念之情，却用了"永蛰"一词；潘岳的《悼亡赋》甚至用"手泽"一词表达看到妻子遗物引起的悲怆。前者是将父亲比作永远冬眠的虫子，后者以悼念双亲的语言来悼念亡妻。蔡邕的《杨秉碑》

说"统大麓之重",潘尼的《赠卢景宣诗》说"九五思飞龙",孙楚的《王骠骑诔》说"奄忽登遐",陆机的《父诔》中有"亿兆宅心,敦叙百揆"一语,《姊诔》中有"倪天之和",这些只能用在君王身上的词语,今人若用这些,那就是大逆不道了。王粲的《赠杨德祖诗》说"我君饯之,其乐洩洩",这句表示郑庄公和母亲母子重新和好的话,是不能随便妄用于一般人的儿女的,何况还是太子呢?

## 【原文】

挽歌辞者,或云古者《虞殡》之歌,或云出自田横之客,皆为生者悼往告哀之意。陆平原多为死人自叹之言,诗格既无此例,又乖制作本意。

凡诗人之作,刺箴美颂,各有源流,未尝混杂,善恶同篇也。陆机为《齐讴篇》,前叙山川物产风教之盛,后章忽鄙山川之情,殊失厥体。其为《吴趋行》,何不陈子光、夫差乎?《京洛行》,胡不述赧王、灵帝乎?

## 【译文】

挽歌的起源,有的说是因古时《虞殡》传下的,有的人认为出自田横的门客,总之都是活人悼念死者抒发哀情的意思。陆机经常用死者自称的口吻作挽歌,挽歌的格式中没有这个先例,也背离了写作的本意。

诗人创作的诗歌,有讥讽的、针砭的、歌颂的、赞美的,都各有源流,从来没有将贬恶扬善的内容混杂在同一篇诗中。陆机的《齐讴篇》,诗的前半部分是赞颂当地的山川物产、风俗教化之类,后半部分忽然又冒出了鄙薄山川的情绪,使诗作丧失了完整的体例。他写《吴趋行》,讲吴地的美,为何不把公子光、夫差的事也说一说呢?写《京洛行》,为什么不把周赧王、汉灵帝的事也写一写呢?

## 【原文】

自古宏才博学,用事误者有矣;百家杂说,或有不同,书傥湮灭,后人不见,故未敢轻议之。今指知决纰缪者,略举一两端以为诫。《诗》云:"有鸣雉鸣。"又曰:"雉鸣求其牡。"《毛传》亦曰:"鷕,雌雉声。"又云:"雄之朝雊,尚求其雌。"郑玄注《月令》亦云:"雊,雄雉鸣。"潘岳赋曰:"雉鷕鷕以朝雊。"是则混杂其雄雌矣。《诗》云:"孔怀兄弟。"孔,甚也;怀,思也,言甚可思也。陆机《与长沙顾母书》,述从祖弟士璜死,乃言:"痛心拔脑,有如孔怀。"心既痛矣,即为甚思,何故方言有如也。观其此意,当谓亲兄弟为孔怀。《诗》云:"父母孔迩。"而呼二亲为孔迩,于义通乎?《异物志》云:"拥剑状如蟹,但一螯偏大尔。"何逊诗云:"跃鱼如拥剑。"是不分鱼蟹也。《汉书》:"御史府中列柏树,常有野鸟数千,栖宿其上,晨去暮来,号朝夕鸟。"而文士往往误作乌鸢用之。《抱朴子》说项曼都诈称得仙,自云:"仙人以流霞一杯与我饮之,辄不饥渴。"而简文诗云："霞流抱朴碗。"亦犹郭象以惠施之辨为庄周言也。《后汉书》："因司徒崔烈以锒铛锁。"锒铛，大锁也；世间多误作金银字。武烈太子亦是数千卷学士，尝作诗云："银锁三公脚，刀撞仆射头。"为俗所误。

## 【译文】

自古以来，那些才华横溢、博学多识的人用典出错的事也是有的；诸子百家对同一件事的看法，有时也不一样，加上许多典籍已经湮没，后人没能看到原书，所以我不敢妄加议论认为他错。现在只指出确实出现的差错，略举几个例子为你们提供借鉴。《诗经·邶风·匏有苦叶》中有诗句"有𪆗雉鸣"，又有"雉鸣求其牡"的诗句。《毛传》解释说："𪆗，是雌雉的鸣叫声。"又说："雄的早上鸣叫，是寻求雌性配偶。"郑玄注疏《礼记·月令》也说："雊，是雄雉的鸣叫。"而潘岳的《射雉赋》说："雉𪆗𪆗惟以朝雊。"这显然混淆了雄雌。《诗经·小雅·棠棣》有诗句"孔怀兄弟"，孔，是非常的意思；怀，是思念的意思。这是讲其可思。而陆机的《与长沙顾母书》记述了同曾祖的弟弟陆士璜之死，却说："痛心拔脑，有如孔怀。"心中非常悲痛，就是非常想念，为什么还要加上"有如"两个字呢？推究陆机的原意，应该是他误将"孔怀"理解为"亲兄弟"的意思了。《诗经·周南·汝坟》有诗句"父母孔迩"，若按照陆机的理解，那么将父母称作"孔迩"，义理上还能说得通么？《异物志》说："拥剑的形状就像蟹，只是有一只钳子格外大。"而何逊的诗中说："跃鱼如拥剑。"这是将鱼与蟹不分。《汉书·朱博传》说："御史府中排列着一行柏树，常有数千只野鸟栖息在上面。早上飞走了，傍晚又飞回来，因而称之为朝夕鸟。"而文人们都将"鸟"字误当"乌鸢"的"乌"字来用了。《抱朴子》说："项曼都诈称得仙，自己说仙人拿了一杯流霞给我喝，我就不觉得饥渴。"简文帝的诗中就说："霞流抱朴碗。"把项曼都的事记在抱朴子名下，这就像郭象把惠施等人的言说记到庄周名下一样了。《后汉书·崔传》说："用'锒铛'将司徒崔烈铐锁起来。"锒铛，就是大的铁锁链；世人多把锒铛的"锒"字当作金银的"银"字来用。武烈太子，也是个读书万卷的学者，他曾作诗说："银锁三公脚，刀撞仆射头。"也是被俗流影响而错的。

## 【原文】

文章地理，必须惬当。梁简文《雁门太守行》乃云："鹅军攻日逐，燕骑荡康居，大宛归善马，小月送降书。"萧子晖《陇头水》云："天寒陇水急，散漫俱分泻，北注徂黄龙，东流会白马。"此亦明珠之颣，美玉之瑕，宜慎之。

## 【译文】

文章中关于地理位置的记述，一定要符合实际。梁简文帝写的《雁门太守行》就说："鹅军攻日逐，燕骑荡康居。大宛归善马，小月送降书。"萧子晖的《陇头水》说："天寒陇水急，散漫俱分泻。北注徂黄龙，东流会白马。"黄龙在漠北，白马在河南，与陇水毫不相干。这类错误算是明珠中的斑点，美玉里的微瑕，应该要慎重对待。

## 【原文】

王籍《入若耶溪》诗云："蝉噪林逾静，鸟鸣山更幽。"江南以为文外断绝，物无异议。简文吟咏，不能忘之，孝元讽味，以为不可复得，至《怀旧志》载于《籍传》。范阳卢询祖，邺下才俊，乃言："此不成语，何事于能？"魏收亦然其论。《诗》云："萧萧马鸣，悠悠旆旌。"《毛传》曰："言不喧哗也。"吾每叹此解有情致，籍诗生于此耳。

兰陵萧悫，梁室上黄侯之子，工于篇什。尝有《秋诗》云："芙蓉露下落，杨柳月中疏。"时人未之赏也。吾爱其萧散，宛然在目。颍川荀仲举、琅邪诸葛汉，亦以为尔。而卢思道之徒，雅所不惬。

何逊诗实为清巧，多形似之言；扬都论者，恨其每病苦辛，饶贫寒气，不及刘孝绰之雍容也。虽然，刘甚忌之，平生诵何诗，常云："'蓬车响北阙'，恓恓不道车。"又撰《诗苑》，止取何两篇，时人讥其不广。刘孝绰当时既有重名，无所与让；唯服谢朓，常以谢诗置几案间，动静辄讽味。简文爱陶渊明文，亦复如此。江南语曰："梁有三何，子朗最多。"三何者，逊及思澄、子朗也。子朗信饶清巧。思澄游庐山，每有佳篇，亦为冠绝。

## 【译文】

王籍的《入若耶溪》诗说："蝉噪林逾静，鸟鸣山更幽。"江南人认为这首诗是独一无二的佳作，没有人对此有异议。简文帝吟诵后，不能忘怀。孝元帝常诵读品味，认为此作不可多得，以至于在《怀旧志》中还将这首诗收入《王籍传》。范阳的卢询祖是邺下有名的才子，他说："这一联诗中上下句语意重复，看不出作者有什么才能。"魏收也赞同他的观点。《诗经·小雅·车攻》中有诗句"萧萧马鸣，悠悠旆旌。"《毛传》说："这句诗是表现幽静肃穆气氛的。"我非常叹服这个见解，觉得他解释得很有情致。王籍的诗句是受了《诗经》的启发。

兰陵的萧悫，是梁朝皇室上黄侯的儿子，擅长写诗写文。曾有一首《秋诗》中写道："芙蓉露下落，杨柳月中疏。"并未特别获得人们的好评。我喜欢这句诗散淡飘逸的风格，所描绘的景象宛然在目。颍川荀仲举，琅邪诸葛汉，也是这样认为。而卢思道之类的人就不欣赏这句诗。

何逊的诗，确实可以称得上清新奇巧，多有形象生动之语。而扬都的评论者常批评他的诗过于做作，用心太苦，多了些衰冷萧瑟之气，不如刘孝绰的诗显得那么雍容闲和。即使这样，刘孝绰还是很嫉妒他，平时朗诵何逊的诗时，常用"'蓬车响北阙'，恻恻不道车"来讥讽他。他所撰写的《诗苑》中，只收录两首何逊的诗，当时的人都讥讽他不够大度。刘孝绰当时已经是很有名望了，没有什么谦让可言，他只佩服谢朓，常将谢朓的诗放在桌上，时常吟诵玩味。简文帝喜爱陶渊明的诗文，也常常这么做。江南俗语说："梁朝有三何，子朗才最多。"三何就是指何逊、何思澄、何子朗。何子朗的诗文确实是清新奇巧。何思澄游览庐山，常写出佳作，也是冠绝一时的人物。

## 第十篇　名实

【原文】

　　名之与实，犹形之与影也。德艺周厚，则名必善焉；容色姝丽，则影必美焉。今不修身而求令名于世者，犹貌甚恶而责妍影于镜也。上士忘名，中士立名，下士窃名。忘名者，体道合德，享鬼神之福佑，非所以求名也；立名者，修身慎行，惧荣观之不显，非所以让名也；窃名者，厚貌深奸，干浮华之虚称，非所以得名也。

【译文】

　　名声与实质，就像形体与影子的关系一样。德才兼备的人，那名声一定好了，这正像相貌秀丽的人，镜中的影像一定美一样。如今有人既不修身养性，又想在世上追求美名，这就好像容貌丑陋的人，却要求镜中映出美丽的影子一样。德行最好的人忘名，其次的立名，最下的窃名。遗弃身外之名的人，内心领会了"道"，行为符合了"德"，受到鬼神的福佑而获得美名，这并不是靠追求而得到的；希求树立名声的人，注意修身养性、谨慎行事，担心自己的荣誉名声得不到显扬，他们对名声是不会谦让的；盗取名声的人，貌似忠厚，实则奸诈狡猾，他们追求浮华的虚名，并不能获得真正的名声。

## 【原文】

人足所履，不过数寸，然而咫尺之途，必颠蹶于崖岸，拱把之梁，每沉溺于川谷者，何哉？为其旁无余地故也。君子之立己，抑亦如之。至诚之言，人未能信，至洁之行，物或致疑，皆由言行声名，无余地也。吾每为人所毁，常以此自责。若能开方轨之路，广造舟之航，则仲由之言信，重于登坛之盟，赵憙之降城，贤于折冲之将矣。

## 【译文】

人的脚所踩踏的地方，不过几寸的范围，然而，人在短短的路途中，常常在山崖堤岸上失足跌落；过独木桥时，人也常会掉到水中去，这是什么缘故呢？是因为脚边没有余地。君子立身行事，大概就和这种情况一样。一个人最真诚的话语，人们不一定信他，最纯洁的行为，人们或许还会怀疑他。这都是由于人的言行、名声没有余地造成的。我每次遭到别人诋毁，都常常这么责备自己。如果有开辟两车并行的大道，架设数船相连的大桥，这样阔大的胸襟，那么就能像仲由一样，说话真实可信，胜过设坛盟誓；你所做的事像赵憙劝降敌城一样，胜过冲锋陷阵的猛将。

## 【原文】

吾见世人，清名登而金贝入，信誉显而然诺亏，不知后之矛戟，毁前之干橹也。虙子贱云："诚于此者形于彼。"人之虚实真伪在乎心，无不见乎迹，但察之未熟耳。一为察之所鉴，巧伪不如拙诚，承之以羞大矣。伯石让卿，王莽辞政，当于尔时，自以巧密；后人书之，留传万代，可为骨寒毛竖也。近有大贵，以孝著声，前后居丧，哀毁逾制，亦足以高于人矣。而尝于苫块之中，以巴豆涂脸，遂使成疮，表哭泣之过。左右僮竖，不能掩之，益使外人谓其居处饮食，皆为不信。以一伪丧百诚者，乃贪名不已故也。

## 【译文】

我见过世上有些人，有清廉之名之后便寻钱纳财，信誉显露之后就不再信守诺言，不知道后来的行为，会把前面辛辛苦苦建立的名声全毁掉。虙子贱说过："内心的诚意，总会从外表显露出来。"人的虚伪或真诚，虽然藏在内心，但在言行中总会显露出来。只是一般的人没有仔细观察罢了。只要留心考察鉴别，再巧妙的伪装总不如实实在在的拙诚，虚伪的人终究要受到极大的羞辱。伯石假意谦让卿相之职，王莽假意辞去大司马之职，当时，他们都自以为伪装得很巧妙周密；但后人看得清楚，记载下来流传后世，让人读后毛骨悚然。近来有个显贵，因为遵行孝道而闻名，他前后两次服丧，都由于悲伤过度伤了身体。他的孝行确实是超乎常人。然而，在居丧期间，他曾经把巴豆涂在脸上，使脸上生成小疮，使人看了以为他哭泣得十分悲伤。没想到他的仆人不能为他保密，反而使人们对他在服丧时饮食起居所表现出来的苦行，都产生了怀疑。因为一次作假而毁了一百次的真诚，这是由于贪得无厌地追求虚荣所造成的。

## 【原文】

有一士族，读书不过二三百卷，天才钝拙，而家世殷厚，雅自矜持，多以酒犊珍玩，交诸名士，甘其饵者，递共吹嘘。朝廷以为文华，亦尝出境聘。东莱王韩晋明笃好文学，疑彼制作，多非机杼，遂设宴言，面相讨试。竟日欢谐，辞人满席，属音赋韵，命笔为诗，彼造次即成，了非向韵。众客各自沉吟，遂无觉者。韩退叹曰："果如所量！"韩又尝问曰："玉珽杼上终葵首，当作何形？"乃答云："珽头曲圜，势如葵叶耳。"韩既有学，忍笑为吾说之。

治点子弟文章，以为声价，大弊事也。一则不可常继，终露其情；二则学者有凭，益不精励。

## 【译文】

有一位士族，只读了二三百卷的书，天生鲁钝笨拙，但家中有钱，向来装出矜持的样子，常常宰牛备酒，用珍贵的赏玩之物结交名流雅士，那些喜欢他的东西的人，就一起吹捧他。朝廷以为他真的很有才学，曾任命他作为使节出访齐国。北齐东莱王韩晋明很喜欢文学，怀疑这位士族的诗文不是他自己写的，特设诗酒宴想当面试试他的才学。聚会宴饮那一天，气氛欢洽和谐，文人雅士济济一堂，大家即席赋诗，互相唱和。这位士族也很快赋诗一首，可是，他的诗完全不同于往昔作品的韵味。好在客人们各自在沉思吟味，没人看出其中的异常。事后，韩晋明感叹地说："果然不出所料！"韩晋明还曾经问过他："玉珽的上部像终葵，它到底是什么形状的呢？"他回答说："玉珽的上部是圆形的，形状像葵叶一样。"韩晋明是学识渊博的人，他忍着笑与我说起这件事。

为自己的子弟修改润色文章，用这样的办法来抬高他们的声价，这是最糟糕的事。一是因为这种事不可能长久持续下去，终有暴露真相的时候；二是因为正在求学的子弟一旦有了依靠，就不想勤奋用功了。

## 【原文】

邺下有一少年，出为襄国令，颇自勉笃。公事经怀，每加抚恤，以求声誉。凡遭兵役，握手送离，或赍梨枣饼饵，人人赠别，云："上命相烦，情所不忍；道路饥渴，以此见思。"民庶称之，不容于口。及迁为泗州别驾，此费日广，不可常周，一有伪情，触涂难继，功绩遂损败矣。

## 【译文】

邺都的一位年轻人,担任襄国县令,颇为勤勉笃实。他对公事用心尽力,常常抚慰救济百姓,以此来求得声誉。凡是有人去服役,他总是亲自送行,还赠送梨枣糕饼,与他们一一告别,说:"这是上面交下来的任务,麻烦你们去,我实在不忍心;怕你们路上饥渴,这些东西以表寸心。"当地民众对他赞不绝口,后来他升任泗州别驾,这方面的花费越来越多,不可能总是做得面面俱到,一旦偶有弄虚作假,就无法维持原来的名声,过去的功绩也就随之而毁败了。

## 【原文】

或问曰:"夫神灭形消,遗声余价,亦犹蝉壳蛇皮,兽迒鸟迹耳,何预于死者,而圣人以为名教乎?"对曰:"劝也,劝其立名,则获其实。且劝一伯夷,而千万人立清风矣;劝一季札,而千万人立仁风矣;劝一柳下惠,而千万人立贞风矣;劝一史鱼,而千万人立直风矣。故圣人欲其鱼鳞凤翼,杂沓参差,不绝于世,岂不弘哉?四海悠悠,皆慕名者,盖因其情而致其善耳。抑又论之,祖考之嘉名美誉,亦子孙之冕服墙宇也,自古及今,获其庇荫者亦众矣。夫修善立名者,亦犹筑室树果,生则获其利,死则遗其泽。世之汲汲者,不达此意,若其与魂爽俱升,松柏偕茂者,惑矣哉!"

## 【译文】

有的人问我说:"人死了以后,精神与形体都消失了,留下的名声就像蝉脱的壳、蛇脱的皮,像走兽飞鸟留下的蹄痕爪印罢了,这与死去的人已毫不相干,圣人为什么还要以此来作为教化的内容呢?"我回答说:"这是为了勉励世人呀,勉励大家建立好的名声,并做到名副其实。劝勉人们效法伯夷,如果千万个人都这样做了的话,就会形成清白的风气;劝勉人们效法季札,如果千万个人都这样做了的话,就会形成仁慈的风气;劝勉人们效法柳下惠,如果千万个人都这样做了的话,就会形成坚贞的风气;劝勉人们效法史鱼,如果千万个人都这样做了的话,就会形成正直的风气。所以,圣人希望世人能将各种各样的典型,世世代代延续下去,这岂不是发扬光大了名人的精神吗?芸芸众生都爱慕名声,要根据人的这种特性来诱导他们走上正道。再说,这祖先的好名声,对于子孙来说就像好衣服、好房子一样,从古至今,得到这种庇荫的人有很多。行善树立美名,也就像盖房子、种果树一样,生前就得到好处,死后还能造福后代。世上急功近利的人,不了解这些精神,以为人的魂魄与精神同生同灭,就像松树与柏树同枯同茂一样,是多么糊涂啊!"

## 第十一篇 涉务

【原文】

士君子之处世，贵能有益于物耳，不徒高谈虚论，左琴右书，以费人君禄位也。国之用材，大较不过六事：一则朝廷之臣，取其鉴达治体，经纶博雅；二则文史之臣，取其著述宪章，不忘前古；三则军旅之臣，取其断决有谋，强干习事；四则藩屏之臣，取其明练风俗，清白爱民；五则使命之臣，取其识变从宜，不辱君命；六则兴造之臣，取其程功节费，开略有术，此则皆勤学守行者所能辨也。人性有长短，岂责具美于六涂哉？但当皆晓指趣，能守一职，便无愧耳。

【译文】

士君子为人处世，要以有益于人为贵，而不只是高谈阔论，弹琴练字，以此耗费人君的俸禄。国家选用人才，大体上不外乎以下六种：第一种是朝廷的官吏，这要求他通晓国家的体制纲要，经纶满腹，博学雅正；第二种是负责文书记事的官吏，选用擅长撰写典章制度、能记取历史教训的人才；第三种是军队中的官吏，这要求他有决断有谋略，坚强有力，对军旅熟悉；第四种是负责治安保卫的官吏，要选用熟悉社会风俗、廉洁清正、爱护百姓的人才；第五种是奉命出使的官吏，要选用能随机应变、不辜负君主使命的人才；第六种是负责土木建筑的官吏，选用办事效率高、勤俭节约、反应敏捷的人才。这些都是勤奋好学、有操守德行的人才能做到的。人各有长处与短处，难道要求一个人在这六方面都完美无缺吗？只要能晓畅工作的宗旨，忠实于自己的职守，也就问心无愧了。

## 【原文】

吾见世中文学之士，品藻古今，若指诸掌，及有试用，多无所堪。居承平之世，不知有丧乱之祸；处庙堂之下，不知有战陈之急；保俸禄之资，不知有耕稼之苦；肆吏民之上，不知有劳役之勤，故难可以应世经务也。晋朝南渡，优借士族；故江南冠带，有才干者，擢为令仆已下尚书郎中书舍人已上，典掌机要。其余文义之士，多迂诞浮华，不涉世务；纤微过失，又惜行捶楚，所以处于清高，盖护其短也。至于台阁令史，主书监帅，诸王签省，并晓习吏用，济办时须，纵有小人之态，皆可鞭杖肃督，故多见委使，盖用其长也。人每不自量，举世怨梁武帝父子爱小人而疏士大夫，此亦眼不能见其睫耳。

## 【译文】

我见过有些舞文弄墨的人，谈古论今就像指点掌中之物一般，但是真要办实事，却大多显得无能为力。他们处在太平盛世，不知道丧国乱民的祸患；在朝廷里当官，不知道战争攻伐的急迫；俸禄有保证，不知道耕田种地的劳苦；地位处在吏民之上，不知道劳役的辛苦，所以很难让他们来应付经办的事务。东晋南渡之后，朝廷优待士族，有才干的江南士人，就能提升到尚书令、左右仆射以下，尚书郎、中书舍人以上的官职，掌管机要。而其他那些只会舞文弄墨的士人，大多迂阔荒诞，华而不实，不会处理世务；如果有了一些过失，也不好施以杖责，所以只好将他们安排在清闲的职位上，这就是庇护他们的短处。那些台阁令史，主书监帅，各个王府、军府的典鉴、省事等中下级官吏，都熟悉官吏事务，能办好具体工作。即使他们稍微有点不良表现，都被严加惩罚，所以他们常被委以重任，这是要发挥他们的长处。当时许多人都抱怨梁武帝亲近小人而疏远士大夫，这种看法就像眼睛看不见眼睫毛一样，看不到自身的短处。

## 【原文】

梁世士大夫，皆尚褒衣博带，大冠高履，出则车舆，入则扶侍，郊郭之内，无乘马者。周弘正为宣城王所爱，给一果下马，常服御之，举朝以为放达。至乃尚书郎乘马，则纠劾之。及侯景之乱，肤脆骨柔，不堪行步，体羸气弱，不耐寒暑，坐死仓猝者，往往而然。建康令王复，性既儒雅，未尝乘骑，见马嘶喷陆梁，莫不震慑，乃谓人曰："正是虎，何故名为马乎？"其风俗至此。

古人欲知稼穑之艰难，斯盖贵谷务本之道也。夫食为民天，民非食不生矣，三日不粒，父子不能相存。耕种之，茠锄之，刈获之，载积之，打拂之，簸扬之，凡几涉手，而入仓廪，安可轻农事而贵末业哉？江南朝士，因晋中兴，南渡江，卒为羁旅，至今八九世，未有力田，悉资俸禄而食耳。假令有者，皆信僮仆为之，未尝目观起一坡土，耕一株苗；不知几月当下，几月当收，安识世间余务乎？故治官则不了，营家则不办，皆优闲之过也。

【译文】

　　梁朝的士大夫，都喜穿宽大的衣服，系宽的腰带，戴大帽子，穿高跟木屐，出门就以车代步，进门就有人侍候，城里城外，见不着骑马的士大夫。宣城王很喜欢周弘正，送给他一匹果下马。周弘正常常骑着这匹马，朝廷上下都认为他放纵旷达，不拘礼俗。在这种风气下，尚书郎如果骑马就会被弹劾。到了侯景之乱的时候，士大夫一个个细皮嫩肉，不能承受步行的辛苦，体质虚弱，耐不得冷热，暴病而死的人，往往是由于这个原因。建康令王复，性情温文尔雅，从未骑过马，看见马嘶跳跃，就惊慌害怕，他对人说道："这是老虎，为什么叫马呢？"当时的风气竟然颓废到这种程度。

　　古人要知晓农夫种田的艰难，这是以农为本的思想决定的。民以食为天，没有食物，人们就无法生存，三天不吃饭，即使父子之间也顾不上问候。粮食要经过耕种、锄草、收割、储存、舂打、扬场等好几道工序，才能放进粮仓，怎么可以轻视农业而重视商业呢？江南朝廷里的官员，随着晋朝的复兴，南渡过江，成为寄居江南的外来者，到现在也经历了八九代了，这些人还从未下力种过田，完全依靠俸禄供养。如果他们有田产，也是让家人僮仆去劳作，自己从未目睹翻一块土，插一次秧；不知何时播种，何时收获，又怎能懂得其他事务呢？因此，他们做官就不明晓为官之道；治家就不会经营，这都是养尊处优带来的危害！

## 第十二篇　省事

【原文】

　　铭金人云："无多言，多言多败；无多事，多事多患。"至哉斯戒也！能走者夺其翼，善飞者减其指，有角者无上齿，丰后者无前足，盖天道不使物有兼焉也。古人云："多为少善，不如执一；鼫鼠五能，不成伎术。"近世有两人，朗悟士也，性多营综，略无成名，经不足以待问，史不足以讨论，文章无可传于集录，书迹未堪以留爱玩，卜筮射六得三，医药治十差五，音乐在数十人下，弓矢在千百人中，天文、画绘、棋博、鲜卑语、胡书、煎胡桃油、炼锡为银，如此之类，略得梗概，皆不通熟。惜乎，以彼神明，若省其异端，当精妙也。

【译文】

　　周朝太庙前有尊铜人，背上刻着一行铭文："别多说话，话多灾难也多；不要

多事，事多祸患也多。"这告诫真深刻！擅长行走的动物，就没有翅膀；善于飞行的动物，就缺少脚趾；头上长角的动物，就不长上齿；后肢发达的动物，前肢就退化了。这是天意不让它们兼有各种长处吧。古人说："每件事都想做，又都做不好，不如专心地做好一件事。鼫鼠会五种本事，但哪一种也不精通。"近代有两个人，天资聪颖，但喜欢多方涉猎，却没有一样能给他们树立名声，经学经不起别人提问，史学经不起与人讨论，文章不能编成文集流传于世，书法没有达到让人保存鉴赏的水平；占卜算卦，六回只算对三回；行医看病，十个病人才治愈了五个；音乐造诣在几十人之下；射箭的技能与众人差不多；天文、绘画、棋艺、学鲜卑语言、写胡人文字、煎胡桃油、炼"锡"成"银"，诸如此类的技艺，也都会一些，但都不通熟。真是可惜呀！以其聪明才智，如果心无旁骛，专心于一种技艺，应当能达到精通的程度。

## 【原文】

上书陈事，起自战国，逮于两汉，风流弥广。原其体度：攻人主之长短，谏诤之徒也；讦群臣之得失，讼诉之类也；陈国家之利害，对策之伍也；带私情之与夺，游说之俦也。总此四涂，贾诚以求位，鬻言以干禄。或无丝毫之益，而有不省之困，幸而感悟人主，为时所纳，初获不赀之赏，终陷不测之诛，则严助、朱买臣、吾丘寿王、主父偃之类甚众。良史所书，盖取其狂狷一介，论政得失耳，非士君子守法度者所为也。今世所睹，怀瑾瑜而握兰桂者，悉耻为之。守门诣阙，献书言计，率多空薄，高自矜夸，无经略之大体，咸秕糠之微事，十条之中，一不足采，纵合时务，已漏先觉，非谓不知，但患知而不行耳。或被发奸私，面相酬证，事途回穴，翻惧愆尤；人主外护声教，脱加含养，此乃侥幸之徒，不足与比肩也。

## 【译文】

上书陈述意见，起源于战国时代，到了西汉、东汉，这种风气更为盛行。推究它的体制：指责君主的不足，属于谏诤之类；揭露臣僚的得失，属于诉讼之类；陈述国家的利害，属于对策之类；利用对方感情好恶来进言的，属于游说之类。归结这四种类型，无非是卖弄诚意以谋取地位，靠耍嘴皮子来谋取利禄。如果所说的没有丝毫的实益，反而可能带来不被君王理解的麻烦。要是有幸遇到感悟的君主，陈述的意见符合时宜而被采纳，开始或许能得到贵重的赏赐，终究还是会遭到意想不到的诛罚。因此严助、朱买臣、吾丘寿王、主父偃之类的人很多。好的史官记述这些人和事，只是取他们的狂狷耿介，举他们为例来论政治的得失，这类事本不是正人君子和谨守法度的人所做的。当今我们可以看到，才德兼备的人都以议论时政为耻。那些守候在宫门外，或跑到朝廷来上书进言的人所说的一套，大多是浅薄的空论，自吹自擂，无关经国济世的本质问题，都是一些琐碎的小事，十条之中，没有一条值得采纳。即使个别建议切合时务，也已经是帝王明白的道理，不是说帝王不知道，只怕是知道了而不能实行罢了。上书者有时还被揭发怀有奸诈谋私之心，当面对证，事情经过几次反复，又回过头来对自己的行为感到惧怕；君主为了对外维护朝廷声威教化，也可能原谅了这些人。但这只能属于侥幸之徒，不值得跟他们并肩侍奉君主。

## 【原文】

谏诤之徒，以正人君之失尔，必在得言之地，当尽匡赞之规，不容苟免偷安，垂头塞耳；至于就养有方，思不出位，干非其任，斯则罪人。故《表记》云："事君，远而谏，则谄也；近而不谏，则尸利也。"《论语》曰："未信而谏，人以为谤己也。"

## 【译文】

直言进谏的人，是帮助人君改正过失的，首先必须获得进谏的地位，然后才尽力去规劝，辅佐国君，不允许苟且偷安，低首装聋，对政事不闻不问。至于侍奉君王应该有方，考虑问题不要超出自己的职位，如果干预到职权以外的事，这就成了罪人。所以《礼记·表记》说："侍奉君主，如果和君主关系疏远而去劝谏，就是谄媚；关系亲近而不去劝谏，就是属于受禄而不尽职的人了。"《论语》说："还没取得信任就去劝谏，人们会以为你在诽谤他呢！"

## 【原文】

君子当守道崇德，蓄价待时，爵禄不登，信由天命。须求趋竞，不顾羞惭，比较材能，斟量功伐，厉色扬声，东怨西怒；或有劫持宰相瑕疵，而获酬谢，或有喧聒时人视听，求见发遣；以此得官，谓为才力，何异盗食致饱，窃衣取温哉！世见躁竞得官者，便谓"弗索何获"；不知时运之来，不求亦至也。见静退未遇者，便谓"弗为胡成"；不知风云不与，徒求无益也。凡不求而自得，求而不得者，焉可胜算乎！

## 【译文】

君子应当坚持真理，尊崇道德，蓄积声望，等待时机；一时爵禄没有上升，这也是天命所致。有的人投机钻营，不顾廉耻，与人较量才干；居功傲物，声色俱厉，反对这个人，得罪那个人；有的人抓住宰相的把柄相要挟，从而获取酬报；有的人喧腾叫嚷，四处夸耀自己，混淆时人的视听，以求有名有官。如果用这些方法得到官职，说是他们的才能所为，实际上与偷来食物填饱肚子、盗来衣服暖和身子有什么两样呢！世人见到用这样方法取得官禄的，便以为"不去索求怎么能获得官职？"但他们不知道人在运气来的时候，不去索求，该得到的依然会得到。他们见到谦让思静之士没有得到赏识重用，便说："不去争取怎么能成就大事？"却不知道人如果没有机遇，徒然追求也毫无益处。这世上不求而得的人、求而不得的人，多得数都数不清，怎能算得过来呢？

## 【原文】

齐之季世，多以财货托附外家，喧动女谒。拜守宰者，印组光华，车骑辉赫，荣兼九族，取贵一时。而为执政所患，随而伺察，既以利得，必以利殆，微染风尘，便乖肃正，坑阱殊深，疮痏未复，纵得免死，莫不破家，然后噬脐，亦复何及。吾自南及北，未尝一言与时人论身分也，不能通达，亦无尤焉。

## 【译文】

北齐末年，不少人用财货去依托外戚之家，利用宫中女子来求官。一旦被授为地方长官，则官印绶带光亮华丽，车骑队伍光辉显赫，荣耀兼及九族，贵极一时；而遭到当权者的疑忌之后，随即派人侦察。这些人以财利得到好处，必定以财利遭到祸患，他们只要沾点污秽，就会以违法纪而被治罪，陷入很深的陷阱，创伤难以愈合。纵然可以免死，但家庭没有不因此而破败的，然后再后悔又怎么来得及呢？我由南朝到北朝，未曾跟一般人谈过一句有关门第出身的话，虽然官运不通达，也没有什么怨言。

## 【原文】

王子晋云："佐饔得尝，佐斗得伤。"此言为善则预，为恶则去，不欲党人非义之事也，凡损于物，皆无与焉。然而穷鸟入怀，仁人所悯；况死士归我，当弃之乎？伍员之托渔舟，季布之入广柳，孔融之藏张俭，孙嵩之匿赵岐，前代之所贵，而吾之所行

死士归我，当弃之乎

也，以此得罪，甘心瞑目。至如郭解之代人报仇，灌夫之横怒求地，游侠之徒，非君子之所为也。如有逆乱之行，得罪于君亲者，又不足恤焉。亲友之迫危难也，家财己力，当无所吝；若横生图计，无理请谒，非吾教也。墨翟之徒，世谓热腹，杨朱之侣，世谓冷肠；肠不可冷，腹不可热，当以仁义为节文尔。

## 【译文】

王子晋说过："帮人做饭，可以品尝到美味；帮助别人争斗，则只能得到伤害。"这话是说有人做好事时可以参与，有人做坏事时就要离开；不要与人结党干不义的事。凡是对人有损害的事，都不要参与。但是走投无路的小鸟投入人的怀中，仁慈的人都会怜惜，何况敢死的义士来投靠我，我怎么会舍弃他呢？伍子胥被渔父搭救，季布被人藏在广柳车中；孔融掩护张俭，孙嵩藏匿赵岐，这些举动都是前代人所推崇的，也是我所奉行的。即使因此遭惩罚，也心甘情愿，死而瞑目。至于像郭解那样替人报仇，灌夫凭意气怒骂，又无理勒索窦婴的田产，这些都是游侠之人做的事，不是君子所应当做的。如果有人有逆乱的行径，因而受到君主和亲友的惩罚和怪罪，这就又不足怜恤了。亲友面临危难，不应当吝啬家里的财产和自己的能力；如果有人不安好心，他们生出计谋，要有无理的要求，则不是我们赞成的了。墨翟之类的人，世人认为他们对人热情；杨朱之类的人，世人认为他们心肠冷漠。心肠不能冷漠，但也不能太热情。应当遵循仁义，节制自己的言行。

## 【原文】

前在修文令曹，有山东学士与关中太史竞历，凡十余人，纷纭累岁，内史牒付议官平之。吾执论曰："大抵诸儒所争，四分并减分两家尔。历象之要，可以晷景测之；今验其分至薄蚀，则四分疏而减分密。疏者则称政令有宽猛，运行致盈缩，非算之失也；密者则云日月有迟速，以术求之，预知其度，无灾祥也。用疏则藏奸而不信，用密则任数而违经。且议官所知，不能精于讼者，以浅裁深，安有肯服？既非格令所司，幸勿当也。"举曹贵贱，咸以为然。有一礼官，耻为此让，苦欲留连，强加考核。机杼既薄，无以测量，还复采访讼人，窥望长短，朝夕聚议，寒暑烦劳，背春涉冬，竟无予夺，怨诮滋生，赧然而退，终为内史所迫；此好名之辱也。

## 【译文】

以前我在文修馆时，有个山东学士和关中太史争论历法，总共十几个人参与争论，众说纷纭，持续数年。内史将争论的文书交付议官们评议。我提出："大概诸位学者所争论的，其实只是'四分'和'减分'两家。观测推算天体运行的要领，可以通过日影来测算。现在根据春分、秋分、冬至、夏至、日蚀、月蚀相验证，就看得出'四分'的方法比较疏略，'减分'的方法又过于细密。主张疏略的一方，认为即使令也有宽猛，日月运行会有偏差，自然会产生长短之分，这并非历法计算的错误。细密的一方，认为日月运行昼夜不同，要准确地预测出来，就可以免受灾祸。我认为比较疏略的方法，不够精确可信；用太细密的方法，又过于拘泥刻板。况且议官对历法的了解，不能比争论的双方更精通，用浅薄的知识来裁决深奥的论题，怎么能让双方信服呢？既然不是主管历令的，最好不要去裁决。"这个提法受到全馆上下绝大部分人的肯定。有一个礼官，却以这种谦让为耻辱，不肯放手，强加验核，而又才疏学浅，无法测验，只得重新采访争论双方，想以此分出双方优劣，日夜聚在一起争议不休，冒着严寒酷暑备受辛苦，从春天到冬天，最终也得不出结论。双方的怨恨日益加深，他也羞愧地退出了，终于受到内史的责问。这也是沽名钓誉招来的耻辱。

## 第十三篇 止足

【原文】

《礼》云："欲不可纵，志不可满。"宇宙可臻其极，情性不知其穷，唯在少欲知足，为立涯限尔。先祖靖侯戒子侄曰："汝家书生门户，世无富贵；自今仕宦不可过二千石，婚姻勿贪势家。"吾终身服膺，以为名言也。

【译文】

《礼记》说："不可放纵欲望，不可志得意满。"宇宙可以有极限，欲望则是没有穷尽的；只有减少欲望，知道满足，并加以限制。我们的祖先靖侯，告诫子侄说："咱们家是书香门第，历世没有大富贵的，从现在起当官不可当到俸禄二千石以上的大官，婚姻嫁娶不要攀附权势显赫的家族。"这番话，我终身牢记在心，把它当作座右铭。

【原文】

天地鬼神之道，皆恶满盈。谦虚冲损，可以免害。人生衣趣以覆寒露，食趣以塞饥乏耳。形骸之内，尚不得奢靡，己身之外，而欲穷骄泰邪？周穆王、秦始皇、汉武帝，富有四海，贵为天子，不知纪极，犹自败累，况士庶乎？常以二十口家，奴婢盛多，不可出二十人，良田十顷，堂室才蔽风雨，车马仅代杖策，蓄财数万，以拟吉凶急速，不啻此者，以义散之；不至此者，勿非道求之。

【译文】

　　天地鬼神之道，都不喜欢太过分。谦虚淡泊，可以免除祸害。人活在世上，穿衣服只是为了御寒，吃东西只是为了充饥。身体本身尚且不求奢侈浪费，此身之外还求穷尽奢侈吗？周穆王、秦始皇、汉武帝拥有天下的财富，显贵地成为天子，却不知满足，尚且给自己带来伤败的结果，何况一般的人呢？我常认为，二十口的家庭，奴婢再多也不要超过二十人，良田不超过十顷，房屋只要能遮风挡雨，车马只求能代步，钱财积蓄有几万用来应急。超过这个限度，就拿出来行善救济别人；没有达到这个程度，不可昧着良心去寻求。

【原文】

　　仕宦称泰，不过处在中品，前望五十人，后顾五十人，足以免耻辱，无倾危也。高此者，便当罢谢，偃仰私庭。吾近为黄门郎，已可收退；当时羁旅，惧罹谤讟，思为此计，仅未暇尔。自丧乱以来，见因托风云，徼幸富贵，且执机权，夜填坑谷，朔观卓、郑，晦泣颜、原者，非十人五人也。慎之哉！慎之哉！

【译文】

　　做官较为稳妥，最好是处在中品，前面可以看见五十人，后面可以望见五十人，这样就足以避免耻辱，没有什么风险。高于这个级别，就该自己辞官，留在家中悠然自得。我近来担任黄门郎之职，本来是应当引退的；无奈流落他乡，怕遭遇诽谤怨言，心里虽想着告退，只是没有适当的机会。自从天下大乱以来，我看见乘机得势、侥幸获取富贵的人，早上还大权在握，晚上就已经尸填山谷；月初快活得就像卓王孙、程郑那样的富豪，月底凄苦得像颜回、原宪那样的贫士，这种人不是五个、十个。要小心，千万要小心！

## 第十四篇　诫兵

【原文】

　　颜氏之先，本乎邹、鲁，或分入齐，世以儒雅为业，遍在书记。仲尼门徒，升堂者七十有二，颜氏居八人焉。秦、汉、魏、晋，下逮齐、梁，未有用兵以取达者。春秋世，颜高、颜鸣、颜息、颜羽之徒，皆一斗夫耳。齐有颜涿聚，赵有颜冣,汉末有颜良,宋有颜延之,并处将军之任,竟以颠覆。汉郎颜驷,自称好武,更无事迹。颜忠以党楚王受诛,颜俊以据武威见杀,得姓已来,无清操者,唯此二人,皆罹祸败。顷世乱离,衣冠之士,虽无身手,或聚徒众,违弃素业,徼幸战功。吾既羸薄,仰惟前代,故寘心于此,子孙志之。孔子力翘门关,不以力闻,此圣证也。吾见今世士大夫,才有气干,便倚赖之,不能被甲执兵,以卫社稷;但微行险服,逞弄拳腕,大则陷危亡,小则贻耻辱,遂无免者。

## 【译文】

　　颜氏的祖先,本来在邹国、鲁国,有一分支迁到齐国,世代从事儒雅的事业,许多史书都有记载。孔子的学生,学问达到精深的有七十二人,姓颜的就占了八个。秦汉、魏晋,直到齐梁,颜氏家族中没有人靠带兵打仗而显贵的。春秋时代,颜高、颜鸣、颜息、颜羽等人,只不过是一介武夫而已。齐国有颜涿聚,赵国有颜冣,汉末有颜良,刘宋朝代有颜延之,都担任过将军的职务,但最后都因此而失败。汉朝的侍郎颜驷,自称喜好武功,却没有见他有什么功绩。颜忠因结党楚王而受诛,颜俊因谋反占据武威而被杀,颜氏家族中到现在为止,节操不清白的只有这两个人,他们都遭到了祸害。近代遭逢战乱,有些士大夫和贵族子弟,虽然没有什么武艺,却聚集众人,放弃一向从事的清高儒雅的事业,想侥幸获得成功。我身体不好,又想起家族前人好兵致祸的教训,因此无心去求取战功,子孙们要牢记这一点。孔子力大能推开沉重的国门,却不肯以武力闻名于世,这是圣人留下的榜样。我看当今的士大夫,只要是身体强壮的,不是披盔甲、执兵器,保卫国家;而只是卖弄拳勇,做一些诡秘的勾当,结果重则丧命,轻则受辱,没有谁躲得过可耻的下场。

## 【原文】

　　国之兴亡,兵之胜败,博学所至,幸讨论之。入帷幄之中,参庙堂之上,不能为主尽规以谋社稷,君子所耻也。然而每见文士,颇读兵书,微有经略,若居承平之世,睥睨宫闱,幸灾乐祸,首为逆乱,诖误善良;如在兵革之时,构扇反复,纵横说诱,不识存亡,强相扶戴:此皆陷身灭族之本也。诫之哉!诫之哉!

习五兵，便乘骑，正可称武夫尔。今世士大夫，但不读书，即称武夫儿，乃饭囊酒瓮也。

【译文】

国家的兴亡、战争的胜败这类问题，是广博的学问所涉及的，希望你们听我评论。在军队中运筹帷幄，在朝廷里参与议政，如果不能为君主尽出谋献策之责以确保江山社稷的安全，君子是以此为耻的。然而我看见一些文人，读过很多兵书，稍懂得一些谋略。如果生活在太平盛世，他们就窥视宫廷秘事，幸灾乐祸，带头叛逆作乱，来连累贻害善良的人们；如果是在兵荒马乱的时代，他们就勾结煽动众人反叛，四处游说，拉拢诱骗，不识存亡之机，相互拼命扶植拥戴，这些都是招致杀身灭族的祸根。要引以为戒啊！引以为戒！

熟练五种常用兵器，会骑战马，这才可以称得上武夫。当今的士大夫，只要不肯读书，就称自己是武夫，实际上是酒囊饭袋罢了。

## 第十五篇　养生

【原文】

神仙之事，未可全诬；但性命在天，或难钟值。人生居世，触途牵萦；幼少之日，既有供养之勤；成立之年，便增妻孥之累。衣食资须，公私驱役，而望遁迹山林，超然尘滓，千万不遇一尔。加以金玉之费，炉器所须，益非贫士所办。学如牛毛，成如麟角。华山之下，白骨如莽，何有可遂之理？考之内教，纵使得仙，终当有死，不能出世，不愿汝曹专精于此。若其爱养神明，调护气息，慎节起卧，均适寒暄，禁忌食饮，将饵药物，遂其所禀，不为夭折者，吾无间然。诸药饵法，不废世务也。庚肩吾常服槐实，年七十余，目看细字，须发犹黑。邺中朝士，有单服杏仁、枸杞、黄精、术、车前得益者甚多，不能一一说尔。吾尝患齿，摇动欲落，饮食热冷，皆苦疼痛。见《抱朴子》牢齿之法，早朝叩齿三百下为良；行之数日，即便平愈，今恒持之。此辈小术，无损于事，亦可修也。凡欲饵药，陶隐居《太清方》中总录甚备，但须精审，不可轻脱。近有王爱州在邺学服松脂,不得节度,肠塞而死。为药所误者甚多。

【译文】

　　得道成仙的事,不能说全是虚假;只是人的生命长短由上天决定,很难说会碰上这种机会。人活在世上,随时都有牵挂羁绊。小的时候,就有供养侍奉父母的辛劳;成年以后,又增加了妻子儿女的拖累。既要解决吃饭穿衣的费用,又要为公事、私事操劳奔波,这种情况下希望隐居于山林、超脱于尘世的人,千万个人中遇不到一个。加上炼丹所需费用以及炉鼎器具,更不是贫士所能做到的。学道的人多如牛毛,成仙的人少如麟角。华山下,白骨多如野草,哪有遂心如愿的道理?认真考察过宗教之说,即使能成仙,最终还是得死。无法摆脱人世间的羁绊,我不愿意让你们在这上面用心。如果你们爱惜保养精神,调节护养气息,起居有规律,适应天气冷暖的变化,注意饮食禁忌,服用药物,能达到上天所赋予人的年限,不至中途夭折,对此,我是没有什么可批评的了。服用补药要得法,不要耽误了大事。庾肩吾常服用槐实,到了七十多岁,眼睛还能看清小字,胡须头发还很黑。邺城的朝廷官员有人专门服用杏仁、枸杞、黄精、白术、车前,从中得到补养,难以具说。我曾患有牙疼病,牙齿松动快掉了,饮食冷热的东西,都要疼痛受苦。看了《抱朴子》中固齿的方法,说早上起来就上下叩碰牙齿三百次为佳;我坚持了几天,牙就好了,现在还坚持这么做。诸如此类的小方法,对行事没有妨碍的,也可以学学。凡是服用补药,陶隐居的《太清方》中收录得很完备,却须精心挑选,不能轻率。最近有个叫王爱州的人,在邺城效仿别人服用松脂,没有节制,结果因肠子堵塞而死。这种为药物所害的人很多。

【原文】

　　夫养生者先须虑祸,全身保性,有此生然后养之,勿徒养其无生也。单豹养于内而丧外,张毅养于外而丧内,前贤所戒也。嵇康著《养生》之论,而以傲物受刑;石崇冀服饵之征,而以贪溺取祸,往世之所迷也。

【译文】

　　养生的人首先应该预防祸患,要先保住身家性命。有了这个生命,然后才得以保养它;不要徒费心思去保养不存在的生命。单豹很重视养生,但不去防备外界的因素而丧生;

养生者先须虑祸

张毅很重视防备外来侵害，却因体内发病而死亡。这些都是前代贤人引以为戒的。嵇康写了《养生》的论著，但是由于傲慢无礼而遭杀头；石崇希望服药延年益寿，却因贪得钱财、溺爱美女而取杀身之祸。这都是前代的糊涂人物啊！

## 【原文】

夫生不可不惜，不可苟惜。涉险畏之途，干祸难之事，贪欲以伤生，谗慝而致死，此君子之所惜哉；行诚孝而见贼，履仁义而得罪，丧身以全家，泯躯而济国，君子不咎也。自乱离已来，吾见名臣贤士，临难求生，终为不救，徒取窘辱，令人愤懑。侯景之乱，王公将相，多被戮辱，妃主姬妾，略无全者。唯吴郡太守张嵊，建义不捷，为贼所害，辞色不挠；及鄱阳王世子谢夫人，登屋诟怒，见射而毙。夫人，谢遵女也。何贤智操行若此之难？婢妾引决若此之易？悲夫！

## 【译文】

生命不能不珍惜，也不能无原则地珍惜。涉足险畏之途，卷入祸难之事，因贪恋欲望而损伤身体，进谗言，藏坏心而致死，这些都是君子所痛惜的！恪守忠孝而被害，奉行仁义而受罪；为了保家而丧生，为了救国而捐躯；这些都是君子所不反对的。梁朝丧乱以来，我见到一些有名望的官吏和贤能的文士，面对危难，苟且求生，最终还是死于非命，白白地遭致窘迫和羞辱，真令人愤懑。侯景叛乱时，王公将相，大多遭刑罚，受污辱；妃嫔、公主、姬妾，几乎也无法保全。只有吴郡太守张嵊，树起义旗反抗侯景，虽未能成功，被叛贼杀害，但他面不改色，临危不屈。还有鄱阳王长子萧嗣的夫人谢氏，登上房顶怒骂叛贼，被箭射死。谢夫人是谢遵的女儿。为什么那些贤良明智的官吏文士坚守正义就那么困难？而侍婢、小妾舍生取义竟如此容易？真是让人悲哀啊！

# 第十六篇　归心

## 【原文】

三世之事，信而有征，家世归心，勿轻慢也。其间妙旨，具诸经论，不复于此，少能赘述；但惧汝曹犹未牢固，略重劝诱尔。

原夫四尘五荫，剖析形有；六舟三驾，运载群生：万行归空，千门入善，辩才智惠，岂徒《七经》、百氏之博哉？明非尧、舜、周、孔所及也。内外两教，本为一体，渐积为异，深浅不同。内典初门，设五种禁；外典仁义礼智信，皆与之符。仁者，不杀之禁也；义者，不盗之禁也；礼者，不邪之禁也；智者，不酒之禁也；信者，不妄之禁也。至如畋狩军旅，燕享刑罚，因民之性，不可卒除，就为之节，使不淫滥尔。归周、孔而背释宗，何其迷也！

## 【译文】

佛教所说的过去、现在、未来即"三世"的事，是真实的，有依据的。我们家世代信仰佛教，因此不可慢待它。佛教精妙的宗旨，都记载在佛经中，我就不细说，只是怕你们对教义记得不牢固，稍微再做一些劝说诱导。

佛教所谓的"四尘""五荫"，即色、香、味、触四种感觉能力和色、受、想、行、识五种认识能力；是用来剖析有形之物的。声闻、缘觉、菩萨等"三乘"，以及布施、持戒、忍辱、精进、智慧等"六舟"的修行方法，是用来普度众生的。所有的行为终归要返回虚幻；种种修行法门都得进入善道。佛经中表现出的雄辩才能和智慧，可以看出博大精深的学问，不仅仅是儒家七经和诸子百家的著作里才有。佛教的最高境界，甚至尧、舜、周公、孔子等人都无法企及。佛教与儒家，本来互为一体；逐渐发展就有了差异，境界的深浅也有所不同。佛教经典的初学门径，设有五种禁戒；儒家经典中所强调的仁、义、礼、智、信五种德行，都与佛教相吻合。仁，就是不杀生的禁戒；义，就是不偷盗的禁戒；礼，就是不邪恶的禁戒；智，就是不酗酒的禁戒；信，就是不虚妄的禁戒；至于像狩猎、战争、宴饮、刑罚等，这些原本就是人本性的表现，不可能一下子消除，只能让它们有所节制，使它们不至于泛滥成灾。人们归附周公、孔子，却背离佛教，多么糊涂呀！

## 【原文】

俗之谤者，大抵有五：其一，以世界外事及神化无方为迂诞也。其二，以吉凶祸福或未报应为欺诳也。其三，以僧尼行业多不精纯为奸慝也。其四，以糜费金宝减耗课役为损国也。其五，以纵有因缘如报善恶，安能辛苦今日之甲，利益后世之乙乎？为异人也。今并释之于下云。

释一曰：夫遥大之物，宁可度量？今人所知，莫若天地。天为积气，地为积块，日为阳精，月为阴精，星为万物之精，儒家所安也。星有坠落，乃为石矣；精若是石，不得有光，性又质重，何所系属？一星之径，大者百里，一宿首尾，相去数万；百里之物，数万相连，阔狭从斜，常不盈缩。又星与日月，形色同尔，但以大小为其等差；然而日月又当石也？石既牢密，乌兔焉容？石在气中，岂能独运？日月星辰，若皆是气，气体轻浮，当与天合，往来环转，不得错违，其间迟疾，理宜一等；何故日月五星二十八宿，各有度数，移动不均？宁当气坠，忽变为石？地既滓浊，法应沉厚，凿土得泉，乃浮水上；积水之下，复有何物？江河百谷，从何处生？东流到海，何为不溢？归塘尾闾，渫何所到？沃焦之石，何气所然？潮汐去还，谁所节度？天汉悬指，那不散落？水性就下，何故上腾？天地初开，便有星宿；九州未划，列国未分，翦疆区野，若为躔次？封建已来，谁所制割？国有增减，星无进退，灾祥祸福，就中不差，乾象之大，列星之伙，何为分野，止系中国？昂为旄头，匈奴之次；西胡、东越、雕题、交阯，独弃之乎？以此求之，迄无了者，岂得以人事寻常，抑必宇宙外也。

## 【译文】

世俗对佛教的指责，大概有五个方面：第一，认为世界以外的事物和神灵的幻化无穷是迂腐荒唐的。第二，认为人世间的吉凶祸福，并非必然有所报应，佛教注重因果报应，是迷惑、欺骗众人。第三，认为出家当和尚、尼姑的人，品行大多不端，道行大多肤浅，寺庵成了藏污纳秽之地。第四，认为办佛事耗费金钱，劳民伤财，造成国家的损失。第五，认为即使有所谓的祸福报应存在，又怎么能使今天辛苦劳作的甲某，去为来世的乙某谋利益呢？属于报应了不同的人！现在一并解释如下：

对于第一种指责，我解释如下：极远极大的东西，人力无法预测，现在人们所知道的，没有比对天地更熟悉的了。天是各种虚气积聚而成，地是各种实物积聚而成，太阳是阳气的精华，月亮是阴气的精华，星辰是宇宙万物的精华，这是儒家所主张的观点。星辰落到地上，就成了石头，如果精华是石头，就不会有光芒；星星本身很重，那么是什么力量使它悬挂在天上？一颗星的直径，大的有一百里长，星宿之间相隔几万里；直径百里之长的物体，相隔万里连成一片，宽窄纵斜，为什么不见有长短的变化？再者，星星与日月的形体、颜色都差不多，只是大小不同而已；但日月又算是石头吗？石头是牢固细密的物体，太阳中的金乌、月亮中的玉兔又如何存在呢？石头飘浮在气体中怎么能自行运转？日月星辰，如果都是气体，气体是空中飘浮的东西，应当与天合而为一，往来循环转动，其中的速度，按理应该是一致的，为什么日月、五大星辰，二十八星宿各有各的速度与位置，移动的快慢不一样呢？难道是气体坠落地上，忽然变成石头吗？既然地是实物积聚而成，按理应当深厚，可是挖地时能发现泉水，才知道地原来是浮在水上的，那么积水下面又有什么东西？江河水流从哪里来？东流到海为什么不溢出地面？江河所聚之处，水又流到哪里去了？海水一涨就消失了的沃焦石，是什么样的气体变成的？潮汐的涨落，又是谁在控制呢？天河挂在空中，为什么不散落下来？水是往低处流，为什么又升腾到天上去了呢？刚刚开天辟地时，就有了星宿；当时中国的地域尚未确定，诸侯列国尚未被分割，各国的边界是如何依据星辰运行的位置来确定的呢？诸侯在分封的区域内建立国家以来，是谁控制、主宰这些事呢？诸侯国有增有减，星辰的位置却始终不变，而给各诸侯国带来的吉凶祸福却很灵验，丝毫不差。天地之大，星辰之多，为什么与地上的分野所对应的分星只是挂在中原各诸侯国的上空？与匈奴的分野对应的分星是觜头；那么西胡、东越、雕题、交阯等地，难道舍弃了吗？类似这样的问题，数不胜数，要去追究是绝无终了之日的。难道可以用寻常的人事道理去认识天地之外的情形吗？

## 【原文】

凡人之信，唯耳与目；耳目之外，咸致疑焉。儒家说天，自有数义：或浑或盖，乍宣乍安。斗极所周，管维所属，若所亲见，不容不同；若所测量，宁足依据？何故信凡人之臆说，迷大圣之妙旨，而欲必无恒沙世界、微尘数劫也？而邹衍亦有九州之谈。山中人不信有鱼大如木，海上人不信有木大如鱼；汉武不信弦胶，魏文不信火布；胡人见锦，不信有虫食树吐丝所成；昔在江南，不信有千人毡帐，及来河北，不信有二万斛船；皆实验也。

## 【译文】

看来人们只相信耳闻目睹的事实，不是亲眼所见、亲耳所听的事实，一概怀疑。儒家对天的解释，本来就有好几种：有的持"浑天"说，有的持"盖天"说，有的持"宣夜"说，有的持"安天论"等。北斗星环绕北极星运行，运转枢纽隶属的星宿情况，如果能让人亲眼看见，就不会有如此多的非议；如果是凭推测，那这难道能作为依据吗？为什么相信凡人的臆测而怀疑大圣人释迦牟尼的精妙教义呢？为什么认定不会有像印度恒河中的沙子那样多的世界，像灰尘那样多的劫数呢？何况战国时的邹衍就有九州的说法。山里的人不相信有树木那么大的鱼，海上的人也不相信有鱼那么大的树木；汉武帝不相信有一种胶可以粘合断裂的弓弩刀剑；魏文帝不相信有耐火的石棉布；匈奴人看到锦缎，不相信是用吃桑叶的蚕吐的丝织成的。过去的南方，人们不相信有可以容纳千人的帐篷；等到了北方，人们不相信有容纳二万斛的大船；这些都是只凭实际经验的缘故。

## 【原文】

世有祝师及诸幻术，犹能履火蹈刃，种瓜移井，倏忽之间，十变五化。人力所为，尚能如此；何况神通感应，不可思量，千里宝幢，百由旬座，化成净土，踊出妙塔乎？

## 【译文】

世上有巫师以及各种幻术，尚且能穿过火焰，在刀尖上行走；种下的瓜果即刻就能成熟；还能移动井口，瞬息之间，变化无穷。人的能力所及，尚且如此神妙变幻，何况神明对人事的反应，当然更是不可思议，无法想象；能够变出千里长的华美经幢，大至千里的莲花宝座在方圆几百里内创造出庄严洁净的极乐世界，地上涌出座座七宝塔等。

【原文】

释二曰：夫信谤之征，有如影响；耳闻目见，其事已多，或多精诚不深，业缘未感，时傥差阑，终当获报耳。善恶之行，祸福所归。九流百氏，皆同此论，岂独释典为虚妄乎？项橐、颜回之短折，伯夷、原宪之冻馁，盗跖、庄跻之福寿，齐景、桓魋之富强，若引之先业，冀以后生，更为通耳。如以行善而偶钟祸报，为恶而傥值福征，便生怨尤，即为欺诡；则亦尧、舜之云虚，周、孔之不实也。又欲安所依信而立身乎？

【译文】

对第二种的指责，我解释如下：诚实和欺诳的报应，就像影之随形、响之随声一样，人们耳闻目见这类事情已经多了，有的没有得到应验，或许是因为诚心不足；或许是因缘还没有得到感应，报应倘若推迟了，早晚终会来临的。因为善恶的行为，正是福祸的归宿。九流和诸子百家都持这个观点，难道唯独佛家这么说，就成了胡说八道了？世上固然有好人没好报的事，如项橐、颜回短命而死；原宪、伯夷受冻挨饿而死。也有坏人没遭恶报反而有好报的事，如盗跖、庄跻获得长寿；齐景公、桓魋的国力富强；如果推究为前世的善恶因缘，在今生得以兑现，就讲得通了。如果因为做好事的人偶然遭难，做坏事的人意外得福，就认为因果报应之说是欺骗人不再相信它，那么就好像是指责尧、舜的事迹是虚假的，周公、孔子的话是不可信的一样。如果这样的话，那么又能靠什么信念来立身处世呢？

【原文】

释三曰：开辟已来，不善人多而善人少，何由悉责其精洁乎？见有名僧高行，弃而不说；若睹凡僧流俗，便生非毁。且学者之不勤，岂教者之为过？俗僧之学经律，何异士人之学《诗》《礼》？以《诗》《礼》之教，格朝廷之人，略无全行者；以经律之禁，格出家之辈，而独责无犯哉？且阙行之臣，犹求禄位；毁禁之侣，何惭供养乎？其于戒行，自当有犯。一披法服，已堕僧数，岁中所计，斋讲诵持，比诸白衣，犹不啻山海也。

**【译文】**

对于第三种指责，我解释如下：开天辟地以来，不善良的人多，而善良的人少，怎么可以要求每一个僧尼都是清白的好人呢？看见名僧高尚的德行，却不加以称赞传颂，只要见了一般的僧尼伤风败俗，就指责佛教。况且，学习者不勤奋，难道是教育者的过错吗？一般的僧尼学佛经，又跟士人学《诗经》《礼记》有什么两样？用《诗经》《礼记》中所要求的标准去衡量朝廷中的官员，大概没有几个符合标准的。用佛经的戒律来衡量出家的人，怎么能唯独要求全都不违反戒律呢？品德很差的官员还依然能获取高官厚禄，犯戒的僧尼坐享供养又有什么可惭愧的呢？对于所规定的行为规范，人们偶尔也会触犯。出家人一披上法衣，已经落入僧侣行列，一年到头吃斋念佛，与世俗之人的修养相比，其高低的程度远胜过高山与深海的差距。

**【原文】**

释四曰：内教多途，出家自是其一法耳。若能诚孝在内，仁惠为本，须达、流水不必剃落须发；岂令罄井田而起塔庙，穷编户以为僧尼也？皆由为政不能节之，遂使非法之寺，妨民稼穑，无业之僧，空国赋算，非大觉之本旨也。抑又论之：求道者，身计也；惜费者，国谋也。身计国谋，不可两遂。诚臣徇主而弃亲，孝子安家而忘国，各有行也。儒有不屈王侯高尚其事，隐有让王辞相避世山林；安可计其赋役，以为罪人？若能偕化黔首，悉入道场，如妙乐之世，禳佉之国，则有自然稻米，无尽宝藏，安求田蚕之利乎？

**【译文】**

对于第四种指责，我解释如下：信仰佛教有多种途径，出家只是其中一个方法而已。如果存有忠孝之心，具备仁爱的襟怀，像须达、流水这两位长者一样以慈悲为怀，也用不着剃掉胡须、头发；并非主张用所有的田地去建寺庙佛塔，让所有平民百姓都去出家当和尚。都是由于执政者不能控制，才使不守法纪的寺院破坏了民众的农业生产，没有德行的僧尼空享国家的赋税，这是不合佛教原本的宗旨的。而且进一步说，信奉佛教，是个人的意愿；减少费用，是国家的政策；个人的意愿与国家的政策，不可能两全其美。就像忠臣献身于君主而放弃了赡养双亲的职责，孝子为了承担家庭重担而忽略对国家应尽的义务，各自表现出不同的品行。儒家中有不去侍奉王侯而保持高尚志向的，隐士中有退让君位、辞去卿相而隐居山林的；怎能计算他们的赋税徭役，并认定他们的罪责呢？如果让世人都信奉佛教，皈依释迦，那么人世间就是歌舞升平的世界。就像禳王那样无为而治却拥有太平国家；会有不需耕种而自然生出的稻米，有无穷无尽的珍贵物品，何必去求取耕作养蚕的收获呢？

## 【原文】

释五曰：形体虽死，精神犹存。人生在世，望于后身似不相属；及其殁后，则与前身似犹老少朝夕耳。世有魂神，示现梦想，或降僮妾，或感妻孥，求索饮食，征须福祐，亦为不少矣。今人贫贱疾苦，莫不怨尤前世不修功业；以此而论，安可不为之作地乎？夫有子孙，自是天地间一苍生耳，何预身事？而乃爱护，遗其基址，况于己之神爽，顿欲弃之哉？凡夫蒙蔽，不见未来，故言彼生与今非一体耳；若有天眼，鉴其念念随灭，生生不断，岂可不怖畏邪？又君子处世，贵能克己复礼，济时益物。治家者欲一家之庆，治国者欲一国之良，仆妾臣民，与身竟何亲也，而为勤苦修德乎？亦是尧、舜、周、孔虚失愉乐耳。一人修道，济度几许苍生？免脱几身罪累？幸熟思之！汝曹若观俗计，树立门户，不弃妻子，未能出家；但当兼修戒行，留心诵读，以为来世津梁。人生难得，无虚过也。

## 【译文】

对于第五种指责，我解释如下：人的形体虽然消失了，但精神仍然存在。人活在这个世界上，声望对于转世之身，似乎并不相关，等到死后，却与前生像是老少、朝夕的关系。世上有魂灵托梦于人的事；有的托于仆人、小妾的梦中，有的托于妻子、儿女的梦中，向他们索求食物，乞求福佑而得到应验的事，也是不少。现在人们遇到贫贱病苦，无不埋怨前世没修功业。从这一点来说，生前怎么能不为来世的魂灵开辟一片安乐之地呢？至于自己的子孙，他们只不过是天地间一个百姓而已，跟我本身没什么关系，尚且要尽心爱护，将家业留给他们；何况对于自己的精神，怎能轻易舍弃不顾呢？凡夫俗子愚昧无知，无法预见来世，所以说今生与来世不是一个整体；如果能像如来佛那样有洞察万物的慧眼，就能洞悉生命在刹那间起止，而世间众人生生不已，难道不让人感到惧怕吗？同时，君子处世，最可贵的是克制自己，使言语行动都合乎礼仪，能救助别人，对世事有益。管理家庭的人，希望这个家庭幸福美满；治理国家的人，希望这个国家兴旺发达。仆人、侍妾、臣僚、民众与我自身有什么亲情联系，而却要为他们勤苦地去修养德行呢？这也和尧、舜、周公、孔子一样，白白地浪费掉许多欢乐的

君子处世，贵能克己复礼

时光呀！一个人修身求道，能超度几个人，能使几个人解脱罪恶？希望你们好好地思虑这个问题。你们如果着眼于尘世间的生计，想使家门兴旺，不愿丢弃妻子儿女出家为僧，就要按佛教戒律修身养性，专心研读佛经，以此为来世的幸福铺好桥梁。人生是很宝贵的，不要白白度过。

## 【原文】

儒家君子，尚离庖厨，见其生不忍其死，闻其声不食其肉。高柴、折像，未知内教，皆能不杀，此乃仁者自然用心。含生之徒，莫不爱命；去杀之事，必勉行之。好杀之人，临死报验，子孙殃祸，其数甚多，不能悉录耳，且示数条于末。

梁世有人，常以鸡卵白和沐，云使发光，每沐辄二三十枚。临死，发中但闻啾啾数千鸡雏声。

江陵刘氏，以卖鳝羹为业。后生一儿头是鳝，自颈以下，方为人耳。

王克为永嘉郡守，有人饷羊，集宾欲宴，而羊绳解，来投一客，先跪两拜，便入衣中。此客竟不言之，固无救请。须臾，宰羊为羹，先行至客。一脔入口，便下皮内，周行遍体，痛楚号叫；方复说之，遂作羊鸣而死。

梁孝元在江州时，有人为望蔡县令，经刘敬躬乱，县廨被焚，寄寺而住。民将牛酒作礼，县令以牛系刹柱，屏除形象，铺设床坐，于堂上接宾。未杀之顷，牛解，径来至阶而拜，县令大笑，命左右宰之。饮啖醉饱，便卧檐下。稍醒而觉体痒，爬搔隐疹，因尔成癞，十许年死。

杨思达为西阳郡守，值侯景乱，时复旱俭，饥民盗田中麦。思达遣一部曲守视，所得盗者，辄截手腕，凡戮十余人。部曲后生一男，自然无手。

齐有一奉朝请，家甚豪侈，非手杀牛，啖之不美。年三十许，病笃，大见牛来，举体如被刀刺，叫呼而终。

江陵高伟，随吾入齐，凡数年，向幽州淀中捕鱼。后病，每见群鱼啮之而死。

## 【译文】

儒家的贤人，尚且知道远离宰杀禽兽的厨房，不忍心看见有生命的动物被杀死，若听到动物被宰杀时的惨叫声，就不忍去吃它们的肉。高柴、折像二人并没有信奉佛教，都能做到不杀生，这就是仁慈的人内心世界的自然表露。有生命的东西，没有不爱惜自己生命的；戒杀生的事，一定要努力去做。喜欢杀生的人，死后要遭到报应，连子孙也会受到牵累，这样的例子很多，不能一一讲到，下面就举几个例子。

梁朝有个人，常用鸡蛋清调在水中洗头，说这样能使头发富有光泽，每次洗发就用去二三十个鸡蛋。他临死的时候，只听见头发中发出几千只小鸡的鸣叫声。

江陵有个姓刘的人，以卖鳝鱼羹为生，后来生了一个小孩，头像鳝鱼，脖子以下，才是人形。

王克做永嘉郡太守的时候，有人送来一只羊，他就办酒食宴请宾客。请客那天，那只羊扯断绳子，冲到一位客人面前，先跪下去拜了两拜，便钻进客人的衣服内。那位客人竟不说话，当然也没有救它。过了一会儿，羊被宰杀，做成羊肉汤，先送到那位客人面前。他吃了一块肉，肉刚一入口，便穿入皮肉，周流全身，使他疼痛号叫不已。他方才说出刚才羊向他求救的事，最后他学着羊叫而死。

　　梁孝元帝在江州的时候，有位望蔡县的县令，遇到了刘敬躬的叛乱。县里的官署被烧毁了，他只好寄居在寺庙中。老百姓将一头牛和几缸酒作为礼物送给他，这位县令将牛绑在柱子上，移开佛像，摆好桌椅，在庙堂里接待宾客。牛将要被宰的时候，就扯开了绳子，直奔到县令面前拜了下去。县令大笑，让手下人把牛杀掉。县令酒足饭饱之后，便睡在屋檐下，醒来后感到身上发痒，拼命抓搔身上的疙瘩，由此变为恶疮，十多年就死了。

　　杨思达做西阳郡的太守的时候，当时正是侯景叛乱，又遇到旱灾，饥饿的老百姓就去偷田里的麦子。杨思达派了一个部下去守麦田。凡是抓到偷麦子的人，那个部下就砍掉他们的手，一共砍了十几个人的手。后来那部下生了一个男孩，生下来就没有手。

　　齐国有个担任奉朝请的人，家里非常富有。这个人有个怪僻，非得亲手宰牛，才觉得牛肉吃起来美味。三十多岁时，他得了重病，经常见牛向他走来，他觉得全身如刀割般疼痛，最后大声号叫而死。

　　江陵的高伟，和我一起来到齐国。几年以来，时常到幽州的湖泊中捕鱼。后来病重，常看见成群的鱼来咬他，终于因此而死。

## 【原文】

　　世有痴人，不识仁义，不知富贵并由天命。为子娶妇，恨其生资不足，倚作舅姑之尊，蛇虺其性，毒口加诬，不识忌讳，骂辱妇之父母，却成教妇不孝己身，不顾他恨。但怜己之子女，不爱己之儿妇。如此之人，阴纪其过，鬼夺其算。慎不可与为邻，何况交结乎？避之哉！

## 【译文】

　　人世间有一种愚笨的人，不懂得仁义，也不知道富贵皆由天命。为儿子娶媳妇，嫌人家陪送的嫁妆太少，仗着自己当公婆的尊贵身份，性子像蛇蝎一样凶残，对媳妇恶意辱骂，不懂得忌讳，甚至谩骂侮辱媳妇的父母，反而促使儿媳不孝敬自己，不考虑她心里的怨恨。只知道疼爱自己的子女，不知道爱护自己的儿媳。像这种人，阴间会有记录的，鬼神也会减掉他的寿命。注意不要与他做邻居，更何况与这种人交朋友呢？还是躲他远点吧。

## 第十七篇　书证

【原文】

《诗》云："参差荇菜。"《尔雅》云："荇，接余也。"字或为"莕"。先儒解释皆云：水草，圆叶细茎，随水浅深。今是水悉有之。黄花似莼，江南俗亦呼为"猪莼"，或呼为"荇菜"。刘芳具有注释。而河北俗人多不识之，博士皆以参差者是苋菜，呼"人苋"为"人荇"，亦可笑之甚。

【译文】

《诗经》有诗句："参差荇菜。"《尔雅》解释说："荇，就是接余。"字或写作"莕"。从前的学者都解释说：荇是水生植物，圆叶细茎，它的长短取决于水的深浅。现在凡是有水的地方都长有荇菜，江南民间也把它称作"猪莼"，或称"荇菜"。刘芳在《毛诗笺音义证》中有详细的注解。在北方，一般人都不认识这种植物，就连博士都将水中长得参差不齐的荇菜当作"苋菜"，把"人苋"称作"人荇"，这也太可笑了。

【原文】

《诗》云："谁谓荼苦？"《尔雅》《毛诗传》并以荼，苦菜也。又《礼》云："苦菜秀。"案：《易统通卦验玄图》曰："苦菜生于寒秋，更冬历春，得复乃成。"今中原苦菜则如此也。一名游冬，叶似苦苣而细，摘断有白汁，花黄似菊，江南别有苦菜，叶似酸浆，其花或紫或白，子大如珠，熟时或赤或黑，此菜可以释劳。案：郭璞注《尔雅》，此乃蘵，黄蒢也。今河北谓之"龙葵"。梁世讲《礼》者，以此当苦菜；既无宿根，至春方生耳，亦大误也。又高诱注《吕氏春秋》曰："荣而不实曰英。"苦菜当言英，益知非龙葵也。

【译文】

《诗经》有"谁谓荼苦？"的诗句。《尔雅》《毛诗传》都把"荼"解释为苦菜。另外，《礼记》说："苦菜秀。"查阅资料：《易统通卦验玄图》说："苦菜在寒冷的秋天发芽，经历冬春两季，到夏天成熟。"现在中原地区生长的苦菜，就是这样。苦菜又称作"游冬"，菜叶像苦苣，而比苦苣细，折断叶片，会渗出白色的浆汁。菜花是黄色的，类似菊花。江南有另一种"苦菜"，菜叶像酸浆草，菜花有的是紫色的，有的是白色的，菜籽大得像珠子一样，成熟时或是红色的，或是黑色的，服食这种菜可以消除疲劳。今查有关资料，郭璞注解《尔雅》，认为它就是黄蒢，也就是蘵。黄河以北地区的人把它叫作"龙葵"。梁代的时候有专门讲《礼经》的人，把它当作《诗经》中所提到的苦菜，它没有经冬留存土下、来春可以重新发芽生长的宿根，只有到春天籽才会发芽生长。把它认为是苦菜是个大大的误会。另外，高诱注解《吕氏春秋》说："植物开花而不结果称作'英'。"因此，苦菜应该说是英，这更说明了它绝不是"龙葵"。

## 【原文】

《诗》云："有杕之杜。"江南本并木傍施大，《传》曰："杕，独貌也。"徐仙民音徒计反。《说文》曰："杕，树貌也。"在"木"部。《韵集》音"次第"之"第"，而河北本皆为"夷狄"之"狄"，读亦如字，此大误也。

## 【译文】

《诗经》有诗句："有杕之杜。"江南流传的各种《诗经》版本，都将"杕"字写成"木"旁加个"大"字。《毛诗传》说："杕，就是孤独挺立的样子。"徐仙民将它读作徒计反。《说文解字·木部》解释说："杕，树的样子。"《韵集》将它读作"次第"的"第"。然而，北方流传的各种《诗经》本子，都把"杕"字写作"夷狄"的"狄"，读法也与"狄"相同，这是非常错误的。

## 【原文】

《诗》云："驷驷牡马。"江南书皆作牝牡之牡，河北本悉为放牧之牧。邺下博士见难云："《驷颂》既美僖公牧于坰野之事，何限骘騲乎？"余答曰："案：《毛诗传》云：'驷驷，良马腹干肥张也。'其下又云：'诸侯六闲四种：有良马、戎马、田马、驽马。'若作牧放之意，通于牝牡，则不容限在良马独得驷驷之称。良马，天子以驾玉辂，诸侯以充朝聘郊祀，必无騲也。《周礼·圉人》职：'良马，匹一人，驽马，丽一人。'圉人所养，亦非騲也；颂人举其强骏者言之，于义为得也。《易》曰：'良马逐逐。'《左传》云：'以其良马二。'亦精骏之称，非通语也。今以《诗传》良马，通于牧騲，恐失毛生之意，且不见刘芳《义证》乎？

## 【译文】

《诗经》有诗句："驷驷牡马。"江南流传的《诗经》版本都将"牡"字写作"牝牡"的"牡"，指公马。而北方流传的《诗经》版本都写成了"放牧"的"牧"字。邺下的博士诘难说："《驷颂》既然是称赞僖公在辽阔的草原放牧的事，又何必计较什么公马、母马呢？"我反驳说："据我考证：《毛诗传》说：'驷驷是形容良马躯体强壮。'下文又说：'诸侯有六个马厩，饲养四种马匹：良马、军马、猎马、驽马。'如果这句诗中的'牡'字作'放牧'的'牧'，那么，'驷驷'用于赞美公马、母马同样说得通，而不只是局限于用来形容'良马'了。'良马'是天子驾车的专用马，是诸侯在朝觐天子时或到郊外祭祀天地时的专用马。《周礼·圉人》职说：'良马，一人养一匹；驽马，一人养两匹。'圉人养马，也不养母马。诗人通过良马的健壮强劲来赞美鲁僖公，这在意义上是说得过去的。《周易》说：'良马飞奔。'《左传》说：'用二匹良马。'都是对强壮骏马的称呼，不是通指一般的马。现在有些人以为毛苌在《毛诗传》中所说的'良马'这个专有名词，是指公马或母马中的好马，恐怕误解了毛苌的本意。再说，这些人难道没见过刘芳的《义证》中对这一句的解释吗？"

## 【原文】

《月令》云："荔挺出。"郑玄注云："荔挺，马薤也。"《说文》云："荔，似蒲而小，根可为刷。"《广雅》云："马薤，荔也。"《通俗文》亦云马蔺。《易统通卦验玄图》云："荔挺不出，则国多火灾。"蔡邕《月令章句》云："荔似挺。"高诱注《吕氏春秋》云："荔草挺出也。"然则《月令》注荔挺为草名，误矣。河北平泽率生之。江东颇有此物，人或种于阶庭，但呼为旱蒲，故不识马薤。讲《礼》者乃以为马苋；马苋堪食，亦名豚耳，俗名马齿。江陵尝有一僧，面形上广下狭；刘缓幼子民誉，年始数岁，俊晤善体物，见此僧云："面似马苋。"其伯父绰因呼为荔挺法师。绰亲讲《礼》名儒，尚误如此。

## 【译文】

《礼记·月令》中有一句话："荔挺出。"郑玄注解说："荔挺，就是马薤。"《说文》说："荔，类似蒲草，而比它小，根是做刷子的好材料。"《广雅》说："马薤，就是荔。"在《通俗文》中又把它叫作马蔺。《易统通卦验玄图》说："荔草茎如果长不出，国家就要频频发生火灾。"蔡邕的《月令章句》说："荔，类似挺。"高诱注解《吕氏春秋》说："荔草茎生出来了。"这样看来，郑玄的《月令》将"荔挺"看成一种草是错误的。在北方，这种草普遍生长在水泽地里。江东也有类似的植物，有的人把它种在庭院里，只是把它叫作旱蒲，所以就不知道它就是马薤。而讲解《礼记》的人把"荔"当作"马苋"来解释。马苋可以食用，又名豚草，民间把它叫作马齿苋。江陵有一位脸形上宽下窄的僧人，刘缓的儿子刘民誉，年纪才几岁，聪明伶俐，善于描绘事物的形态，他看见这位僧人就说："这人脸长得像马齿苋。"他的伯父刘绰把这位僧人戏称为"荔挺法师"，刘绰本人就是讲解《礼记》的著名学者，尚且误解到如此地步！

## 【原文】

《诗》云："将其来施施。"《毛诗传》云："施施，难进之意。"郑《笺》云："施施，舒行貌也。"《韩诗》亦重为"施施"。河北《毛诗》皆云"施施"。江南旧本，悉单为"施"，俗遂是之，恐为少误。

【译文】

《诗经》有诗句："将其来施施。"《毛诗传》说："施施，难以行进的意思。"郑玄注解说："施施，就是行动舒缓的样子。"《韩诗》也将"施"字重叠写作"施施"。北方的《诗经》流传本都写作"施施"。而江南过去的《诗经》版本，都单作一个"施"字，人们也就认可了，恐怕这是个小错误。

【原文】

《诗》云："有渰萋萋，兴云祁祁。"《毛传》云："渰，阴云貌。萋萋，云行貌。祁祁，徐貌也。"《笺》云："古者，阴阳和，风雨时，其来祁祁然，不暴疾也。"案："渰已是阴云，何劳复云'兴云祁祁'耶？""云"当为"雨"，俗写误耳。班固《灵台诗》云："三光宣精，五行布序，习习祥风，祁祁甘雨。"此其证也。

【译文】

《诗经》有诗句："有渰萋萋，兴云祁祁。"《毛诗传》说："渰，是指云兴起的样子。萋萋，是指云移动的样子。祁祁，是指云行动缓慢的样子。"郑玄注解说："古时候，阴阳调和，风雨及时，它们来时是缓缓的，而不是迅速激烈。"我认为："渰"字已经表示乌云兴起的样子，何必又重复说"兴云祁祁"呢？可见"云"字当写作"雨"字，这是人们抄写时弄错的吧。班固的《灵台诗》里说："三光宣精，五行布序，习习祥风，祁祁甘雨。"这是"云"当写作"雨"的一条证据。

【原文】

《礼》云："定犹豫，决嫌疑。"《离骚》曰："心犹豫而狐疑。"先儒未有释者。案：《尸子》曰："五尺犬为犹。"《说文》云："陇西谓犬子为犹。"吾以为人将犬行，犬好豫在人前，待人不得，又来迎候，如此往还，至于终日，斯乃"豫"之所以未定也，故称"犹豫"。或以《尔雅》曰："犹如麂，善登木。"犹，兽名也，即闻人声，乃豫缘木，如此上下，故称"犹豫"。狐之为兽，又多猜疑，故听河冰无流水声，然后敢渡。今俗云："狐疑，虎卜。"则其义也。

【译文】

《礼记》中有"定犹豫，决嫌疑"一句。《离骚》中有"心犹豫而狐疑"的诗句。从前的学者对此没有解释。今参考有关资料：《尸子》说："五尺犬为犹。"《说文》说："陇西谓犬子为犹。"我认为人带着狗行路时，狗总是先跑到前面去等人，等不到后又跑回来迎接,如此来回往返,天天如此,这就是"豫"一词解释为迟疑不决的来历,所以称作"犹豫"。或者依据《尔雅》的解释:"犹长得像麂,擅长爬树。"犹是一种野兽,一听到人的声音,它就预先上树,像这样上上下下,迟疑不定,所以人们将迟疑不定称之为"犹豫"。狐狸这种动物是很狡猾多疑的,它听到冰下没有流水的声音,然后才敢过河。现在俗话说:"狐疑,虎卜。""狐疑"就是犹豫不决的意思。

【原文】

《左传》曰:"齐侯痎,遂痁。"《说文》云:"痎,二日一发之疟。痁,有热疟也。"案:齐侯之病,本是间日一发,渐加重乎故,为诸侯忧也,今北方犹呼"痎疟",音"皆"。而世间传本多以"痎"为"疥",杜征南亦无解释,徐仙民音"介",俗儒就为通云:"病疥,令人恶寒,变而成疟。"此臆说也。疥癣小疾,何足可论,宁有患疥转作疟乎?

【译文】

《左传》记载:"齐侯痎,遂痁。"《说文》说:"痎,隔日发作一次的疟疾。痁,是发热的疟疾。"据考证:齐侯的病,本来是隔日发作一次的疟疾,后来病情逐渐加重了,为诸侯们所担心。现在北方还有"痎疟"的叫法,读作"皆"。而现存的《左传》流传本,大多将"痎"字写作"疥",杜预对此没有解释。徐仙民在《毛诗音》中认为"疥"读作"介",一般的学者就依此解释说:"得了疥癣,使人畏寒,就变成了疟疾。"这纯粹是臆测之说。疥癣只是小病,有什么值得谈论的。哪里有患疥癣会变成疟疾的呢?

【原文】

《尚书》曰:"惟影响。"《周礼》云:"土圭测影,影朝影夕。"《孟子》曰:"图影失形。"《庄子》云:"罔两问影。"如此等字,皆当为"光景"之"景"。凡阴景者,因光而生,故即谓为景。《淮南子》呼为"景柱",《广雅》云:"晷柱挂景。"并是也。至晋世葛洪《字苑》,傍始加"彡",音于景反。而世间辄改治《尚书》《周礼》《庄》《孟》从葛洪字,甚为失矣。

【译文】

《尚书》有"惟影响"诗句。《周礼》有"土圭测影,影朝影夕"诗句。《孟子》有"图影失形"诗句。《庄子》有"罔两问影"诗句。这些"影"字,都应该是"光景"的"景"字。凡是阴影,都是由于光的作用而形成的,所以称作景。《淮南子》中有"景柱"一词,《广雅》中有"晷柱挂景"一语,其中的"景"字都是指阴影。到了晋代,葛洪著《字苑》,才在"景"字旁边加上"彡"字,写作

"影"，注音于景反。而世上的人随意按葛洪的做法将《尚书》《周礼》《庄子》《孟子》等书中的"景"字改成"影"字，这实在是大错了。

## 【原文】

太公《六韬》，有天陈、地陈、人陈、云鸟之陈。《论语》曰："卫灵公问陈于孔子。"《左传》："为鱼丽之陈。"俗本多作"阜"傍"车乘"之"车"，案诸陈队，并作"陈、郑"之"陈"。夫行陈之义，取于陈列耳，此六书为假借也，《苍》《雅》及近世字书，皆无别字；唯王羲之《小学章》，独"阜"傍作"车"，纵复欲行，不宜追改《六韬》《论语》《左传》也。

## 【译文】

太公的《六韬》中有天陈、地陈、人陈、云鸟之陈的说法。《论语》上有"卫灵公问陈于孔子"的话。《左传》上说"为鱼丽之陈"的话。一般的流传本大多是将以上几个"陈"字写成"阜"字旁再加个车乘的"车"字，即"阵"字。据考查，表示各种军队列的"阵"字，都应写作"陈、郑"的"陈"字。军陈行列的"陈"，是从陈列之意取用过来的，将"陈"写作"阵"，这在六书中属于假借法，《苍颉篇》《尔雅》和近代的字书，"陈"都没有其他写法，只在王羲之的《小学章》独独是"阜"旁加上"车"字，成了"阵"字。即使今人从俗都将"陈"字写成了"阵"字，也不应该反过来追改《六韬》《论语》《左传》等古书。

## 【原文】

《诗》云："黄鸟于飞，集于灌木。"《传》云："灌木，丛木也。"此乃《尔雅》之文，故李巡注曰："木丛生曰灌。"《尔雅》末章又云："木族生为灌。"族亦丛聚也。所以，江南《诗》古本皆为"丛聚"之"丛"，而古"丛"字似"冣"字，近世儒生，因改为"寂"，解云："木之寂高长者。"案：众家《尔雅》及解《诗》无言此者，唯周续之《毛诗注》，音为徂会反；刘昌宗《诗注》，音为在公反，又祖会反。皆为穿凿，失《尔雅》训也。

## 【译文】

《诗经》有诗句"黄鸟于飞，集于灌木"。《毛诗传》说："灌木，就是树木丛生。"这是根据《尔雅》解释，所以李巡注解说："木丛生曰灌。"《尔雅》的末章又说："木族生曰灌。"族，即丛聚的意思。所以江南的《诗经》旧的版本都写成"丛聚"的"丛"字了，而古代的"丛"字与"寂"字很像，近代的儒生因此就将"丛"字改作"寂"字，解释为"树木之高长者"。据查证：各家的《尔雅》和《诗经》都没有对此注解，只有周续之的《毛诗注》，对这个字注音作徂会反，刘昌宗的《诗注》认为"寂"字读作在公反，也可读作徂会反。这些都是穿凿附会，偏离了《尔雅》的训诂解释。

## 【原文】

"也"是语已及助句之辞，文籍备有之矣。河北经传，悉略此字，其间字有不可得无者，至如"伯也执殳""于旅也语""回也屡空""风，风也，教也"，及《诗传》云："不戢，戢也；不傩，傩也。""不多，多也。"如斯之类，倪削此文，颇成废阙。《诗》言："青青子衿。"《传》曰："青衿，青领也，学子之服。"按：古者，斜领下连于衿，故谓领为衿。孙炎、郭璞注《尔雅》，曹大家注《列女传》，并云："衿，交领也。"邺下《诗》本，既无"也"字，群儒因谬说云："青衿、青领，是衣两处之名，皆以青为饰。"用释"青青"二字，其失大矣！又有俗学，闻经传中时须"也"字，辄以意加之，每不得所，益成可笑。

## 【译文】

"也"字是用在语尾或作语助的词，文章典籍中常用这个字。北方流传的经传中大多省略"也"字，而其中有的"也"字是不能省略的，比如像"伯也执殳""于旅也语""回也屡空""风，风也，教也"以及《毛诗传》说："不戢，戢也；不傩，傩也。""不多，多也。"诸如此类的句子，如果都省略了"也"字，也就成了残缺不全的句子了。《诗经》有"青青子衿"之句，《毛诗传》解释说："青衿，青领也，学子之服。"据查证：古时候，斜领下面连着衣衿，所以将领子称作"衿"。孙炎、郭璞注解的《尔雅》、曹大家注解的《列女传》中都说："衿，交领也。"邺下的《诗经》传本，就没有"也"字，许多读书人因而错误地认为"青衿、青领，是指衣服的两个部分的名称，都用'青'字来装饰"，这样理解"青青"两个字，实际上是不对的。还有一些平庸的读书人，听说《诗经》传注中常要补上"也"字，就凭自己的意见加上去，往往加的不是地方，这就更加可笑了。

【原文】

《易》有蜀才注，江南学士，遂不知是何人。王俭《四部目录》，不言姓名，题云："王弼后人。"谢炅、夏侯该，并读数千卷书，皆疑是谯周；而《李蜀书》一名《汉之书》，云："姓范名长生，自称蜀才。"南方以晋家渡江后，北间传记，皆名为"伪书"，不贵省读，故不见也。

【译文】

《易经》有蜀才作注的本子，江南的学士，竟然不知道蜀才是谁。王俭的《四部目录》中，没有注名，只是题为"王弼后人"。谢炅、夏侯该都饱读过数千卷书籍，他俩都怀疑这人是谯周；而《李蜀书》（一名《汉之书》）上说："这人姓范，名长生，自称蜀才。"在南方，因为晋朝东迁之后，北方的传记，就被称作"伪书"，因此人们不重视阅读它们，所以没有见到过这段记载。

【原文】

《礼·王制》云："裸股肱。"郑注云："谓搴衣出其臂胫。"今书皆作"擐甲"之"擐"。国子博士萧该云："'擐'当作'揎'，音'宣'，'擐'是穿著之名，非出臂之义。"案《字林》，萧读是，徐爰音"患"，非也。

【译文】

《礼记·王制》有："裸股肱"一语，郑玄注解说："谓搴衣出其臂胫。"当今人写书，都写作"擐甲"的"擐"字。国子博士萧该说："'擐'，当作'揎'，读作'宣'，'擐'是指穿的意思，并非是露出手臂的意思。"根据《字林》，萧该的说法是对的。徐爰《礼记音》中认为读作"患"，这是不对的。

【原文】

《汉书》："田肎贺上。"江南本皆作"宵"字。沛国刘显，博览经籍，偏精班《汉》，梁代谓之"《汉》圣"。显子臻，不坠家业。读班史，呼为"田肎"。梁元帝尝问之，答曰："此无义可求，但臣家旧本，以雌黄改'宵'为'肎'。"元帝无以难之。吾至江北，见本为"肎"。

【译文】

《汉书》中有"田肎贺上"的语句。江南的《汉书》流传本都将"肎"写作"宵"。沛国的刘显，博览群书，偏爱并精通班固的《汉书》，梁代人称他为"汉书圣人"。刘显的儿子刘臻，不失家传之业。他读《汉书》时，将"田宵"读作

"田肎"，梁元帝曾经问他为什么这么读，他回答说："这没有什么含义可求，只是臣家藏的《汉书》旧本中，把通行的'田肯'改作'田肎'了。"梁元帝也没法诘难他。我到了北方，见到这里的《汉书》传本，就写作"田肎"。

### 【原文】

《汉书·王莽赞》云："紫色蛙声，余分闰位。"盖谓非玄黄之色，不中律吕之音也。近有学士，名问甚高，遂云："王莽非直鸢髆虎视，而复紫色蛙声。"亦为误也。

### 【译文】

《汉书·王莽赞》有"紫色蛙声，余分闰位"之句，大意是讥讽王莽篡夺皇位，不合玄黄正色，不符律吕正声。近代有位学士，名望甚高，竟然说："王莽不仅长得像鹰虎一样凶狠，而且脸色发紫，声如蛙叫。"这也是搞错了。

### 【原文】

简"策"字，"竹"下施"束"，末代隶书，似杞、宋之"宋"，亦有"竹"下遂为"夹"者，犹如"刺"字之傍应为"束"，今亦作"夹"。徐仙民《春秋》《礼音》，遂以"筴"为正字，以"策"为音，殊为颠倒。《史记》又作"悉"字，误而为"述"，作"妬"字，误而为"姤"。裴、徐、邹皆以"悉"字音"述"，以"妬"字音"姤"。既尔，则亦可以"亥"为"豕"字音，以"帝"为"虎"字音乎？

### 【译文】

简策的"策"字，是"竹"字头下面加个"束"字。后代的隶书，"策"的下半部写得很像"杞宋"的"宋"字，也有的人在"竹"字头下竟加"夹"字。就像"刺"字左偏旁应为"束"，现在写作"筴"一样。徐仙民注的《春秋》《礼音》中就以"筴"字为正字，以"策"字作其读音，恰好是弄颠倒了。《史记》又将"悉"字误写作"述"字，将"妬"字误写作"姤"，裴骃、徐野民、邹诞生都认为"悉"字读作"述"，"妬"字读作"姤"。若是如此，岂不是可以将"亥"字读作"豕"，将"帝"字读作"虎"了吗？

【原文】

张揖云："虙，今伏羲氏也。"孟康《汉书·古文注》亦云："虙，今伏。"而皇甫谧云："伏羲或谓之宓羲。"按诸经史纬候，遂无"宓羲"之号。"虙"字从"虍"，"宓"字从"宀"，下俱为"必"，末世传写，遂误"虙"以为"宓"，而《帝王世纪》因误更立名耳。何以验之？孔子弟子虙子贱为单父宰，即虙羲之后，俗字亦为"宓"，或复加"山"。今兖州永昌郡城，旧单父地也，东门有子贱碑，汉世所立，乃曰："济南伏生，即子贱之后。"是"虙"之与"伏"，古来通字，误以之"宓"，较可知矣。

【译文】

张揖说："虙，就是指现在所说的伏羲氏。"孟康的《汉书·古文注》中说道："虙，指现在所说的伏羲氏。"而皇甫谧说："伏羲有人说是宓羲。"可是考察各种经书、纬书，就没有见到"宓羲"这个称号。"虙"字从"虍"，"宓"字从"宀"，下面都有"必"字，后代人传抄，就误将'虙'字写成了'宓'字。因而皇甫谧的《帝王世纪》中就将"宓"作为伏羲的名字。用什么来证明"宓"字是抄写错误呢？孔子弟子虙子贱是单父的邑宰，他就是伏羲氏的后代。"虙"的俗字也写作"宓"，或写作"密"。近代兖州永昌郡城，是单父的旧地，东门有子贱的碑，是在汉代时立的，上面写着："济南伏生，就是子贱的后代。"从中可知"虙"字与"伏"字在古代是通假字，那么将"虙"错写作"宓"的原因，就可以明显地看出来了。

【原文】

《太史公记》曰："宁为鸡口，无为牛后。"此是删《战国策》耳。案：延笃《战国策音义》曰："尸，鸡中之王。从，牛子。"然则，"口"当为"尸"，"后"当为"从"，俗写误也。

【译文】

太史公司马迁的《太史公记》中讲道："宁为鸡口，无为牛后。"这是节录了《战国策》中的文字。据考证：

延笃的《战国策音义》在注解这句话时，解释说："尸，鸡中之主。从，牛子。"因而，《太史公记》中的"口"字当作"尸"，"后"字当作"从"，世俗的传本抄写错了。

## 【原文】

应劭《风俗通》云："《太史公记》：'高渐离变名易姓，为人庸保，匿作于宋子，久之作苦，闻其家堂上有客击筑，伎痒，不能无出言。'"案：伎痒者，怀其伎而腹痒也。是以潘岳《射雉赋》亦云："徒心烦而伎痒。"今《史记》并作"徘徊"，或作"彷徨不能无出言"，是为俗传写误耳。

## 【译文】

应劭的《风俗通义》中讲道："《太史公记》记载：'高渐离变名易姓，在宋子县给人家当仆人，辛苦劳作很久了。有一次，他听见主人家厅堂里有客人在击筑，伎痒，不能无出言。'"我认为：伎痒的意思，是擅长某种技艺，一遇机会就想表现出来，如痒难忍。因此，潘岳的《射雉赋》中也讲道："徒心烦而伎痒。"现在《史记》传本都将"伎痒"写作"徘徊"或写作"彷徨不能无出言。"这是世俗流传本写错了。

## 【原文】

太史公论英布曰："祸之兴自爱姬，生于妒媢，以至灭国。"又《汉书·外戚传》亦云："成结宠妾妒媢之诛。"此二"媢"并当作"媢"，"媢"亦妒也，义见《礼记》《三苍》。且《五宗世家》亦云："常山宪王后妒媢。"王充《论衡》云："妒夫媢妇生，则忿怒斗讼。"益知"媢"是"妒"之别名。原英布之诛为意贲赫耳，不得言"媢"。

## 【译文】

太史公司马迁在评论英布时说道：英布的杀身之祸是，"祸之兴自爱姬，生于妒媢，以至灭国。"另《汉书·外戚传》中说："汉成帝因妒媢宠姬招致杀身之祸。"这两句话的"媢"都应该写作"媢"，"媢"也就是"妒"的意思，这个字的意思也可见于《礼记》以及《三苍》。而《五宗世家》也说："常山宪王后妒媢。"王充《论衡》说："妒夫媢妇生，则忿怒斗讼。"便可以知道"媢"是"妒"的另一种说法。本来英布被杀是由于他猜疑贲赫引起的，不能说是"媢"所导致的。

## 【原文】

《史记·始皇本纪》："二十八年，丞相隗林、丞相王绾等，议于海上。"

诸本皆作"山林"之"林"。开皇二年五月，长安民掘得秦时铁称权，旁有铜涂镌铭二所。其一所曰："廿六年，皇帝尽并兼天下诸侯，黔首大安，立号为皇帝，乃诏丞相状、绾，法度量则不壹、歉疑者，皆明壹之。"凡四十字。其一所曰："元年，制诏丞相斯、去疾，法度量，尽始皇帝为之，皆□刻辞焉。今袭号而刻辞不称始皇帝，其于久远也，如后嗣为之者，不称成功盛德，刻此诏□左，使毋疑。"凡五十八字，一字磨灭，见有五十七字，了了分明。其书兼为古隶。余被敕写读之，与内史令李德林对，见此称权，今在官库；其"丞相状"字，乃为状貌之"状"，"丬"旁作"犬"；则知俗作"隗林"，非也，当为"隗状"耳。

## 【译文】

《史记·秦始皇本纪》说："始皇二十八年，丞相隗林、王绾等人，在东海之滨议论国事。"各种《史记》传本都将"隗林"的"林"字写成"山林"的"林"。隋文帝开皇二年五月，长安的百姓挖掘出秦朝的铁秤砣，只见它的两旁镶着两块刻有铭文的铜版。其中一块刻着的话的意思是："二十六年，皇帝一统天下，兼并诸侯，百姓的生活平静下来，确立了'皇帝'的称号，于是就下诏书命令丞相隗状、王绾，以秦国的度量衡为准则，来取代混乱的度量衡标准，使它们统一规范。"原文共四十个字。另一块铜版上所刻的话的意思是："元年，皇帝下诏书命令丞相李斯、去疾统一天下度量衡。这些都是秦始皇帝的功绩，都有刻辞记载。现在的皇上都用'皇帝'号，而原有刻辞并未用'始皇帝'的称号。这样对于后代人来说，就分辨不出是哪一代皇帝所为了，倒像是二世三世做的呢，这就不符合始皇帝的创业功德了。因此，我们在前面刻上那块铭文，后人产生不了疑虑。"原文共五十八字，其中有一字被磨掉，剩下五十七字，清清楚楚，易于确认，这些字都是秦汉隶书写成的。我奉皇帝的命令描摹抄写这些刻辞，与内史令李德林对校，因此见到这块铁秤砣，它现在收藏在官府的书库里。刻辞中"丞相隗状"的"状"字，就是状貌的"状"，由"丬"字和"犬"字组合而成；由此可见，通常写作"隗林"是错误的，应当是"隗状"。

## 【原文】

《汉书》云："中外禔福。"禔字当从"示"。禔，安也，音"匙匕"之"匙"，义见《苍》《雅》《方言》。河北学士皆云如此。而江南书本，多误从"手"，属文者对耦，并为"提挈"之意，恐为误也。

## 【译文】

《汉书》有"中外禔福"一语。"禔"字应当从"示"，就是安定的意思，读作"匙匕"的"匙",字义的解释见于《苍颉篇》《尔雅》《方言》,北方的学者都认为是这样。而江南的《汉书》底本、副本大多误将"扠"写成"手"旁,成了"提"字,写文章的人为了对偶,都将这个字理解为"提挈"的意思,这恐怕是错误的。

## 【原文】

或问:"《汉书注》:'为元后父名禁,故禁中为省中。'何故以'省'代'禁'?"答曰:"案:《周礼·宫正》:'掌王宫之戒令纠禁。'郑注云:'纠,犹割也,察也。'李登云:'省,察也。'张揖云:'省,今省督也。'然则小井、反领二反,并得训'察'。其处既常有禁卫省察,故以'省'代'禁'。督,古察字也。"

## 【译文】

有人问我道:"《汉书注》说:因为汉元帝的皇后的父亲名'禁',因此'禁中'改称'省中'。为什么用'省'字来代替'禁'字呢?"我回答说:"据考证,《周礼·宫正》中说过'掌王宫之戒令纠禁'的话。郑玄注解说:'纠,犹如宰割、督察。'李登说:'省,就是察看的意思。'张揖说:'省,现在表示省督的意思。'这样的话,'省'字的两种读音小井反或所领反,就都有表示察看的意思,所以用'省'代替'禁'。'督'就是古代的'察'字。"

## 【原文】

《汉·明帝纪》:"为四姓小侯立学。"按:桓帝加元服,又赐四姓及梁、邓小侯帛,是知皆外戚也。明帝时,外戚有樊氏、郭氏、阴氏、马氏为四姓。谓之小侯者,或以年小获封,故须立学耳。或以侍祠猥朝,侯非列侯,故曰小侯,《礼》云:"庶方小侯。"则其义也。

## 【译文】

《后汉书·明帝纪》记载:"为四姓小侯立学。"据查证:桓帝登基之后,曾为四姓以及梁姓、邓姓的小侯行冠礼,并赐予丝帛。由此可知,这些人都是外戚。明帝时,外戚有樊氏、郭氏、阴氏、马氏四姓。之所以称他们是小侯,或者是因为他们年纪小就获封,所以要为他们建立学舍。或者是因为有些人只是以侍侯的身份朝觐君主,并不是属于高爵位的列侯。《礼记》说"庶方小侯",就是这个意思。

## 【原文】

《后汉书》云:"鹳雀衔三鳝鱼。"多假借为"鳝鲔"之"鳝";俗之学士,因谓之为"鳣鱼"。案：魏武《四时食制》："鳣鱼大如五斗奁，长一丈。"郭璞注《尔雅》："鳣长二三丈。"安有鹳雀能胜一者，况三乎？鳣又纯灰色，无文章也。鳝长者不过三尺，大者不过三指，黄地黑文；故都讲云："蛇鳝，卿大夫服之象也。"《续汉书》及《搜神记》亦说此事，皆作"鳣"字。孙卿云："鱼鳖鳅鳣。"及《韩非》《说苑》皆曰："鳣似蛇，蚕似蠋。"并作"鳣"字。假"鳣"为"鳝"，其来久矣。

【译文】

《后汉书》中记载有"鹳雀衔着三条鳝鱼"的语句。"鳝"字多通假作"鳣鲔"的"鳣"字，大多数学者就把这句话中的"鳝鱼"当成了"鳣鱼"。据查证：魏武帝的《四时食制》记载："鳣鱼大得如同能装五斗米的箱子，有一丈来长。"郭璞注解《尔雅》说："鳣鱼身长二三丈。"鹳雀怎么能叼得起一条鳣鱼呢，更何况是三条呢？鳣鱼又是纯灰色，身上没有花纹。鳝鱼长不超过三尺，粗不超过三指，黄色的鱼身上有黑色的花纹，所以都说："蛇鳝的颜色，就像卿大夫的衣服。"《续汉书》和《搜神记》也说及此事，都写作"鳝"字。荀子有"鱼鳖鳅鳣"之语，《韩非子》《说苑》都这样描绘说："鳣似蛇，蚕像蠋。"都是将"鳝"写作"鳣"。可见，将"鳣"字通假作"鳝"，由来已经很久了。

【原文】

《后汉书》："酷吏樊晔为天水郡守，凉州为之歌曰：'宁见乳虎穴，不入冀府寺。'"而江南书本"穴"皆误作"六"。学士因循，迷而不寤。夫虎豹穴居，事之较者，所以班超云："不探虎穴，安得虎子？"宁当论其六七耶？

【译文】

《后汉书》记载："酷吏樊晔为天水郡守，凉州为他编了歌谣说：'宁见乳虎穴，不入冀府寺。'"而江南传本，都将"穴"字误写成"六"字。学者沿袭了这个错误，因而弄不明白。虎豹住在洞穴中，这是很明白的事，所以班超说："不探虎穴，安得虎子？"难道能去计较六只老虎还是七只老虎吗？

【原文】

《后汉书·杨由传》云："风吹削肺。"此是削札牍之柿耳。古者，书误则削之，故《左传》云"削而投之"是也。或即谓"札"为"削"，王褒《童约》曰："书削代牍。"苏竟书云："昔以摩研编削之才。"皆其证也。《诗》云："伐木浒浒。"《毛诗传》云："浒浒，柿貌也。"史家假借为"肝肺"字，俗本因是悉作"脯腊"之"脯"，或为"反哺"之"哺"。学士因解云："削哺，是屏障之名。"既无证据，亦为妄矣！此是风角占候耳。《风角书》曰："庶人风者，拂地扬尘转削。"若是屏障，何由可转也？

## 【译文】

《后汉书·杨由传》有"风吹削肺"的语句，"肺"当作"柿"，是指削牍所丢弃的木片。古时候，在简牍上刻错了字就用刀削去，所以《左传》说："削而投之。"就是这个意思。也有人认为"札"就是"削"，王褒《童约》中说："书削代牍。"苏竟给刘龚的信中说："昔以摩研编削之才。"这些都是"札"是"削"的证据。《诗经》有"伐木浒浒"的诗句，毛亨解释说："浒浒，柿貌也。"撰写史书的人将"柿"通假作"肝肺"的"肺"，世间传本据此写成"脯腊"的"脯"，有的将它写成"反哺"的"哺"。一些学者解释说："削哺，就是屏障的别名。"这种说法毫无根据，也太虚妄了！"风吹削哺"的意思是说风吹动木屑，这是搞风角占卜的人说的。《风角书》说："如果是通常之风，只能轻轻掠过地面，扬起尘土，吹动木屑。"如果"削肺"表示屏障，那么风怎么可能吹转它呢？

## 【原文】

《三辅决录》云："前队大夫范仲公，盐豉蒜果共一筒。""果"当作"魏颗"之"颗"。北土通呼物一块，改为一颗，"蒜颗"是俗间常语耳。故陈思王《鹞雀赋》曰："头如果蒜，目似擘椒。"又《道经》云："合口诵经声璅璅，眼中泪出珠子碨。"其字虽异，其音与义颇同。江南但呼为"蒜符"，不知谓为"颗"。学士相承，读为"裹结"之"裹"，言盐与蒜共一苞裹，内筒中耳。《正史削繁音义》又音"蒜颗"为苦戈反，皆失也。

## 【译文】

《三辅决录》说："前队大夫范仲公，用盐豉腌渍一桶蒜果。""果"字应当写作"魏颗"的"颗"字，北方地区普遍将"一块"之物，改称作"一颗"，蒜颗是民间的口语。所以陈思王曹植在《鹞雀赋》中说："头如果蒜，目似擘椒。"另外，《道经》说："合口诵经声璅璅，眼中泪出珠子碨。""碨""颗"二字虽然形体不同，但音与义颇为相同。南方人将"蒜颗"称作"蒜符"，不知道"蒜符"就是"蒜颗"。学者们以此代代相传，将《三辅决录》中的"颗"字当成"裹结"的"裹"字，说是将盐与蒜放在一起包裹，纳入竹筒中。《正史削繁意义》又将"颗"读作苦戈反，这些都是错误的。

## 【原文】

有人访吾曰："《魏志》蒋济上书云'弊攰之民'，是何字也？"余应之曰：

"意为'刧'即是'皱倦'之'皱'耳。张揖、吕忱并云：'支旁作刀剑之刀，亦是剞字。'不知蒋氏自造'支'傍作'筋力'之'力'或借'剞'字？终当音九伪反。"

【译文】

有人问我道："《魏志》记载：蒋济给皇帝上书说'弊刧之民'，'刧'是什么字呢？"我告诉他说："我想'刧'字就是'皱倦'的'皱'字。张揖、吕忱都说'支旁加刀剑的刀，也就是剞字'。至于'刧'字，不知道是蒋氏用'支'旁加'筋力'的'力'自造而成的呢？还是将'刧'字通假作'剞'字呢？不管怎样，这个字终当读作九伪反。"

【原文】

《晋中兴书》："太山羊曼，常颓纵任侠，饮酒诞节，兖州号为'䵝伯'。"此字皆无音训。梁孝元帝常谓吾曰："由来不识。唯张简宪见教，呼为'䵝羹'之'䵝'。自尔便遵承之，亦不知所出。"简宪是湘州刺史张缵谥也，江南号为硕学。案：法盛世代殊近，当是耆老相传；俗间又有"䵝䵝"语，盖无所不施，无所不容之意也。顾野王《玉篇》误为"黑"傍"沓"。顾虽博物，犹出简宪、孝元之下，而二人皆云重边。吾所见数本，并无作"黑"者。"䵝"是多饶积厚之意，从"黑"更无义旨。

【译文】

《晋中兴书》记载："太山羊曼，放浪形骸，行侠仗义，好饮酒、不拘小节，兖州人称他为'䵝伯'。""䵝"字从来没有注释过。梁朝孝元帝曾对我说："我从来不认识这个字。只有张简宪跟我说过，这个字读作'䵝羹'的'䵝'。从此，我就一直遵从他的读音，只是不知道它的出处。"张简宪是湘州刺史张缵的谥号，江南人都称赞他很有学识。据考证：《晋中兴书》的作者何法盛所处的时代距今很近，"䵝"字大概是听德高望重的老人说的；民间也有"䵝䵝"这个词语，大概是无所不施、无所不容的意思。顾野王的《玉篇》误认为：这个字从"黑"旁，写作"黯"。顾氏虽然博学多识，但水平仍在张简宪、孝元帝之下，而他们都认为这个字应当从"重"旁。我见过几种《晋中兴书》的传本，都没有将它写成从"黑"旁的。"䵝"表示丰厚富饶的意思，如果从"黑"旁的话，就表达不出什么意义了。

【原文】

《古乐府》歌词，先述三子，次及三妇，妇是对舅姑之称。其末章云："丈人且安坐，调弦未遽央。"古者，子妇供事舅姑，旦夕在侧，与儿女无异，故有此言。"丈人"亦长老之目，今世俗犹呼其祖考为先亡丈人。又疑"丈"当作"大"，北间风俗，妇呼舅为"大人公"。"丈"之与"大"，易为误耳。近代文士，颇作《三妇诗》，乃为匹嫡并耦己之群妻之意，又加郑、卫之辞，大雅君子，何其谬乎？

【译文】

　　《古乐府》歌词中，先叙述了三个儿子，然后说三个媳妇，媳妇是对公婆而言。歌词的最后一章写道："丈人且安坐，调弦未遽央。"古时候，媳妇早晚都侍奉在公婆身边，就像亲生女儿一样，所以就有这句歌词。丈人是用来称呼长辈的，现在一般人还把祖先称作先亡丈人。这个"丈"字，我怀疑应当是"大"字，北方的风俗，媳妇称公公为"大人公"。"丈"字与"大"字形相近，容易抄错。近代的文人，也写下了很多《三妇诗》，表现的却是夫妻和乐、妻妾和睦相处的内容。还加入了一些类似郑风、卫风之类的淫乐之辞，这些文人雅士，真是荒唐啊！

【原文】

　　《古乐府》歌百里奚词曰："百里奚，五羊皮。忆别时，烹伏雌，吹扊扅；今日富贵忘我为！""吹"当作"炊煮"之"炊"。案：蔡邕《月令章句》曰："键，关牡也，所以止扉，或谓之剡移。"然则当时贫困，并以门牡木作薪炊耳。《声类》作"扊"，又或作"扂"。

【译文】

　　《古乐府》中歌唱百里奚的歌词说："百里奚，五羊皮。忆别时，烹伏雌，吹扊扅；今日富贵忘我为！"这句中的"吹"字应当是"炊煮"的"炊"。据考证：蔡邕《月令章句》中解释道："键，就是门闩，是用来固定门扇的，或称作'剡移'。"由此可知，百里奚当年非常贫困，把门闩当成柴火用来做饭。《声类》将"剡移"写作"扊扅"，其中"扊"字有时又写成"扂"字。

【原文】

　　《通俗文》，世间题云"河南服虔字子慎造"。虔既是汉人，其叙乃引苏林、张揖；苏、张皆是魏人。且郑玄以前，全不解反语，

《通俗》反音，甚会近俗。阮孝绪又云"李虔所造"。河北此书，家藏一本，遂无作李虔者。《晋中经簿》及《七志》，并无其目，竟不得知谁制。然其文义允惬，实是高才。殷仲堪《常用字训》，亦引服虔《俗说》，今复无此书，未知即是《通俗文》，为当有异？近代或更有服虔乎？不能明也。

【译文】

《通俗文》这本书，世上都写"河南人服虔字子慎造"。既然服虔是汉朝人，为何书中的序言却又提到了苏林、张揖？苏林、张揖都是三国时期魏朝人。此外，郑玄之前的学者都不了解反切，而《通俗文》中的反切，却完全符合近代的反切。阮孝绪认为《通俗文》为李虔所著。在北方，这本书几乎家家都有，但没有一本标明作者是李虔。《晋中经簿》和《七志》对这本书的作者也没有记载，最终无法确定这本书的作者是谁。然而《通俗文》文义妥帖适当，确属于高水平之作。殷仲堪的《常用字训》也引用过服虔著的《俗说》，现在这本书已经没有了，不知道它是否就是《通俗文》，还是别有一本书呢？近代或许另有一位名叫服虔的人呢？这一切都无法弄清楚了。

【原文】

或问："《山海经》夏禹及益所记，而有长沙、零陵、桂阳、诸暨，如此郡县不少，以为何也？"答曰："史之阙文，为日久矣；加复秦人灭学，董卓焚书，典籍错乱，非止于此。譬犹《本草》神农所述，而有豫章、朱崖、赵国、常山、奉高、真定、临淄、冯翊等郡县名，出诸药物；《尔雅》周公所作，而云'张仲孝友'；仲尼修《春秋》，而《经》书孔丘卒；《世本》左丘明所书，而有燕王喜、汉高祖；《汲冢琐语》，乃载《秦望碑》；《苍颉篇》李斯所造，而云'汉兼天下，海内并厕，豨黥韩覆，畔讨灭残'；《列仙传》刘向所造，而《赞》云'七十四人出佛经'；《列女传》亦向所造，其子歆又作《颂》，终于赵悼后，而传有更始韩夫人，明德马后及梁夫人嫕。皆由后人所羼，非本文也。"

【译文】

有人问我："《山海经》相传是先秦的夏禹、伯益所著，书中有不少像长沙、零陵、桂阳、诸暨等秦汉时才有的郡县的名称，这是什么原因呢？"我回答说："史书中有缺佚可疑之处，这种现象自古就有；再加上秦人摧残文化，董卓焚烧典籍，因此，在典籍中出现的混乱错误远不仅仅这些。譬如，《本草》为神农所作，书中提到出产药物的地方，就有豫章、朱崖、赵国、常山、奉高、真定、临淄、冯翊等秦汉时才有的郡县名称。《尔雅》为周公所作，而书中却有称赞'张仲孝顺父母，友爱兄弟'的语句，然而张仲是齐朝人；《春秋》为孔子所修订，而《春秋左氏传》却提到孔子去世；《世本》为左丘明所著，书中却记载了燕王喜和汉高祖刘邦的生平；《汲冢琐语》是战国时期的著作，却载有李斯秦望碑的碑文；《苍颉篇》为秦相李斯所著，却记录了'汉家兼并天下，威震海内，陈豨被黥、韩信被杀，叛逆被讨伐，残贼被消灭'等史实；《列仙传》为西汉的刘向所作，而其中的《赞》却提到修道成仙的人中，有七十四人被载入佛经；刘向还著有《列女传》，他的儿子刘歆又为这部书写了《颂》的部分，结尾写到战国赵悼后的生平，可是传文中还叙述到更始帝的韩夫人，东汉刘秀的明德马后以及东汉和帝的梁夫人梁嫕的生平等，这些都是后人掺杂进去的内容，并不是原来的文字。"

## 【原文】

或问曰："《东宫旧事》何以呼'鸱尾'为'祠尾'？"答曰："张敞者，吴人，不甚稽古，随宜记注，逐乡俗讹谬，造作书字耳。吴人呼'祠祀'为'鸱祀'，故以'祠'代'鸱'字；呼'绀'为'禁'，故以'系'傍作'禁'代'绀'字；呼'盏'为竹简反，故以'木'傍作'展'代'盏'字；呼'镬'字为'霍'字，故以'金'傍作'霍'代'镬'字；又'金'傍作'患'为'镮'字，'木'傍作'鬼'为'魁'字，'火'傍作'庶'为'炙'字，'既'下作'毛'为'髻'字；金花则'金'傍作'华'，窗扇则'木'傍作'扇'。诸如此类，专辄不少。"

## 【译文】

有人问我说："在《东宫旧事》中，'鸱尾'为什么被说成'祠尾'？"我回答道："这本书的作者是晋朝吴郡的张敞，他不注意考察古事，而是随意记事，沿用了民间的错误，随意地造字。吴郡人将'鸱祀'念成'祠祀'，他就用'祠'代替'鸱'；吴郡人将'绀'念成'禁'，他就用'纟'旁与'禁'字组成'襟'来代替'绀'；吴郡人将'盏'读作竹简反，他就用'木'旁与'展'字组成'榐'来代替'盏'；吴郡人将'镬'念成'霍'，他就用'金'字与'霍'组成'镬'字来代替'镬'字。此外，他还用'金'旁与'患'字组成'锾'来代替'镮'；用'木'旁与'鬼'字组成'槐'来代替'魁'字；用'火'旁与'庶'字组成'燧'来代替'炙'；用'既'与'毛'组成'氊'来代替'髻'字；用'金'旁与'华'字组成'铧'，表示金花；用'木'旁与'扇'字组成'榍'，表示窗扇。像这类的字他杜撰了很多。"

## 【原文】

又问："《东宫旧事》'六色罽緅'，是何等物？当作何音？"答曰："案：《说文》云：'菣，牛藻也，读若威。'《音隐》：'坞瑰反。'即陆相所谓'聚藻，叶如蓬'者也。又郭璞注《三苍》亦云：'蕰，藻之类也，细叶蓬茸生。'然今水中有此物，一节长数寸，细茸如丝，圆绕可爱，长者二三十节，犹呼为'菣'。又寸断五色丝，横着线股间绳之，以象菣草，用以饰物，即名为'菣'；于时当绀六色罽，作此菣以饰绳带，张敞因造'糸'傍'畏'耳，宜作隈。"

## 【译文】

这个人又问道："《东宫旧事》中提到'六色罽緅'指的又是什么呢？应该怎么读呢？"我回答说："据考证：《说文解字》解释说：'菣，就是牛藻，读若威。'《说文音隐》说：'菣，读作坞瑰反。'这就是陆机所说'聚藻，叶像蓬草'的那种植物。还有，郭璞注解《三苍》说：'蕰，是藻类植物，草叶很细，生长茂盛。'现在水中生长着这种植物，一节有几寸长，叶子很软，像蚕丝一样，圆圆的，弯弯的，招人喜爱。这种植物长的有二三十节，它又叫作'菣'。将五色丝线剪成一寸左右，中间用丝线系住，做成类似菣草的样子，当作装饰品，叫作'菣'。在晋朝时，当是用六色丝线捆扎成类似菣草形状，用来作束带的装饰品。张敞用'纟'旁与'畏'字组成'緅'表示这种东西，这是不对的，'緅'应当写作'隈'。"

## 【原文】

柏人城东北有一孤山，古书无载者。唯阚骃《十三州志》以为舜纳于大麓，即谓此山，其上今犹有尧祠焉；世俗或呼为"宣务山"，或呼为"虚无山"，莫知所出。赵郡士族有李穆叔、季节兄弟、李普济，亦为学问，并不能定乡邑此山。余尝为赵州佐，共太原王邵读柏人城西门内碑。碑是汉桓帝时柏人县民为县令徐整所立，铭曰："山有巏嵍，王乔所仙。"方知此"巏嵍"山也。"巏"字遂无所出。"嵍"字依诸字书，即"旄丘"之"旄"也；"旄"字，《字林》一音亡付反，今依附俗名，当音"权务"耳。入邺，为魏收说之，收大嘉叹。值其为《赵州庄严寺碑铭》，因云"权务之精"，即用此也。

## 【译文】

柏人城的东北方向有一座孤山，它在古书中是没有记载的，只有阚骃的《十三州志》提到尧派舜进入山林中，指的就是这座孤山，山上至今还留有祭祀尧的祠庙。有人把这座山叫"宣务山"，有人把它叫作"虚无山"，没有人知道这两种山名的出处。赵郡的士族李穆叔、李季节兄弟俩和李善济，都是很有学问的人，对家乡的这座山也没办法考证出来。我在赵州当官的时候，曾与太原人王邵一起读过一篇碑文，这块石碑立在柏人城的西门内，是汉桓帝时柏人县的百姓为县令徐整所立。碑文说："蠸嶅山是王子乔成仙的地方。"我这才知道那座孤山就是蠸嶅山。"蠸"字的出处无法找到，"嶅"字依据各种字书就是"旄丘"的"旄"字。在《字林》中，"旄"字的一种读音是亡付反，现在依照通俗的称呼，"蠸嶅"应当读作"权务"。我到了邺城以后与魏收说了此事，魏收对我的考证十分赞赏。当时他正在撰著《赵州庄严寺碑铭》，书中"权务之精"这句话，就是对我的考证作了引用。

## 【原文】

或问："一夜何故五更？更何所训？"答曰："汉、魏以来，谓为甲夜、乙夜、丙夜、丁夜、戊夜，又云'鼓'，一鼓、二鼓、三鼓、四鼓、五鼓，亦云一更、二更、三更、四更、五更，皆以'五'为节。《西都赋》亦云：'卫以严更之署。'所以尔者，假令正月建寅，斗柄夕则指寅，晓则指午矣；自寅至午，凡历五辰。冬夏之月，虽复长短参差，然辰间辽阔，盈不过六，缩不至四，进退常在五者之间。更，历也，经也，故曰五更尔。"

## 【译文】

有人问我："为什么一夜分为五更？'更'又作何解释？"我回答说："汉魏以来，一夜分为五段，称作甲夜、乙夜、丙夜、丁夜、戊夜，又叫作一鼓、二鼓、三鼓、四鼓、五鼓，还称作一更、二更、三更、四更、五更。这都是按五段来划分的。班固在《西都赋》说：'卫以严更之署。'这个'更'，就是指五更的意思。之所以这么分，是假定以寅月为正月，那么这时北斗星的斗柄在傍晚指向寅位，到天亮时就指向午位了。从寅位到午位，共经过了五个星区。虽然冬天、夏天夜晚的长短不同，但一夜之间斗柄指向的星区，最多不会超过六个，少的不少于四个，总是在五个左右。更的意思就是经历、经过。所以一夜分为五更。"

## 【原文】

《尔雅》云："术，山蓟也。"郭璞注云："今术似蓟而生山中。"案：术叶其体似蓟，近世文士，遂读"蓟"为"筋肉"之"筋"，以耦"地骨"用之，恐失其义。

## 【译文】

《尔雅》中说："术，山蓟也。"郭璞解释道："今术似蓟而生山中。"经过考证，可以知道术的叶子的形状与蓟相似。近代的文人学者，有人将"蓟"读作"筋肉"的"筋"，用"山蓟"和"地骨"来作对偶，这恐怕不符合《尔雅》的本义了。

【原文】

或问："俗名'傀儡子'为'郭秃'，有故实乎？"答曰："《风俗通》云：'诸郭皆讳秃。'当是前代人有姓郭而病秃者，滑稽戏调，故后人为其象，呼为'郭秃'，犹《文康》象庾亮耳。"

【译文】

有人问道："俗间称木偶戏叫郭秃，这又是出于何处？"我回答说："《风俗通》记载姓郭的人都避讳提到'秃'字，大概是他们的先人有一个秃头的。他举止滑稽，爱开玩笑，所以后来的人就模仿他的滑稽举止，发明出木偶戏来，并把它称作郭秃。这就像文康舞模仿庾亮一样。"

【原文】

或问曰："何故名'治狱参军'为'长流'乎？"答曰："《帝王世纪》云：'帝少昊崩，其神降于长流之山，于祀主秋。'案：《周礼·秋官》，司寇主刑罚，长流之职，汉、魏捕贼掾耳。晋、宋以来，始为参军，上属司寇，故取秋帝所居为嘉名焉。"

【译文】

有人问我道："为什么把负责审理案件的参军叫作长流呢？"我回答说："《帝王世纪》记载：'少昊帝死后，神灵降临到长流山，掌管秋天的祭祀。'据考证：《周礼·秋官》章说，司寇掌管刑罚并审理案件。汉魏时期，长流负责捉拿强盗。两晋、刘宋以后，又被称作参军，上属司寇管辖，所以取秋帝所降临的长流山作为对审理案件官员的美名。"

【原文】

客有难主人曰："今之经典，子皆谓非，《说文》所言，子皆云是，然则许慎胜孔子乎？"主人拊掌大笑，应之曰："今之经典，皆孔子手迹耶？"客曰："今之《说文》，皆许慎手迹乎？"答曰："许慎检以六文，贯以部分，使不得误，误则觉之。孔子存其义而不论其文也。先儒尚得改文从意，何况书写流传耶？必如《左传》'止戈'为'武'，'反正'为'乏'，'皿虫'为'蛊'，'亥'有'二首六身'之类，后人自不得辄改也，安敢以《说文》校其是非哉？且余亦不专以《说文》为是也，其有援引经传，与今乖者，未之敢从。又相如《封禅书》曰：'导一茎六穗于庖，牺双觡共抵之兽。'此'导'训'择'，光武诏云'非徒有豫养导择之劳'是也。而《说文》云：'导是禾名。'引《封禅书》为证；无妨自当有禾名导，非相如所用也。'禾一茎穗于庖'，岂成文乎？纵使相如天才鄙拙，强为此语；则下句当云'麟双觡共抵之兽'，不得云'牺'也。吾尝笑许纯儒，不达文章之体，如此之流，不足凭信，大抵服其为书，隐括有条例，剖析穷根源，郑玄注书，往往引以为证；若不信其说，则冥冥不知一点一画，有何意焉？

## 【译文】

有位客人向我发难，道："现在的经典，你认为很多是错误的，而《说文解字》中对文字的解释。你却说是正确的。如果真的如此，许慎难道比孔子高明吗？"我拍掌大笑，回答说："现在的经典都是孔子写的吗？"客人反问道："现在的《说文解字》都是许慎的手迹吗？"我回答说：许慎根据六书来分析字形，解释字义，将文字按部首分类，使文字的形、音、义准确无误，即使有错误也能及时发觉。孔子校订经书，只保存经文的大义宗旨，而对文字却不加以推究。从前的学者尚且还用改变字形的办法来附会文意，至于流传抄写过程中，错误更是不计其数了。除非像《左传》中认为"武"字是由"止""戈"组成，"正"字反过来就是"乏"，"蛊"字是由"皿""虫"组成，"亥"字是由"二"和"六"组成，像这样对文字的解释，后人已无法随意改变，又怎么敢用《说文解字》去考订这种说法是对是错呢？同时，我也不认为《说文解字》是完全正确的，书中引用的典籍原文，如果与现在通行的典籍有差别，我也不敢盲目地依从它。例如，司马相如的《封禅书》说："导一茎六穗于庖，牺双觡共抵之兽。"这句话中的"导"是选择的意思。光武帝下诏书说："非徒有豫养导择之劳。"其中的"导"字也是选择的意思。而《说文解字》却解释说："导是禾名。"同时引用了《封禅书》作为例证。可能有一种谷物名叫"导"，但与司马相如《封禅书》中的"导"字是不同的。如果按照许慎的理解，"禾一茎穗于庖"难道还成为一句话吗？即使司马相如天生愚蠢，勉强写出了这句话，那么下句就不应该是"牺双觡共抵之兽"，而应该是"麟双觡共抵之兽"，来使上下句词义、词性对应。我曾经笑话许慎是个书呆子不了解文章的体裁，在文章方面是不值得信赖的。我大致信服《说文解字》对文字的解说。书中将文字按部首排列，分析字的形体，探求字的本义，郑玄注释经书，常常以《说文解字》作为论据；如果不相信许慎的学说，对字的形体结构就迷惑不解，不知道有什么意义呢？

## 【原文】

世间小学者，不通古今，必依小篆，是正书记；凡《尔雅》《三苍》《说文》，岂能悉得苍颉本指哉？亦是随代损益，互有同异。西晋已往字书，何可全非？但令体例成就，不为专辄耳。考校是非，特须消息。至如"仲尼居"，三字之中，两字非体，《三苍》"尼"旁益"丘"，《说文》"尸"下施"几"。如此之类，何由可从？古无二字，又多假借，以"中"为"仲"，以"说"为"悦"，以"召"为"邵"，以"间"为"闲"：如此之徒，亦不劳改。自有讹谬，过成鄙俗，"乱"旁为"舌"，"揖"下无"耳"，鼋鼍从"龟"，奋夺从"藿"，"席"中加"带"，"恶"上安"西"，"鼓"外设"皮"，鑿头生"毁"，"离"则配"禹"，璧乃施"豁"，"巫"混"经"旁，"皋"分"泽"片，"猎"化为"獦"，"宠"变成"窀"，"业"左益"片"，灵底着"器"，"率"字自有"律"音，强改为别；"单"字自有"善"意，辄析成异：如此之类，不可不治。吾昔初看《说文》，蚩薄世字，从正则惧人不识，随俗则意嫌其非，略是不得下笔也。所见渐广，更加通变，救前之执，将欲半焉。若文章著述，犹择微相影响者行之，官曹文书，世间尺牍，幸不违俗也。

案：弥亙字从二间舟，《诗》云："亙之秬秠"是也。今之隶书，转"舟"为"日"；而何法盛《中兴书》乃以"舟"在"二"间为舟"航"字，谬也。《春秋说》以"人十四心"为"德"，《诗说》以"二天下"为"酉"，《汉书》以"货泉"为"白水真人。"《新论》以"金昆"为"银"，《国志》以"天口"为"吴"，《晋书》以"黄头小人"为"恭"，《宋书》以"召刀"为"劭"，《参同契》以"人负告"为造：如此之例，盖数术谬语，假借依附，杂以戏笑耳。如犹转"贡"字为"项"，以"叱"为"七"，安可用此定文字音读乎？潘、陆诸子《离合诗》《赋》《枝卜》《破字经》，及鲍照《迷字》，皆取会流俗，不足以形声论之也。

## 【译文】

现在那些研究文字、训诂的人，如果对古今文字的变化不十分了解，写字时一定要参考小篆，以此来校正书籍的错字。凡是《尔雅》《三苍》《说文》上面的文字，难道都能得到苍颉造字时的最初字形吗？也是依随年代变化而增减笔画，相互之间既有相同也存在差异。西晋以来的字书，不能全部否定。只要它能使体例完备，不任意专断地解释就可以了。考校文字的对错，特别需要斟酌。至于像"仲尼居"这三个字中，有两个字就不合正体，《三苍》在"尼"旁边加了"丘"，《说文》在"尸"下面放了"几"，像这一类例子，怎么能够依从呢？古代一个字没有两种形体，又有很多都是假借的，以"中"为"仲"，以"说"为"悦"，以"召"为"邵"，以"间"为"闲"；诸如此类，也用不着劳神去改它。有时文字本身就有错讹谬误，这种错字却形成了不良的风气，如"乱"字旁边是"舌"，"揖"字下面无"耳"，鼋鼍的下面部分依从了"龟"的形体，奋夺的下面依从了"藿"的形体，"席"字中间加成"带"字，"恶"字上面安放成"西"，"鼓"字的右面写成"皮"字，鑿字头上生出"毁"字，"离"字的左面配上"禹"字，璧字上面加成"豁"，"巫"字与"经"的纟旁相混淆。"皋"字分"泽"的半边成了"𦍋"，"猎"字变成了"獦"字，"宠"字变成了"窀"字，"业"字左面加上"片"，"灵"的下面写成"器"，"率"字本来就有"律"这个音，却勉强地改换为别的字，"单"字本来就有"善"这个音，却分开写成不同的两个字：类似这种情况，不能不加以整治。我从前看《说文》时，看不起俗字，想依从正体，又怕别人不认识，想随顺俗体，心里又觉得这样写不对，几乎因此而无从下笔了。后来，随着所见的东西逐渐增多，对通变的道理有了进一步了解，要补救从前的偏执态度，需要把从正和随俗二者结合起来，如果是写文章做学问，仍然要选择影响较小的俗字来用，如果是官府的文书，或社会上的信函，一定不要把习俗置之不顾。

据考证，弥亙的"亙"字属于"二"部，中间是一个"舟"字。《诗经》说："亙之秬秠"就是证明。现在的隶书，将"舟"字用成了"日"字；可是何法盛的《晋中兴书》，竟然把"舟"在二中间认为是个"航"字，这实在是荒谬。《春秋说》中以"人十四心"作为"德"字，《诗说》中以"二在天下"为"酉"字，《汉书》中把"货泉"拆为"白水真人"四字，《新论》以"金昆"两字合在一起称为"银"字，《三国志》以"天上有口"作为"吴"字，《晋书》以"黄头小人"作为"恭"字，《宋书》以"召刀"合为"邵"字，《参同契》以"人负告"构成"造"字：类似这样的例子，不过都是些占卜家的荒谬语言、假借依附之外夹杂些玩笑罢了。就像把"贡"字写作"项"字，把"叱"当作"七"一样，哪里能够用这些来确定文字的读音呢？潘岳、陆机等人的《离合诗》《赋》《杖卜》《破字经》，以及鲍昭的《谜字》，都是为了迎合流俗平庸的人，确实不能用六书中的形声的方法去研讨评论它们。

## 【原文】

河音邢芳语吾云："《贾谊传》云'日中必熭。'注：'熭，暴也。'曾见人解云：'此是暴疾之意，正言日中不须臾，卒然便昃耳。'此释为当乎？"吾谓邢曰："此语本出太公《六韬》，案字书，古者"暴晒"字与"暴疾"字相似，唯下少异，后人专辄加傍'日'耳。言日中时，必须暴晒，不尔者，失其时也。晋灼已有详释。"芳笑服而退。

## 【译文】

一个叫邢芳的河间人对我说："《汉书·贾谊传》中有这样一句话：'日中必熭'。注释说：'熭，暴也。'我还曾听见有人这样解释说：'这个暴，是突然迅猛的意思，是说太阳在正中的时间很短，一刹那太阳就西斜了。'这种说法恰当吗？"我对邢芳说："这句话源于太公的《六韬》。查阅字书，古代暴晒的'暴'字与暴疾的'暴'字形体相近，只是二者的下半部稍有不同，后人便随意加上'日'旁，写成了曝。'日中必熭'的意思是说：太阳正中时，必须抓紧时间曝晒，否则就会失去时机。晋灼对这一句话做了详细的解释。"邢芳得到答复后十分满意，笑着离开了。

# 第十八篇　音辞

【原文】

　　夫九州之人，言语不同，生民已来，固常然矣。自《春秋》标齐言之传，《离骚》目楚词之经，此盖其较明之初也。后有扬雄著《方言》，其言大备。然皆考名物之同异，不显声读之是非也。逮郑玄注《六经》，高诱解《吕览》《淮南》，许慎造《说文》，刘熹制《释名》，始有譬况假借以证音字耳。而古语与今殊别，其间轻重清浊，犹未可晓；加以内言外言、急言徐言、读若之类，益使人疑。孙叔言创《尔雅音义》，是汉末人独知反语。至于魏世，此事大行。高贵乡公不解反语，以为怪异。自兹厥后，音韵锋出，各有土风，递相非笑，指马之谕，未知孰是。共以帝王都邑，参校方俗，考覈古今，为之折衷。摧而量之，独金陵与洛下耳。

【译文】

　　在全国各地，人们的语言并不完全相同，自从人类产生以来，本来就是如此。《春秋》用齐国的俗语记载历史，《离骚》是楚地词语的经典，这可能是关于方言差异最初的明确说法。后来扬雄著《方言》，对这方面进行了详细的论述。然而都是考证名物的异同，并没有确定读音的正确与否。直到郑玄注《六经》，高诱注释《吕氏春秋》《淮南子》，许慎著《说文解字》，刘熙著《释名》，才有用音同或音近的字来标明音读的方法。但是古音与今音不同，其中，语言的轻重、清浊，不是十分清楚；再加上内言、外言、急言、徐言之类的方法，更加使人迷惑不解。孙叔言著《尔雅音义》，说明了反切法在汉末就已经存在了。魏朝以后，反切法十分盛行。高贵乡公曹髦不懂这种注音法，把它当成了一件奇怪的事情。从此以后，韵书层出不穷，这些书各自记录各地的方言，互相非议讥笑，各是其是、各非其非，不知到底谁对谁错。后来韵书都以帝王之都的语音作为标准音，同时参考各地方言，考核古今语音，调合二者，采取折中的办法。概括而论，北方地区人们多以洛阳音为主，南方地区的人们多以建康音为主。

屈原

【原文】

南方水土和柔，其音清举而切诣，失在浮浅，其辞多鄙俗。北方山川深厚，其音沉浊而鈋钝，得其质直，其辞多古语。然冠冕君子，南方为优；闾里小人，北方为愈。易服而与之谈，南方士庶，数言可辩；隔垣而听其语，北方朝野，终日难分。而南染吴、越，北杂夷虏，皆有深弊，不可具论。其谬失轻微者，则南人以"钱"为"涎"，以"石"为"射"，以"贱"为"羡"，以"是"为"舐"；北人以"庶"为"戍"，以"如"为"儒"，以"紫"为"姊"，以"洽"为"狎"。如此之例，两失甚多。

至邺已来，唯见崔子约、崔瞻叔侄，李祖仁、李蔚兄弟，颇事言词，少为切正。李季节著《音韵决疑》，时有错失；阳休之造《切韵》，殊为疏野。吾家儿女，虽在孩稚，便渐督正之；一言讹替，以为己罪矣。云为品物，未考书记者，不敢辄名，汝曹所知也。

【译文】

南方水土柔和，所以人们语音清亮高昂而且发音急切，但发音浅而浮是不足的地方，言辞又多浅陋粗俗。北方地形山高水深，所以人们语音低沉浊重而且迟缓，言辞质朴正直，言辞中包含很多古语。就士大夫的言谈水平而论，南方好于北方；从普通人的说话水平来看，北方高于南方。让南方的士大夫与平民换穿衣服，只需听上几句话，他们的身份就可以辨别出来；隔墙听人交谈，北方的士大夫与平民言谈水平的差别很小，听一天也难以把他们的身份区分出来。但是南方话受到吴语、越语的影响，北方话夹杂着外族语言，二者都存在很大的弊端，这里就不一一具体述说了。语音出现的轻微错误是：南方人把"钱"读作"涎"，把"石"读作"射"，把"贱"读作"羡"，把"是"读作"舐"；北方人把"庶"读作"戍"，把"如"读作"儒"，把"紫"读作"姊"，把"洽"读作"狎"。诸如此类的例证，南方音与北方音的错误都有很多。

我来到邺都后，只知道崔子约、崔瞻叔侄二人，李祖仁、李蔚兄弟俩对语言略有研究，其论述较为准确。李季节著《音韵决疑》，里面时常出现错误；阳休之写的《切韵》非常粗略草率。我们家的儿女，在幼儿时期就开始对他们的读音进行纠正；孩子一个字发音有错误，就当成自己的过失。谈论某种器物，如果没有经过考证有关书籍，就不敢擅自称呼它，这些都是你们应该知道的。

【原文】

古今言语，时俗不同；著述之人，楚、夏各异。《苍颉训诂》，反"稗"为"逋卖"，反"娃"为"於乖"；《战国策》音"刎"为"免"，《穆天子传》音"谏"为"间"；《说文》音"戛"为"棘"，读"皿"为"猛"；《字林》音"看"为"口

苍颉

甘反",音"伸"为"辛";《韵集》以成、仍、宏、登合成两韵,为、奇、益、石分作四章;李登《声类》以"系"音"羿",刘昌宗《周官音》读"乘"若"承":此例甚广,必须考校。前世反语,又多不切,徐仙民《毛诗音》反"骤"为"在遘",《左传音》切"椽"为"徒缘",不可依信,亦为众矣。今之学士,语亦不正;古独何人,必应随其讹僻乎?《通俗文》曰:"入室求曰搜。"反为"兄侯"。然则"兄"当音"所荣反"。今北俗通行此音,亦古语之不可用者。玙璠,鲁人宝玉,当音"余烦",江南皆音"藩屏"之"藩"。"岐"山当音为"奇",江南皆呼为"神祇"之"祇"。江陵陷没,此音被于关中,不知二者何所承案。以吾浅学,未之前闻也。

　　北人之音,多以"举""莒"为"矩",唯李季节云:"齐桓公与管仲于台上谋伐莒,东郭牙望见桓公口开而不闭,故知所言者莒也。然则莒、矩必不同呼。"此为知音矣。

## 【译文】

　　古时候和现在的语言,因为习俗风气的变化而有所不同;撰写文章的作者也是南楚北夏各不相同,所以古今语音相差很大。《苍颉训诂》中"稗"读作"逋卖反","娃"读作"于乖反";《战国策》中"刎"读作"免";《穆天子传》中"谏"读作"间";《说文解字》中"戛"读作"棘","皿"读作"猛";《字林》中,"看"读作"口甘反","伸"读作"辛";"成""仍""宏""登"四字本在不同的韵部,《韵集》却把"成""仍"合为一韵,"宏""登"合为一韵,"为""奇"二字同在支部,"益""石"二字同在昔部,《韵集》反而把它们分到了四个韵部;李登的《声类》将"系"读作"羿";刘昌宗的《周官音》将"乘"读作"承"。这类读音错误的例证很多,无法一一列举,必须加以校正。过去的反切,现在很多都无法拼出正确的读音,徐仙民的《毛诗音》将"骤"读作"在遘切",徐邈的《左传音》将"椽"读作"徒缘切",像这样不可以相信依从的反切,是很多的。现在的学者,还常常读错字;古人也同样读错字,为什么要沿袭他们的错误呢?《通俗文》说:"入室求曰搜。""搜"读作"兄侯切"。如果这样的话,那么,"兄"就应该读作"所荣切",这是明显错误的。现在北方民间通行的这个读音,也是不能沿用古音。玙璠是鲁国的宝玉,应当读作"余烦",而南方人却把"璠"读作"藩屏"的"藩"。"岐"山的"岐"应当读作"奇",而南方人却把它读作"神祇"的"祇"。江陵陷没以后这两种读音流传到关中，不知道二者以哪些典籍作为依据，我才疏学浅，从来没听说过。

北方人发音，很多情况下把"举""莒"读作"矩"；只有李季节说过："齐桓公与管仲在高台上商议讨伐莒国的事，东郭牙远远看见桓公的嘴张开而不合上，所以就知道他们谈论的正是莒国。如果这样的话，那么'莒''矩'二字必定不同呼。"这就是懂得音韵的了。

【原文】

夫物体自有精粗，精粗谓之好恶；人心有所去取，去取谓之好恶。此音见于葛洪、徐邈。而河北学士读《尚书》云好生恶杀。是为一论物体，一就人情，殊不通矣。

甫者，男子之美称，古书多假借为"父"字；北人遂无一人呼为"甫"者，亦所未喻。唯管仲、范增之号，须依字读耳。

案：诸字书，焉者鸟名，或云语词，皆音"于愆反"，自葛洪《要用字苑》分焉字音训：若训"何"训"安"，当音"于愆反"，"于焉逍遥""于焉嘉客""焉用佞""焉得仁"之类是也；若送句及助词，当音"矣愆反""故称龙焉""故称血焉""有民人焉""有社稷焉""托始焉尔""晋、郑焉依"之类是也。江南至今行此分别，昭然易晓；而河北混同一音，虽依古读，不可行于今也。

【译文】

物体本身有精良、粗劣的差别，精良就是"好"，粗劣的就是"恶"；人对事物的态度有厌恶、喜好的区别，厌恶被称作"恶"，喜好被称作"好"，这种以声调区别字音的方法起始于葛洪、徐邈。而北方的学者读《尚书》时，将"好（hào）生恶（wù）杀"读作"好（hǎo）生恶（è）杀"。这两种读法一种是指物体的质地，一种指人的情绪，将这两种读音混为一谈，非常不符合情理。

"甫"是男子的美称，古书多通假为"父"字；北方人都依本字而读，没有一个人将"父"读作"甫"，这是因为他们不明白二者的通假关系。管仲号仲父，范增号亚父，只有像这种情况，"父"字必须读其本音。

据考证，大多数字书把"焉"解释成鸟名，或者解释成虚词，都读作"于愆反"。后来葛洪写了一本书名叫《要用字苑》，将"焉"字的读音释义加以区别；如果"焉"字表示"何""安"两种意义，就应当读作"于愆反"，"于焉逍遥""于焉嘉客""焉用佞""焉得仁"之类的句子就是这样；如果"焉"字用在句末，或者用作助词，就应该读作"矣愆反"，"故称龙焉""故称血焉""有民人焉""有社稷焉""托始焉尔""晋、郑焉依"之类的句子就是如此，这两种不同的读音至今还在南方地区通行，"焉"字的不同意义就明确易懂；而北方人都把两种读音混成一个读音，虽然这是遵从古音，但却不能通行于今天。

## 【原文】

邪者，未定之词。《左传》曰："不知天之弃鲁邪？抑鲁君有罪于鬼神邪？"《庄子》云："天邪地邪？"《汉书》云："是邪非邪？"之类是也。而北人即呼为也，亦为误矣。难者曰："《系辞》云：'乾坤，易之门户邪？'此又为未定辞乎？"答曰："何为不尔！上先标问，下方列德以折之耳。"

江南学士读《左传》，口相传述，自为凡例，军自败曰"败"，打破人军曰"败"。诸记传未见"补败反"，徐仙民读《左传》，唯一处有此音，又不言自败、败人之别，此为穿凿耳。

古人云："膏粱难整。"以其为骄奢自足，不能克励也。吾见王侯外戚，语多不正，亦由内染贱保傅，外无良师友故耳。梁世有一侯，尝对元帝饮谑，自陈"痴钝"，乃成"飔段"，元帝答之云："飔异凉风，段非干木。"谓"郢州"为"永州"，元帝启报简文，简文云："庚辰吴人，遂成司隶。"如此之类，举口皆然。元帝手教诸子侍读，以此为诫。

河北切"攻"字为"古琮"，与"工""公""功"三字不同，殊为僻也。比世有人名暹，自称为"纤"；名琨，自称为"兖"；名洸，自称为"汪"；名㲄，自称为"獡"。非唯音韵舛错，亦使其儿孙避讳纷纭矣。

## 【译文】

"邪"是表示疑问的词语。《左传》上说："不知天之弃鲁邪？抑鲁君有罪于鬼神邪？"《庄子》说："天邪地邪？"《汉书》说："是邪非邪？"这类句子就是这种说法，而北方人却把"邪"字读作"也"，这就不对了。有人反驳道："《系辞》说：'乾坤，易之门户邪？'这个'邪'字难道也是疑问语气词吗？"我回答说："为什么不是呢？上面先提出问题，后面才列举乾坤之德来作为裁断啊。"

江南地区的学者读《左传》都是靠口头传授，相互传述，自己确立音读规则，军队自己溃败的"败"读作"蒲麦反"，打败别国军队的"败"读作"补败反"，各种历史传记中没有见过"补败反"这个读音。只有徐仙民著作的《左传音》，只有一处注了这个读音，但没有说明军队已溃败或打败别国军队，这就显得牵强附会了。

古人说："整日享用精美食物的人，很少有品行端正的。"这是因为他们骄横奢侈，不能克制自己。我见那些王公贵戚，语音多不纯正，也是因为他们在内受到低贱保傅的影响，在外没有良师益友的教导。梁朝有一位贵族，曾经与孝元帝一起饮酒戏谑，自称"痴钝"。可他把这两个字念成了"飔段"。元帝回答说："按照你的读法，'飔'字就不是表示凉风的'飔'，'段'就不是表示段干木的'段'。"有人把"郢州"读成"永州"。孝元帝把这件事告诉了简文帝，简文帝说："这样的话'庚辰吴人'，就可以说成'司隶鲍永'了。"类似此句的句子，那些达官贵人满口都是。孝元帝亲自教授皇子侍读的时候，就把这些作为对他们的告诫。

北方人把"攻"读作"古琮切",与"工""公""功"三字读音不同,真是太荒谬了。近世有人名叫"暹",他自己将"暹"读成"纤";有人名叫"琨",他自己将"琨"读成"兖";有人名叫"洸",他自己将"洸"读成"汪";有人名叫"黎",他自己将"黎"读成"獡",这样不仅读音错误,而且使后代子孙的避讳变得纷繁而杂乱了。

## 第十九篇　杂艺

【原文】

真草书迹,微须留意。江南谚云:"尺牍书疏,千里面目也。"承晋、宋余俗,相与事之,故无顿狼狈者。吾幼承门业,加性爱重,所见法书亦多,而玩习功夫颇至,遂不能佳者,良由无分故也。然而此艺不须过精。夫巧者劳而智者忧,常为人所役使,更觉为累;韦仲将遗戒,深有以也。

【译文】

真书、草书等书法技艺,是得稍微用心留意的。江南谚语说:"咫尺书信,送到千里之外给人看,一手好字也是一个人的脸面。"今人承继东晋刘宋留下的习俗,都留心于学习书法,因此在这方面不会觉得为难窘迫。我小时候受到家庭的影响,加上本身也很喜欢书法,见到名家的范本很多,虽然下了很多功夫,可始终写不好,确实是缺少天分的缘故。然而这门技艺没必要学得太精深,否则就使书法好的人受累,有智谋的人多忧虑,常常受人支使,便觉得精通书法成了一种累赘。北魏书法家韦仲将给儿孙留下"不要学书法"的告诫,这是非常有道理的。

【原文】

王逸少风流才士,萧散名人,举世惟知其书,翻以能自蔽也。萧子云每叹曰:"吾著《齐书》,勒成一典,文章弘义,自谓可观;唯以

笔迹得名，亦异事也。"王褒地胄清华，才学优敏，后虽入关，亦被礼遇。犹以书工。崎岖碑碣之间，辛苦笔砚之役，尝悔恨曰："假使吾不知书，可不至今日邪？"以此观之，慎勿以书自命。虽然，厮猥之人，以能书拔擢者多矣。故道不同不相为谋也。

## 【译文】

王羲之英俊而有才华，是潇洒散淡的名人，可世人都知道他的书法，而其他方面特长反而都被掩盖了。萧子云常常感叹说："我著述了《齐书》刻印成一部典籍，书中的文章弘扬大义，我自以为很值得一看；可是到头来却只是因抄写得精妙，自己仅因书法而得名，也真是怪事。"王褒出身高贵门第，才学优长敏捷，后来虽然入关，也依然得到重用。因为擅长书法，他常为人书写石碑而四处奔波，常常为此而受累。他曾后悔说："假如我不会书法，怎么至于像现在这样劳碌？"由此看来，千万不要以书法精妙自许。话虽如此，那些厮役卑贱的人，因写得一手好字而被提拔的事例也不少。看来，志向不同的人，是不能用同一标准要求的。

## 【原文】

梁氏秘阁散逸以来，吾见二王真草多矣，家中尝得十卷；方知陶隐居、阮交州、萧祭酒诸书，莫不得羲之之体，故是书之渊源。萧晚节所变，乃右军年少时法也。

## 【译文】

梁朝内府珍藏的图书、字画散失以后，我见到了很多王羲之、王献之的真书、草书作品，家中就保存了十卷；看了这些作品，才知道陶隐居、阮交州、萧祭酒等人的书法，都是学习了王羲之字体，所以说王羲之是书法的渊源。萧祭酒晚年时的书法变化，就是转向王羲之年轻时所写的隶书。

## 【原文】

晋、宋以来，多能书者。故其时俗，递相染尚，所有部帙，楷正可观，不无俗字，非为大损。至梁天监之间，斯风未变；大同之末，讹替滋生。萧子云改易字体，邵陵王颇行伪字；朝野翕然，以为楷式，画虎不成，多所伤败。至为一字，唯见数点，或妄斟酌，逐便转移。尔后坟籍，略不可看。北朝丧乱之余，书迹鄙陋，加以专辄造字，猥拙甚于江南。乃以百念为"忧"、言反为"变"、不用为"罢"、追来为"归"、更生为"苏"、先人为"老"，如此非一，遍满经传。唯有姚元标工于楷隶，留心小学，后生师之者众，泊于齐末，秘书缮写，贤于往日多矣。

## 【译文】

两晋、刘宋以来，有很多人都擅长书法，所以一时形成了风气，人人崇尚。所有的书籍文献都写得楷正可观。虽难免出现个别俗体字，但影响不大。直到梁武帝天监年间，这种风气也没有改变，到了大同末年，错字等都出现了。萧子云改变字的形体，邵陵王写出的字错误很多，朝廷民间竟然一致把它当作典范，画虎不成反类犬，造成很大的损害。一个字简化成只有几个点，有的将字体随意安排，任意改变偏旁的位置。因此，这以后的典籍几乎无法看了。北朝经历了长期的兵荒马乱以后，字体丑陋，加上擅自造字，字体比江南的更加拙劣。以至于有的将"百""念"两字组合替代"忧"字，"言""反"两字相组合替代"变"字，"不""用"两字组合替代"罢"字，"追""来"两字组合替代"旧"字，"更""生"两字组合替代"苏"字，"先""人"两字组合替代"老"字。这并非个别情况，在书中到处可见。只有姚元标擅长于楷书、隶书，又关心文字学，后生学习他的很多。到了齐朝末年，掌管典籍文献的官吏所抄写的字体，就比以前强多了。

## 【原文】

江南闾里间有《画书赋》，乃陶隐居弟子杜道士所为；其人未甚识字，轻为轨则，托名贵师，世俗传信，后生颇为所误也。

## 【译文】

江南民间流传着一本书叫《画书赋》，是陶隐居的弟子杜道士撰写的；这个人不怎么认识字，却轻率地定出许多准则来，假托名师，世人以讹传讹，信以为真，后世许多人都被他所误导。

## 【原文】

画绘之工，亦为妙矣；自古名士，多或能之。吾家尝有梁元帝手画蝉雀白团扇及马图，亦难及也。武烈太子偏能写真，坐上宾客，随宜点染，即成数人，以问童孺，皆知姓名矣。萧贲、刘孝先、刘灵，并文学已外，复佳此法。玩阅古今，特可宝爱。若官未通显，每被公私使令，亦为猥役。吴县顾士端出身湘东王国侍郎，后为镇南府刑狱参军，有子曰庭，西朝中书舍人，父子并有琴书之艺，尤妙丹青，常被元帝所使，每怀羞恨。鼓城刘岳，橐之子也，仕为骠骑府管记、平氏县令，才学快士，而画绝伦。后随武陵王入蜀，下牢之败，遂为陆护军画支江寺壁，与诸工巧杂处。向使三贤都不晓画，直运素业，岂见此耻乎？

## 【译文】

绘画的技巧，也够神妙了，自古以来的名士，大多具有此项才能。我们家曾保存有梁元帝亲手画的蝉雀白团扇和马图,也是人们难以赶得上的。梁元帝的长子萧方等尤其善于画人物肖像;对照座上的宾客,随便点染,逼真的人物形象便完成了。拿了画去问小孩,小孩都能指出画中人物的姓名。萧贲、刘孝先、刘灵除了精通文章学术之外,对画画也十分擅长。赏玩古今字画,确实让人爱不释手。但如果官员没有做到显贵,能绘画就会常被公家和私人使唤,地位也是比较低贱的。吴县顾士端身为湘东王国侍郎,后来任镇南府刑狱参军,他有个儿子叫顾庭,是梁元帝的中书舍人。父子俩都擅长琴棋书画,尤其精通绘画,常被梁元帝所驱使,对此事既羞愧又怨恨。彭城的刘岳,是刘橐的儿子,担任过骠骑府管记、平氏县令,是个有才学的佳士,绘画更为绝伦,后来跟武陵王到蜀地,在下牢关战败之后,就为陆护军绘制支江寺壁画,和工匠们在一起。倘若这三位贤能的人不会画画,一直从事清白的儒业,怎么会受这样的耻辱呢?

【原文】

弧矢之利,以威天下,先王所以观德择贤,亦济身之急务也。江南谓世之常射,以为兵射,冠冕儒生,多不习此;别有博射,弱弓长箭,施于准的,揖让升降,以行礼焉。防御寇难,了无所益。乱离之后,此术遂亡。河北文士,率晓兵射,非直葛洪一箭,已解追兵,三九宴集,常縻荣赐。虽然,要轻禽,截狡兽,不愿汝辈为之。

【译文】

弓箭的用处,是用威力来震慑天下的,古代的帝王以射箭来考察人的德行,选择贤能。学射箭也是使自己有所作为而紧要的事情之一。江南的人将世上常见的射箭,看成是武夫的射箭,官宦人家及读书人,都不练习这个。另外还有一种比赛用的射箭,弓的力量很弱,箭身较长,设有箭靶,宾主相见,温文尔雅,作揖相让,举行射礼。这种射箭对于防御敌寇,一点用处也没有。经过了离乱之后,这种箭术也就消亡了。北方文人,大多通晓箭术,不仅仅像葛洪一箭驱退追兵,三公九卿宴会时常常赏赐射箭优胜者。射箭技术的高低,关系到荣誉与赏赐。话虽如此,用射箭去猎获禽兽这种事,是我不希望你们去做的。

## 【原文】

卜筮者，圣人之业也；但近世无复佳师，多不能中。古者，卜以决疑，今人生疑于卜，何者？守道信谋，欲行一事，卜得恶卦，反令怵惕，此之谓乎！且十中六七，以为上手，粗知大意，又不委曲。凡射奇偶，自然半收，何足赖也。世传云："解阴阳者，为鬼所嫉，坎壈贫穷，多不称泰。"吾观近古以来，尤精妙者，唯京房、管辂、郭璞耳，皆无官位，多或罹灾，此言令人益信。傥值世网严密，强负此名，便有诖误，亦祸源也，及星文风气，率不劳为之。吾尝学《六壬式》，亦值世间好匠，聚得《龙首》《金匮》《玉轸变》《玉历》十许种书，讨求无验，寻亦悔罢。凡阴阳之术，与天地俱生，亦吉凶德刑，不可不信；但去圣既远，世传术书，皆出流俗，言辞鄙浅，验少妄多。至如反支不行，竟以遇害；归忌寄宿，不免凶终：拘而多忌，亦无益也。

## 【译文】

占卜是圣人的事务；只是现在再也没有高明之师，所卜多不灵验。古人用占卜是为了决断疑问，现在的人对占卜本身产生了怀疑，为什么会这样呢？信守大道，相信自己谋划的人，已经准备做某件事了，但占卜时得到恶卦，反而会让自己心怀不安。大概就是指此而言吧。况且，十次占卜，算中六七次，就算上等的手艺了，而且也只是粗略地猜出大概意思，又不能将其中的原委解释清楚。大凡猜奇偶正负，自然会有猜出一半的概率，这又怎么值得信赖呢？世人传说："懂得阴阳占卜的人，被鬼神所嫉妒，一生困顿而受贫穷，大多不会平安过一生。"我看汉魏以来，特别精通占卜的人，也只有京房、管辂、郭璞三人而已，他们都没做官，又多受灾祸困扰，所以这个传说更让人相信。倘若正值世间法网严密时期，却勉强背负占卜的名声，就会受到牵累祸害，这也是一条祸根啊！至于看天文、观星象、测气候之类，都不必费尽心思去理会它。我曾学过《六壬式》之类的占卜的书，也遇到过占卜的好手，收集了《龙首》《金匮》《玉轸变》《玉历》等十几种占卜的书，探求研究后也没有收到什么效果，过了不久就后悔而停止了。大凡阴阳占卜之术，与天地同生，吉凶、阴阳五行相克的说法，是可信的。只是现在已经远离圣人时代，世上流传的这类书，都是出于俗人之手，言词鄙陋浅薄，应验的少，荒谬不可信的多。有人在反支日不敢远行，结果却被杀害；有人在不宜归家的忌日，暂时居外住宿乡亭，结果还是死于非命。拘泥于许多忌讳，是没有多大好处的。

## 【原文】

算术亦是六艺要事，自古儒士论天道，定律历者，皆学通之。然可以兼明，不可以专业。江南此学殊少，唯范阳祖暅精之，位至南康太守。河北多晓此术。

## 【译文】

算术也是六艺中重要的科目,自古以来的读书人谈论天文,推定历法,对算术必须精通。然而,可以在学别的本领的同时学算术,不应当当作专业去学习。江南懂这种学问的人比较少,只有范阳的祖暅精通它,他的官位是南康太守。北方人多通晓算术。

## 【原文】

医方之事,取妙极难,不劝汝曹以自命也。微解药性,小小和合,居家得以救急,亦为胜事,皇甫谧、殷仲堪则其人也。

## 【译文】

学习医疗处方,要达到精妙很难,我不鼓励你们以会看病自许。稍微了解一些药性,略微懂得如何配药,居家过日子能够用来救急,也就可以了。皇甫谧、殷仲堪,就属于这种人。

## 【原文】

《礼》曰:"君子无故不彻琴瑟。"古来名士,多所爱好。洎于梁初,衣冠子孙,不知琴者,号有所阙;大同以末,斯风顿尽。然而此乐愔愔雅致,有深味哉!今世曲解,虽变于古,犹足以畅神情也。唯不可令有称誉,见役勋贵,处之下坐,以取残杯冷炙之辱。戴安道犹遭之,况尔曹乎!

君子无故不彻琴瑟

## 【译文】

《礼记》说:"君子无故不撤去琴瑟。"自古以来的知名人士,大多爱好音乐。到了梁朝初期,如果士大夫的子孙不懂得弹琴,那就不能称为全面,大同末年以来,这种风气已经没有了。然而音乐和谐美妙,非常雅致,意味无穷!现在的琴曲歌词,虽然是从古代演变过来,还是足以使人听了神情舒畅。只是不可使自己以擅长弹琴而有声誉,那样会被勋臣贵人们役使,坐在下边,以讨得残羹剩饭,受人污辱。戴安道尚且碰到过这样的事，何况你们呢？

## 【原文】

《家语》曰："君子不博，为其兼行恶道故也。"《论语》云："不有博弈者乎？为之，犹贤乎已。"然则圣人不用博弈为教，但以学者不可常精，有时疲倦，则傥为之，犹胜饱食昏睡，兀然端坐耳。至如吴太子以为无益，命韦昭论之；王肃、葛洪、陶侃之徒，不许目观手执，此并勤笃之志也。能尔为佳。古为大博则六箸，小博则二茕，今无晓者。比世所行，一茕十二棋。数术浅短，不足可玩。围棋有手谈、坐隐之目，颇为雅戏；但令人耽愦，废丧实多，不可常也。

不有博弈者乎？为之，犹贤乎已

## 【译文】

《孔子家语》说道："君子不玩博弈之戏，因为这种游戏与道义不符合。"《论语》说："不是有博弈之戏吗？拿它消遣，总比闲着好。"然而圣人并不用掷骰子下棋来教育人。只是因为读书人不可能总是专心致志，有时也会疲倦，那么偶尔下棋玩玩，总比吃饱饭后昏昏欲睡，无聊地坐着要好。至于像吴太子认为博弈之戏没什么好处，叫韦昭写文章探讨它的害处；王肃、葛洪、陶侃等人从不玩博弈之戏，也不在旁边观战。这些人都是非常勤奋、意志坚定的人，这样是最好的。古代大的博弈之戏用六个棋子，小的掷两个骰子，现在已经没人知道了。当今所流行的博弈之戏，是一个骰子，十二个棋子，着数变化浅显简单，不值得玩弄。下围棋又称手谈、坐稳，是非常高雅的游戏，但会让人沉溺其中，心神烦乱，消磨时光。因此，不要经常下围棋。

## 【原文】

投壶之礼，近世愈精。古者，实以小豆，为其矢之跃也。今则唯欲其骁，益多益喜，乃有倚竿、带剑、狼壶、豹尾、龙首之名。其尤妙者，有莲花骁。汝南周璝，弘正之子，会稽贺徽，贺革之子，并能一箭四十余骁。贺又尝为小障，置壶其外，隔障投之，无所失也。至邺以来，亦见广宁、兰陵诸王，有此校具，举国遂无投得一骁者。弹棋亦近世雅戏，消愁释愤，时可为之。

## 【译文】

投壶的游戏,在近来越玩越精密了;古代投壶,只在壶中装小豆,然后用箭矢投壶,防止箭跳出来。现在还要使投出的箭矢能跳回来,跳回来的次数越多越为精彩,于是就有了倚竿、带剑、狼壶、豹尾、龙首等花样。其中最精彩的是莲花骁。汝南人周璲,是周弘正的儿子;会稽的贺徽,是贺革的儿子;他们都能用一个箭矢投四十多个来回,贺徽还曾设了小屏障在壶的外面,隔着屏障投壶,依然没有失误。到了邺都以来,也看见广宁王、兰陵王,在壶外投小屏障,但全国没有一个投得一个莲花骁的。弹棋在现在也是高雅的游戏,用来消愁解闷,偶尔可以用来玩玩。

## 第二十篇 终制

## 【原文】

死者,人之常分,不可免也。吾年十九,值梁家丧乱,其间与白刃为伍者,亦常数辈;幸承余福,得至于今。古人云:"五十不为夭。"吾已六十余,故心坦然,不以残年为念。先有风气之疾,常疑奄然,聊书素怀,以为汝诫。

先君先夫人皆未还建邺旧山,旅葬江陵东郭。承圣末,已启求扬都,欲营迁厝。蒙诏赐银百两,已于扬州小郊北地烧砖,便值本朝沦没,流离如此,数十年间,绝于还望。今虽混一,家道羁穷,何由办此奉营资费?且扬都污毁,无复孑遗,还被下湿,未为得计。自咎自责,贯心刻髓。计吾兄弟,不当仕进,但以门衰,骨肉单弱,五服之内,傍无一人,播越他乡,无复资荫;使汝等沉沦厮役,以为先世之耻;故觍冒人间,不敢坠失。兼以北方政教严切,全无隐退者故也。

今年老疾侵,傥然奄忽,岂求备礼乎?一日放臂,沐浴而已,不劳复魄,敛以常衣。先夫人弃背之时,属世荒馑,家涂空迫,兄弟幼弱,棺器率薄,藏内无砖。吾当松棺二寸,衣帽已外,一不得自随,床上

四时祭祀,周、孔所教,欲人勿死其亲,不忘孝道也

唯施七星板；至如蜡弩牙、玉豚、锡人之属，并须停省，粮罂明器，故不得营，碑志旒旐，弥在言外。载以鳖甲车，衬土而下，平地无坟；若惧拜扫不知兆域，当筑一堵低墙于左右前后，随为私记耳。灵筵勿设枕几，朔望祥禫，唯下白粥清水干枣，不得有酒肉饼果之祭。亲友来馈酹者，一皆拒之。汝曹若违吾心，有加先妣，则陷父不孝，在汝安乎？其内典功德，随力所至，勿刳竭生资，使冻馁也。四时祭祀，周、孔所教，欲人勿死其亲，不忘孝道也。求诸内典，则无益焉。杀生为之，翻增罪累。若报罔极之德，霜露之悲，有时斋供，及七月半盂兰盆，望于汝也。

孔子之葬亲也，云："古者墓而不坟。丘东西南北之人也，不可以弗识也。"于是封之崇四尺。然则君子应世行道，亦有不守坟墓之时，况为事际所逼也！吾今羁旅，身若浮云，竟未知何乡是吾葬地；唯当气绝便埋之耳。汝曹宜以传业扬名为务，不可顾恋朽壤，以取堙没也。

## 【译文】

死，对人来说是正常的事情，没有人免得了。我十九岁的时候，正赶上梁朝政局动荡不安，那时多次险被刀剑所伤。幸亏承蒙祖上的福荫，我才能活到今天。古人说："活到五十岁就不算短命了。"我现在已经六十多岁了，所以心里坦然，并不把还能活多少年放在心上。以前我有风湿病，常怀疑自己会突然死去，因此姑且把自己平时的想法写出来，作为对你们的告诫。

我的亡父与亡母都未能归葬于故乡建邺，暂时葬在江陵的东郊。承圣末年，我已向朝廷提出迁葬回去的要求，蒙诏赐一百两银子用来迁葬，我已在扬州郊外北边造墓。此时正赶上梁朝灭亡，我因此到处流离，几十年来，对迁葬扬州已不抱什么希望了。现在虽然天下统一，只是家道衰落，迁葬的资费不知从何处才能筹措，而且扬州已被破坏，老家没有一个亲人了。加上坟地被淹，土地低洼潮湿，没办法迁葬。只有自己责备自己，悲伤痛穿心髓。本来我觉得我和几个兄弟都不适合当官，只是因为门庭衰落，兄弟单弱，亲戚之中，五服之内，没有可以依靠的人。漂泊流离到他乡异域，不能庇护你们，担心你们沦落为仆役，使祖先受到耻辱，所以才惭愧冒昧地在社会当官，并不敢使家门更加衰落。此外，北方政令严厉，谁也不敢隐退。

现在我年老多病，假如一旦突然死去，还敢要求葬礼周备吗？哪一天撒手离开了人世，只要为我沐浴就行了，不必费力去招魂；入殓时穿平时的衣服。你们的祖母去世的时候，正逢世上连年闹灾荒，家中贫困窘迫，你们兄弟都还幼小，所以棺木不厚，墓内也没用砖砌。因而我也只想用二寸厚的松木棺材，除了衣帽以外，一律不要随葬品，棺床上只要铺一块七星板；至于蜡弩牙、玉豚、锡人之类，都不必再用了。装粮食的瓮等各种明器，固然不必去置办，墓志铭、旗幡就更不用说了。出殡时用低矮的平板车运送灵柩，墓坑中铺一层土下葬就可以了。墓地平坦，不要隆起土堆。如果怕以后祭扫认不得地方，可以在墓地的前后左右修筑一道小矮墙，随便做个记号就行了。供奉的灵床不要摆设坐卧的用具，朔望祥禫祭奠的时候，只要用稀粥、清水、干枣，不可有酒肉、糕点、水果等祭品。亲友前来祭奠，都可拒绝。你们如果违背我的意愿，超过了对祖母的礼仪，便会使我陷于不孝，那样你们能安心吗？做佛事功德，要量力而行，不要太耗费钱财，以致受冻挨饿。春、夏、秋、冬四季祭祀祖先，这是按周公、孔子的教导，不要忘记死去的亲人，不要忘记孝道而已。如果用佛经超度，则是无益之举。若再宰杀牲畜来祭奠，反而增添罪过。如果要报答父母无限的恩德，那么按时设祭供奉，还有七月十五日设置盂兰盆。这是我对你们寄予的一点希望。

  孔子安葬亲人时说道："在古时候墓是没有土堆的。我孔丘是四处奔走的人，不能不在墓地上留个标志。"于是在墓上造了个土堆，有四尺高。君子不能不顺应时代，有所作为，还常有不守候父母坟墓的时候；何况为情势所逼无法守墓呢！我现在流落他乡，就像浮云一样飘忽不定，都不知道我将葬身于何处，只要在我断气以后，随地埋葬就行了。你们应该以继承功业、弘扬美名为主要事务，不可以因为顾恋祖坟而使自己事业不成，一生默默无闻啊！

# 孔子家语

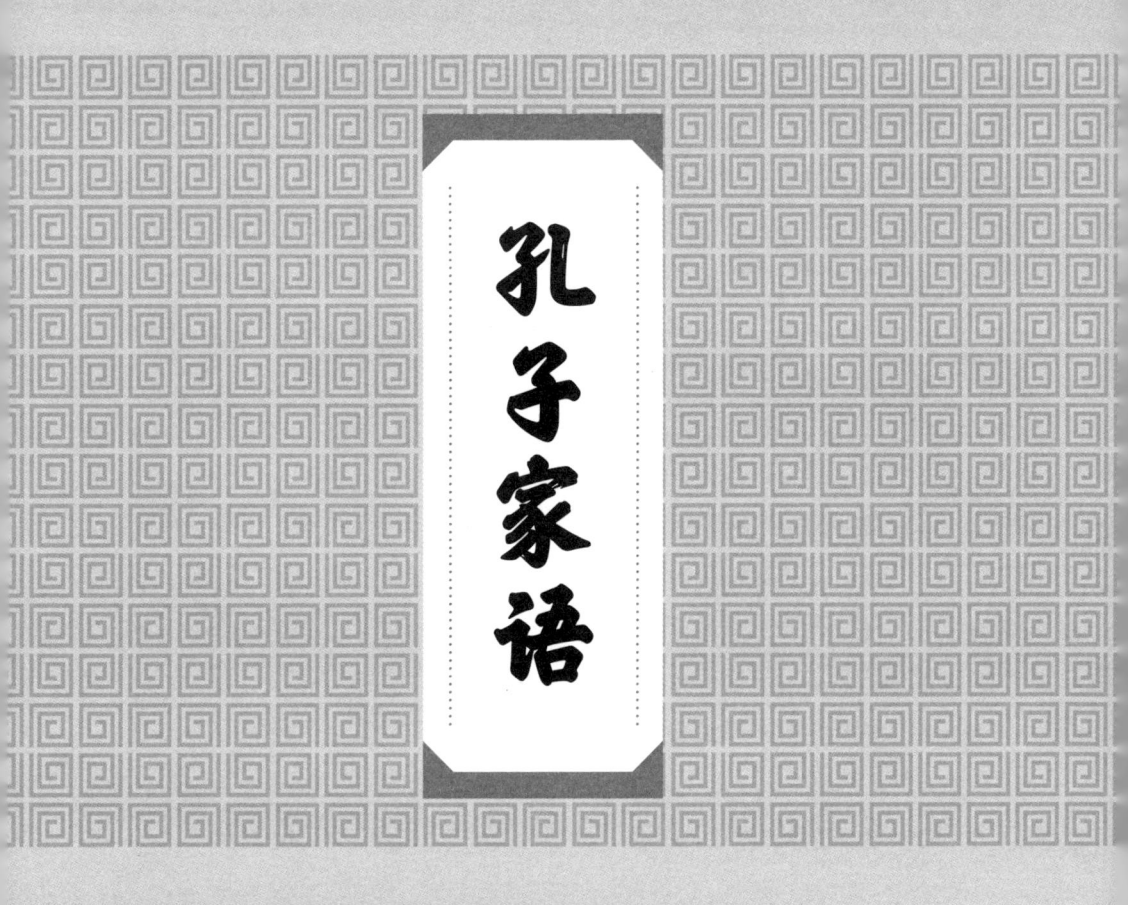

# 相鲁第一

【原文】

孔子初仕,为中都宰。制为养生送死之节,长幼异食,强弱异任,男女别涂,路无拾遗,器不雕伪。为四寸之棺,五寸之椁,因丘陵为坟,不封不树。行之一年,而四方之诸侯则焉。

定公谓孔子曰:"学子此法以治鲁国,何如?"

孔子对曰:"虽天下可乎,何但鲁国而已哉!"

于是二年,定公以为司空。乃别五土之性,而物各得其所生之宜,咸得厥所。

先时,季氏葬昭公于墓道之南,孔子沟而合诸墓焉。谓季桓子曰:"贬君以彰己罪,非礼也。今合之,所以掩夫子之不臣。"

由司空为鲁大司寇,设法而不用,无奸民。

【译文】

孔子刚开始做官,担任中都邑的地方长官。他规定了老百姓生活有保障、死亡得安葬的制度。尊敬年长者,依据年纪的长幼提供不同的食物;体力强的人和体力弱的人承担不同的职务,严守礼教,男女走路时各走一边;在路上不捡别人遗落的东西而据为己有,所用的器物不求浮华虚饰。用里棺四寸外椁五寸厚的棺材,依傍丘陵修墓,不兴土木建起高大的坟,不花费劳力在墓地种植松柏。这样的制度施行一年之后,各诸侯国都纷纷效法。

职司委吏

鲁定公问孔子："学习您的这些办法，来治理鲁国怎么样？"

孔子回答说："学习这样的方法治理整个天下都可以，岂止只能治理好鲁国呢！"

这样实施了两年，鲁定公任命他做了司空。他区分五种土地的不同特性，各种作物获得最适宜的生长条件，都得到了很好的发展。

早先，季平子把鲁昭公葬在鲁国先王陵寝的墓道南面。孔子做司空后，挖沟将昭公墓和鲁国先王的墓圈到一起。孔子对季桓子说："令尊以此羞辱国君而使自己的罪行得到昭彰，不合乎礼呀。现在把陵墓合到一起，掩盖了令尊不守臣道的罪名。"

之后，孔子又由司空提升为鲁国的大司寇。他虽然设立了法律，但也派不上用场，因为国内没有行为不端的百姓了。

## 【原文】

定公与齐侯会于夹谷，孔子摄相事，曰："臣闻有文事者必有武备，有武事者必有文备。古者诸侯并出疆，必具官以从，请具左右司马。"定公从之。

至会所，为坛位，土阶三等，以遇礼相见，揖让而登。献酢既毕，齐使莱人以兵鼓噪，劫定公。孔子历阶而进，以公退，曰："士，以兵之。吾两君为好，裔夷之俘，敢以兵乱之，非齐君所以命诸侯也！裔不谋夏，夷不乱华，俘不干盟，兵不偪好。于神为不祥，于德为愆义，于人为失礼，君必不然。"齐侯心怍，麾而避之。

有顷，齐奏宫中之乐，俳优侏儒戏于前。孔子趋进，历阶而上，不尽一等，曰："匹夫荧侮诸侯者，罪应诛。请右司马速刑焉！"于是斩侏儒，手足异处。齐侯惧，有惭色。

将盟，齐人加载书曰："齐师出境，而不以兵车三百乘从我者，有如此盟。"孔子使兹无还对曰："而不返我汶阳之田，吾以供命者，亦如之。"

齐侯将设享礼。孔子谓梁丘据曰："齐鲁之故，吾子何不闻焉？事既成矣，而又享之，是勤执事。且牺象不出门，嘉乐不野合，享而既具，是弃礼。若其不具，是用秕稗也。用秕稗，君辱；弃礼，名恶。子盍图之？夫享，所以昭德也；不昭，不如其已。"乃不果享。

齐侯归，责其群臣曰："鲁以君子之道辅其君，而子独以夷狄之道教寡人，使得罪。"于是乃归所侵鲁之四邑及汶阳之田。

## 【译文】

鲁定公和齐景公在齐国的夹谷会盟，孔子担任代理司仪，孔子对鲁定公说："我听说举行会盟这样的事情，一定要有武装力量作为后盾；而进行军事活动，也一定要有文官做准备。古代的诸侯离开国家从事外交活动，跟从的随员必须文武齐备，请您带上正副司马。"定公听从了孔子的建议。

到了举行盟会的地方，盟会的高台已筑好，修的土台有三级台阶，双方以简单的礼仪相见，相互礼让着登上土台。双方互赠礼品互相敬酒之后，齐国一方派莱人军队擂动战鼓，企图劫持鲁定公。这时，孔子一步一级快步登上土台，保护着鲁定公退下，喝令："鲁国军队，请你们去攻打莱人！我们两国国君在这里举行友好会盟，而被俘的边远之地的夷人却动武捣乱，这绝对不是齐国国君跟天下诸侯友好邦交之道；边远之人不能图谋中原，东夷之人不能扰乱华夏，俘房不能冲犯盟会，武力不能强迫别人友好。这些行为举动对于神灵是大不吉祥，对于德行来说是违反道义，对于人来说是背弃了礼制，君王肯定不会这样做。"齐侯听了孔子这番义正词严的话，感到愧疚，挥手令莱人军队撤下去。

过了一会儿，齐方演奏宫中的乐曲，俳优和侏儒开始在国君前表演歌舞杂技、调笑嬉戏。孔子快步向前，很快地登上台阶，但未上最高一级台阶说："卑贱的人敢戏弄诸侯国君，按罪当杀，请右司马快速施刑。"这样，就斩杀了侏儒小丑，手足都被斩断。齐侯心中恐慌，露出惭愧的神色。

将要盟誓时，齐国人在盟书上加了一句话："将来齐国发兵远征时，鲁国假如不派三百辆兵车相从，有此盟誓为证。"孔子派鲁大夫兹无还针锋相对应答道："你们不归还我们汶阳的土地，让我们奉命满足齐国的需要，也有此盟誓为证。"

齐侯准备设宴款待鲁定公。孔子对齐大夫梁丘据说："齐国、鲁国旧有的典章制度，您难道没听说吗？事情已经完成了，而又要设享礼，这是白白辛苦你们。何况，牛形和象形的酒壶，按规矩不能拿出宫门，钟磬之乐也不能在荒野演奏。设享礼时备齐它们，这是背弃礼制，如果不备齐，那又像用秕子和稗子一样轻贱而不郑重。这是君王的耻辱，是丢弃礼法，名声不好。您为什么不考虑一下？享礼是用来宣明德行的，不能宣明德行，不如作罢。"结果享礼没有搞成。

齐景公回国后，责备他的群臣说："鲁国大夫用君子之道辅佐他们的国君，你们却用夷狄那一套办法来教我，使我得罪了鲁国国君。"这样，齐国便归还了以前侵占鲁国的四座城邑和汶河以北的土地。

夹谷会齐

## 【原文】

孔子言于定公曰："家不藏甲，邑无百雉之城，古之制也。今三家过制，请皆损之。"乃使季氏宰仲由隳三都。叔孙不得意于季氏，因费宰公山弗扰率费人以袭鲁。孔子以公与季孙、叔孙、孟孙入于季氏之宫，登武子之台。费人攻之，及台侧，孔子命申句须、乐颀勒士众下伐之，费人北。遂隳三都之城。强公室，弱私家，尊君卑臣，政化大行。

## 【译文】

孔子对鲁定公说："卿大夫不能私藏铠甲兵器，城墙不能达到高三百丈、长三百丈，这是古代的制度。如今季孙、叔孙、孟孙三家都超过了规定，请让他们加以减损。"于是派季氏家臣仲由拆除三家大夫的城池——季孙氏的都城费、叔孙氏的都城郈、孟孙氏的都城成。叔孙氏的庶子叔孙辄得不到叔孙氏的器重，跟着费邑的总管公山弗扰领费人袭击鲁国国都。孔子保护着鲁定公，和季孙氏、叔孙氏、孟孙氏三大夫躲入季氏的宫室，登上武子台。费人来进攻，攻到武子台旁边。孔子命令申句须和乐颀率领士兵下台攻击费人，费人战败。于是就毁掉三家都邑的城墙，这一行动使国君的权力得到加强，大夫的势力被削弱，国君得到尊崇，臣子的地位下降了，这样，政治和教化才在鲁国得以推行。

## 【原文】

初，鲁之贩羊有沈犹氏者，常朝饮其羊以诈市人。有公慎氏者，妻淫不制。有慎溃氏，奢侈逾法。鲁之鬻六畜者，饰之以储价。及孔子之为政也，则沈犹氏不敢朝饮其羊，公慎氏出其妻，慎溃氏越境而徙。三月，则鬻牛马者不储价，卖羊豚者不加饰。男女行者别其涂，道不拾遗。男尚忠信，女尚贞顺。四方客至于邑者，不求有司，皆如归焉。

## 【译文】

早先，鲁国有个叫沈犹氏的羊贩子，经常在早晨把羊饮饱了再卖，以欺诈买主。有一个叫公慎氏的人，他的妻子与别人淫乱，他却不加制止。有个慎溃氏，生活奢侈，违背礼法。鲁国贩卖牲口的商人，在牲口身上做手脚从而抬高售价。等到孔子当政，沈犹氏不敢早晨给羊喝水，公慎氏休掉了妻子，慎溃氏逃出国境，迁徙到别处。过了三个月，卖牛马的商人不敢漫天要价，卖猪羊的商人也不再虚报价格。男女走在路上，则根据礼法，各走路的一边。路上遗失的东西也没有人私自捡起来据为己有。男人崇尚忠实诚信，女人崇尚贞节温顺。到城里来的四面八方的客旅，都用不着去求助于官吏，都像回到家一样。

# 始诛第二

【原文】

孔子为鲁司寇,摄行相事,有喜色。仲由问曰:"由闻君子祸至不惧,福至不喜。今夫子得位而喜,何也?"孔子曰:"然,有是言也。不曰'乐以贵下人'乎?"

于是朝政七日而诛乱政大夫少正卯,戮之于两观之下,尸于朝三日。

子贡进曰:"夫少正卯,鲁之闻人也。今夫子为政而始诛之,或者为失乎?"孔子曰:"居,吾语汝以其故。天下有大恶者五,而窃盗不与焉。一曰心逆而险,二曰行僻而坚,三曰言伪而辩,四曰记丑而博,五曰顺非而泽。此五者,有一于人,则不免君子之诛。而少正卯皆兼有之。其居处足以撮徒成党,其谈说足以饰褒莹众,其强御足以反是独立。此乃人之奸雄者,有不可以不除。夫殷汤诛尹谐,文王诛潘正,周公诛管蔡,太公诛华士,管仲诛付乙,子产诛史何,是此七子皆异世而同诛者,以七子异世而同恶,故不可赦也。《诗》云:'忧心悄悄,愠于群小。'小人成群,斯足忧矣。"

【译文】

孔子担任鲁国的大司寇、又曾兼任相礼者,脸上露出喜悦的神色。仲由问道:"我听说品德高尚的人,灾祸临头不惧,福来了不喜形于色。先生,您得到官位

却面带喜悦之色，为什么呢？"孔子回答说："对，确实有那样的说法。然而不是还有一句话是'以显贵而仍谦恭待人为乐事'的说法吗？"

就这样，孔子当政七天就杀了扰乱朝政的大夫少正卯，将他杀于两观之下，陈尸朝廷三天。

子贡向孔子进言："那少正卯是鲁国知名的人物，如今先生执政先杀他，恐怕是个错误吧。"孔子回答："坐下来，我告诉你杀他的缘由。天下称得上大恶的有五种，可是窃盗不在这里面。第一种是通达事理而险恶，第二种行为怪僻而固执，第三种言语诡诈而巧辩，第四种对怪异的事掌握得特别多，第五种依顺非理之事却善于伪装。这五种大恶，只要一个人有其中之一，就免不了受正人君子的诛杀，而少正卯五种恶行样样都有。他身居一定的权位就足以聚徒成群，他的言论也足以迷惑众人伪饰自己而得到声望，他刚愎自恃足以颠倒是非，独立一派。这种人就是称得上奸雄的人啊！不能不及早除掉他。商汤杀尹谐，文王杀潘正，周公杀管叔、蔡叔，姜太公杀华士，管仲杀付乙，子产杀史何。这七个人尽管所处时代不同，但所犯下的恶行是一样的，所以对他们不能赦免。《诗经》中所说的：'忧心如焚，被恶势力所憎恶。'小人成群，结党、这是很令人担扰的。"

## 【原文】

孔子为鲁大司寇，有父子讼者。夫子同狴执之，三月不别。其父请止，夫子赦之焉。

季孙闻之不悦，曰："司寇欺余。曩告余曰：国家必先以孝。余今戮一不孝以教民孝，不亦可乎？而又赦，何哉？"

冉有以告孔子。

子喟然叹曰："呜呼！上失其道而杀其下，非理也。不教以孝而听其狱，是杀不辜。三军大败，不可斩也；狱犴不治，不可刑也。何者？上教之不行，罪不在民故也。夫慢令谨诛，贼也；征敛无时，暴也；不试责成，虐也。政无此三者，然后刑可即也。《书》云：'义刑义杀，勿庸以即汝心，惟曰未有慎事。'言必教而后刑也。既陈道德，以先服之；而犹不可，尚贤以劝之；又不可，即废之；又不可，而后以威惮之。若是三年，而百姓正矣。其有邪民不从化者，然后待之以刑，则民咸知罪矣。《诗》云：'天子是毗，俾民不迷。'是以威厉而不试，刑错而不用。今世则不然，乱其教，繁其刑，使民迷惑而陷焉，又从而制之，故刑弥繁而盗不胜也。夫三尺之限，空车不能登者，何哉？峻故也。百仞之山，重载陟焉，何哉？陵迟故也。今世俗之陵迟久矣，虽有刑法，民能勿逾乎？"

## 【译文】

孔子当鲁国的大司寇期间,有父子俩来打官司。孔子把他们二人逮起来,关在同一间牢房里,三个月过去了也不判决。那个当父亲的请求撤销诉讼,孔子赦免了他们。

季孙氏听到这件事不高兴,说:"大司寇欺骗我。先前告诉我说,必须先用孝道治理国家,现在我要杀一个不孝的人,来教育百姓遵守孝道,不也可以吗?可他却加以赦免,为什么呢?"

冉有把季孙子的这些话告诉了孔子。

孔子叹息道:"哎呀!身居高位的人没有做好引导教化工作而滥杀百姓,这是违背常理的行为。不用孝道教育他们,却直接审理他们的案件,这是屠杀无罪的人。军队打了败仗,不是能用杀士卒阻挡得住的;刑事案件不断发生,是不能用严酷苛刻的刑罚制止的。为什么呢?这是因为上位者不能推行教化,上边教得不行,罪过不在百姓身上。法令松弛却惩罚很严,这是残害。搜刮无时无尽,这是残暴。不教却要求成功,这是暴虐。施政中没有了这三种弊害,才谈得上使用刑罚。《书》上说:'刑罚要恰如其分,不能随心所欲,要依事理使百姓心悦诚服。'这是说必须先教育,而后才能用刑罚。已经摆出道德,先让百姓心服,如果还不行,就崇尚贤德鼓励百姓向善;还不行,就废掉那些无能的;还不行,就施威力让他们惧怕。像这样施行三年,百姓就行为端正了。其中有些不从教化的顽劣之徒,就可以用刑罚对付。那样一来百姓也就都知道所犯何罪了。《诗经》中说:'辅佐天子,使百姓不迷惑。'能做到这些,就不必用严刑峻法来吓唬人了,有刑罚也搁置不用。现在的社会却不是这样,教化乱了,刑罚繁多,让百姓迷惑陷入犯罪的地步,随后又制裁他们。所以刑法虽多,而盗贼却无穷无尽。三尺高的门槛,即使空车也不能越过,为什么呢?是因为陡

峭的缘故。百仞高的大山，负载极重的车子也能拉得上去，为什么呢？是因为由高渐低有坡度的缘故。如今世道衰微已经很久了，即使有刑法，百姓能不触犯吗？"

## 王言解第三

【原文】

孔子闲居，曾参侍。孔子曰："参乎！今之君子，唯士与大夫之言可闻也，至于君子之言者，希也。於乎！吾以王言之，其不出户牖而化天下。"

曾子起，下席而对曰："敢问何谓王者言？"孔子不应。曾子曰："侍夫子之闲也难，是以敢问。"孔子又不应。曾子肃然而惧，抠衣而退，负席而立。

有顷，孔子叹息，顾谓曰："参，汝可语明王之道与？"

曾子曰："非敢以为足也，请因所闻而学焉。"

子曰："居，吾语汝。夫道者，所以明德也；德者，所以尊道也。是以非德道不尊，非道德不明。虽有国之良马，不以其道服乘之，不可以取道里。虽有博地众民，不以其道治之，不可以致霸王。是故，昔者明王内修七教，外行三至。七教修，然后可以守，三至行，然后可以征。明王之道，其守也，则必折冲千里之外；其征也，则必还师衽席之上。故曰内修七教而上不劳，外行三至而财不费，此之谓明王之道也。"

曾子曰："不劳不费之谓明王，可得闻乎？"

孔子曰："昔者帝舜左禹而右皋陶，不下席而天下治。夫如此，何上之劳乎？政之不中，君之患也；令之不行，臣之罪也。若乃十一而税，用民之力岁不过三日，入山泽以其时而无征，关讥市廛皆不收赋，此则生财之路而明王节之，何财之费乎？"

曾子曰："敢问何谓七教？"

孔子曰："上敬老则下益孝，上尊齿则下益悌，上乐施则下益宽，上亲贤则下择友，上好德则下不隐，上恶贪则下耻争，上廉让则下耻节，此之谓七教。七教者，治民之本也。政教定，则本正矣。凡上者，民之表也，表正则何物不正？是故，人君先立仁于己，然后大夫忠而士信，民敦而俗朴，男悫而女贞。六者，教之致也，布诸天下四方而不怨，纳诸寻常之室而不塞。等之以礼，立之以义，行之以顺，则民之弃恶如汤之灌雪焉。"

曾子曰："道则至矣，弟子不足以明之。"

孔子曰："参以为姑止乎？又有焉。昔者明王之治民也，法必裂地以封之，分属以理。然后贤民无所隐，暴民无所伏。使有司日省而时考之，进用贤良，退贬不肖，则贤者悦而不肖者惧。哀鳏寡，养孤独，恤贫苦，诱孝悌，选才能。此七者修，则四海之内无刑民矣。上之亲下也，如手足之于腹心；下之亲上也，如幼子之于慈母矣。上下相亲如此，故令则从，施则行，民怀其德，近者悦服，远者来附，政之致也。夫布指知寸，布手知尺，舒肘知寻，斯不远之则也。周制，三百步为里，千步为井，三井而埒，埒三而矩，五十里而都，封百里而有国。乃为福积资求焉，恤行者之有亡。是以蛮夷诸夏，虽衣冠不同，言语不合，莫不来宾。故曰：无市而民不乏，无刑而民不乱。田猎罩弋，非以盈宫室也；征敛百姓，非以盈府库也。惨怛以补不足，礼节以损有余，多信而寡貌，其礼可守，其言可复，其迹可履。如饥而食，如渴而饮，民之信之，如寒暑之必验。故视远若迩，非道迩也，见明德也。是故兵革不动而威，用利不施而亲，万民怀其惠。此之谓明王之守，折冲千里之外者也。"

曾子曰："敢问何谓三至？"

孔子曰："至礼不让而天下治，至赏不费而天下士悦，至乐无声而天下民和。明王笃行三至，故天下之君可得而知，天下之士可得而臣，天下之民可得而用。"

曾子曰："敢问此义何谓？"

孔子曰："古者明王必尽知天下良士之名。既知其名，又知其实，又知其数及其所在焉。然后因天下之爵以尊之，此之谓至礼不让而天下治。因天下之禄以富天下之士，此之谓至赏不费而天下之士悦。如此，则天下之明名誉兴焉，此之谓至乐无声而天下之民和。故曰：所谓天下之至仁者，能合天下之至亲也。所谓天下之至知者，能用天下之至和者也。所谓天下之至明者，能举天下之至贤者也。此三者咸通，然后可以征。是故仁者莫大乎爱人，智者莫大乎知贤，贤政者莫大乎官能。有士之君修此三者，则四海之内供命而已矣。夫明王之所征，必道之所废者也。是故诛其君而改其政，吊其民而不夺其财。故明王之政，犹时雨之降，降至则民悦矣。是故行施弥博，得亲弥众。此之谓还师衽席之上。"

# 【译文】

孔子闲住在家里，弟子曾参在旁边陪侍。孔子说："曾参啊！当今的国君只能听到士和大夫一类治世的话，至于如何治理国家的话听到的就很少。我若把治理天下的话说给他们听，他们可以不出屋就治理好天下。"

曾参谦恭地站起来，走下座席问孔子："请问先生，什么是国君治国成就功业的道理？"孔子没有回答。曾参又说："正好赶上先生您闲居，我自己又不明白，才冒昧向您请教。"孔子又不回答，曾子有点怕，显出恭敬的样子，提起衣襟退后，在座席旁站立。

过了一会儿，孔子叹息了一声，回头对曾参说："曾参啊！你能讲出古代明君的治国之道吗？"

曾子说："弟子不敢认为自己有足够的能力做到这一点，请允许我听听您的，从中学习。"

孔子说："你坐下来，我讲给你听。所谓道，是用来显示德行的；德行，是用来提高道的。所以没有德，道就不能提高；没有道，德就不能得以显示。虽然有全国最好的马匹，如果不能按照驯马的特点驾驭它、训练它驾车，就无法走很远的路程。国君即使有广阔的土地、众多的人民，若不用正确的措施治理它，也不能达到霸主的地位。所以，古代圣明的国君在国内实行'七教'，对国外实行'三至'。'七教'做好了，然后可以守住国家；'三至'实行了，然后可以征伐别国。古代圣明的国君的治国之道是这样的，守御自己的国家，一定能使千里之外敌军战车受挫，使敌人不敢前来侵犯；征伐不义的国家，一定能使军队平安返回。所以说，内修'七教'，君王不用辛劳，外行'三至'不必浪费财货，这就叫明王之道。"

曾子说："不用辛劳，不费钱财就能称圣明君王，可以讲给我听听吗？"

孔子说："古代舜有两个得力的臣子：禹和皋陶，有了这两个人辅佐，舜不离开座位，天下就大治。像这样的话，君王还劳苦什么？政令不当，是君王的忧虑；不实行政令，是臣子的罪过。如果不向百姓横征暴敛，赋税取十分之一；爱惜民力，每年让百姓服役不超过三天；百姓可以按时进入山林而不纳税，在交易场所不滥收赋税；这些都是生财之道，明王制定出律令，什么钱财能浪费呢？"

曾参问道："什么是'七教'呢？"

孔子曰："上位尊敬老人，下民就更孝敬；上位重次列，下民就更顺长者；上位爱施舍，下民就更宽厚；上位亲近贤者，下民就选择交友；上位德行好，下民就不会隐藏错处；上位不贪民利，下民就耻于争斗；地位高的廉洁谦让，地位低的就会知道羞耻而归于守节，这就叫'七教'。这七种教化，是治理百姓的根本。政治教化有这样的基本原则，那么治民的根本就是正确的。凡是身居上位的人，都是百姓的表率，表率端正了，那么还有什么不正呢？所以，君王首先在自己身上树立仁德，之后大夫才忠心，士讲诚信，百姓敦厚，风俗纯朴，男人诚实，女人贞正，这六点是教化达到的结果，散布到天下四方，不会出现怨恨情绪，用来治理家庭也不会遭受反对。用礼来划分人的等级尊卑，用道义立身处世，用顺从礼法的原则行事，那么，百姓厌弃坏的，就像热水放入雪一样不相容。"

曾参又说："这样的治国方法确实是最好的，只是弟子没有能力进一步深入理解它。"

孔子说："曾参，你以为到此就算够了吗？下面还有。过去，圣明的君王治理百姓，制定出法规，把土地分封给下臣，分部治理它。然后贤良的百姓就不会被隐藏，恶人也无处藏匿。派主管的官员经常去各地视察考核，提拔任用贤明优良的人才，罢免贬斥不成器的官吏。这样一来，贤良的人就会愉快，而品行差的官吏也就会害怕。还要哀怜老而无依的人，供养孤独无靠的人，救济生活贫穷的人，教导人们讲孝悌，选拔有才能的人。一个国家做到这七个方面，那么天下也就没有触犯法律的百姓了。身居上位的人爱怜亲近百姓，就像一个人的手足对自己的胸腹一样爱护，那么百姓尊敬爱戴身居上位的人也会像年幼的孩子对待慈爱的母亲一样。上下像这样相亲相爱，那么有法令就听从，有措施就行动。下民感激上层的恩德，附近的人心悦诚服，远方的人也来归附，这才是施政能达到的最高境界。伸开指头知道寸有多长，伸开手掌能知道尺有多长，伸开两臂知道寻有多长，这都是不远的准则。周代的制度以三百步为一里，一千步见方为一井，三井合为一埒，三埒成为一矩，方圆五十里的疆域可以建大城市，受封百里可以建国都。于是聚积粮食、财物，并顾及出行者中的贫富之别。因此，中原各国和蛮夷小国，虽穿衣戴帽不同，言语不同，但没有不前来归顺的。所以说，没市场，百姓也不缺什么；不设刑罚，百姓也不会混乱。田猎不是为了使猎物充盈宫室，而是为了除害；向百姓征敛赋税也不是为了使国库充实，而是为了预备天灾兵祸。国君心胸广大，忧民之忧，拿出国库里的粮食赈济贫困的百姓，用礼来防范淫逸节制奢靡。多一些诚信少一些文饰，那么国君的礼法百姓就愿意信守，国君的话百姓就听，国君的行为就成为百姓的表率。国君和百姓的关系十分亲密，就像饥渴的人需要食物和水一样。百姓信任国君，就像寒暑必然能够得到验证。所以说看远的也像近了，不是道路近，是因为看到了光明的德政。所以不动兵器却显出了威力，不施用利益，百姓却来亲附，这就叫圣王守国的办法，能够退敌于千里之外。"

曾参又问道："可以问一下什么是'三至'吗？"

孔子回答说："最高境界的礼制，是用不着谦让，天下却能治理得好；最好的赏赐，是不必破费钱财，天下的士人却很高兴；最好的音乐是没有声音而天下却都应和。圣明的国君专心努力达到这三种极致，那么天下的诸侯、卿大夫能够接受统治，天下的士人就可能成为他的臣子，天下的百姓也就能为他所用。"

曾参问："请问这里面的道理是什么？"

孔子回答道："古时，圣明的君王全知道天下良士的名字。已知道了名字，又知道他们的实际才能，还知道他们的人数及所住的地方。然后利用天下的官爵来提高他们的地位，这就叫至礼不让而天下治。按天下的官吏俸禄使士人生活得到保障，这就是所谓的最高的奖赏不耗费财物而士人喜悦。能做到这两点，天下百姓必然追慕名望和声誉，这就是所谓的最好的音乐没有声音而百姓关系和睦协调。所以说，天下最高境界的仁爱，能聚合天下最亲的人；天下最明智的人，能任用使百姓和睦的人；天下最圣明的人，能推举天下最有才的人。这三点都通达了，然后可以征伐。所以说仁慈莫过于爱惜关怀百姓，聪明莫过于知道任用贤人，政治贤明莫过于选拔贤能的官吏。拥有疆土、身居上位的国君达到这三点，那天下的人都会听从他的命令了。贤明的君王所征伐的，必然是天道所要废黜的对象。所以要惩治这样国家的国君来改变这个国家的政治，慰问这个国家的百姓而不劫掠他们的财物。所以说圣明国君的政治，就像降及时雨，降下百姓就欢悦。所以圣王行师征伐的功劳越大，就会得到更多民众的亲附。这就叫胜利班师回朝。"

## 大婚解第四

【原文】

　　孔子侍坐于哀公。公曰："敢问人道孰为大？"
　　孔子愀然作色而对曰："君及此言也，百姓之惠也，固臣敢无辞而对。人道政为大。夫政者，正也。君为正，则百姓从而正矣。君之所为，百姓之所从。君不为正，百姓何所从乎！"
　　公曰："敢问为政如之何？"
　　孔子对曰："夫妇别，男女亲，君臣信，三者正则庶物从之。"
　　公曰："寡人虽无能也，愿知所以行三者之道，可得闻乎？"
　　孔子对曰："古之政，爱人为大；所以治爱人，礼为大；所以治礼，敬为大；敬之至矣，大婚为大。大婚至矣，冕而亲迎者，敬之也。是故君子兴敬为亲，舍敬则是遗亲也。弗亲弗敬，弗尊也。爱与敬，其政之本与？"
　　公曰："寡人愿有言也。然冕而亲迎，不已重乎？"
　　孔子愀然作色而对曰："合二姓之好，以继先圣之后，以为天下宗庙社稷之主，君何谓已重乎？"
　　公曰："寡人实固，不固安得闻此言乎！寡人欲问，不能为辞，请少进。"
　　孔子曰："天地不合，万物不生。大婚，万世之嗣也，君何谓已重乎？"
　　孔子遂言曰："内以治宗庙之礼，足以配天地之神；出以治直言之礼，足以立上下之敬。物耻则足以振之，国耻足以兴之。故为政先乎礼，礼其政之本与！"
　　孔子遂言曰："昔三代明王，必敬妻子也，盖有道焉。妻也者，亲之主也。

子也者，亲之后也。敢不敬与？是故君子无不敬。敬也者，敬身为大。身也者，亲之枝也，敢不敬与？不敬其身，是伤其亲；伤其亲，是伤本也；伤其本，则枝从之而亡。三者，百姓之象也。身以及身，子以及子，妃以及妃，君以修此三者，则大化忾乎天下矣，昔太王之道也。如此，国家顺矣。"

公曰："敢问何谓敬身？"

孔子对曰："君子过言则民作辞，过行则民作则。言不过辞，动不过则，百姓恭敬以从命。若是则可谓能敬其身，敬其身则能成其亲矣。"

公曰："何谓成其亲？"

孔子对曰："君子者，乃人之成名也。百姓与名谓之君子，则是成其亲为君而为其子也。"

孔子遂言曰："爱政而不能爱人，则不能成其身；不能成其身，则不能安其土；不能安其土，则不能乐天；不能乐天，则不能成其身。"

公曰："敢问何能成身？"

孔子对曰："夫其行己不过乎物，谓之成身。不过乎，合天道也。"

公曰："君子何贵乎天道也？"

孔子曰："贵其不已也，如日月东西相从而不已也，是天道也；不闭而能久，是天道也；无为而物成，是天道也；已成而明之，是天道也。"

公曰："寡人且愚冥，幸烦子之于心。"

孔子蹴然避席而对曰："仁人不过乎物，孝子不过乎亲。是故仁人之事亲也如事天，事天如事亲，此谓孝子成身。"

公曰："寡人既闻如此言，无如后罪何？"

孔子对曰："君之及此言，是臣之福也。"

## 【译文】

孔子陪侍鲁哀公坐着，哀公问："人道中什么最重要？"

孔子的脸色变得严肃起来，回答："君王问到这话，是百姓的福分啊，我岂能不回答。人道中政事最重要。政事，就是纠正一切不正确的。国君做得正，那么百姓也就跟着做得正了。国君的所作所为，就是百姓跟从的对象。国君做得不正，百姓跟他做什么呢？"

哀公问："请问怎样处理政事呢？"

孔子回答说："夫妇要有别，男女之间要相亲，君臣之间要有信义。这三件事做好了，那么其他许多事就跟着搞好了。"

哀公说："我虽然无能，但希望能了解一下实现这三点的方法，可以说给我听听吗？"

孔子回答说："古时候的人治理政事，爱护关心别人最重要。要做到爱护关心别人，施行礼仪最重要。施行礼仪，恭敬最为重要。竭尽恭敬，以天子诸侯

侍席鲁君

的婚姻最为重要。结婚的时候，君王要穿礼服戴礼帽亲自迎亲，亲自迎亲就是敬。因此君子做事注意敬重以求相互亲近。舍弃敬也就丢掉亲。不亲不敬，也就没有尊贵，爱和敬是政事的根本。"

哀公问："我还有一句话想问您，天子诸侯穿冕服亲自去迎亲，不是太隆重了吗？"

孔子变了脸色，回答说："合好两个家族的关系，从而承继延续先圣的后裔，当宗庙国家的主持人，怎么能说太过分呢？"

哀公回答说："我真是孤陋寡闻！不是因为这样，哪里能听到这番话呢？我想问，不知怎么措辞来问，请稍微说明白些。"

孔子就接着说："天气和土地阴阳二气得不到交合，万物就不会生长。天子诸侯的婚姻，关系到子孙万代的接续，您怎么能说太隆重了呢？"

孔子又接着说："对内搞好祭宗庙之礼。君王和夫人像日月一样足以配天地之神；对外可以搞好政教之礼，强调上上下下讲敬。臣下出现耻辱可以用礼补救，国家出现耻辱可以用礼复兴它。所以政事要先抓礼，礼是政的根本。"

孔子接着又说："从前，夏商周三代圣明君主治理政事，必定敬重他们的妻儿，这大概是有道德的表现。妻子是料理生活、供奉祭品的主妇，儿子是传宗接代的人，这可以不敬重吗？所以，君子对妻儿没有不敬重的。同时，尊重自己尤为重要。自己是承接先后的关键，这能够不尊重吗？不能敬重自己，就是伤害了血统关系；伤害了血统关系，就伤害了宗族的根本；宗族的根本被损伤，支属也就要随之灭绝了。自身、妻、子，爱这三者就是爱百姓的象征。爱自身推及爱百姓之身，爱儿子推及爱百姓之子，爱妻子推及爱百姓之妻。君王做到这三点，德化就遍及天下了。过去，太王的治国之道就像这样，国家治理得很好。"

哀公问："请问什么叫作敬重自己？"

孔子回答说："君子有错误的言论，百姓也认为是对的；君子举动过了头，百姓也当作是准则。不说错话，不做错事，百姓恭恭敬敬地跟着做，这就叫敬自身，也能够成就他父亲的名望。"

哀公问："请问什么叫使他的父亲成为有名望的人？"

孔子回答道："君子是人当中成名的，百姓给了他美名叫君子，这就是成全他父亲为君子，而让他成为君子的儿子了。"

孔子接着说："只注重政治而忽略关怀人民，就不能保护自身；不能保护自身，就要经常流亡以避灾祸，而没有安定的居处；没有安定的居处，就不能无忧无虑。"

哀公问："请问什么叫成就自己？"

孔子回答说："立身行事不出偏差，这就叫作成就自身。不出偏差，才是合于天道的。"

哀公问："请问君子为什么要尊重天道呢？"

孔子回答说："是看重它的永不停止。比如，日月从东向西一个跟着一个永不停止，这就是天道；不停止，而能长长久久地动，这就是天道；不做什么却能生出万物，这就是天道；已经生出万物而且让它们显明，这就是天道。"

哀公说："我实在愚昧不能明白事理，有劳您教给我许多道理。"

孔子不安地离开座席说："仁德的人不办错事，孝子在双亲面前没过错。仁人侍奉双亲如同侍奉天子，侍奉天子如同侍奉双亲，这就叫孝子成身。"

哀公说："我听到了这番道理，恐怕将来还会有过错，那该怎么办呢？"

孔子回答说："您说出这番话，这是臣下的福分。"

## 儒行解第五

【原文】

孔子在卫，冉求言于季孙曰："国有圣人而不能用，欲以求治，是犹却步而欲求及前人，不可得已。今孔子在卫，卫将用之。己有才而以资邻国，难以言智也，请以重币求之。"季孙以告哀公，公从之。

孔子既至，舍哀公馆焉。公自阼阶，孔子宾阶，升堂立侍。

公曰："夫子之服，其儒服与？"

孔子对曰："丘少居鲁，衣逢掖之衣。长居宋，冠章甫之冠。丘闻之，君子之学也博，其服以乡，丘未知其为儒服也。"

公曰："敢问儒行？"

孔子曰："略言之，则不能终其物；悉数之，则留仆未可以对。"

## 儒服儒行

哀公命席。孔子侍坐，曰："儒有席上之珍以待聘，夙夜强学以待问，怀忠信以待举，力行以待取。其自立有如此者。

"儒有衣冠中，动作顺，其大让如慢，小让如伪。大则如威，小则如愧。难进而易退也，粥粥若无能也。其容貌有如此者。

"儒有居处齐难，其起坐恭敬，言必诚信，行必忠正，道涂不争险易之利，冬夏不争阴阳之和，爱其死以有待也，养其身以有为也。其备预有如此者。

"儒有不宝金玉而忠信以为宝，不祈土地而仁义以为土地，不求多积多文以为富。难得而易禄也，易禄而难畜也。非时不见，不亦难得乎？非义不合，不亦难畜乎？先劳而后禄，不亦易禄乎？其近人情有如此者。

"儒有委之以财货而不贪，淹之以乐好而不淫，劫之以众而不惧，阻之以兵而不慑。见利不亏其义，见死不更其守。往者不悔，来者不豫，过言不再，流言不极。不断其威，不习其谋。其特立有如此者。

"儒有可亲而不可劫，可近而不可迫，可杀而不可辱。其居处不过，其饮食不溽，其过失可微辩而不可面数也。其刚毅有如此者。

"儒有忠信以为甲胄，礼义以为干橹，戴仁而行，抱德而处，虽有暴政，不更其所。其自立有如此者。

"儒有一亩之宫，环堵之室，筚门圭窬，蓬户瓮牖。易衣而出，并日而食。上答之，不敢以疑；上不答之，不敢以谄。其为仕有如此者。

"儒有今人以居，古人以稽；今世行之，后世以为楷。若不逢世，上所不受，下所不推，谗谄之民有比党而危之，身可危也，其志不可夺也；虽危犹起居，竟信身志，乃不忘百姓之病也。其忧思有如此者。

"儒有博学而不穷，笃行而不倦，幽居而不淫，上通而不困。礼必以和，优游以法，慕贤而容众，毁方而瓦合。其宽裕有如此者。

"儒有内称不避亲，外举不避怨。程功积事，不求厚禄。推贤达能，不望其报。

君得其志，民赖其德，苟利国家，不求富贵。其举贤援能有如此者。

"儒有澡身浴德，陈言而伏。静言而正之，而上下不知也。默而翘之，又不急为也。不临深而为高，不加少而为多。世治不轻，世乱不沮。同己不与，异己不非。其特立独行有如此者。

"儒有上不臣天子，下不事诸侯，慎静尚宽，砥厉廉隅。强毅以与人，博学以知服。虽以分国，视之如锱铢，弗肯臣仕。其规为有如此者。

"儒有合志同方，营道同术，并立则乐，相下不厌。久别则闻流言不信，义同而进，不同而退。其交有如此者。

"夫温良者，仁之本也；慎敬者，仁之地也；宽裕者，仁之作也；逊接者，仁之能也；礼节者，仁之貌也；言谈者，仁之文也；歌乐者，仁之和也；分散者，仁之施也。儒皆兼此而有之，犹且不敢言仁也。其尊让有如此者。

"儒有不陨获于贫贱，不充诎于富贵，不溷君王，不累长上，不闵有司，故曰儒。今人之名儒也妄，常以儒相诟疾。"

哀公既得闻此言也，言加信，行加敬，曰："终没吾世，弗敢复以儒为戏矣。"

# 【译文】

孔子在卫国时，冉求对季孙康子说："国家有圣人却不能加以重用，这样试图治理好国家，就好比退着走却想前行一样，是不可能的。现在孔子在卫国，卫国将要重用他。我们自己国家有人才却去帮助邻国，这不能说是明智之举。请您用丰厚的聘礼把孔子迎回来。"季孙把冉求的这番话禀告给鲁哀公，哀公听从了这一建议。

孔子回到鲁国，哀公让他住在客馆里。哀公从东阶上，孔子从西阶上，登上高堂。孔子站着陪侍哀公。

鲁哀公问孔子："先生穿的衣服，大概是儒者的服装吧？"

孔子回答说："我小时候住在鲁国，身穿宽大袖子的衣服，长大后住在宋国，戴着章甫之冠。我听说，君子的学识要渊博，他们的衣服也要入乡随俗，我不知道这是不是儒者衣服。"

鲁哀公问道："请您讲讲儒者的行为，可以吗？"

孔子回答说："简单地说就不能讲得全面，全面谈就时间太长，讲到仆人换班，也难以讲完。"

鲁哀公让人设席，孔子陪侍，说："有一种读书人，陈述尧、舜的治国之道，等待国君聘用，不分昼夜努力学习以等待别人求问，抱着忠实诚信的态度等人推荐，身体力行等人录用，他们就这样立身于世。

"有一种读书人，穿戴适中，不标新立异；行为谨慎而从容。对大事推让，好像很傲慢；对小事也始辞终受，好像很虚伪。做大事十分慎重，再三衡量，好像心怀畏惧；做小事也不放任，好像心怀愧疚。他们难于进取，却易于退让，柔弱谦恭像是无能的样子。儒者的形象是这样的。

"有一种读书人，平日庄重，一般人难以做到。坐立总是恭恭敬敬，说话诚实可信，行为端庄正派，走路不争好走的道儿，夏不抢凉快的地方，冬不争暖和的地方；爱惜自己的生命，是因为等待成就大业；保养好自己，是为了有所作为。他们的准备就是这样的。

"有一种读书人，不把金玉当作宝贝，而把忠诚信义当作宝贝。不谋求占有土地，而把仁义当作土地。不求有许多财物，而把多学诗书经纶满腹当作财富。对他们来说难以得到却容易供养，容易供养却难以罗致。不在适当的时候儒者不会出现，不是很难得到吗？不是正义的事情就不会合作，不是很难跟随身边随时效力吗？先效力而后得到俸禄，不是很容易供养吗？儒者近乎人情是这样的。

"有一种读书人，即使有钱财物品相送也不贪图，有所爱好却不过分沉溺，许多人劫持他，他也不怕，用武器阻拦，他也不畏惧，面对利益不丧失德义，在死亡面前也不变操守，在猛兽面前不考虑自己的勇力与否就敢搏斗，举重物也不考虑自己的力量能否胜任，对做过的事不后悔，对未来的事也不预测，说错的话不重复，对流言也不追究，永不减威严，永不研究计谋，他们就是这样独立于世的。

"有一种读书人，可以亲近而不可以威胁，可以接近而不能威逼，可以杀掉他，却不可以侮辱。他们居住的地方不奢侈，他们的饮食清淡。他们有过失可以含蓄地提醒，不能不顾情面一一当面指出。儒者的刚强坚毅是这样的。

"有一种读书人，他们把忠信当作盔甲，把礼义当作盾牌，行为崇尚仁义，处世胸怀德性，即使有暴政也不迁移住处，儒者的自立就是这样的。

"有一种读书人，他的住宅占地面积只有一亩，房屋周围一堵宽。正门是荆竹编成的，旁边是窄小的侧门，用蓬草塞着门，用破瓮做窗。外出前必须换件像样的衣裳才行，两天才吃一天的粮食。长官采纳他的建议，他不会怀疑自己的能力；长官不采纳，他也不愿谄媚求进。儒者做官是这样的。

"有一种读书人，与今人居住在一起，而以古人的道德标准要求自己，现在做的，可以作为后世的楷模。如果遇不到好世道，君王不用，下边也不举荐，坏人结伙害他，自身很危险，但是志向永不改变。即使起居都很危难，还始终伸张正义，而且不忘百姓的苦难，他们就是这样为民为国忧思的。

"有一种读书人，学识广博而无止境，行为专注而不倦怠。独处时不放纵自己，通达于上时不离道义。礼以和谐为贵，以宽厚为准则，仰慕贤人而容纳众人，像陶瓦一样方圆随时。儒者的宽容是这样的。

"有一种读书人，内举不回避亲属，对外举荐不避开仇人。考核功业积累政绩，不以此谋求更高的禄位，推贤举能不是为指望报答。君王得到他的辅助，百姓也仰赖他的德行，对国和家都献了力，却不贪图富贵，他们就这样推荐贤人。

"有一种读书人，洗涤身心，沐浴道德，陈述自己的意见而谦恭地等待国君的采纳。内心平和而谨守正道，不为国君和百姓了解。国君有过失，委婉地提出劝谏，不急于去做。得志后不在地位卑下的人面前自视高贵，不过分炫耀夸饰自己的功劳。社会安定，群贤并处，不轻视自己；世道混乱，不颓丧失意。不和见解相同的人结党，对见解不同的人也不诋毁。儒者立身行事与众不同是这样的。

"有一种读书人，不给天子当臣，也不侍奉诸侯，谨慎安静而崇尚宽容。磨炼自己，品行端正。刚毅地和人相处，人不正不苟和，自己虽然博学，却能因前贤先知而信服，喜欢文章。即使国君把国土分给他，他也看得很轻，视如很小的东西，不肯称臣做官，他们就这样要求自己。

"有一种读书人交朋友，要有相同的志趣追求，研究真理有相同的方法。聚处一起都感到高兴，相互谦卑而不是相互厌恶。很久没有见面，听到流言也不相信。行为本于方正，建立在道义上。志向相同就保持友谊，志向不同就分开。儒者交朋友是这样的。

"温和善良是仁的根本，谨慎恭敬是仁的基础，宽容是仁的具体做法，辞让恭顺是仁的表现，礼节是仁的外貌，言谈是仁的形式，歌舞是仁的配合，分物散财是仁的实施，读书人在这些方面都兼而有之，但还不敢说自己具备了'仁'，他们的谦虚辞让就像这样。

"有一种读书人，不因贫贱而灰心丧气，不因富贵而欢喜失度。不因君王的侮辱、上司的负累、官吏的干扰而违背志向，这样才称得上儒的名称。现今的人自称为读书人，已忘记了读书人的本原，徒有读书人之名而无读书人之实，所以为人所轻视，经常被人以书生相讥刺。"

鲁哀公听到这些话后，对儒者在言语上更加诚恳，在行动上更加恭敬，说："我一辈子也不敢再拿书生开玩笑了。"

## 问礼第六

【原文】

哀公问于孔子曰："大礼何如？子之言礼，何其尊也？"

孔子对曰："丘也鄙人，不足以知大礼也。"

公曰："吾子言焉。"

孔子曰："丘闻之，民之所以生者，礼为大。非礼则无以节事天地之神焉，非礼则无以辨君臣上下长幼之位焉，非礼则无以别男女父子兄弟婚姻亲族疏数之交焉。是故君子此为尊敬，然后以其所能教顺百姓所能，不废其会节。既有成事，而后治其文章黼黻，以别尊卑上下之等。其顺之也，而后言其丧祭之纪，宗庙之序，品其牺牲，设其豕腊，修其岁时，以敬其祭祀。别其亲疏，序其昭穆，而后宗族会宴，即安其居，以缀恩义。卑其宫室，节其服御，车不雕玑，器不雕镂，食不二味，心不淫志，以与万民同利。古之明王行礼也如此。"

公曰："今之君子胡莫之行也？"

孔子对曰："今之君子，好利无厌，淫行不倦，荒怠慢游，固民是尽。以遂其心，以怨其政，以忤其众，以伐有道。求得当欲，不以其所；虐杀刑诛，不以其治。夫昔之用民者由前，今之用民者由后，是即今之君子莫能为礼也。"

【译文】

鲁哀公问孔子："隆重的礼仪是什么样子的？您谈礼的时候，为什么对它那么郑重？"

孔子回答道："我是个粗陋的人，还没有能力了解隆重的礼节。"

哀公说："您还是谈谈吧。"

孔子回答道："我听说，人民赖以生存的事物中礼仪是最重要的。没有礼，就不能节制侍奉天地神灵；没有礼就无法辨别君臣上下长幼的地位，没有礼就无法区别男女、父子、兄弟、亲戚、家族之间远近亲疏的相互关系。所以，有道德见识的君主把礼看得非常重要。然后又用自己所能做到的事情来教育、训导百姓，使他们懂得礼的重要和礼的界限。已经收到成效后，再研究如何在车辆服饰上雕刻绘绣花纹来区别尊卑上下的等级。百姓顺应礼的教化后，才谈得上丧葬祭祀的规则、宗庙礼拜的礼节。这样，才能安排好祭祀用的牺牲，布置好祭神祭祖用的干肉，每年按时举行严肃的祭礼，以表达对神灵、先祖的崇敬之心，排定亲属的次序，区别血缘关系的远近。而后又有宗族聚会宴饮的礼。有了礼，百姓才能安其居，根据礼相互联系以表恩义。房屋不要建得太高太大，穿俭朴无华的衣服，车辆不加雕饰，器具不刻镂花纹，饮食不讲滋味，内心没有过分的欲望，有好处要和万民同享。古代的圣明君王就这样履行礼。"

鲁哀公问："现在的君王为什么不这样做了呢？"

孔子回答说："如今的君王，贪图利益毫不满足，行为邪恶不改，做事怠惰疏慢。固执地搜刮尽人民的资财，以满足自己的欲望，同时也招致百姓对这种政治的仇恨。违背民意，攻伐正义的国家。只求个人欲望得到满足，而不择手段，残暴地对待人民，肆意刑杀，不设法使国家得到治理。过去的君子像前面所说的那样用民，如今的君子像后边所说的那样用民。这说明，现存的君王不能修明礼教。"

【原文】

言偃问曰："夫子之极言礼也，可得而闻乎？"

孔子言："我欲观夏道，是故之杞，而不足征也，吾得《夏时》焉。我欲观殷道，是故之宋，而不足征也，吾得《坤乾》焉。《坤乾》之义，《夏时》之等，吾以此观之，夫礼，初也始于饮食。太古之时，燔黍擘豚，汙罇抔饮，蒉桴土鼓，犹可以致敬鬼神。及其死也，升屋而号告曰：'高！某复！'然后饮腥苴熟，形体则降，魂气则上，是谓天望而地藏也。故生者南向，死者北首，皆从其初也。

"昔之王者，未有宫室，冬则居营窟，夏则居橧巢。未有火化，食草木之实，鸟兽之肉，饮其血，茹其毛。未有丝麻，衣其羽皮。后圣有作，然后修火之利，冶金合土，以为宫室户牖。以炮以燔，以烹以炙，以为醴酪。治其丝麻，以为布帛，以养生送死，以事鬼神。

"故玄酒在室，醴醆在户，粢醍在堂，澄酒在下。陈其牺牲，备其鼎俎，列其琴、瑟、管、磬、钟、鼓，以降上神，与其先祖。以正君臣，以笃父子，以睦兄弟，以齐上下，夫妇有所，是谓承天之佑。

"作其祝号，玄酒以祭，荐其血毛，腥其俎，熟其殽。越席以坐，疏布以幂，衣其浣帛，醴醆以献，荐其燔炙。君与夫人交献，以嘉魂魄。然后退而合烹，体其犬豕牛羊，实其簠簋笾豆铏羹。祝以孝告，嘏以慈告，是为大祥。此礼之大成也。"

## 【译文】

言偃问孔子："先生您把礼制说得极为重要，可以讲给我听听吗？"

孔子说："我曾想了解夏朝的礼制，因此到杞国去，但因为年代久远，无法考证了，我得到了他们的历书《夏时》。我想看看殷代的礼，所以到了宋国，但宋不足以为证，我从那里得到了殷时的阴阳之书。我通过夏代殷代的书看到了礼。最初的礼，产生于饮食活动之中。远古时代，人们用火把黍米烤熟，把猪肉分开来烧熟，在地上凿出一个坑当作酒樽，用手当酒杯来捧着饮酒，用土做的鼓槌敲打用瓦框制的鼓当作舞乐，这就可以敬祀鬼神。人死的时候，活人登上房顶，对着天空大声喊道：'啊！你回来呵。'死人口里含的饭是生的，送死人的苞苴却烧熟了。尸体埋在地下，魂气则升上天空。这就是所谓的招魂时望着天而把尸体埋葬在地下。南方属阳，所以活着的人面南为尊，死的人下葬头要朝北，一切都是从远古效法来的。

"早先君王没有宫殿房屋，冬天居住在四周都是用土垒成的土窟里，夏天就居住在用草木堆积而成的巢里。那时还不知道用火，就吃草、树的籽

正君臣，笃父子，睦兄弟，齐上下，夫妇有所

实和鸟兽的肉，喝鸟兽的血，有时连毛也吞下去。没有丝麻，就披鸟羽兽皮。后世有圣人出现，然后利用火的好处，用模子浇铸金属器皿，调和泥土烧制砖瓦，用来建造宫室的门窗。把食物用火烧着吃，用东西包裹好烧熟吃，用锅煮熟吃，用火烤熟吃。做甜酒果浆，抽丝搓麻，织成布帛，用来养生送死，用来敬事鬼神。

"祭祀时，把玄酒放在地位最尊的屋内，甜酒和较清的酒放在门里，较清的浅红色的酒放在行礼的堂上，而淡酒却放在堂下。摆列出那些祭品，备齐那些礼器，安排好琴、瑟、管、磬、钟、鼓，用来迎接上神和先祖灵魂的降临。在祭祀活动中，用礼来使君臣的关系正常，用礼使父子关系深厚，用礼使兄弟关系和睦，用礼使上下关系齐正，夫妇各得其所，这就叫天赐的福。

"主祭的人吟诵祝词，用玄酒来祭神，进献牲血和牲毛，进献生肉放置在祭器上，把鱼肉煮熟献上。踏在席上，端着用粗布盖上的酒尊，穿上新织的祭服，献上甜酒和白酒，献上烤烧的肉。主人和夫人交替着进献，来祝福死去的人，这就叫和死的人会了面。祭祀以后退下，把半生不熟的牺牲合在一起烹煮，再区分猪狗牛羊的牲体，盛入祭器之中，祝词把主人孝顺的心意告诉鬼神，嘏辞把神的慈爱转达给主人，这是最吉祥的，这就是大礼。"

## 五仪解第七

【原文】

哀公问于孔子曰："寡人欲论鲁国之士，与之为治，敢问如何取之？"孔子对曰："生今之世，志古之道；居今之俗，服古之服。舍此而为非者，不亦鲜乎？"

曰："然则章甫绚履、绅带缙笏者，皆贤人也？"

孔子曰："不必然也。丘之所言，非此之谓也。夫端衣玄裳，冕而乘轩者，则志不在于食荤；斩衰菅菲，杖而歠粥者，则志不在于酒肉。生今之世，志古之道；居今之俗，服古之服，谓此类也。"

公曰："善哉！尽此而已乎？"

孔子曰："人有五仪，有庸人，有士人，有君子，有贤人，有圣人。审此五者，则治道毕矣。"

公曰："敢问何如斯可谓之庸人？"

孔子曰："所谓庸人者，心不存慎终之规，口不吐训格之言，不择贤以托其身，不力行以自定。见小暗大，而不知所务；从物如流，不知其所执。此则庸人也。"

公曰："何谓士人？"

孔子曰："所谓士人者，心有所定，计有所守，虽不能尽道术之本，必有率也；

虽不能备百善之美，必有处也。是故智不务多，必审其所知；言不务多，必审其所谓；行不务多，必审其所由。智既知之，言既道之，行既由之，则若性命之于形骸不可易也。富贵不足以益，贫贱不足以损。此则士人也。"

公曰："何谓君子？"

孔子曰："所谓君子者，言必忠信而心不怨，仁义在身而色无伐，思虑通明而辞不专。笃行信道，自强不息。油然若将可越，而终不可及者。君子也。"

公曰："何谓贤人？"

孔子曰："所谓贤人者，德不逾闲，行中规绳。言足以法于天下而不伤于身，道足化于百姓而不伤于本。富则天下无宛财，施则天下不病贫。此则贤者也。"

公曰："何谓圣人？"

孔子曰："所谓圣人者，德合于天地，变通无方。穷万事之终始，协庶品之自然，敷其大道而遂成情性。明并日月，化行若神。下民不知其德，睹者不识其邻。此谓圣人也。"

公曰："善哉！非子之贤，则寡人不得闻此言也。虽然，寡人生于深宫之内，长于妇人之手，未尝知哀，未尝知忧，未尝知劳，未尝知惧，未尝知危，恐不足以行五仪之教，若何？"

孔子对曰："如君之言，已知之矣，则丘亦无所闻焉。"

公曰："非吾子，寡人无以启其心。吾子言也。"

孔子曰："君子入庙，如右，登自阼阶，仰视榱桷，俯察几筵，其器皆存，而不睹其人。君以此思哀，则哀可知矣。昧爽夙兴，正其衣冠；平旦视朝，虑其危难。一物失理，乱亡之端。君以此思忧，则忧可知矣。日出听政，至于中冥。诸侯子孙，往来为宾。行礼揖让，慎其威仪。君以此思劳，则劳亦可知矣。缅然长思，出于四门，周章远望，睹亡国之墟，必将有数焉。君以此思惧，则惧可知矣。夫君者，舟也；庶人者，水也。水所以载舟，亦所以覆舟。君以此思危，则危可知矣。君既明此五者，又少留意于五仪之事，则于政治何有失矣。"

# 【译文】

鲁哀公问孔子："我想选用鲁国的人才，用他们治国，请问怎么录取才好呢？"

富贵不足以益，贫贱不足以损

孔子回答说："生活在当今的时代，却追慕古代的道德礼仪；依现代的生活习俗而生活，却穿古代的儒服，舍弃这样的做法而走不同道路的人，不是很少见吗？"

哀公说："这样说来，那么戴着礼帽，穿着有钩饰的鞋，衣带插着笏板的人就是贤人了。"

孔子说："那倒不一定。我刚才说的话，并不是指这些。那些穿着礼服，戴着冕、乘坐轩车的人，心思不在鱼肉上；穿着毛边麻布丧服，穿着草鞋，拄着棍子喝粥的人，心思也不在酒肉上。生活在当今的时代，却倾慕古代的道德礼仪；依现代的习俗生活，却穿着古代的儒服的，我说的是这一类人。"

哀公说："好啊，全面说说吧。"

孔子回答道："人分五个等级，有庸人、士人、君子、贤人、圣人，能辨别这五类人，那治世的方法就网罗无遗了。"

哀公说："请问什么样的人算是庸人？"

孔子回答说："庸人，心里没有善始善终的规划，口里也说不出让人铭记效法的话。不懂得择贤交友，不知道努力做事以此来稳定自己的地位，只看到小事而在大问题上糊涂，不知道该做什么，只知随大流。不知道自己该把握什么，思想由感官支配，这种人就是庸人。"

哀公问道："请问什么是士人？"

孔子回答："所谓士人，他们心中有坚定的信念，有明确的计划，即使不能尽到行道义治国家的本分，也一定有遵循的法则；虽然不能事事做得尽善尽美，但一定要有所处置。所以他们知识不一定广博，但一定要审查所知道的是否正确；话不一定说得很多，但一定要弄清是否说得在理；路不一定走得很多，但一定要明白所走的道路是否正确。在自己的智力范围内能明白事理，并能用语言表现出来，行事时能遵循事理，那么就像生命和身体不可改变一样。富贵不认为是自己的益补，贫贱也不认为是自己的损失，都能正确对待。这样的人就是士人。"

哀公说："什么样的人叫君子？"

孔子说："所谓君子，出言必定忠信，心中不怀怨恨。有仁义的品德却不夸耀，思虑通达明白而言辞毫不武断，待人宽厚，信守道义，自强不息。行动缓慢的样子，好像可以超越却始终追不上，这种人就是君子。"

哀公问："什么样的人称得上是贤人呢？"

孔子回答说："所谓贤人，他们的品行不逾越常规，行事符合法则。他们的言论可以让天下的人效法而不会伤害自身，他们的思想可以教化百姓而不会损害百姓的本性。富有时使天下人不私蓄财富，广施恩惠时天下百姓都不受贫困之苦。这样的人称得上是贤人。"

哀公说："什么样的人叫圣人？"

孔子说："所谓圣人，德性与天地相合，处事灵活变通。懂得万物的始终，协调万物之天然。圣明可比日月，变化如神。世间凡俗百姓难以了解他的德行，看到的人也不知他与别人的差别，这就是圣人。"

哀公说："太好了！如果不是先生贤能，我就听不到这些高明的言论了。即使现在听到了，但我从小生在深宫里，在妇人手里长大，没有哀、忧、劳、惧、危的切实体验，恐怕没有能力对百姓进行五种等级的教化。那怎么办呢？"

孔子回答道："从您的话中可以听出，您已经明白其中的道理了。我对此也没有什么好说的了。"

哀公说："没有您，就无法开导我，您说说吧。"

孔子说："君子进庙堂向右走，升堂从东阶上，仰望房椽，俯视灵座。那些器物都在，可是不见了那人，君因此产生哀思，那么就懂什么叫哀了。天刚亮就起床，衣服帽子穿戴整齐，天大亮的时候到朝堂听政，思虑治理国家的危难，一件事情办得不合理，往往会成为国家混乱以至亡国的开端。国君以此来心忧国事，那么什么是忧也就知道了。从日出就去处置政务，一直到天黑，各国诸侯及其子孙往来办事，接连不断，行礼接待，揖让如宾，谨慎地保持威严，国君因此想想什么是辛劳，什么是辛劳也就知道了。冥思苦想，想得很远久，走出都城周游浏览，看到以前的国家灭亡后留下的废墟，可以想到国家的灭亡一定是由天数决定的。国君以此想到对天命的惊惧和敬畏，那么什么是畏惧也就可以明白了。君王是船，百姓是水，水可以负载船，也可以打翻船。君王这样想，就懂得危险了。君王能明察这五点，又考虑五仪的事，那么国政就可以治理好了。"

## 【原文】

哀公问于孔子曰："请问取人之法？"

孔子对曰："事任于官，无取捷捷，无取钳钳，无取啍啍。捷捷，贪也；钳钳，乱也；啍啍，诞也。故弓调而后求劲焉，马服而后求良焉，士必悫而后求智能者。不悫而多能，譬之豺狼不可迩。"

## 【译文】

鲁哀公问孔子："请问先生如何用人呢？"

孔子说："各取所能而任命以相应的官职，不要选拔花言巧语的人，不要爱挟持、牵制人的人，不要能言善辩的人。急于进取的贪得无厌，爱挟持牵制人的就容易犯上作乱，能言善辩的就容易怪诞不可信。所以说，使用弓箭，必须先调好弓弦才能使弓箭射出去有力；驾双马匹，必须先让它拉上车才能选到脚力好的良马；用人也一样，选取官吏，必须先要求他诚实谨慎，然后才要求他聪明能干。如果为人不诚实却有很多才能，就像豺狼一样不可以接近。"

## 【原文】

哀公问于孔子曰："寡人欲吾国小而能守，大则无攻。其道如何？"

孔子对曰："使君朝廷有礼，上下相亲，天下百姓皆君之民，将谁攻之？苟违此道，民畔如归，皆君之仇也，将与谁守？"

公曰："善哉！"于是废泽梁之禁，弛关市之税，以惠百姓。

## 【译文】

鲁哀公问孔子说："我想让我国国势弱的时候能自卫，国势强的时候也不攻打别国，该如何做？"

孔子回答说："让您的朝廷讲礼制，君臣上下相亲相敬，那么天下百姓就都成为您的子民了，谁还会来攻打您的国家呢？如果违背这治国之道，百姓都背叛，都是您的仇人，您还和谁守国？"

哀公感叹道："您说得真好！"于是哀公就废除山林沼泽地区的禁令，放宽关卡市场的税收，让百姓得到实惠。

## 【原文】

哀公问于孔子曰："吾闻君子不博，有之乎？"

孔子曰："有之。"

公曰："何为？"

对曰："为其二乘。"

公曰："有二乘则何为不博？"

子曰："为其兼行恶道也。"

哀公惧焉。

有间，复问曰："若是乎，君子之恶恶道至甚也。"

孔子曰："君子之恶恶道不甚；则好善道亦不甚；好善道不甚，则百姓之亲上亦不甚。《诗》云：'未见君子，忧心惙惙。亦既见止，亦既觏止，我心则悦。'《诗》之好善道甚也如此。"

公曰："美哉！夫君子成人之善，不成人之恶。微吾子言焉，吾弗之闻也。"

君子不博

## 【译文】

鲁哀公问孔子："我听说君子并不是事事通晓，是这样吗？"

孔子回答说："有这回事。"

哀公说："为什么？"

孔子回答："因为知识也分为两个方面。"

鲁哀公问："为什么分为两个方面就不能博通呢？"

孔子说："因为知识也可以用来作恶啊！"

鲁哀公感到一阵恐惧。

过了一会儿，鲁哀公又问："这样看来君子最厌恶恶道了。"

孔子回答道："如果君子不十分厌恶恶行，那他也就不会非常喜好善行。不十分喜好善行，那么百姓也就不会倾心亲附于君子。诗经上说：'未看到君子，忧心啊忧心。已经看见了，已经遇见了，我就高兴了。'诗中描写人们对善行追求的迫切就是这样的。"

鲁哀公叹道："真好啊！君子喜欢促成别人的善行而不促成别人的恶行。如果没有您这些话，我就不懂这些道理了。"

【原文】

哀公问于孔子曰："夫国家之存亡祸福，信有天命，非唯人也？"

孔子对曰："存亡祸福，皆己而已，天灾地妖，不能加也。"

公曰："善！吾子之言，岂有其事乎？"

孔子曰："昔者殷王帝辛之世，有雀生大鸟于城隅焉，占之曰：'凡以小生大，则国家必王，而名必昌。'于是帝辛介雀之德，不修国政，亢暴无极，朝臣莫救，外寇乃至，殷国以亡。此即以己逆天时，诡福反为祸者也。又其先世殷王太戊之时，道缺法圮，以致夭蘖，桑谷于朝，七日大拱，占之者曰：'桑谷野木而不合生朝，意者国亡乎？'太戊恐骇，侧身修行，思先王之政，明养民之道，三年之后，远方慕义，重译至者，十有六国。此即以己逆天时，得祸为福者也。故天灾地妖，所以儆人主者也；寤梦征怪，所以儆人臣者也。灾妖不胜善政，寤梦不胜善行。能如此者，至治之极也，唯明王达此。"

公曰："寡人不鄙固此，亦不得闻君子之教也。"

【译文】

鲁哀公问孔子："国家的存亡祸福，真的是由天命支配，不单单是人为所能把握的吗？"

孔子回答道："国家的存亡祸福，根源都在于人自己，反常的东西或现象，是不能改变国家的命运的。"

哀公说："好，您说的这些道理，有事实为证吗？"

孔子回答："从前在商纣王时代，在国都的城墙边，有一只小鸟生出一只大鸟，占卜说：'凡是小东西生出大物，国家必然兴旺，帝王的名声也必然显赫。'于是，纣王依赖卦辞中所说的小鸟的好兆头，放松了对国家的治理，对百姓和臣子极度残暴，朝臣没有人能阻止他，于是外面的敌人攻打过来，殷国因此而灭亡。这就是由于自己违逆了天时，怪异带来的福反而成了祸。纣王的祖先殷王太戊的时代，社会道德败坏，国家法纪紊乱，因此招致反常的树木出现,在朝堂里长出桑树,长得很快,七天便有两手合拢那么粗大了,占卜说:'桑树谷子不能在朝中长到一块,这意味着国家要亡。'太戊害怕,就侧过身子面壁修行,想先王怎么治理朝政,明白了爱民的道理。三年以后,远方的国家思慕殷国的道义,千里迢迢派使者来朝觐的达十六个。这就是自己逆转天象转祸为福的例子。所以说,天降灾异,地生怪兆,是上天用来警告国君的;梦见有寄托的事和应验的现象,是上天用以警告臣子的。灾妖不能胜过好的政治,睡觉做梦抵不过好的德行。能像这样,就是最好的治国办法,只有圣明君王能做到这点。"

鲁哀公说:"我如不是这样浅俗鄙陋,也就不能听到您这样的教诲了。"

## 【原文】

哀公问于孔子曰:"智者寿乎?仁者寿乎?"

孔子对曰:"然。人有三死,而非其命也,行己自取也。夫寝处不时,饮食不节,逸劳过度者,疾共杀之。居下位而上干其君,嗜欲无厌而求不止者,刑共杀之。以少犯众,以弱侮强,忿怒不类,动不量力者,兵共杀之。此三者,死非命也,人自取之。若夫智士仁人,将身有节,动静以义,喜怒以时,无害其性,虽得寿焉,不亦可乎?"

## 【译文】

鲁哀公问孔子:"聪明人长寿吗?讲仁德的人长寿吗?"

孔子回答道:"智者和仁者都是长寿的。人有三种死亡不是命中注定的,而是咎由自取。生活起居没有规律,饮食没有节制,过度安逸或过于劳碌,各种疾病都会使其丧生;处在下等的地位,却冒犯自己的君长,过于贪婪而攫取不止的人,刑罚会使他早死;自己势力小而去冲犯人多势众的人,自己弱小而去招惹强大的人,愤怒起来不分对象,做事不自量力,各种兵器会一起杀死他。这三种是死于非命啊,是人自己招来的。像那些聪明的人、仁义的人,有节制地养生,根据义该动则动,该静则静,喜怒正常,不伤害自己的性情,能得到长寿,不也应该吗?"

将身有节,动静以义,喜怒以时

# 致思第八

【原文】

孔子北游于农山,子路、子贡、颜渊侍侧。

孔子四望,喟然而叹曰:"于斯致思,无所不至矣。二三子各言尔志,吾将择焉。"

子路进曰:"由愿得白羽若月,赤羽若日,钟鼓之音上震于天,旌旗缤纷下蟠于地。由当一队而敌之,必也攘地千里,搴旗执馘。唯由能之,使二子者从我焉。"

夫子曰:"勇哉!"

子贡复进曰:"赐愿使齐、楚合战于漭漾之野,两垒相望,尘埃相接,挺刃交兵。赐着缟衣白冠,陈说其间,推论利害,释二国之患。唯赐能之,使夫二子者从我焉。"

夫子曰:"辩哉!"

颜渊退而不对。孔子曰:"回,来,汝奚独无愿乎?"

颜渊对曰:"文武之事,则二子既言之矣,回何云焉?"

孔子曰:"虽然,各言尔志也,小子言之。"

对曰:"回闻薰莸不同器而藏,尧、桀不共国而治,以其类异也。回愿得明王圣主辅相之,敷其五教,导之以礼乐,使民城郭不修,沟池不越,铸剑戟以为农器,放牛马于原薮,室家无离旷之思,千岁无战斗之患。则由无所施其勇,而赐无所用其辩矣。"

农山言志

夫子凛然曰："美哉！德也！"

子路抗手而对曰："夫子何选焉？"

孔子曰："不伤财，不害民，不繁词，则颜氏之子有矣。"

【译文】

孔子往北游览农山，子路、子贡和颜渊在身边陪侍。

孔子四处远望，感叹地说："在这儿表达一下心愿，没有什么不能说的。你们几个各自谈谈志向心愿，我要加以选取。"

子路走上前去说道："我希望得到一个机会：手持像月亮一样洁白的帅旗，挥动像太阳一样火红的旗帜，让钟鼓的声音响彻云霄，繁多的旌旗在地面盘旋飞舞。在这种情况下，我率领军队攻打敌人，一定能夺得千里的土地，有夺旗捉俘之功。只有我能干这件事，可以让他们两人跟从我。"

孔子说："真是勇猛啊！"

子贡也走上前去说道："我希望齐楚两个大国在广阔的田野上交战，两军相互对阵，尘埃四起，将士们就要拿起武器交手时，我穿着白衣，戴着白帽，在中间调节，陈述利害关系，消除两国的祸患。这样的事只有我能做得到，老师，您就让子路、颜渊跟着我吧。"

孔子说："多么有口才啊！"

颜渊退后不说话。孔子说："回（颜渊的名，渊是字），过来，为什么只有你不谈谈心愿？"

颜回回答说："文武两方面的事，子路和子贡都已经说过了，我还有什么好说的呢？"

孔子说："虽然他们说了，不过是各自谈谈自己的志向，你说说看。"

颜回回答说："我听说薰草和莸草不能同在一个器皿里收藏，尧和桀不共同治理一个国家，因为他们类别不同。我希望能得到圣明的君主，我辅助他，给他当相，施行五教，用礼乐教导人民，让人民安定，不用修筑城郭沟池备战。铸造铁器，只做农具，牛马不用于打仗，放到田野里耕田。家家安居乐业，千年没有战争的骚扰。那么，仲由就没地方施展他的勇力，赐也没处用他的辩才了。"

孔子表情严肃地说："这种德行是多么美好啊！"

子路举起手来问道："老师您选择哪一种想法呢？"

孔子说："不伤财，不害民，不多费口舌，颜回都具备了。"

【原文】

鲁有俭啬者，瓦鬲煮食食之，自谓其美，盛之土型之器，以进孔子。孔子受之，欢然而悦，如受大牢之馈。

子路曰："瓦甂，陋器也。煮食，薄膳也。夫子何喜之如此乎？"

子曰："夫好谏者思其君，食美者念其亲。吾非以馔具之为厚，以其食厚而我思焉。"

【译文】

鲁国有个节俭吝啬的人，用陶制炊器煮食物吃，自己认为味道挺好，就放到陶器里，进献给孔子。孔子接受了，非常高兴，像接受了非常珍贵的馈赠。

子路说："瓦陶炊具是粗陋的器物。用它煮出来的食物也没有什么味道。老师您为什么那么喜欢它呢？"孔子说："喜欢劝谏的人总想着他的国君，吃到美味的人想念自己的双亲。我不是考虑饭食器皿怎么好，是因为他吃东西时想着我啊。"

馈食欣受

【原文】

孔子之楚，而有渔者而献鱼焉，孔子不受。

渔者曰："天暑市远，无所鬻也，思虑弃之粪壤，不如献之君子，故敢以进焉。"

于是夫子再拜受之，使弟子扫地，将以享祭。门人曰："彼将弃之，而夫子以祭之，何也？"

孔子曰："吾闻诸：惜其腐馂，而欲以为务施者，仁人之偶也，恶有受仁人之馈而无祭者乎？"

【译文】

孔子到楚国去，路上有一个打鱼的人送鱼给他，孔子不接受。

打鱼的人说："天气很炎热，离市场又远，已经无法出售了，想到与其将它们扔到垃圾堆里，还不如献给您这样的君子，所以就冒昧地给您送来了。"

·177·

受鱼致祭

于是孔子拜了两拜，恭敬地接受了，让弟子扫地，拿鱼上供祭祖。

弟子们说："这些鱼是那位打鱼的准备扔掉的，而老师您却用它祭祀，这是为什么？"

孔子说："我听说怜惜东西坏了，而把它赠送给别人，这种人是仁德一类的人，哪有接受仁人的馈赠，而不用它祭祀呢？"

## 【原文】

季羔为卫之士师，刖人之足。俄而，卫有蒯聩之乱，季羔逃之，走郭门，刖者守门焉。谓季羔曰："彼有缺。"季羔曰："君子不逾。"又曰："彼有窦。"季羔曰："君子不隧。"又曰："于此有室。"季羔乃入焉。

既而追者罢，季羔将去，谓刖者曰："吾不能亏主之法而亲刖子之足矣，今吾在难，此正子之报怨之时，而逃我者三，何故哉？"

刖者曰："断足，固我之罪，无可奈何。曩者君治臣以法令，先人后臣，欲臣之免也，臣知。狱决罪定，临当论刑，君愀然不乐。见君颜色，臣又知之。君岂私臣哉？天生君子，其道固然。此臣之所以悦君也。"

孔子闻之，曰："善哉为吏！其用法一也，思仁恕则树德，加严暴则树怨，公以行之，其子羔乎！"

## 【译文】

季羔担任卫国的士师时，给人施以砍脚的刑罚。不久，卫国发生了蒯聩之乱，季羔逃走，跑到城门，正赶上被砍脚的人在那儿守门。那人对季羔说："那边有一个缺口。"季羔说："君子不越墙而出。"那人又说："那边有一个洞。"季羔说："君子不钻洞而出。"那人又说："这里有房子。"季羔于是才进去。

不一会儿，追兵过去了。季羔要走的时候，对受过刖刑的人说："我不能违背君主的法令而不施用刑。如今我在劫难逃，这正是你报仇的时机，你为什么三次设法让我逃过追捕呢？"

那人说："砍断我的脚，本来是我罪有应得，这是没办法的事。过去您用法令来治我的罪时，先将别人治罪，而把我放在最后，目的就是想让我免于刑罚，这我是知道的。当判决确定我有罪，临到判定我即将行刑时，您脸色忧愁不乐。看到您这样的脸色，我就又知道了您的心思。您那是偏爱我，您是天生的君子，这样的表现完全是出于自然本性。这就是我之所以让您逃脱的原因。"

孔子得知此事，说："季羔当官做得真好啊！他执行法令时标准是一致的。心里仁义宽恕就能树德，施加严刑酷法则会招致仇怨。能够公正地执行律法，大概就是季羔吧。"

## 【原文】

孔子曰："季孙之赐我粟千钟也，而交益亲。自南宫敬叔之乘我车也，而道加行。故道虽贵，必有时而后重，有势而后行。微夫二子之贶财，则丘之道殆将废矣。"

## 【译文】

孔子说："自从季孙氏给了我千钟粮食之后，我们的交情更好了。从南宫敬叔乘坐我的车之后，我的主张得以更迅速、更广泛地施行了。所以，道虽然很重要，但也必须等待一定的时机才会被人看重，有了一定的有利条件才能实现。如果没有季孙和南宫敬叔赠送财物给我，那么，我的主张恐怕就要被废弃了。"

## 【原文】

孔子曰："王者有似乎春秋，文王以王季为父，以太任为母，以太姒为妃，以武王、周公为子，以太颠、闳夭为臣，其本美矣。武王正其身以正其国，正其国以正天下；伐无道，刑有罪，一动而天下正，其事成矣。春秋致其时而万物皆及，王者致其道而万民皆治。周公载己行化，而天下顺之，其诚至矣。"

### 【译文】

孔子说："称王的人好像春秋的交替运行一样，周文王是王季的儿子，太任是他的母亲，太姒是他的妃子，武王、周公是他的儿子，太颠、闳夭是他的臣子，他的统治根基是非常好的。周王先把自己修养好，然后才去治理他的国家；把国家治理好了，再去治理天下；他讨伐那些无道的国家，惩治那些有罪的人，他一行动，天下就得到了治理，他的功业也就完成了。春秋按时降临，万物也都随之变化，君王达到那样，万民就都能治理好。周公拥戴武王，实行教化，天下人都顺服他，他真诚到极点了。"

### 【原文】

曾子曰："入是国也，言信于群臣，而留可也；行忠于卿大夫，则仕可也；泽施于百姓，则富可也。"

孔子曰："参之言此，可谓善安身矣。"

### 【译文】

曾子说："进入一个国家，国君言论上取信于群臣，就可以留下来；卿大夫办事忠诚，就可以做官了；恩泽施给百姓，就可以富有了。"

孔子说："曾参说出这样的话来，可以算得上是善于立身了。"

### 【原文】

子路为蒲宰，为水备，与其民修沟渎。以民之劳烦苦也，人与之一箪食、一壶浆。

孔子闻之，使子贡止之。

子路忿然不悦，往见孔子，曰："由也以暴雨将至，恐有水灾，故与民修沟洫以备之，而民多匮饿者，是以箪食壶浆而与之。夫子使赐止之，是夫子止由之行仁也。夫子以仁教而禁其行，由不受也。"

孔子曰："汝以民为饿也，何不白于君，发仓廪以赈之？而私以尔食馈之，是汝明君之无惠，而见己之德美矣。汝速已则可，不已，则汝之见罪必矣。"

### 【译文】

子路当蒲城的长官，为防备水涝灾害，与当地百姓一起整修沟渠。因为百姓太劳苦了，给每个人一筐食物、一壶水。

孔子听说了这件事后，赶快派子贡去阻止子路。

子路非常不高兴，前去拜见孔子，说："我因为看到暴雨将至，恐怕闹水灾，所以和百姓一起挖沟修渠来防备水患。百姓很劳苦饥饿，因此给他们食物和水。先生让端木赐阻止我，这就是先生阻止我实行仁道。先生用仁道教育我，却又禁止我施行仁道，我接受不了。"

孔子说："你既然认为百姓非常饥饿，为什么不向国君报告，请他打开粮仓来进行赈济？你现在私下里把你的食物送给他们，这是你在宣扬你们国君没有恩德，而在表现你自己道德的美好。你赶快停止还可以，否则的话，就一定会被治罪的。"

## 【原文】

子路问于孔子曰："管仲之为人何如？"子曰："仁也。"

子路曰："昔管仲说襄公，公不受，是不辩也。欲立公子纠而不能，是不智也。家残于齐而无忧色，是不慈也。桎梏而居槛车，无惭心，是无愧也。事所射之君，是不贞也。召忽死之，管仲不死，是不忠也。仁人之道，固若是乎？"

孔子曰："管仲说襄公，襄公不受，公之暗也；欲立子纠而不能，不遇时也；家残于齐而无忧色，是知权命也；桎梏而无惭心，自裁审也；事所射之君，通于变也；不死子纠，量轻重也。夫子纠未成君，管仲未成臣，管仲才度义，管仲不死束缚而立功名，未可非也。召忽虽死，过与取仁，未足多也。"

## 【译文】

子路问孔子说："管仲为人怎么样？"孔子回答说："是个仁德高尚的人。"

子路说："先前管仲劝说齐襄公，襄公不听，这说明他缺少辩才。他想立公子纠为君却没能成功，这说明他不明智。他家很穷，却没有忧虑的脸色，这说明他缺少慈爱。他戴上镣铐坐上囚车，却没有羞愧的表情，这说明他不知羞愧。他侍奉自己曾用箭射过的君王，这说明他不守贞一。召忽为公子纠而死，管仲却不这样，这说明他不够忠诚。仁人的道德，就像这样吗？"

孔子说："管仲游说襄公，襄公不接受，那是因为襄公昏庸糊涂；想立公子纠做国君而未能成功，那是因为时运不济；在齐国的家庭遭到摧残而脸上没有忧伤，那是因为他懂得审度时命；戴着镣铐而没有羞愧之心，那

是因为他懂得裁断慎重；侍奉他曾用箭射过的国君，那是因为他懂得及时变通；不为公子纠殉死，那是因为他权衡了生与死哪一个重要。那公子纠没当上国君，管仲也没当他的臣，管仲懂得仁义，不为束缚而死，终于成就了功名，管仲不可以非难。召忽虽然死了，他过于追求仁，不值得赞扬。"

## 【原文】

孔子适齐，中路闻哭者之声，其音甚哀。孔子谓其仆曰："此哭哀则哀矣，然非丧者之哀矣。"驱而前，少进，见有异人焉，拥镰带素，哭音不衰。

孔子下车，追而问曰："子何人也？"对曰："吾丘吾子也。"曰："子今非丧之所，奚哭之悲也？"丘吾子曰："吾有三失，晚而自觉，悔之何及？"曰："三失可得闻乎？愿子告吾，无隐也。"丘吾子曰："吾少时好学，周遍天下，后还，丧吾亲，是一失也；长事齐君，君骄奢失士，臣节不遂，是二失也；吾平生厚交，而今皆离绝，是三失也；夫树欲静而风不停，子欲养而亲不待。往而不来者年也，不可再见者亲也。请从此辞。"遂投水而死。

孔子曰："小子识之，斯足为戒矣。"自是弟子辞归养亲者十有三。

## 【译文】

孔子前往齐国，在半路听到哭声，那哭声非常悲哀。孔子对他的仆人说："这个人的哭声悲痛倒是悲痛，但不是死去亲人的那种悲痛。"于是赶着车子往前走，没走多远，就看到了一个怪人，拿着镰刀，穿着素衣，不停地哭泣。

孔子从车上下来，追上去问道："您是谁呀？"回答说："我是丘吾子。"孔子说："您现在并没有丧事，为什么哭得这么悲痛？"丘吾子说："我平生有三件过失，到了晚年才发觉，后悔又能有什么用呢？"孔子说："你的三件过失，可以说给我听听吗？希望你告诉我，不要隐瞒。"丘吾子说："我年轻时喜欢学习，游遍天下，回来后，父母亲都已去世了，这是第一件过失；年长后侍奉齐国国君，齐国国君骄横奢侈，失去了人们的拥护，因此，我没有能全尽为臣之节，这是第二件过失；我平生很重视跟人交朋友，但现在朋友们都离我而去，跟我断绝了来往，这是第三件过失。

往而不来者年也，不可再见者亲也

树欲静可是风不停,你想赡养老人,可是双亲已死,不能等待,过去的不能再回来了。一去不复返的是岁月,一走就再也见不到的是去世的双亲,请让我就此辞别人世吧。"于是他投水自杀而死。

孔子说:"弟子们记着,这足以为戒了。"从这以后,学生们辞别回家,奉养双亲的有十三位。

【原文】

孔子谓伯鱼曰:"鲤乎,吾闻可以与人终日不倦者,其唯学乎?其容体不足观也,其勇力不足惮也,其先祖不足称也,其族姓不足道也,终而有大名,以显闻四方,流声后裔者,岂非学之效也?故君子不可以不学,其容不可以不饬。不饬无类,无类失亲,失亲不忠,不忠失礼,失礼不立。夫远而有光者,饬也;近而愈明者,学也。譬之污池,水潦注焉,萑苇生焉,虽或以观之,孰知其源乎?"

【译文】

孔子对伯鱼说:"孔鲤啊!我听说可以让人整天不觉厌倦的,大概只有学习吧。一个人容貌不值得看,勇力不值得怕,祖先不值得称道,家族姓氏也不值得一说,可是最终能够有好的名声,显扬四方,留名后代,这难道不是学习的结果吗?因此君子不能不学习,容貌不能够不修饰。不修饰就是不礼貌,不礼貌就会失去别人的亲近,失去了别人的亲近就没有了别人对你的忠诚,失去了忠诚也就没有了礼,失去了礼也就不能自立。能够使人在远处就可以发出光彩的,是修饰的结果;走近看起来更加耀眼的,是学习的成效。譬如污水池,小水坑的水流到它那里,苇子长在那里,即使有人看到它,谁又知道它的源头呢?"

【原文】

子路见于孔子曰:"负重涉远,不择地而休;家贫亲老,不择禄而仕。昔者,由也事二亲之时,常食藜藿之实,为亲负米百里之外。亲殁之后,南游于楚,从车百乘,积粟万钟,累茵而坐,列鼎而食。愿欲食藜藿,为亲负米,不可得也。枯鱼衔索,几何不蠹?二亲之寿,忽若过隙。"

孔子曰:"由也事亲,可谓生事尽力,死事尽思者也。"

【译文】

子路拜见孔子说:"如果背重东西走远道就不会一味选择好地方才休息;如果家穷双亲年纪大,不选择俸禄多少就做官;过去,我侍奉双亲时,经常吃豆叶野菜,到百里之外给双亲背米。父母去世后,我到南方的楚国去,跟随我的车子多达百辆,积累的粮食多达万钟,叠着坐垫而坐,排开鼎锅吃饭。这时我即使希望再吃粗劣的食物,替双亲背米,已是不可能了。枯鱼穿根线,还能不坏吗？双亲的寿数，短暂得像白驹过隙一样。"

孔子说："仲由侍奉父母，可以算得上活着时尽了力，死后尽了心了。"

### 【原文】

孔子之郯，遭程子于涂，倾盖而语终日，甚相亲。顾谓子路曰："取束帛以赠先生。"子路屑然对曰："由闻之，士不中间见，女嫁无媒，君子不以交，礼也。"有间，又顾谓子路。子路又对如初。

孔子曰："由，《诗》不云乎：'有美一人，清扬宛兮。邂逅相遇，适我愿兮。'今程子，天下贤士也，于斯不赠，则终身弗能见也。小子行之！"

### 【译文】

孔子到郯国去，在道上遇见程子，便停车相靠，和他亲密交谈了很久，显得很亲近。孔子回头对子路说："拿一束帛送给先生。"子路不情愿地说："我听说读书人如果没经人介绍就与人见面，女子如果没有媒人就嫁过来，君子是不跟他们交往的，这样做是根据礼的规定。"过一会儿，孔子又回头对子路重复说了一遍。子路还是像先前那样回答。

孔子说："仲由，《诗经》上不是说吗：'有一个漂亮的姑娘，眼睛清亮水汪汪。不期而相遇，正合我的心愿。'眼前的这位程先生，是天下的贤士，在这里不送帛给他，以后可能就一辈子见不着他了。你就赶快拿帛给程先生吧！"

### 【原文】

孔子自卫返鲁，息驾于河梁而观焉。有悬水三十仞，圜流九十里，鱼鳖不能导，鼋鼍不能居。有一丈夫，方将厉之。孔子使人并涯止之，曰："此悬水三十仞，圜流九十里，鱼鳖鼋鼍不能居也。意者难可济也。"丈夫不以措意，遂渡而出。

孔子问之曰："巧乎？有道术乎？所以能入而出者，何也？"丈夫对曰："始吾之入也，先以忠信；及吾之出也，又从以忠信。忠信措吾躯于波流，而吾不敢以用私，所以能入而复出也。"

孔子谓弟子曰："二三子识之，水且犹可以忠信成身亲之，而况于人乎。"

### 【译文】

孔子从卫国返回鲁国，途中在桥上停车休息，观赏河水。有一瀑布高达三十仞，下面翻腾的水流达九十里长，鱼鳖不敢过去，鳄鱼不敢停留。有一位男子，正要涉过。孔子让人在水边叫住他，道："这瀑布高达三十仞，下面翻腾的水流达九十里长，鱼鳖不敢过去，鳄鱼不敢停留。想来大概是难以渡过去的。"然而，那位男子不把孔子的话放在心上，很快就渡了过去。

孔子问他说："你是有什么技巧吗？还是有什么法术、道术？能在这样的急流中安然进出，原因是什么？"男子回答说："我入水的时候，先是怀着忠信之心；我出水时，又靠忠信。是忠信之心让我勇于进入水流中，而我不敢怀有任何私心杂念，所以能走进水中又走出水中。"

孔子对弟子们说："你们记着，水尚且可以使人凭忠信之心亲近它，何况人呢！"

忠信济水

【原文】

孔子将行，雨而无盖。

门人曰："商也有之。"

孔子曰："商之为人也，甚吝于财。吾闻与人交，推其长者，违其短者，故能久也。"

【译文】

孔子准备出门，天下起雨来，他却没有遮雨的东西。

弟子说："卜商有伞盖。"

孔子说："卜商的为人对财物很吝啬。我听说跟人交往，要举他的长处，避开短处，才能交往长久。"

【原文】

楚昭王渡江，江中有物大如斗，圆而赤，直触王舟，舟人取之。王大怪之，遍问群臣，莫之能识。

王使使聘于鲁，问于孔子。子曰："此所谓萍实者也，可剖而食之。吉祥也，唯霸者为能获焉。"

使者反，王遂食之，大美。久之，使来，以告鲁大夫。大夫因子游问曰："夫子何以知其然？"

曰："吾昔之郑，过乎陈之野，闻童谣曰：'楚王渡江得萍实，大如斗赤如日，剖而食之甜如蜜。'此是楚王之应也。吾是以知之。"

【译文】

楚昭王过江的时候，江中有个东西大得像斗，又红又圆，直撞楚王坐的船。船主将它捞上来，楚王看了觉得非常奇怪，问遍群臣，没有人能认出这个东西。

楚王派使者到鲁国去，向孔子请教。孔子说："这就是所谓的萍草的果实，可以剖开吃。这是一种吉祥之物，只有称霸的国君才能得到它。"

使者返回楚国。楚王就切开吃了，非常好吃。过了很久，楚国使者又来到鲁国，把这些告诉鲁国大夫。大夫通过子游问孔子："先生怎么知道那是萍实而又能吃呢？"孔子说："从前我到郑国去，路过陈国的野外时，听到小孩唱道：'楚王渡江得萍实，大如斗，赤如日，剖而食之甜如蜜。'这回就是应在楚王身上了，我因此知道它。"

萍实通谣

【原文】

子贡问于孔子曰："死者有知乎？将无知乎？"

子曰："吾欲言死之有知，将恐孝子顺孙妨生以送死；吾欲言死之无知，将恐不孝之子弃其亲而不葬。赐不欲知死者有知与无知，非今之急，后自知之。"

【译文】

子贡问孔子说："死人有没有感觉呢？"

孔子说："我要说死者有感觉，又担心世间的孝顺子孙为了送别死者而妨害了自己的生活。我要说死者没有感觉，又担心不孝子孙抛弃亲人而不埋葬。你不必知道死人是有感觉还是没感觉，现在不要这么急，以后自然会知道。"

【原文】

子贡问治民于孔子。

子曰："懔懔焉若持腐索之扞马。"

子贡曰："何其畏也？"

孔子曰："夫通达御之，皆人也。以道导之，则吾畜也；不以道导之，则吾仇也。如之何其无畏也？"

【译文】

子贡向孔子请教治理百姓的方法。

孔子说："要谨小慎微，就像用一条朽烂的绳子拉凶悍的奔马一样。"

子贡说："那该多么可怕呀！"

孔子说："在交通发达的地方驾驭奔马，虽然到处都是人，但用正确的方法引导它，它就像我养的马一样听话。如果不用正确的办法引导它，它就是我们的仇人，怎么能不可怕呢？"

【原文】

鲁国之法，赎人臣妾于诸侯者，皆取金于府。子贡赎之，辞而不取金。

孔子闻之曰："赐失之矣。夫圣人之举事也，可以移风易俗，而教导可以施之于百姓，非独适身之行也。今鲁国富者寡而贫者众，赎人受金则为不廉，则何以相赎乎？自今以后，鲁人不复赎人于诸侯。"

【译文】

鲁国的法令规定，从其他诸侯国赎回当奴隶的人，都能从官府得到钱。子贡赎回人，却推辞不要钱。

孔子听说了这件事，说："子贡这件事做得就不对了。圣人做事，可以改变风气和习俗，而且可以用来对百姓进行教化引导，不仅仅是适用于他自己的行为。如今鲁国富的少，穷的多，如果赎人得钱就算不廉洁，那么谁还赎人呢？从今以后就没有鲁国人到诸侯那里赎人了。"

【原文】

子路治蒲，请见于孔子曰："由愿受教于夫子。"子曰："蒲其如何？"对曰："邑多壮士，又难治也。"

子曰："然。吾语尔，恭而敬，可以摄勇；宽而正，可以怀强；爱而恕，可以容困；温而断，可以抑奸。如此而加之，则正不难矣。"

【译文】

　　子路即将赴任治理蒲城，请求拜见孔子，说："我希望能接受先生的教诲。"孔子说："蒲那里情况怎么样？"回答说："城里壮士多，而且难治理。"

　　孔子说："是这样，我告诉你，谦恭而又客气，就能够使勇猛的人敬畏；宽厚而又正直，可以安抚那些豪强；怜爱而又宽恕，可以容纳穷困的人；温和而又果断可以压住奸邪。像这样治理蒲城就不难了。"

## 三恕第九

【原文】

　　孔子曰："君子有三恕。有君不能事，有臣而求其使，非恕也；有亲不能孝，有子而求其报，非恕也；有兄不能敬，有弟而求其顺，非恕也。士能明于三恕之本，则可谓端身矣。"

【译文】

　　孔子说："君子在三种情况下应该推己及人。不侍奉君王，却要求下臣听从役使，这不是推己及人；不孝敬父母却要求儿子报答，这不是推己及人；不尊敬哥哥，却要求弟弟顺从，这不是推己及人。读书人能明白这三种推己及人的根本，就可以算得上行为端正了。"

【原文】

　　孔子曰："君子有三思，不可不察也。少而不学，长无能也；老而不教，死莫之思也；有而不施，穷莫之救也。故君子少思其长则务学，老思其死则务教，有思其穷则务施。"

【译文】

　　孔子说："君子有三种情况应该加以考虑，不能不重视。年少时不学习，长大了就没能耐；年老了不教育子女、学生，死了后就没人思念他；富有时不施舍，穷困时就没人救济。所以，君子年轻时考虑到长大后的问题就要致力于学习，年纪大了考虑到死后的问题就要致力于教导儿孙，富有时想到穷困的处境就要致力于施舍。"

## 【原文】

伯常骞问于孔子曰:"骞固周国之贱吏也,不自以不肖,将北面以事君子。敢问正道宜行,不容于世;隐道宜行,然亦不忍。今欲身亦不穷,道亦不隐,为之有道乎?"

孔子曰:"善哉!子之问也。自丘之闻,未有若吾子所问辩且说也。丘尝闻君子之言道矣,听者无察,则道不入;奇伟不稽,则道不信。又尝闻君子之言事矣,制无度量,则事不成;其政晓察,则民不保。又尝闻君子之言志矣,刚折者不终,径易者则数伤,浩倨者则不亲,就利者则无不弊。又尝闻养世之君子矣,从轻勿为先,从重勿为后,见像而勿强,陈道而勿怫。此四者,丘之所闻也。"

## 【译文】

伯常骞问孔子说:"我本是周朝一个卑微的官吏,但我不认为自己不贤,我将要去侍奉君王。请问:光明正大地做事却不被世人所容;干见不得人的事,我又不忍心。我想既不让自己没出路,又不干见不得人的事,请问有什么办法?"

孔子说:"您提出的问题很好!在我所听到的谈论中,没有人像您提出的问题那么有道理。我曾经听君子谈到'道'的时候说,如果'道'不被听者理解,'道'就不会被接受;如果'道'奇特而无法核实,就不会被人相信。我还曾经听到君子谈到做事时说,制度上没有什么明确标准,事情往往就做不成;制度定得太细,老百姓就不能安定。我又曾经听到君子谈到志向时说,刚直不阿的人没有好结果,平易近人的人多被伤害,傲慢无礼的人无人太亲近,追求利益的无不遭到失败。我还曾听说那些善于安身处世的君子,干轻活时不抢在前面,做繁重的事情时不躲在后面,碰到法令时不强行违反,陈述了'道'就不违反。这四个方面,就是我孔丘所听到的全部。"

## 【原文】

孔子观于鲁桓公之庙,有欹器焉。夫子问于守庙者曰:"此谓何器?"对曰:"此盖为宥坐之器。"

孔子曰:"吾闻宥坐之器,虚则欹,中则正,满则覆。明君以为至诚,故常置之于坐侧。"顾谓弟子曰:"试注水焉!"乃注之。水中则正,满则覆。夫子喟然叹曰:"呜呼!夫物恶有满而不覆哉?"

子路进曰:"敢问持满有道乎?"

子曰:"聪明睿智,守之以愚;功被天下,守之以让;勇力振世,守之以怯;富有四海,守之以谦。此所谓损之又损之之道也。"

## 【译文】

孔子到祭祀鲁桓公的庙堂里去参观,发现一个特别容易倾斜翻倒的器皿。孔子就问守庙的人:"这叫作什么?"守庙的人回答说:"这是国君放在座位右边的欹器。"

孔子说:"我听说过这种器物,空着时就倾斜,水装得适中就正过来,装满了就倾覆,君王把它当作自己最好的警戒物,所以常常把它放在座位右边。"他回头对弟子们说:"灌水进去试试。"弟子把水灌进欹器中,不多不少时欹器就端正,盈满时就倒下了。孔子慨叹说:"哎呀!哪有满了不倒的东西呢?"

子路走上前去问道:"请问有什么保持盈满而又不倾覆的方法吗?"

孔子说:"聪明睿智,用愚保它;功盖天下,用退让保它;威力无比,用怯弱保它;富有天下,用谦虚保它。这就是所说的谦退又谦退的办法。"

## 【原文】

孔子观于东流之水。子贡问曰:"君子所见大水必观焉,何也?"

孔子对曰:"以其不息,且遍与诸生而不为也,夫水似乎德;其流也,则卑下倨邑必循其理,此似义;浩浩乎无屈尽之期,此似道;流行赴百仞之嵠而不惧,此似勇;至量必平之,此似法;盛而不求概,此似正;绰约微达,此似察;发源必东,此似志;以出以入,万物就以化洁,此似善化也。水之德有若此,是故君子见必观焉。"

## 【译文】

孔子正在观赏东流的河水。子贡问道:"君子对所见到的大水肯定会好好地加以观赏,这是为什么?"

在川观水

孔子说:"因为大水不停地流动,而且遍及万物还自认无功,就像人的德。它流动时,有时在低处,有时在高处,一定遵循理,这就像人讲义;它水势汹涌,没有枯竭的时候,这就像人行道;它流向百仞深的山谷而不惧怕,这就像人的勇;它总是平的,这就像人的法;水满了不需刮去而自平,这就像人的正;它本性柔弱而无微不达,这就像人的明察;它从源头流出就奔向东方,这就像人的志;它可出可进,万物靠它净化,这就像善于教化的人。水的品德这么好,所以君子见了它一定会细细观看。"

【原文】

子贡观于鲁庙之北堂,出而问孔子曰:"向也赐观于太庙之堂,未既辍,还瞻北盖,皆断焉。彼将有说邪?匠过之也?"

孔子曰:"太庙之堂,官致良工之匠,匠致良材,尽其功巧,盖贵久矣。尚有说也。"

【译文】

子贡参观鲁国太庙的北堂,出来后问孔子说:"先前,我到太庙的大堂观看,然后又观看北堂的门扇,都是用截开的木料做成的,那有什么一定的道理呢?还是木匠错误地把它弄断的呢?"

孔子说:"建造太庙的厅堂时,官吏选用的是优良的工匠,工匠选用的是优良的材料,尽其功力和技巧,大概是长期都很重视这件事的(北面的门用一块块断了的木板拼接而成)。恐怕还是有它特有的理由的。"

【原文】

孔子曰:"吾有所耻,有所鄙,有所殆。夫幼而不能强学,老而无以教,吾耻之;去其乡,事君而达,卒遇故人,曾无旧言,吾鄙之;与小人处而不能亲贤,吾殆之。"

【译文】

孔子说:"我对有些人感到耻辱,对有些人很鄙视,对有些人感到很危险:年幼时不努力学习,年老时无法教育自己的子孙,对这种人,我替他感到耻辱;离开家乡,侍奉国君而做了大官,突然遇到过去的朋友,简直没有忆旧的话,对这种人,我很鄙视他;跟小人相处而不亲近好人,对这种人,我替他感到危险。"

【原文】

子路见于孔子,孔子曰:"智者若何?仁者若何?"子路对曰:"智者使人知己,仁者使人爱己。"子曰:"可谓士矣。"

智者自知，仁者自爱

子路出，子贡入，问亦如之。子贡对曰："智者知人，仁者爱人。"子曰："可谓士矣。"

子贡出，颜回入，问亦如之。对曰："智者自知，仁者自爱。"子曰："可谓士君子矣。"

【译文】

子路被孔子召见。孔子问他："智慧的人是怎样的？有仁德的人又是什么样的？"子路回答说："聪明人使人了解自己，仁德的人能使人爱自己。"孔子说："可以算得上士了。"

子路出来，子贡进去，孔子又问起同样的问题。子贡回答说："聪明人了解别人，仁德的人爱别人。"孔子说："可以算得上士了。"

子贡出来，颜回进去，孔子还是像刚才那样问。颜回答道："聪明人了解自己，仁人爱自己。"孔子说："可以算得上是士君子了。"

【原文】

子贡问于孔子曰："子从父命，孝乎？臣从君命，贞乎？奚疑焉？"

孔子曰："鄙哉！赐，汝不识也。昔者明王万乘之国，有争臣七人，则主无过举。千乘之国，有争臣五人，则社稷不危也；百乘之家，有争臣三人，则禄位不替。父有争子，不陷无礼；士有争友，不行不义。故子从父命，奚讵为孝？臣从君命，奚讵为贞？夫能审其所从，之谓孝，之谓贞矣。"

【译文】

子贡问孔子："儿子听从父亲的命令就是孝顺，臣服从君命就是忠贞，这话有什么可怀疑的吗？"

孔子说："你是多么鄙陋啊！你不知道，过去圣贤的君王拥有一万辆战车的国家，有七位直言敢谏的大臣，君王就不会犯错误；拥有一千辆战车的国家，有五位直言敢谏的大臣，国家就不会有危险；拥有一百辆战车的大夫，有三位直言敢谏的家臣，俸禄和官位就不会被废弃；父亲有直言敢谏的儿子，就不会做事不守礼法；读书人有直言敢谏的朋友，就不会做不合道义的事情。所以，儿子服从父亲的命令，难道都算是孝？臣下服从君王的命令，怎么就一定是忠贞？能明白应该服从的才服从，这才叫孝，这才叫忠贞。"

【原文】

子路盛服见于孔子。子曰:"由,是倨倨者何也?夫江始出于岷山,其源可以滥觞,及其至于江津,不舫舟,不避风,则不可以涉,非唯下流水多邪?今尔衣服既盛,颜色充盈,天下且孰肯以非告汝乎?"

子路趋而出,改服而入,盖自若也。子曰:"由,志之,吾告汝:奋于言者华,奋于行者伐。夫色智而有能者,小人也。故君子知之曰智,言之要也;不能曰不能,行之至也。言要则智,行至则仁。既仁且智,恶不足哉!"

【译文】

子路穿着华贵的衣服来拜见孔子。孔子说:"仲由,为什么你穿得这样华贵呢?长江刚从岷山流出来,它开始的水流只能浮起酒杯。等它流到渡口时,如不借助有舱室的船,不回避风,就不能涉渡过去,不就是因为它下游水多吗?现在你穿的衣服这样华贵,颜色又这样鲜艳,天下的人谁还能把你的缺点告诉你呢?"

子路急忙走出去,换了衣服后又回来,显出很自在的样子。孔子说:"仲由,你记着,我告诉你:夸夸其谈的人华而不实,喜欢表现自己的人常常自吹自擂。有了智慧和能力就在脸上表现出来的人是小人。所以,君子知道就说知道,这是言谈的要领;做不到就说做不到,这是行动的最高准则。说话掌握了关键,就是智慧;行动有了最高准则,就是仁德。既有仁德又有智慧,哪还有什么不满足的呢!"

【原文】

子路问于孔子曰:"有人于此,披褐而怀玉,何如?"

孔子曰:"国无道,隐之可也;国有道,则衮冕而执玉。"

【译文】

子路向孔子问道:"如今有人身怀才智而不显露于外,这是为什么?"

孔子说:"国家无道,可以退隐;国家有道,就带着才能做官。"

## 好生第十

【原文】

鲁哀公问于孔子曰:"昔者舜冠何冠乎?"孔子不对。

公曰:"寡人有问于子,而子无言,何也?"

大舜

对曰："以君之问不先其大者，故方思所以为对。"

公曰："其大何乎？"

孔子曰："舜之为君也，其政好生而恶杀，其任授贤而替不肖。德若天地而静虚，化若四时而变物。是以四海承风，畅于异类，凤翔麟至，鸟兽驯德。无他也，好生故也。君舍此道而冠冕是问，是以缓对。"

【译文】

鲁哀公问孔子："从前大舜王戴什么样的帽子？"孔子不回答。

哀公说："我有问题问您，而您不说话，这是为什么？"

孔子回答说："因为您提问题不是首先提重要的，所以正在思考怎样回答您。"

鲁哀公说："重要的问题是什么呢？"

孔子说："舜为天子时，他为政爱惜生灵而厌恶杀戮；他任用职官，重用贤者，废弃无才者。德行像天地那样贞静空阔，教化像四季一样使万物变化。因此天下人都受到他的教化，而且通达到人以外的物类。凤凰飞来了，麒麟也到了，鸟兽都驯服于他的美德。这没有别的原因，就是由于他爱惜生灵的缘故，您不问这些，却问帽子这类问题，因此我迟迟没有回答。"

【原文】

孔子读史，至楚复陈，喟然叹曰："贤哉楚王！轻千乘之国，而重一言之信。匪申叔之信，不能达其义；匪庄王之贤，不能受其训。"

【译文】

孔子读史书，读到楚庄王恢复陈国政权的史事，慨叹说："楚庄王真贤德啊，不重视千乘大国，却看重一句诚实的话。没有申叔时的忠诚，不能把道讲得清楚明白而又合情合理；没有楚王的贤德，就不会接受申叔时的劝告。"

【原文】

孔子尝自筮其卦，得《贲》焉，愀然有不平之状。

子张进曰："师闻，卜者得《贲卦》，吉也，而夫子之色有不平，何也？"

孔子对曰："以其离邪！在《周易》，山下有火谓之《贲》，非正色之卦也。夫质也，白宜正白，黑宜正黑。今得《贲》，非吾吉也。吾闻丹漆不文，白玉不雕，何也？质有余不受饰故也。"

## 【译文】

孔子常常自己卜卦。有一次卜得《贲》卦，他显出不高兴的样子。

子张上前说："我听说占卜得《贲》卦是吉利的事情，先生脸色为何不高兴呢？"

孔子回答说："因为卦象中有离象吧。在《周易》上，山下有火叫贲卦，不是颜色纯正的卦象。从本质来说，黑就是黑，白就是白，色应该正。我现在占得贲卦，不是我的好兆头。我听说涂朱红色不必再绘花纹，白玉不用雕刻，质地已经够好了，不必再文饰了。"

## 【原文】

孔子曰："吾于《甘棠》，见宗庙之敬也甚矣。思其人必爱其树；尊其人必敬其位，道也。"

## 【译文】

孔子说："我通过《甘棠》这首诗，看到在宗庙中对召伯是非常尊敬的。人们思念召伯这个人，必定爱护他爱护过的树；尊敬召伯这个人，必定尊敬他的神位，这是'道'的表现。"

## 【原文】

子路戎服见于孔子，拔剑而舞之，曰："古之君子以剑自卫乎？"

孔子曰："古之君子，忠以为质，仁以为卫，不出环堵之室而知千里之外。有不善则以忠化之，侵暴则以仁固之，何持剑乎？"

子路曰："由乃今闻此言，请摄齐以受教。"

## 【译文】

子路穿着军装拜见孔子，拔剑起舞，问道："古代的君子，用剑来保护自己吗？"

孔子说："古代的君子，以忠诚为本质，以仁德为护卫，不出房间而能了解千里之外的事情。有不善良的人，就用忠诚来教化他；有凶暴的人，就用仁德来稳住他，为什么非得拿着剑呢？"

子路说："我今天才听到这些话，请让我恭敬地接受您的教诲。"

## 【原文】

楚恭王出游，亡乌嗥之弓，左右请求之。王曰："止。楚王失弓，楚人得之，又何求之！"

孔子闻之，惜乎其不大也。不曰"人遗弓人得之而已"，何必楚也！

【译文】

楚恭王外出打猎，丢失了一把良弓。身旁的侍从请示去寻找。楚王说："算了，楚王丢了弓，楚国人总会拾到它，何必找它。"

孔子听说了这件事，惋惜楚王的胸襟还不够广阔，认为不如说"人丢了弓，只要有人捡到就行了"，何必非要说是楚国人呢！

【原文】

孔子为鲁司寇，断狱讼，皆进众议者而问之，曰："子以为奚若？某以为何若？"皆曰云云，如是，然后夫子曰："当从某子，几是。"

【译文】

孔子在鲁国担任司寇，审理案件时，都摆到大家面前，问大伙儿说："你认为该怎么办？""某人以为怎么办？"都说"这样""这样"，像这样议论之后，孔子说："遵从某某的意见。"

【原文】

孔子问漆雕凭曰："子事臧文仲、武仲及孺子容，此三大夫孰贤？"

对曰："臧氏家有守龟焉，名曰蔡。文仲三年而为一兆，武仲三年而为二兆，孺子容三年而为三兆。凭从此之见，若问三人之贤与不贤，所未敢识也。"

孔子曰："君子哉！漆雕氏之子！其言人之美也，隐而显；言人之过也，微而著。智而不能及，明而不能见，孰克如此？"

【译文】

孔子问漆雕凭说："您先后侍奉臧文仲、武仲和孺子容，您认为这三位大夫谁是贤人？"

漆雕凭回答说："臧家有占卜用的龟甲，名叫蔡。臧文仲三年占卜一次，臧武仲三年占卜两次，孺子容三年占卜三次。我只是在这方面发现了一些问题。如要问这三人贤明还是不贤明，这就不是我所知道的了。"

孔子说："漆雕家的孩子，真是个君子啊！他谈到别人的优点，含蓄却很明显；他谈别人的缺点，微妙却能明示。聪明人赶不上他，明达的人也看不透，谁能这样？"

【原文】

鲁公索氏将祭而亡其牲。孔子闻之，曰："公索氏不及二年将亡。"后一年而亡。

门人问曰:"昔公索氏亡其祭牲,而夫子知其将亡,何也?"

孔子曰:"夫祭者,孝子所以自尽于其亲。将祭而亡其牲,则其余所亡者多矣。若此而不亡者,未之有也。"

## 【译文】

鲁国的公索氏正准备祭祀时却将祭祀用的牲畜丢失了。孔子听说了这件事后,说:"用不了两年,公索氏必然灭亡。"后来只一年,公索氏就灭亡了。

弟子们问道:"过去公索家丢了祭祖用的牺牲,先生就知道他家将要灭亡,先生怎么知道会这样?"

孔子说:"祭祀,这是孝顺的子孙向父母及祖先尽孝心的方式。将要祭祀却将祭祀用的牲畜丢失了,那么其余丢失的东西就更多了。像这样而不灭亡的,从来没有过。"

## 【原文】

虞、芮二国争田而讼,连年不决,乃相谓曰:"西伯,仁人也,盍往质之?"

入其境,则耕者让畔,行者让路。入其邑,男女异路,斑白不提挈。入其朝,士让为大夫,大夫让为卿。虞、芮之君曰:"嘻!吾侪小人也,不可以履君子之庭。"遂自相与而退,咸以所争之田为闲田也。

孔子曰:"以此观之,文王之道,其不可加焉。不令而从,不教而听,至矣哉!"

## 【译文】

虞芮两国为争夺田地打官司,一连几年也没有结果。他们互相说:"西伯是仁德的君主,我们为什么不到他那里让他给评判呢?"

他们进入西伯的领地后,看到耕田的人互相谦让田地的边界,行人互相让路。进入城邑后,看到男女分道而行,老年人没有提着重东西的。进入西伯的朝廷后,看到士人谦让着让别人做大夫,大夫谦让着让别人做卿。虞国和芮国的国君说:"唉,我等真是小人!是不可以进西伯这样的君子的朝廷的。"于是,他们一起离开西伯的属地,各自退让,都把争论不休的那块田地做闲田处理了。

孔子说:"通过这件事来看,文王的治国之道,恐怕没人能超过。不必命令就服从,不用教育就听从,这是达到了最高的境界了。"

## 【原文】

曾子曰:"狎甚则相简,庄甚则不亲。是故君子之狎足以交欢,其庄足以成礼。"

孔子闻斯言也,曰:"二三子志之,孰谓参也不知礼也!"

狎甚则相简,庄甚则不亲

【译文】

曾子说:"和人交往,过分亲密就会互相怠慢,过分庄重就不会亲近。所以君子的亲近可以友好交往,君子的庄重可以成为礼节的标准。"

孔子听说了曾子的这些话,说:"你们大家记着,谁说曾参不懂得礼呀!"

【原文】

哀公问曰:"绅委章甫,有益于仁乎?"

孔子作色而对曰:"君胡然焉?衰麻苴杖者,志不存乎乐。非耳弗闻,服使然也。黼黻衮冕者,容不亵慢,非性矜庄,服使然也。介胄执戈者,无退懦之气,非体纯猛,服使然也。且臣闻之,好肆不守折,而长者不为市。窃夫其有益与无益,君子所以知。"

【译文】

鲁哀公问孔子:"衣带、帽子这些衣冠对仁有用吗?"

孔子变了脸色回答说:"君主怎么这样问呢?穿着麻布丧服,拄着哭丧杖的人,对音乐不感兴趣,不是他的耳朵不想听音乐,而是他穿的服装使他这样。穿着礼服,戴着礼帽的人,脸上没有轻慢的神情,不是他本性庄重严肃,而是他穿的服装使他这样。穿着铠甲,拿着武器的人,毫无懦弱、退缩的举动,并不是他生性勇猛,而是他穿着的服装使他这样。而且我听说,喜欢做生意的人不能保持廉洁,因而德高望重的人不去做生意。看清楚事情有益还是无益,这就是君子有智慧的原因。"

【原文】

孔子谓子路曰:"见长者而不尽其辞,虽有风雨,吾不能入其门矣。故君子以其所能敬人,小人反是。"

【译文】

孔子对子路说:"见到德高望重的长辈而不尽力去关心称颂,即使以后遇到风雨天气,我也不会到他家去躲避。所以君子要竭尽所能地尊敬别人,小人的态度则相反。"

【原文】

孔子谓子路曰："君子以心导耳目，立义以为勇；小人以耳目导心，不逊以为勇。故曰：退之而不怨，先之斯可从已。"

【译文】

孔子对子路说："君子用心来指使自己的耳朵和眼睛，把'道义'作为勇敢；小人用耳朵和眼睛来引导自己的心，把不谦虚作为勇敢。所以说，如果别人轻视自己，也不要怨恨；如果别人重视自己，就可以跟从他学习。"

【原文】

孔子曰："君子有三患：未之闻，患不得闻；既得闻之，患弗得学；既得学之，患弗能行。有其德而无其言，君子耻之；有其言而无其行，君子耻之；既得之而又失之，君子耻之；地有余而民不足，君子耻之；众寡均而人功倍己焉，君子耻之。"

【译文】

孔子说："君子有三种忧虑。对没有听说的知识，担心无法听到；已经听到，又担心学不到；已经学到，又担心不能实行。有高尚品德，却没有高尚语言，君子感到耻辱；有高尚语言，却没有高尚的行动，君子感到耻辱；已经得到的又失去，君子感到耻辱；土地有余，百姓不富足，君子感到耻辱；大家任务多少均等，可是别人的功绩比自己多一倍，君子感到耻辱。"

【原文】

鲁人有独处者，邻人嫠妇亦独处一室。夜，暴风雨至，嫠妇室坏，趋而托焉。鲁人闭户而不纳。嫠妇自牖与之言："子何不仁而不纳我乎？"鲁人曰："吾闻男女不六十不同居。今子幼，吾亦幼，是以不敢纳尔也。"

妇人曰："子何不如柳下惠然？妪不逮门之女，国人不称其乱。"鲁人曰："柳下惠则可，吾固不可。吾将以吾之不可，学柳下惠之可。"

孔子闻之曰："善哉！欲学柳下惠者，未有似于此者。期于至善而不袭其为。可谓智乎。"

【译文】

有一位鲁国人独住在一间房子里，他邻居有一位寡妇也独居在家。一天晚上，发生了暴风雨，寡妇的房子被风雨毁掉了，她便跑向那位鲁国人的房子，希望有一个栖身的地方。而那位鲁国人把门关起来不让她进去。那位寡妇从窗户对他说："你为什么这么不仁爱，竟不让我进去呢？"鲁国人说："我听说男人和女人不到六十岁是不同居一室的。现在，你还年轻，我也年轻，因此不敢让你进来。"

寡妇说："你为什么不像柳下惠那样呢？柳下惠把无家可归的女子当成老妇来救护，国人并没有说他不检点的。"鲁国人说："柳下惠可以那样做，我却决不能那样做。我将用我的不能那样，学习柳下惠的可以那样。"

孔子听到这件事，说："好啊！想学柳下惠的人没有像这个人的。学柳下惠最好的为人之道，而不因袭他的具体做法，可算是聪明啊。"

## 【原文】

孔子曰："小辩害义，小言破道。《关雎》兴于鸟而君子美之，取其雌雄之有别；《鹿鸣》兴于兽而君子大之，取其得食而相呼。若以鸟兽之名嫌之，固不可行也。"

## 【译文】

孔子说："对于琐事的辩说会损害大义，无关宏旨的言论会破坏大道。《关雎》这首诗由小鸟寄兴，君子却赞美它，是赞美它雌雄有别。《鹿鸣》诗由兽起兴，君子却认为它写得好，这是由于鹿得到食物后互相招呼。假如嫌其有鸟兽的名，当然不可以。"

## 【原文】

孔子谓子路曰："君子而强气，而不得其死；小人而强气，则刑戮荐臻。"

《豳诗》曰："殆天之未阴雨，彻彼桑土，绸缪牖户。今汝下民，或敢侮余。"孔子曰："能治国家之如此，虽欲侮之，岂可得乎？周自后稷，积行累功，以有爵土。公刘重之以仁。及至大王亶甫，敦以德让，其树根置本，备豫远矣。初，大王都豳，狄人侵之，事之以皮币，不得免焉；事之以珠玉，不得免焉。于是属耆老而告之：'所欲吾土地。吾闻之：君子不以所养而害人。二三子何患乎无君？'遂独与大姜去之。逾梁山，邑于岐山之下。豳人曰：'仁人之君，不可失也。'从之如归市焉。天之与周，民之去殷，久矣。若此而不能天下，未之有也。武庚恶能侮？"

《邶诗》曰："执辔如组"，"两骖如舞"。孔子曰："为此诗者，其知政乎！夫为组者，总纰于此，成文于彼。言其动于近，行于远也。执此法以御民，岂不化乎？竿旄之忠告，至矣哉！"

## 【译文】

孔子对子路说："君子性情桀骜不驯，就不能善终；小人如果桀骜不驯，就会屡遭不幸，被判刑和杀戮。"

《豳诗》中说:"趁天还没下雨,取来那桑枝泥土,修好门窗。这样对待下民,谁还敢羞辱我。"孔子说:"能如此治理国家,即使想羞辱,怎么可能?周朝从后稷起,积累德行,以至于有了爵位、土地。公刘继承了仁德,一直到太王亶父,忠厚地讲德、谦让,树立根本,防备长远。当初,太王建都在豳,狄人侵犯他。用皮帛财物侍奉他们,不行;送给狄人珠宝,仍不能免遭祸难。于是嘱托国中的老人说:'狄人想要的是我们的土地。我听说,君子不能为了养人的土地而害人。你们何必害怕没有君主呢?'于是就独自和妻子离开豳地,越过梁山,住在岐山下。豳地的人说:'仁德的国君,不能失去。'都跟从他,人多得像去市场一样。上天赐福给周,百姓离开殷已经很久了。像这样的人不能统一天下,从来没有过。武庚怎能侮辱亶父?"

《邶风》诗上说"手执马缰绳像织组""两匹马像在跳舞"。孔子说:"写这首诗的人,难道知道为政的道理吗?那织组的人,在这里汇总丝线,在那里织成纹,是说在近处行动,在远处流传。执掌法令,治理百姓,难道不是教化吗?揭旄于竿,以召贤者,这样的忠告,是最好不过的了。"

## 观周第十一

【原文】

孔子谓南宫敬叔曰:"吾闻老聃博古知今,通礼乐之原,明道德之归,则吾师也。今将往矣。"对曰:"谨受命。"

遂言于鲁君曰:"臣受先臣之命云:'孔子,圣人之后也,灭于宋,其祖弗父何,始有国而授厉公。及正考父佐戴、武、宣,三命兹益恭。故其鼎铭曰:一命而偻,再命而伛,三命而俯。循墙而走,亦莫余敢侮。饘于是,粥于是,以餬其口。其恭俭也若此,臧孙纥有言:圣人之后,若不当世,则必有明德而达者焉。孔子少而好礼,其将在矣。'属臣:'汝必师之。'今孔子将适周,观先王之遗制,考礼乐之所极,斯大业也。君盍以乘资之,臣请与往。"

公曰:"诺。"与孔子车一乘,马二匹,竖子侍御。敬叔与俱。至周,问礼于老聃,访乐于苌弘,历郊社之所,考明堂之则,察庙朝之度。于是喟然曰:"吾乃今知周公之圣,与周之所以王也。"

及去周,老子送之,曰:"吾闻富贵者送人以财,仁者送人以言。吾虽不能富贵,而窃仁者之号,请送子以言乎:凡当今之士,聪明深察而近于死者,好讥议人者也;博辩闳达而危其身者,好发人之恶者也。无以有己为人子者,无以恶己为人臣者。"

孔子曰："敬奉教。"自周反鲁，道弥尊矣。远方弟子之进，盖三千焉。

## 【译文】

孔子对南宫敬叔说："我听说老聃博古通今，通晓礼乐的根本，了解道德的宗旨，这就是我们的师长啊。现在我想去拜访他。"回答说："悉听酋便。"

南宫敬叔于是对鲁国国君说："我曾受父亲的嘱咐说：'孔子是圣人的后代，他的家族在宋国消亡。祖父弗何最初拥有宋国时，却把国家给了弟弟厉公。到了正考父时，辅佐戴公、武公、宣公三个国君，国君三次任命他，他一次比一次恭敬。所以他家宗庙的鼎上刻有铭文：第一次任命弯着背，第二次任命弯着身子，第三次任命俯下身去。沿着墙脚快步前行，也没有人敢欺侮他。他在这个鼎里煮粥来糊口。他恭敬节俭到了这个地步。臧孙纥说：圣人的后代，如果没有做上国君，那么一定有贤明的君主重用他。孔子从小就钟爱礼仪，他大概就是这种人吧。'父亲又嘱咐说：'你一定要拜他为师。'现在孔子要到周王室去，观看先王遗留的制度，考察礼乐所达到的程度，这是大事业啊！您为什么不提供车子资助他？我请求和他一起去。"

鲁国国君说："好。"送给孔子一辆车，两匹马，还有童仆、赶车的人。南宫敬叔和孔子一起到了周王室，向老子学习礼，向苌弘谘问乐，游览了郊祭社祭的场所，考察了有关明堂的一些规则，察看了庙朝的制度。于是慨叹说："我今天才懂得周公的圣德与周朝能取得天下的原因。"

送别孔子离开周国时，老子说："我听说富贵的人拿钱财送人，讲仁义的人用言语送人。我虽然不能算富贵人，却私下拥有仁者的称号。请让我拿言语送你吧：大凡当今的士人，一辈子都很聪明而且善于体察事物的，是喜欢讥讽议论别人的人。知识广博，喜欢辩论，而且宽宏通达却危及自身性命的，是喜欢揭发别人缺点的人。不要抱着为自己着想的态度去做儿子，不要带着贬损自己的态度去做臣子。"

孔子说："恭敬地接受您的教诲。"从周返回鲁国，（孔子的）学问更高了，远方来的学生，大概有三千人。

## 【原文】

孔子观乎明堂，睹四门墉，有尧舜与桀纣之象，而各有善恶之状，兴废之诫焉。又有周公相成王，抱之负斧扆南面以朝诸侯之图焉。

孔子徘徊而望之，谓从者曰："此周公所以盛也。夫明镜所以察形，往古者所以知今。人主不务袭迹于其所以安存，而忽怠所以危亡，是犹未有以异于却走，而欲求及前人也，岂不惑哉！"

## 【译文】

孔子观赏明堂,看到四道门之间的墙壁上,有尧舜的像,也有夏桀商纣王的像,善恶各异,并有国家兴盛败亡的告诫。又有周公辅佐周成王,抱着他,背靠屏风,面向南对着诸侯的图像。

孔子来回走着观看,对跟随的人说:"这是周国兴盛的原因啊!明亮的镜子可以用来观看容貌,过去的事情可以用来了解现在。君主不致力于使国家沿着安定存在的路走,反而忽视危险及灭亡的原因,这就和退步跑却想要赶上向前跑的人没有什么不同,难道这不糊涂吗?"

## 【原文】

孔子观周,遂入太祖后稷之庙。庙堂右阶之前,有金人焉,三缄其口,而铭其背曰:"古之慎言人也。戒之哉!无多言,多言多败;无多事,多事多患。安乐必戒,无所行悔。勿谓何伤,其祸将长;勿谓何害,其祸将大;勿谓不闻,神将伺人。焰焰不灭,炎炎若何?涓涓不壅,终为江河。绵绵不绝,或成网罗。毫末不札,将寻斧柯。诚能慎之,福之根也。口是何伤?祸之门也。强梁者不得其死,好胜者必遇其敌。盗憎主人,民怨其上。君子知天下之不可上也,故下之;知众人之不可先也,故后之。温恭慎德,使人慕之;执雌持下,人莫逾之。人皆趋彼,我独守此;人皆或之,我独不徙。内藏我智,不示人技。我虽尊高,人弗我害。谁能于此?江海虽左,长于百川,以其卑也。天道无亲,而能下人。戒之哉!"

孔子既读斯文也,顾谓弟子曰:"小子识之,此言实而中,情而信。《诗》曰:'战战兢兢,如临深渊,如履薄冰。'行身如此,岂以口过患哉!"

【译文】

　　孔子在周国考察，进入周太祖后稷的宗庙。在庙堂右边台阶的前面有个铜人，嘴巴被封了三层，并且铜像的背上刻着："这是古时审慎的人。谨慎吧，不要多说话，多说多失败；不要多事，多事多忧虑。安乐时要警惕，不要做后悔的事。不要认为有何妨害，那灾祸将很长久。不要认为有何伤害，那祸患将会很大。不要认为神不能听到，神会在暗中探察着人的行为。小小的火不灭掉，对大火就无可奈何；小小的水流不堵住，最终汇成长江大河。微小时不切断，到时就成了大网大罗。细小时不扎住，很快就长成斧柄那般。真能做到谨慎，是福佑的根子。如果说这有什么妨害，这就是灾祸的大门。强横的人不得好死，好胜的人肯定会遇上对手。盗贼恨主人，百姓恨长官。君子明白自己不可能胜过天下所有的人，所以宁愿居下；知道不可能总居于众人先，所以宁愿退后。温顺、恭俭、谨慎的品德，令人仰慕。把住劣位，甘居人下，没有人能超越你。别人都趋向那个，唯独我守着这个。别人都动，我独自不迁。内藏智慧，不给别人看到，即使尊贵高尚，别人也不会害我，谁能这样？大江大海虽然不相助，却比所有河流都长，因为它谦卑低下。上天不会亲近人，却能使人处在它的下面，要以此为戒啊！"

　　孔子读完这段铭文后，回头对学生说："你们把它记下来。这些话内涵丰富而且合乎道理，真实而且可信。《诗经》上说：'战战兢兢，如临深渊，如履薄冰。'立身行事能像这样，难道还担心说错话吗？"

【原文】

　　孔子见老聃而问焉，曰："甚矣，道之于今难行也。吾比执道，而今委质以求当世之君，而弗受也。道于今难行也。"

　　老子曰："夫说者流于辩，听者乱于辞，如此二者，则道不可以忘也。"

问礼老聃

## 【译文】

孔子拜见老聃并向他请教:"太难了啊!'大道'现在难以实行啊。我本来坚持守道,现在行大礼以请求当今君主,王却不接受。道在当今难实行啊!"

老子说:"游说的人往往失于评论,接受游说的人又往往为浮华的言辞所惑乱。知道了这两点,道就不会被忘记。"

## 弟子行第十二

## 【原文】

卫将军文子问于子贡曰:"吾闻孔子之施教也,先之以《诗》《书》,而导之以孝悌,说之以仁义,观之以礼乐,然后成之以文德。盖入室升堂者,七十有余人,其孰为贤?"子贡对以不知。

文子曰:"以吾子常与学贤者也,何为不知?"

子贡对曰:"贤人无妄,知贤即难。故君子之言曰:'智莫难于知人',是以难对也。"

文子曰:"若夫知贤,莫不难。今吾子亲游焉,是以敢问。"

子贡曰:"夫子之门人,盖有三千就焉。赐有逮及焉,未逮及焉,故不得遍知以告也。"

文子曰:"吾子所及者,请闻其行。"

子贡对曰:"夫能夙兴夜寐,讽诵崇礼,行不贰过,称言不苟,是颜回之行也。孔子说之以《诗》曰:'媚兹一人,应侯慎德''永言孝思,孝思惟则'。若逢有德之君,世受显命,不失厥名,以御于天子,则王者之相也。

"在贫如客,使其臣如借,不迁怒,不深怨,不录旧罪,是冉雍之行也。孔子论其材曰:'有土之君子也,有众使也,有刑用也,然后称怒焉。匹夫不怒,唯以亡其身。'孔子告之以《诗》曰:'靡不有初,鲜克有终。'

"不畏强御,不侮矜寡;其言循性,其都以富,材任治戎,是仲由之行也。孔子和之以文,说之以《诗》曰:'受小共大共,而为下国骏庞。荷天子之龙,不憼不悚,敷奏其勇。'强乎武哉,文不胜其质。

"恭老恤幼,不忘宾旅;好学博艺,省物而勤也,是冉求之行也。孔子因而语之曰:'好学则智,恤孤则惠,恭则近礼,勤则有继。尧舜笃恭,以王天下。'其称之也,曰'宜为国老'。

"齐庄而能肃,志通而好礼,傧相两君之事,笃雅有节,是公西赤之行也。

子曰：'礼经三百，可勉能也；威仪三千，则难也。'公西赤问曰：'何谓也？'子曰：'貌以俟礼，礼以俟辞，是谓难焉。'众人闻之，以为成也。孔子语人曰：'当宾客之事，则达矣。'谓门人曰：'二三子之欲学宾客之礼者，其于赤也。'

"满而不盈，实而如虚，过之如不及，先王难之。博无不学，其貌恭，其德敦；其言于人也，无所不信；其骄大人也，常以浩浩；是以眉寿。是曾参之行也。孔子曰：'孝，德之始也；悌，德之序也；信，德之厚也；忠，德之正也。参中夫四德者也。'以此称之。

"美功不伐，贵位不善，不侮不佚，不傲无告，是颛孙师之行也。孔子言之曰：'其不伐，则犹可能也；其不弊百姓，则仁也，《诗》云：'恺悌君子，民之父母。'夫子以其仁为大学之深。

"送迎必敬，上交下接若截焉，是卜商之行也。孔子说之以《诗》曰：'式夷式已，无小人殆。'若商也，其可谓不险矣。

"贵之不喜，贱之不怒；苟利于民矣，廉于行己；其事上也，以佑其下，是澹台灭明之行也。孔子曰：'独贵独富，君子耻之，夫也中之矣。'

"先成其虑，及事而用之，故动则不妄，是言偃之行也。孔子曰：'欲能则学，欲知则问，欲善则详，欲给则豫。当是而行，偃也得之矣。'

"独居思仁，公言仁义，其于《诗》也，则一日三覆'白圭之玷'，是宫绍之行也。孔子信其能仁，以为异士。

"自见孔子，出入于户，未尝越礼；往来过之，足不履影；启蛰不杀，方长不折；执亲之丧，未尝见齿，是高柴之行也。孔子曰：'柴于亲丧，则难能也；启蛰不杀，则顺人道也；方长不折，则恕仁也。成汤恭而以恕，是以日隮。'凡此诸子，赐之所亲睹者也。吾子有命而讯赐，赐固不足以知贤。"

文子曰："吾闻之也，国有道，则贤人兴焉，中人用焉，乃百姓归之。若吾子之论，既富茂矣，壹诸侯之相也。抑世未有明君，所以不遇也。"

子贡既与卫将军文子言，适鲁见孔子曰："卫将军文子问二三子之于赐，不壹而三焉。赐也辞不获命，以所见者对矣，未知中否，请以告。"

孔子曰："言之乎。"子贡以其辞状告孔子。

子闻而笑曰："赐，汝次为人矣。"

子贡对曰："赐也何敢知人，此以赐之所睹也。"

孔子曰："然。吾亦语汝耳之所未闻，目之所未见者，岂思之所不至，智之所未及哉？"

子贡曰："赐愿得闻之。"

孔子曰："不克不忌，不念旧怨，盖伯夷叔齐之行也。

"思天而敬人，服义而行信，孝于父母，恭于兄弟，从善而教不道，盖赵文子之行也。

"其事君也,不敢爱其死,然亦不敢忘其身。谋其身不遗其友,君陈则进而用之,不陈则行而退。盖随武子之行也。

"其为人之渊源也,多闻而难诞,内植足以没其世。国家有道,其言足以治;无道,其默足以生。盖铜鞮伯华之行也。

"外宽而内正,自极于隐括之中,直己而不直人,汲汲于仁,以善自终。盖蘧伯玉之行也。

"孝恭慈仁,允德图义,约货去怨,轻财不匮。盖柳下惠之行也。

"其言曰:'君虽不量于其身,臣不可以不忠于其君。是故君择臣而任之,臣亦择君而事之。有道顺命,无道衡命。'盖晏平仲之行也。

"蹈忠而行信,终日言不在尤之内。国无道,处贱不闷,贫而能乐。盖老莱子之行也。

"易行以俟天命,居下不援其上。其亲观于四方也,不忘其亲,不尽其乐。以不能则学,不为己终身之忧。盖介子山之行也。"

子贡曰:"敢问夫子之所知者,盖尽于此而已乎?"

孔子曰:"何谓其然?亦略举耳目之所及而已。昔晋平公问祁奚曰:'羊舌大夫,晋之良大夫也,其行如何?'祁奚辞以不知。公曰:'吾闻子少长乎其所,今子掩之,何也?'祁奚对曰:'其少也恭而顺,心有耻而不使其过宿;其为大夫,悉善而谦其端;其为舆尉也,信而好直其功。至于其为容也,温良而好礼,博闻而时出其志。'公曰:'曩者问子,子奚曰不知也?'祁奚曰:'每位改变,未知所止,是以不敢得知也。'此又羊舌大夫之行也。"

子贡跪曰:"请退而记之。"

【译文】

卫国的将军卫文子问子贡说:"我听说孔子施行教化,先教《诗经》《尚书》,然后用孝悌的思想来引导他们,用仁义之道劝说,通过礼乐进行观察,这之后用文才德行来成就他们。请问学有成就的七十多人,其中谁更贤明?"子贡回答说不知道。

文子说:"我这样问,是由于你常常和他们一起学习,你也是贤人,为什么说不知道呢?"

子贡回答说:"贤人不能随意对人妄加评论,了解贤人就更难了。所以君子说:'没有什么比了解人再难的了。'因此难以回答。"

文子说:"至于了解贤人,没有不困难的。现在您本人在孔子门下游学,所以才冒昧问您。"

子贡说:"先生的门下,大概有三千人前来求学,有的我交往过,也有的我没交往过,所以不能普遍地奉告您。"

文子说:"请谈谈您所交往的这些人的表现。我想听听他们的品行。"

子贡回答说:"能早起晚睡,努力学习;崇尚礼义,不重犯同样的过错;说话不随随便便,这就是颜回的德行。孔子用诗解释这种德行:'取得天子的宠爱,应该谨慎修德,人永远要讲孝亲敬老,孝顺乃是人生准则。'如果遇到有德的君王,世人就接受他的命令,不丢掉他的美名,来辅助天子,就会成为王者的卿相。

"生活贫困,能矜持庄重,像做客一样。任用臣子,像借用的一般。不转移愤怒到别人身上,不深深地抱怨别人,不记取别人过去的罪行,这是冉雍的品行。孔子评论他的才能说:'拥有土地的君子,有老百姓可以支配,有刑罚可以施用,然后才可以迁怒于人,平民百姓不会发怒,只会伤害身体。'孔子用《诗经》上的话告诉他:'万事开头做得好,但很少能有好收场。'

"遇到强横不害怕,见了鳏寡不欺侮。说话遵从本性,态度安闲,相貌堂堂,才力能够治理军队,这是子路的品行。孔子用文辞来赞美他,用《诗经》上的话称赞他:'接受上天大法和小法,庇护下面诸侯国。接受天子授予的荣宠,不胆怯不惶恐,施神威奏战功。'武力强勇啊!文采掩饰不了质朴。

"尊敬老人,抚恤幼孤,不忘在外的旅客;喜欢学习,多才多艺;节俭而勤劳,这是冉求的德行。孔子告诉他说:'好学就聪明,同情孤寡就慈惠,恭敬就接近礼,勤劳就有增益。尧舜就很忠实谦恭,因此能当天下的王'。孔子称赞冉有说'应该当国家的卿大夫'。

"整齐庄严而且态度严肃,思想通达,喜欢礼仪,为两个国君相会出任傧相,忠诚雅正而且有节制,这是公西赤的品行。孔子说:'礼经三百篇,可以通过努力学习来了解。三千项威严的礼仪,就难以做到了。'公西赤问:'为什么这样说呢?'孔子说:'礼仪需要一定的容貌才能施行,辞令需要一定的礼仪才能道出,所以说很困难。'大家听孔子这么说,以为公西赤做到了。孔子对大家说:'如果是做傧相这件事,他已经做到了。'孔子又对弟子说:'你们想学习宾客礼仪的人,就向公西赤学习吧。'

"充满却不外溢,充实却如同虚空,赶上了却像没有赶上。从前的君王都认为这是困难的事。知识广博无所不学,容貌谦恭,品德忠厚,对人说话,没有不真诚的;傲视那些富贵者,保持一种浩然之气。所以能够长寿,这就是曾参的德行。孔子说:'孝是德的起点,悌是德的次第,信是品德中的忠厚,忠是品德中的正直,曾参正好是具备这四点的人。'孔子这样称赞曾参。

"有大功劳不夸耀,处于尊贵的地位(却)不认为是好事,不轻慢不放荡,不在贫苦无告的老百姓面前骄傲,这是颛孙师的品行。孔子说他:'不夸功,一般人还可能做到。能够不蒙蔽百姓,就是仁爱了。'《诗经》说:'君子和乐又平易,为民父母顺民意。'孔夫子认为他的仁德是很伟大的。

"迎送客人恭敬;与上下的交往很果断,这是卜商的德行。孔子引用《诗经》解释说:'心平气和已可贵,不因小人而遭受危险。'像卜商,就可谓不危险了。

"重视他的时候不自喜,轻视他的时候不怨怒;只求给百姓带来好处,就注意自己行为廉洁;他为君王服务,是要以此来帮助百姓。这是澹台灭明的品行。孔子说:'独自一人富贵,君子认为这是可耻的。澹台灭明的品行就符合这一原则。'

"事前先考虑成熟,到办事时用上,所以从不轻举妄动,这是言偃的德行。孔子说:'想具有才能就要学习,想掌握知识就问,想做好就详细问,想丰足就预备,适势行动,言偃做到这些了。'

"单独待着时思考仁义,在大众面前时公开宣讲仁义。用《诗经》上的话来说,就是'一日三覆,白圭之玷'。这是南宫绦的品行。孔子相信他能够仁爱,认为他是与众不同的人。

"自从拜见孔子以后,进门出门,从不超越礼仪;往来经过,脚不踩别人的影子;见到春天刚能动的小虫不弄死,正生长的东西不折断;执办双亲的丧事,哭不露齿,这是高柴的德行。孔子说:'高柴对于双亲的丧事,别人难以办到。不弄死小虫,这是仁顺,不折断生长的东西,这是忠恕仁义。商汤恭敬而又宽恕,因此官位一天天提升。'这几位学子的表现,都是我亲眼看到的。您向我询问,我不得不答复,只是我很孤陋寡闻,不了解贤人。"

文子说:"我听说国家太平,那么贤能的人就出来,中庸的人就被任用,于是老百姓归附他们。至于您的评价,既丰富又美好。(他们)都是诸侯国的辅佐者,大概世上没有贤明的君主,所以得不到任用。"

子贡已经跟卫文子谈过,到了鲁国,拜见孔子说:"卫文子向我问诸位同学的德行,不止一次,再三地问,我推辞不过,就把所看到的回答了,不知得当不,请允许我禀告您。"

孔子说:"说说吧。"子贡把自己跟卫将军文子所说的话陈述给孔子听。

孔子听了笑着说:"子贡,你已经了解人的高下次序了。"

子贡回答说:"我怎么敢了解别人,这仅仅是我目睹的情况。"

孔子说:"是这样的。我也告诉你一些你没有听到没有看到过的

事，这些恐怕是思虑无法达到，智慧无法赶上的吧！"

子贡说："我希望能听听。"

孔子说："不好胜，不嫉妒，不念旧恶，大概就是伯夷叔齐的德行吧。

"思考天道而且尊敬人，服从道义而且做事讲信用。孝敬父母，对兄弟客气，学习好人，教育不道德的人，这是赵文子的品行。

"侍奉君王，不苟且偷生，但是也不让自己去干不义的事。为自己考虑，不忘朋友。君王任用他，就进朝为君效力，君王不任用他，就退下离开，大概就是随武子的品行。

"和别人交往时，多方听取而不容易被欺骗，内心刚直并终生坚持。天下太平，他的话足够用来治理国家；天下不太平，他的沉默足够用来保存自己。这是铜鞮伯华的品行。

"外表宽厚，内心中正，自己经常匡正自己，纠正自身，不要求别人。急迫追求仁，善始善终，大概就是蘧伯玉的德行。

"孝敬谦恭，慈善仁爱，修养德行，谋求仁义，节省财物，消除怨恨，轻视财物，又不会缺乏。这是柳下惠的品行。

"他曾说道：'虽然君王不考虑臣下的才德，为臣不能不忠君。所以君王要选择下臣任用，臣也选择君王侍奉。君王有道就遵循君命，君王无道，要衡量君命。'大概就是晏婴的德行。

"按照忠信来行动，整天说话，也不会出错。国家无道，地位低贱却不忧闷，身处贫困却能够快乐。这是老莱子的品行。

"改变行动来等待机会，地位低下却不去攀附上面的人。他四处游玩，不会忘记父母，想到父母亲，就不会玩得尽兴。没有才能就去学习，因此就不把没有才能当作自己一辈子的担心。这是介子推的品行。"

子贡说："请问先生所了解的，大致就是这些吗？"

孔子说："哪能这样少，只不过略微举一些例子罢了。过去晋平公问祁奚说：'羊舌大夫，是晋国的好大夫，他的德行什么样？'祁奚推说不知道。平公说：'我听说，你从小在他家长大，现在隐瞒不说，是为什么？'祁奚回答说：'他年少时恭敬顺服，内心觉得有羞耻之事，不让它过夜就改正。他担任大夫以后，尽做好事，以谦逊为本；他当军尉时，诚信、正直有军功。直到他当了卿，温和善良，而且好礼，博闻强记，时常提出自己的想法。'平公说：'先前问你，你为何说不知道呢？'祁奚说：'他的官位总变动，不知问的是哪个位次，因此不敢说知道。'这就是羊舌大夫的德行。"

子贡跪下来说："请让我回去后把先生的这番话记下来。"

## 贤君第十三

【原文】

哀公问于孔子曰:"当今之君,孰为最贤。"

孔子对曰:"丘未之见也,抑有卫灵公乎?"

公曰:"吾闻其闺门之内无别,而子次之贤,何也?"

孔子曰:"臣语其朝廷行事,不论其私家之际也。"

公曰:"其事何如?"

孔子对曰:"灵公之弟曰公子渠牟,其智足以治千乘,其信足以守之,灵公爱而任之。又有士曰林国者,见贤必进之,而退与分其禄,是以灵公无游放之士,灵公贤而尊之。又有士曰庆足者,卫国有大事,则必起而治之;国无事,则退而容贤,灵公悦而敬之。又有大夫史鰌,以道去卫。而灵公郊舍三日,琴瑟不御,必待史鰌之入,而后敢入。臣以此取之,虽次之贤,不亦可乎。"

【译文】

鲁哀公问孔子说:"当今的国君,谁最贤?"

孔子回答说:"我还没有看到。若有,大概是卫灵公吧?"

鲁哀公说:"我听说他家庭内男女无别,而您把他编次在贤者之中,为什么呢?"

孔子说:"我说的是他在朝廷上的行为处事,而没说他家庭内部的事。"

鲁哀公说:"他处理政事怎么样?"

孔子回答说:"卫灵公的弟弟渠牟,他的智力足够用来治理拥有千辆车的大国,他的诚实足够用来保住该国。卫灵公喜欢他而且任用他。又有一个士人叫林国的,发现贤能的人,一定推荐他(做官),而且那人被罢官后,又和他一起分享自己的俸禄,因此卫灵公的国家没有游荡被流放的士人。卫灵公称他贤能并尊重他。又有一个士人叫庆足的,卫国有大事情,就一定出来处理;国家太平时,就辞去官职让其他贤能的人被朝廷容纳。卫灵公喜欢而且尊敬他。还有一个大夫叫史鰌的,因为道不能实行而离开卫国,卫灵公在郊外住了三天,不弹奏琴瑟,一定要等到史鰌回国,而后才敢回去。我拿这些事来看待卫灵公,把他放在贤者的地位上,难道不可以吗?"

【原文】

子贡问于孔子曰:"今之人臣,孰为贤?"
孔子曰:"吾未识也。往者齐有鲍叔,郑有子皮,则贤者矣。"
子贡曰:"齐无管仲,郑无子产?"
子曰:"赐,汝徒知其一,未知其二也。汝闻用力为贤乎?进贤为贤乎?"
子贡曰:"进贤贤哉。"
子曰:"然。吾闻鲍叔达管仲,子皮达子产,未闻二子之达贤己之才者也。"

【译文】

子贡问孔子说:"当今的大臣谁是贤能的人?"
孔子说:"我不知道。以前齐国有鲍叔,郑国有子皮,他们都是贤能的人。"
子贡说:"齐国不是有管仲,郑国不是有子产吗?"
孔子说:"子路,你只知其一,不知其二。你说自己努力成为贤人的人贤能,还是推荐贤才的人贤能?"
子贡说:"举荐贤才的叫贤臣?"
孔子说:"这就对了。我听说鲍叔牙使管仲显达,子皮让子产得志,却没有听说管仲和子产让比自己更贤能的有才之人显贵。"

【原文】

哀公问于孔子曰:"寡人闻忘之甚者,徙而忘其妻,有诸?"
孔子对曰:"此犹未甚者也,甚者乃忘其身。"
公曰:"可得而闻乎?"
孔子曰:"昔者夏桀贵为天子,富有四海,忘其圣祖之道。坏其典法,废其世祀,荒于淫乐,耽湎于酒。佞臣谄谀,窥导其心;忠士折口,逃罪不言。天下诛桀而有其国。此谓忘其身之甚矣。"

【译文】

鲁哀公问孔子说:"我听说有忘事严重的人,搬了家把自己的妻子也忘掉了。有这种人吗?"
孔子说:"这还不算最健忘的,最严重的连自身都会忘掉。"
鲁哀公说:"可以说来让我听听吗?"
孔子说:"过去,夏桀当了天子,富贵得了天下,忘了自己圣明先祖的治国之道。败坏了法制,废弃了祭祀,荒淫享乐,沉湎于酒色。奸臣阿谀诌媚,揣摩和引诱他的心思;忠臣为了逃避罪过,闭口不言。天下人一齐惩罚夏桀,夺了他的国。这就是忘了自身最严重的了。"

【原文】

颜渊将西游于宋，问于孔子曰："何以为身？"

子曰："恭敬忠信而已矣。恭则远于患，敬则人爱之，忠则和于众，信则人任之。勤斯四者，可以政国，岂特一身者哉？故夫不比于数而比于疏，不亦远乎？不修其中而修外者，不亦反乎？虑不先定，临事而谋，不亦晚乎？"

【译文】

颜渊准备西行到宋国游历，问孔子道："我应该用什么立身？"

孔子说："恭敬忠信就可以了。做到恭顺就可以远离祸患，做到端肃别人都会爱你，做到忠诚别人就都信任你，做到诚信就能团结人。做到这四点，就能够用来治理国家，哪里只是对立身处世有益？所以，不靠近亲密的人，却靠近跟自己疏远的人，不就远了吗？不修养内心，却修饰外表，不就反了吗？不先考虑成熟，事到临头才谋划，不就晚了吗？"

【原文】

孔子读《诗》，于《正月》六章，惕焉如惧，曰："彼不达之君子，岂不殆哉？从上依世，则道废；违上离俗，则身危。时不兴善，己独由之，则曰非妖即妄也。故贤也既不遇天，恐不终其命焉。桀杀龙逢，纣杀比干，皆是类也。《诗》曰：'谓天盖高，不敢不局。谓地盖厚，不敢不蹐。'此言上下畏罪，无所自容也。"

【译文】

孔子读到《诗经·正月》第六章时，表现出一副提心吊胆非常恐惧的样子，说："那些不得志的君子，岂不是太危险吗？顺从君主附和世俗，那么'道'就得废弃；违背君主远离世俗，那么自身就有危险。世人都不愿做好事，自己偏要追求善。有人会说这不是反常就是不合法。所以贤人如果不能遭逢天时，恐怕害怕不能终养天年。夏桀杀害龙逢，商纣杀害比干，都是这一类的事。《诗经》上说：'是谁说那天很高？走路不敢不弯腰；是谁说那地很厚？走路不敢不蹑脚。'这是说上上下下都担心招惹罪过，没有容纳自己的地方。"

【原文】

子路问于孔子曰："贤君治国，所先者何？"

孔子曰："在于尊贤而贱不肖。"

子路曰："由闻晋中行氏尊贤而贱不肖矣，其亡何也？"

孔子曰："中行氏尊贤而不能用，贱不肖而不能去。贤者知其不用而怨之，不肖者知其必己贱而仇之。怨仇并存于国，邻敌构兵于郊，中行氏虽欲无亡，岂可得乎？"

## 【译文】

子路问孔子说:"贤德的国君治国,首先应该做的是什么?"

孔子说:"首先在于尊重贤人,轻视不贤能的人。"

子路说:"我听说晋国中行氏尊重贤人而且轻视不贤能的人,他为什么会灭亡了呢?"

孔子说:"中行家尊敬贤人却不能加以信用;轻视无才的人,却不让他们离开。有才的知道他不重用自己就怨恨,无才的知道他轻视自己也仇恨。怨者仇者在国内到处都有,邻近的敌人在外面集结兵力,中行家想不灭亡,怎么可能呢?"

## 【原文】

孔子闲处,喟然而叹曰:"向使铜鞮伯华无死,则天下其有定矣。"

子路曰:"由愿闻其人也。"

子曰:"其幼儿,敏而好学;其壮也,有勇而不屈;其老也,有道而能下人。有此三者,以定天下也,何难乎哉!"

子路曰:"幼而好学,壮而有勇,则可也。若夫有道下人,又谁下哉?"

子曰:"由不知。吾闻以众攻寡,无不克也;以贵下贱,无不得也。昔者周公居冢宰之尊,制天下之政,而犹下白屋之士,日见百七十人。斯岂以无道也?欲得士之用也。恶有有道而无下天下君子哉?"

## 【译文】

孔子闲居在家,慨叹说:"假如铜鞮伯华不死,那么天下可能就安定了。"

子路说:"我希望听听他的为人情况。"

孔子说:"他少年时聪敏好学,他壮年时勇敢不屈,他老年时仍然坚守道义而能够屈己待人。具有这三点德行,靠他安定天下有什么难的。"

子路说:"年幼喜欢学习,长大后有勇气,还是可以的。至于拥有'道'而谦恭于人,又有谁能受得起呢?"

孔子说:"仲由,你不明白,我听说用多攻少没有不胜的,凭着尊贵的地位谦让低贱的,没有什么得不到的。过去周公居宰相高位,制定天下的政令,却能对不做官的读书人谦让,每天约见一百七十人。这难道是缺乏道义吗?这是想得到读书人为己所用。哪有有道的人对天下的君子不谦退礼让的呢?"

## 【原文】

齐景公来适鲁,舍于公馆,使晏婴迎孔子。

孔子至,景公问政焉。孔子答曰:"政在节财。"

论穆公霸

孔子家语

公悦。又问曰:"秦穆公国小处僻而霸,何也?"

孔子曰:"其国虽小,其志大;处虽僻,而其政中。其举也果,其谋也和,法无私而令不偷。首拔五羖,爵之大夫,与语三日而授之以政。以此取之,虽王可,其霸少矣。"

景公曰:"善哉。"

【译文】

齐景公到鲁国访问,住在客馆里,让晏婴迎接孔子。

孔子到了馆舍,齐景公向他请教为政的方法。孔子回答说:"治理国家关键在于节省财物。"

齐景公很高兴,又问道:"秦穆公的国家很小,并且地处偏僻,却能称霸,这是因为什么呢?"

孔子说:"他的国家虽然小,可他的志向却很大。地方虽然偏僻可他的政策正确。他举措果断,考虑问题恰到好处。执法没有偏私,政令不会苟且。一开始就提拔百里奚,授给他爵位,封他为大夫,跟他谈了三天话,就把政事交给他处理。能做到这样,即使称王也是可以的,称霸还不算什么呢。"

齐景公说:"讲得好啊!"

【原文】

哀公问政于孔子。

孔子对曰:"政之急者,莫大乎使民富且寿也。"

公曰:"为之奈何?"

孔子曰:"省力役,薄赋敛,则民富矣;敦礼教,远罪疾,则民寿矣。"

公曰:"寡人欲行夫子之言,恐吾国贫矣。"

·215·

孔子曰："《诗》云：'恺悌君子，民之父母。'未有子富而父母贫者也。"

【译文】

鲁哀公向孔子请教治理国家的事。

孔子说："国政当中最急迫的就是要让百姓富裕长寿。"

鲁哀公说："怎样才能达到这一目标呢？"

孔子说："节省劳役，减轻税收，那么百姓就富足了。讲究礼乐教化，让百姓远离罪恶，那么就长寿了。"

鲁哀公说："我想照您的话去做，又担心我的国家变得贫困。"

孔子说："《诗经》说：'和易近人的君子，是百姓的父母。'从来没有儿子富足而父母却穷的现象。"

【原文】

卫灵公问于孔子曰："有语寡人：'有国家者，计之于庙堂之上，则政治矣。'何如？"

孔子曰："其可也，爱人者则人爱之，恶人者则人恶之。知得之己者则知得之人。所谓不出环堵之室而知天下者，知反己之谓也。"

【译文】

卫灵公问孔子说："有人告诉我：'统治国家的人，只要在朝廷上策划国家大事，国家就能得到治理。'您认为怎样？"

孔子说："这话可以。爱别人的人，别人也爱他；憎恨别人的人，别人也恨他。知道自身的好恶也就知道别人的好恶。所谓不出家门却知天下事的，也就是能自我反省的意思。"

【原文】

孔子见宋君，君问孔子曰："吾欲使长有国，而列都得之。吾欲使民无惑，吾欲使士竭力，吾欲使日月当时，吾欲使圣人自来，吾欲使官府治理，为之奈何？"

孔子对曰："千乘之君，问丘者多矣，而未有若主君之问问之悉也。然主君所欲者，尽可得也。丘闻之，邻国相亲，则长有国；君惠臣忠，则列都得之；不杀无辜，无释罪人，则民不惑；士益之禄，则皆竭力；尊天敬鬼，则日月当时；崇道贵德，则圣人自来，任能黜否，则官府治理。"

宋君曰："善哉！岂不然乎！寡人不佞，不足以致之也。"

孔子曰："此事非难，唯欲行之云耳。"

【译文】

孔子拜见宋国国君。宋君问孔子说:"我想使自己长久地保住国家,而且统有各座城邑。我想让百姓安心而不迷惑,我想让士人都竭力效劳,我想让天时正常,我想让圣明的人不招自来,我想让官府管理得好,怎样才能做到这些呢?"

孔子回答说:"很多大国的君主询问我,但都没有像您的问题问得这样全面,不过您想要的东西都可以得到。我听说,邻近的国家互相友好就能长期保住国家,国君仁爱臣子尽忠,那么众多的城邑都能得到;不杀害没有罪的人,不释放有罪的人,那么人民就不会迷惑;增加士人的俸禄,那么他们都会尽力为你服务;尊奉天道,敬事鬼神,那么太阳月亮就会按时运行;崇尚'道',尊崇德行,那么圣人会自动到来;任用有才能的人,罢免无能之辈,那么官府就能得到治理。"

宋君说:"说得好啊!难道不是这样吗?我没才能,不能达到啊。"

孔子说:"这些事不难,只要想做就可以做到。"

## 辩政第十四

【原文】

子贡问于孔子曰:"昔者齐君问政于夫子,夫子曰政在节财。鲁君问政于夫子,夫子曰政在谕臣。叶公问政于夫子,夫子曰政在悦近而来远。三者之问一也,而夫子应之不同。然政在异端乎?"

孔子曰:"各因其事也。齐君为国,奢乎台榭,淫于苑囿,五官伎乐,不解于时,一旦而赐人以千乘之家者三,故曰政在节财。鲁君有臣三人,内比周以愚其君,外距诸侯之宾以蔽其明,故曰政在谕臣。夫荆之地广而都狭,民有离心,莫安其居,故曰政在悦近而来远。此三者所以为政殊矣。《诗》云:'丧乱蔑资,曾不惠我师。'此伤奢侈不节以为乱者也。又曰:'匪其止共,惟王之邛。'此伤奸臣蔽主以为乱也。又曰:'乱离瘼矣,奚其适归?'此伤离散以为乱者也。察此三者,政之所欲,岂同乎哉!"

【译文】

子贡问孔子说:"从前齐国君主向您请教如何治理国家,您说治理国家在于节省财力。鲁国君主向您询问如何治理天下,您说在于了解大臣。楚国君主向您询问政治,您说治理国家在于使近处的人高兴,使远处的人前来依附。三个人请教的是同一问题,而您的回答却不同。难道治理国家有不同的方法吗?"

孔子说："我的回答是根据他们各自的情况。齐景公治国，建亭台楼榭十分奢侈，过多地修苑囿，宫女、歌舞艺人不停地娱乐，一个早晨就三次把广大的食邑封给不该封的人。所以我告诉他国政在于节省。鲁哀公有三位大臣，他们在国内结党营私，愚弄自己的君王；对外排斥诸侯的宾客来掩蔽鲁君的圣明，所以我说国政在于让大臣明白事理。楚国地广，可是叶公的都城狭小，百姓有背叛他的想法，不安于自己的住处。所以我说，国政在于让近处的人高兴，让远方的人来归附。这三点就是为政方法的不同。《诗经》上说：'遭到丧乱，没有一点财物，当权者竟不肯向我们施恩惠。'这就是指责奢侈不节俭造成的祸乱。又说：'没有礼敬，没有君王的希望。'这是指责奸臣蒙蔽君主造成的祸乱。又说：'离乱病患，回到哪里呢？'这是指责离散造成的祸患。明察这三点，治国理政该抓什么，难道能相同吗？"

## 【原文】

孔子曰："忠臣之谏君，有五义焉：一曰谲谏，二曰戆谏，三曰降谏，四曰直谏，五曰讽谏。唯度主而行之，吾从其讽谏乎。"

## 【译文】

孔子说："忠贞的大臣规劝君主，有五种方法：第一是不直说，委婉地规劝；第二是刚直强硬地规劝；第三是卑躬屈节地规劝；第四是直截痛快地规劝；第五是用婉言隐语来规劝。这些都只有揣测君主的心思来进行规劝。我应采取那种婉言隐语的方式吧。"

## 【原文】

子曰："夫道不可不贵也。中行文子倍道失义，以亡其国；而能礼贤以活其身。圣人转祸为福，此谓是与？"

## 【译文】

孔子说："大道不可不尊崇，中行文子违背道，丧失义，因此亡了国。后来他能礼贤下士而保全性命。圣人能转祸为福，就是指这种人。"

## 【原文】

楚王将游荆台，司马子祺谏，王怒之。令尹子西贺于殿下，谏曰："今荆台之乐不可失也。"王喜，拊子西之背曰："与子共乐之矣。"

子西步马十里，引辔而止，曰："臣愿言有道，王肯听之乎？"王曰："子其言之。"

子西曰："臣闻为人臣而忠其君者，爵禄不足以赏也；谀其君者，刑罚不足以诛也。夫子祺者，忠臣也；而臣者，谀臣也。愿王赏忠而诛谀焉。"

王曰："我今听司马之谏，是独能禁我耳。若后世游之，何也？"

子西曰："禁后世易耳，大王万岁之后，起山陵于荆台之上，则子孙必不忍游于父祖之墓以为欢乐也。"王曰："善！"乃还。

孔子闻之，曰："至哉，子西之谏也。入之于十里之上，抑之于百世之后者也。"

## 【译文】

楚昭王打算游览荆台，司马子祺劝谏加以劝止，楚王十分恼怒。令尹子西到殿下附和楚王，替他谋划道："今天荆台这次参观，不能放弃。"楚王高兴，抚摸他的后背说："我要和你一块享受游览的快乐。"

子西骑着马走了十里远，拉住缰绳停下来说："我希望和您说说治国用人的道理，大王愿意听吗？"楚王说："你说吧。"

子西说："我听说作为臣子而且忠于君主的人，官爵俸禄不足以用来奖赏他；做臣子而阿谀君主的，只用刑罚来诛杀也是不够的。子祺是忠心的臣子，我是迎合君主的臣子，希望您奖赏忠心的人并且惩罚谄媚的人。"

楚王说："我今天听了司马的劝谏，这只能阻止我，却不能把后代游览的人怎么样。"

子西说："禁止后世（君主）不去游玩也很容易。大王驾崩以后，可以在荆台上修建陵墓，那么子孙一定不忍心在祖先的坟墓上游览作乐。"楚王说："好。"于是就回宫了。

孔子听说这件事，说："子西的进谏真是妙。在进入十里的地方进谏，却抑制了百代以后的君主（游览荆台）。"

## 【原文】

子贡问于孔子曰："夫子之于子产、晏子，可为至矣。敢问二大夫之所为，目夫子之所以与之者。"

孔子曰："夫子产于民为惠主，于学为博物；晏子于君为忠臣，于行为恭敏。故吾皆以兄事之，而加爱敬。"

## 【译文】

子贡问孔子说："您对子产和晏子，可以说是推崇备至了。我冒昧地询问两位大夫的表现，想知道您赞赏他们的原因。"

孔子说："子产对于百姓，是仁惠的大夫；对于学问，可说是博通万物。晏子对君王来说是忠臣，而且品行恭敬聪敏。所以我都以兄长之礼对他们，而且愈来愈喜爱和恭敬。"

## 【原文】

齐有一足之鸟，飞集于宫朝，下止于殿前，舒翅而跳。齐侯大怪之，使使聘鲁问孔子。

孔子曰："此鸟名曰商羊，水祥也。昔童儿有屈其一脚，振迅两肩而跳，且谣曰：'天将大雨，商羊鼓舞。'今齐有之，其应至矣。急告民趋治沟渠，修堤防，将有大水为灾。"

顷之，大霖雨，水溢泛诸国，伤害民人，唯齐有备，不败。

景公曰："圣人之言，信而征矣。"

## 【译文】

齐国出现只有一只脚的鸟，飞来落在宫殿上，后又飞下来栖息在大殿之前，张开翅膀跳跃不止。齐景公大为惊异，派遣使节到鲁国去问孔子。

孔子说："这只鸟叫商羊，是水中的吉祥物，它的出现是显示水的灾异。过去，有个小孩弯着一条腿，迅速抖动两肩，而且一边跳一边唱道：'天要下大雨，商羊跳起舞。'如今齐国有个商羊鸟，大概该应验了吧。赶快告诉百姓，快快挖沟修堤，将要有大雨闹水灾。"

不久，大雨下个不停，雨水淹没了许多国家，伤害了老百姓，只有齐国有准备，没有遭到破坏。

齐景公说："圣人的话真准，而且得到验证了。"

商羊知雨

## 【原文】

孔子谓宓子贱曰："子治单父，众悦，子何施而得之也？子语丘所以为之者。"

对曰："不齐之治也，父恤其子，其子恤诸孤，而哀丧纪。"

孔子曰："善！小节也，小民附矣，犹未足也。"

曰："不齐所父事者三人，所兄事者五人，所友事者十一人。"

孔子曰："父事三人，可以教孝矣；兄事五人，可以教悌矣；友事十一人，可以举善矣。中节也，中人附矣，犹未足也。"

曰："此地民有贤于不齐者五人，不齐事之而禀度焉，皆教不齐之道。"

孔子叹曰："其大者乃于此乎有矣。昔尧舜听天下，务求贤以自辅。夫贤者，百福之宗也，神明之主也。惜乎不齐之以所治者小也。"

## 【译文】

孔子对宓子贱说："你治理单父城，那里的百姓都高兴，你采取了什么办法得到这种结果呢？你告诉我你用了什么办法治理它？"

子贱回答说："我治理单父时，像父亲体恤百姓的儿子，像顾惜自己儿子那样同情照顾所有的孤儿而且以哀痛的心情办好丧事。"

孔子说："好，不过这些都是小的善行，小民安抚了，还不够。"

子贱说："我当作父亲来侍奉的有三个人，当作兄长侍奉的有五个人，当作朋友对待的有十一个人。"

孔子说："像对父亲一样侍奉三人，就可以教人恪守孝道。像对兄长一样侍奉五人，就可以教人敬兄长了。像对朋友一样交往十一人，就可以推举好人。这是中等礼节，一般人安抚了，还不够吧。"

子贱说："这里的老百姓中比我贤能的有五个人，我侍奉他们并从他们那里受教，他们都教给我'道'。"

孔子叹息说："大的礼节就在于此了。过去尧、舜治天下，一定寻求贤人辅助自己。那贤人，是百福的根本，是神明的主宰。可惜呀，你治事的地方小了点儿。"

## 【原文】

子贡为信阳宰，将行，辞于孔子。

孔子曰："勤之慎之，奉天子之时，无夺无伐，无暴无盗。"

子贡曰："赐也少而事君子，岂以盗为累哉？"

孔子曰："汝未之详也。夫以贤代贤，是谓之夺；以不肖代贤，是谓之伐；缓令急诛，是谓之暴；取善自与，是谓之盗。盗非窃财之谓也。吾闻之，知为吏者，奉法以利民，不知为吏者，枉法以侵民，此怨之所由也。治官莫若平，临财莫如廉，廉平之守，不可改也。匿人之善，斯谓蔽贤；扬人之恶，斯为小人。内不

子贡辞行

相训，而外相谤，非亲睦也。言人之善，若己有之；言人之恶，若己受之。故君子无所不慎焉。"

## 【译文】

子贡要去担任信阳的地方官，临走时向孔子道别。

孔子说："勤勉谨慎，遵从君主颁行的时令，不要强取，不要攻伐，不要残暴，不要偷盗。"

子贡说："我从小侍奉君子，怎么会犯有盗窃的罪过呢？"

孔子说："你知道得不详细。那种用贤人代替贤人的，就叫作夺取；拿不贤能的人代替贤人的，就叫作铲除贤人；可以延缓执行的命令却迫切地要求惩罚，这叫作残暴；把别人的成绩占为己有，这叫作偷盗。偷盗不是窃取财物的意思。我听说，知道如何做官的人，遵从法律来造福人民；不知道如何做官的人，歪曲法律来侵害百姓。这些就是怨恨产生的根源。管理官员不如公平些，面对钱财不如廉洁些。廉洁公平的操守，不可以改变。隐瞒别人的优点，这叫作蒙蔽圣贤；宣扬别人的缺点，这就是小人。在内部不互相训诫而在外面互相说坏话，这不是友好和睦。说起别人的优点就好像自己拥有这些优点，说起别人的缺点就好像自己承受着这些缺点。所以君子没有什么事是可以不谨慎的。"

## 【原文】

子路治蒲三年，孔子过之，入其境，曰："善哉由也！恭敬以信矣。"入其邑，曰："善哉由也！忠信以宽矣。"至庭，曰："善哉！由也明察以断矣。"

子贡执辔而问曰："夫子未见由之政，而三称其善，其善可得闻乎？"

孔子曰："吾见其政矣。入其境，田畴尽易，草莱甚辟，沟洫深治，此其恭敬以信，故其民尽力也；入其邑，墙屋完固，树木甚茂，此其忠信以宽，故其民不偷也；至其庭，庭甚清闲，诸下用命，此其言明察以断，故其政不扰也。以此观之，虽三称其善，庸尽其美矣！"

【译文】

子路在蒲地当官治民三年。孔子路过那里，进入境内，说："好啊！仲由，做到恭敬而又诚信了。"进入到城里，说："子路真不错啊！尽忠守信而且宽宏大度。"到了庭院，说："好啊！仲由，做到明察果断了。"

子贡拉着马缰绳问道："您没有看见子路处理政事却三次表扬他的政绩，他的优点您可以说给我听听吗？"

孔子说："我已经了解他为政的情况了。进入边境，看到耕地管理得好，荒芜地都开垦了，沟挖得深。这说明他恭敬诚信，所以百姓尽力干。进入城里，看到墙壁房舍完整牢固，树木茂盛。这说明他忠诚宽厚，所以百姓不苟且。到了院庭，看到清洁雅静，下臣听命。这说明他明察果断，所以政事不乱。通过这些来看，即使三次称赞他，哪里能赞美得全呢！"

## 六本第十五

【原文】

孔子曰："行己有六本焉，然后为君子也。立身有义矣，而孝为本；丧纪有礼矣，而哀为本；战阵有列矣，而勇为本；治政有理矣，而农为本；居国有道矣，而嗣为本；生财有时矣，而力为本。置本不固，无务农桑；亲戚不悦，无务外交；事不终始，无务多业；记闻而言，无务多说；比近不安，无务求远。是故反本修迹，君子之道也。"

【译文】

孔子说："立身行事必具备六大根本，做到才能成为君子。立身在世要讲义，孝是根本的。办理丧事要按照礼，哀伤是根本的。交战要有阵列，勇敢是根本的。处理政务要有条理，农业是根本的。管理国家要遵行大道，继承是根本的。发财要靠时机，出力是根本的。丢弃了根本，不让它牢固，就不必抓农桑了。亲戚关系没搞好，就不必抓外交了。办事有始无终，就不必什么都干。听到的记住的才说，不要胡乱多说。近邻不安生，就不必求远处的来归附了。所以，返回到根本抓近的，这是君子的处世之道。"

【原文】

孔子曰："良药苦于口而利于病，忠言逆于耳而利于行。汤武以谔谔而昌，桀纣以唯唯而亡。君无争臣，父无争子，兄无争弟，士无争友，无其过者，未之有也。故曰：'君失之，臣得之；父失之，子得之；兄失之，弟得之；己失之，友得之。'是以国无危亡之兆，家无悖乱之恶，父子兄弟无失，而交友无绝也。"

【译文】

孔子说："良药吃起来口苦但对疾病有好处，忠心的话听起来不舒服但对行为有好处。商汤和周武王因为能听直言进谏而国家昌隆，夏桀和商纣因为只听恭敬的应答声而国破身亡。君主没有直言劝他改过的臣子，父亲没有直言劝他改过的儿子，兄长没有直言劝他改过的弟弟，士人没有直言劝他改过的朋友，他们想不犯错误，那是不可能的。所以说：国君有不对的地方，臣子就会补正；父亲有不对的地方，儿子就会补正；兄长有不对的地方，弟弟就会补正；自己有不对的地方，朋友就会补正。因此国家没有危险灭亡的预兆，家庭没有犯上作乱的不良行为，父子兄弟之间不会失和，朋友就不会断绝跟你的来往。"

【原文】

孔子见齐景公，公悦焉，请置廪丘之邑以为养。

孔子辞而不受。入谓弟子曰："吾闻君子当功受赏，今吾言于齐君，君未之有行，而赐吾邑，其不知丘亦甚矣。"于是遂行。

【译文】

孔子谒见齐景公，景公十分高兴，表示愿意把廪丘城给孔子作为食邑。

孔子推辞不要，对学生们说："我听说君子应该立功才受赏。我今天跟齐国国君交谈治国之道，他还没实际去做，就给我食邑，也太不了解我了。"于是就走了。

【原文】

孔子在齐，舍于外馆，景公造焉。宾主之辞既接，而左右白曰："周使适至，言先王庙灾。"景公覆问："灾何王之庙也？"孔子曰："此必釐王之庙。"公曰："何以知之？"

孔子曰："《诗》云：'皇皇上天，其命不忒。'天之以善，必报其德。祸亦如之。夫釐王变文武之制，而作玄黄华丽之饰，宫室崇峻，舆马奢侈，而弗可振也。故天殃所宜加其庙焉，以是占之为然。"

公曰："天何不殃其身，而加罚其庙也？"

孔子曰："盖以文武故也。若殃其身，则文武之嗣，无乃殄乎？故当殃其庙以彰其过。"

俄顷，左右报曰："所灾者，釐王庙也。"

景公惊起，再拜曰："善哉！圣人之智，过人远矣。"

【译文】

孔子在齐国，住在旅馆里。齐景公到他那里，宾主已经开始交谈。左右的人禀告说："周王室的使者刚到，说先王庙发生火灾了。"齐景公又问："是哪个君王的宗庙遭了火灾？"孔子说："这一定是周釐王的庙。"

孔子说："《诗经》上说：'伟大的上天，它的指令无偏差。'上天降下好事，肯定是报答有德的人，祸患也是一样。周釐王更改了文王武王的制度，修建高大华丽的宫室，用的车马也很奢侈过分，不可救药啊，所以天灾应该落到他的宗庙上，根据这点卜算它是这样。"

景公问："上天为什么不降祸到他身上而加罪于他的宗庙呢？"

孔子说："大概是因为周文王周武王的缘故吧，如果火灾殃及他本人，那么文王武王的继承人不就灭绝了吗？所以应当殃及他的宗庙，来显示他的过错。"

过了一会儿，左右的人报告说："受灾的是周釐王的宗庙。"

景公惊讶得站起来，恭敬地行礼道："好啊！圣人的智慧，远远地超过一般人哪！"

【原文】

子夏三年之丧毕，见于孔子。子曰："与之琴。"使之弦，侃侃而乐。作而曰："先王制礼，不敢不及。"子曰："君子也。"

闵子三年之丧毕，见于孔子。子曰："与之琴。"使之弦，切切而悲。作而曰："先王制礼，弗敢过也。"子曰："君子也。"

子贡曰："闵子哀未尽，夫子曰君子也；子夏哀已尽，又曰君子也。二者殊情而俱曰君子，赐也惑，敢问之。"

孔子曰："闵子哀未忘，能断之以礼；子夏哀已尽，能引之及礼。虽均之君子，不亦可乎？"

【译文】

子贡服完三年的丧礼，前来拜见孔子。孔子给他琴，他调好琴弦，快乐地弹起来。他站起来说："先王规定的礼，不敢不遵守。"孔子说："你真是君子啊。"

闵子骞守完三年父丧，来拜见孔子。孔子给他琴，他调好琴弦，悲悲切切地弹奏，站起来说："先王制定的礼，不敢加以超越。"孔子说："是个君子。"

子贡说："闵子骞还在伤心，您说他是君子；子夏已经不悲伤了，您也说他是君子。两个人的心情不同，您却都称他们为君子。我很迷惑，斗胆问问这件事。"

孔子说："闵子骞还在悲哀，能用礼制来加以压抑；子夏悲哀已尽，能把感伤引申到礼。我即使同样称他们为君子不也可以吗？"

【原文】

孔子曰："无体之礼，敬也；无服之丧，哀也；无声之乐，欢也。不言而信，不动而威，不施而仁。志，夫钟之音，怒而击之则武，忧而击之则悲。其志变者，声亦随之。故志诚感之，通于金石，而况人乎！"

【译文】

孔子说："没有仪式的礼节，才是真正恭敬；不穿丧服的丧礼，才是真正悲哀；没有声音的音乐，才是真正欢乐。不说出来却能使人相信，没有行动却有威严，不给人恩惠却能仁爱。记住：钟的声音，愤怒时去击打它就会高亢威武，忧伤时击打它就会低沉悲凉。人的心意一改变，钟的声音就会随之改变。所以心意的确有所感触时，能传达到乐器上，何况是人呢？"

【原文】

孔子见罗雀者，所得皆黄口小雀。夫子问之曰："大雀独不得，何也？"

罗者曰："大雀善惊而难得，黄口贪食而易得。黄口从大雀则不得，大雀从黄口亦不得。"

孔子顾谓弟子曰："善惊以远害，利食而忘患，自其心矣。而以所从为祸福。故君子慎其所从。以长者之虑，则有全身之阶；随小者之戆，而有危亡之败也。"

【译文】

孔子看到一个人用罗筐捕到的都是黄嘴的小雀。便问那人说："为什么捕不到大鸟呢？"

捕捉的人说："大鸟警觉，所以很难捉到，小雀贪吃所以容易捉到，小雀跟着大鸟就捉不到，大鸟跟着小雀也不易捉到。"

孔子回头对学生们说："警觉的就远离祸害，贪吃的忘记祸患，这自然是他们自己的思想决定的，由所跟从的对象导致祸患和福佑。所以君子谨慎地对待跟从谁学的问题。跟从长者的想法去做，就有保全自己的途径；随从小人愚而直的做法，就有败亡的危险。"

## 【原文】

孔子读《易》，至于《损》《益》，喟然而叹。

子夏避席问曰："夫子何叹焉？"

孔子曰："夫自损者必有益之，自益者必有决之，吾是以叹也。"

子夏曰："然则学者不可以益乎？"

子曰："非道益之谓也，道弥益而身弥损。夫学者损其自多，以虚受人，故能成其满博也。天道成而必变。凡持满而能久者，未尝有也。故曰：'自贤者，天下之善言不得闻于耳矣。'昔尧治天下之位，犹允恭以持之，克让以接下，是以千岁而益盛，迄今而逾彰。夏桀昆吾，自满而无极，亢意而不节，斩刈黎民如草芥焉。天下讨之如诛匹夫，是以千载而恶著，迄今而不灭。观此，如行则让长，不疾先；如在舆，遇三人则下之，遇二人则式之。调其盈虚，不令自满，所以能久也。"

子夏曰："商请志之，而终身奉行焉。"

## 【译文】

孔子读《周易》，读到《损》《益》两卦，发出一阵感叹声。

子夏起身离座问道："老师您为什么叹息呢？"

孔子说："那些认为自己不足的人总会得到补益，那些自满的人总会有缺陷，我因此叹息。"

子夏说："那么通过学习不就可以得到补益吗？"

孔子说："不是指天道的增益。学问越增长，越应该谦虚。学者中谦虚的人很多。用谦虚的心接受别人的教诲，所以才能让自己知识饱满。天道很广大，有所成就后肯定变化，大凡骄满的人而能长久存在的，不曾有啊。所以

读书有感

说，认为自己好的人，天下的好话就不能听到了。从前尧、舜处于治理天下的地位，还能忠诚恭敬地待人，克己谦让士也对待下人。因此千百年后越发兴盛，到如今越发显示出美德。夏桀和昆吾自满到极点，随心所欲，不知节制，斩杀百姓像割小草一样。天下人讨伐他，就像惩罚平民。因此千百年后他的罪恶越发昭著，到如今也不能泯灭。如此看来，做事要尊让长者，不要着急抢先。比如在车上遇到三个人就主动下来，遇到两个人就扶前边的横木站着，让另一个人坐。调节那盈满和空虚的关系，不让自己骄满，所以能长久立于世。"

子夏说："请让我把这些话记下来，而且终身按照它们来行动。"

## 【原文】

子路问于孔子曰："请释古之道而行由之意，可乎？"

子曰："不可。昔东夷之子，慕诸夏之礼，有女而寡，为内私婿，终身不嫁。嫁则不嫁矣，亦非贞节之义也。苍梧娆娶妻而美，让与其兄。让则让矣，然非礼之让也。不慎其初，而悔其后，何嗟及矣。今汝欲舍古之道，行子之意，庸知子意不以是为非，以非为是乎？后虽欲悔，难哉！"

## 【译文】

子路问孔子说："我想抛开古人的礼道，而按我的心意办事，行吗？"

孔子说："不可以。从前东方少数民族中有一个人羡慕华夏的礼义，他有个女儿当了寡妇，就想为她招女婿，女儿却坚持终身不嫁。可以嫁而不嫁，这并非贞节的意思了。苍梧山下有一个叫娆的人，娶了个美貌的妻子，把她让给了哥哥。这确实是谦让，但是不合礼义。当初不谨慎，事后又后悔，嗟叹又有什么用？如今你想抛开古人的道义，按照你的意志办事，怎么知道你的主张不是以对为错，以错为对呢？以后即使想后悔，也难了！"

## 【原文】

曾子耘瓜，误斩其根。曾皙怒，建大杖以击其背。曾子仆地而不知人久之。有顷，乃苏，欣然而起，进于曾皙曰："向也参得罪于大人，大人用力教参，得无疾乎？"退而就房，援琴而歌，欲令曾皙而闻之，知其体康也。

孔子闻之而怒，告门弟子曰："参来勿内。"曾参自以为无罪，使人请于孔子。

子曰："汝不闻乎，昔瞽瞍有子曰舜，舜之事瞽瞍，欲使之，未尝不在于侧；索而杀之，未尝可得。小棰则待过，大杖则逃走。故瞽瞍不犯不父之罪，而舜不失烝烝之孝。今参事父，委身以待暴怒，殪而不避，既身死而陷父于不义，其不孝孰大焉？汝非天子之民也，杀天子之民，其罪奚若？"

曾参闻之曰："参罪大矣。"遂造孔子而谢过。

【译文】

曾参在瓜田锄草，不慎铲断了瓜秧的根儿。父亲曾晳大怒，拿起大棍子打曾参脊背。曾参被打倒在地，不省人事，好久才苏醒过来。他高兴地站起来，走到曾晳面前说："刚才，我得罪了父亲，父亲用力教导我，该不会累病吧？"曾参回到屋子里，拿起琴边弹边唱，想让曾晳听到琴声和歌声，知道他身体安然无恙。

孔子听到这件事很生气，告诉弟子们说："曾参若来，别让他进来。"曾参自认为没有过错，托人去向孔子询问原因。

孔子说："你没有听过吗？从前瞽瞍有个儿子叫舜，舜服侍父亲时，父亲要使唤他，他没有不在旁边的；瞽瞍找舜，想把他杀掉，却又从来不曾得手。父亲用小棍子打他，他就等着受过挨打，用大棍子打他，他就逃走。所以瞽瞍没有犯下不行父道的罪责，而舜也没有丧失厚美的孝道。今天曾参服侍父亲，舍弃身体来等父亲大发雷霆，死也不躲避，自己死后还让父亲陷于不义之地，有哪一种行为比这更不孝的呢？你算不上天子的子民！杀害天子的百姓，这样的罪过有哪一种比得上呢？"

曾参听到这些话，说："我的罪大呀！"于是到孔子那儿请罪。

【原文】

荆公子行年十五而摄荆相事，孔子闻之，使人往观其为政焉。
使者反，曰："视其朝清静而少事，其堂上有五老焉，其廊下有二十壮士焉。"
孔子曰："合二十五人之智以治天下，其固免矣，况荆乎？"

【译文】

荆国公子十五岁时就代理楚国的宰相职务。孔子听说后，让人去观察他理政的情况。

使者回来说："看到他的朝政清静少事，厅堂上有五位老人，屋廊下有二十位壮士。"

孔子说："集合二十五人的智慧来治理天下，都能免于祸患了，何况是楚国了。"

【原文】

子夏问于孔子曰："颜回之为人奚若？"
子曰："回之信贤于丘。"
曰："子贡之为人奚若？"

子张

子曰:"赐之敏贤于丘。"
曰:"子路之为人奚若?"
子曰:"由之勇贤于丘。"
曰:"子张之为人奚若?"
子曰:"师之庄贤于丘。"
子夏避席而问曰:"然则四子何为事先生?"
子曰:"居,吾语汝。夫回能信而不能反,赐能敏而不能诎,由能勇而不能怯,师能庄而不能同。兼四子者之有以易吾,弗与也。此其所以事吾而弗贰也。"

【译文】

子夏问孔子说:"颜回的为人怎么样?"
孔子说:"颜回在诚信方面比我强。"
子夏问:"子贡的为人怎么样?"
孔子问:"子贡在聪敏方面比我强。"
子夏问:"子路的为人怎么样?"
孔子说:"仲由在勇敢方面比我强。"
子夏问:"子张的为人怎么样?"
孔子说:"子张在庄重方面比我强。"
子夏离开座位问道:"既然这样,他们四个人为什么来侍奉您呢?"
孔子说:"坐下,我告诉你,颜回忠诚却不善于变通,端木赐聪敏而不能屈抑,仲由骁勇而不知退避,颛孙师严肃而不合群。如果把他们四个人的优点加起来和我交换,我也不愿意。这就是他们侍奉我而没有二心的原因。"

【原文】

孔子游于泰山,见荣声期行乎郕之野,鹿裘带索,鼓琴而歌。
孔子问曰:"先生所以为乐者,何也?"
期对曰:"吾乐甚多,而至者三:天生万物,唯人为贵。吾既得为人,是一乐也;男女之别,男尊女卑,故人以男为贵,吾既得为男,是二乐也。人生有不见日月,不免襁褓者,吾既以行年九十五矣,是三乐也。贫者,士之常;死者,人之终。处常得终,当何忧哉?"孔子曰:"善哉!能自宽者也。"

【译文】

孔子到泰山游览,看见荣声期走在郕邑的野外,穿着鹿皮衣,用绳索做衣带,正在弹琴唱歌。

孔子问道:"您这么快乐的原因是什么?"

荣声期回答说:"我高兴的原因很多,最高兴的有三点:上天创造万物,只有人最高贵,我已经做了人,这是一乐。男女有别,男尊女卑,所以人们以男人为贵,我已经做了男人,这是二乐。人有生下来没看到日月就死的,有婴孩时就死的,我已经活了九十五岁,这是三乐。贫穷是士人的常事,死是人的归宿,处在常情中等待最后的归宿,有什么忧愁的呢?"孔子说:"好啊!他是能够宽慰自己的人。"

## 【原文】

孔子曰:"回有君子之道四焉:强于行义,弱于受谏,怵于待禄,慎于治身。史鳅有君子之道三焉:不仕而敬上,不祀而敬鬼,直己而曲于人。"

曾子侍,曰:"参昔常闻夫子之三言,而未之能行也。夫子见人之一善而忘其百非,是夫子之易事也;见人之有善若己有之,是夫子之不争也;闻善必躬行之,然后导之,是夫子之能劳也。学夫子之三言而未能行,以自知终不及二子者也。"

## 【译文】

孔子说:"颜回具备君子的四种品行,实行德义时很坚定,听从别人的劝谏,得到官禄时很戒惧,谨慎地修养自己。史䲡具有男子汉的三种品行,不做官时也尊敬长上,不祭礼时也恭敬鬼神,严格要求自己正直而对别人宽容、忍让。"

曾参陪在一旁,说:"我以前常听您说三句话,却没有能够照着实行。您发现别人一处优点就忘记他所有的缺点,这说明先生容易向人学习;看见别人的长处,像是自己的一样,因而您不斤斤计较于名利;听说了优点一定身体力行,然后把它教给别人,因而您能够吃苦耐劳。学习您的三句话却不能照着去做,所以我知道自己最终不如颜回和史䲡。"

## 【原文】

孔子曰:"吾死之后,则商也日益,赐也日损。"

曾子曰:"何谓也?"

子曰:"商也好与贤己者处,赐也好说不若己者。不知其子视其父;不知其人视其友;不知其君视其所使,不知其地视其草木。故曰:与善人居,如入芝兰之室,久而不闻其香,即与之化矣。与不善人居,如入鲍鱼之肆,久而不闻其臭,亦与之化矣。丹之所藏者赤,漆之所藏者黑,是以君子必慎其所与处者焉。"

## 【译文】

孔子说:"我死之后,卜商会越来越长进,端木赐会一天天地退步。"

曾参说:"为什么这样说呢?"

孔子说:"卜商喜欢与比自己强的人相处,端木赐喜欢谈论那些不如自己的人。不了解儿子,可以看他的父亲;不了解某个人,可以看他的朋友;不了解国君,可以看他使唤的下臣;不了解土地,可以看它上面长的草木。所以说,和好人在一起,就像进入香草熏的屋子,时间久了就闻不到它的香味,就被它同化了。跟坏人在一起,就像进入咸鱼铺,时间久了就闻不到臭味,也被它同化了。藏有朱砂的地方是红的,保藏漆的地方是黑的。因此君子一定谨慎地选择跟自己相处的人。"

【原文】

曾子从孔子之齐,齐景公以下卿之礼聘曾子,曾子固辞。

将行,晏子送之曰:"吾闻之,君子遗人以财,不若善言。今夫兰本三年,湛之以鹿醢,既成嚁之,则易之匹马。非兰之本性也,所以湛者美矣,愿子详其所湛者。夫君子居必择处,游必择方,仕必择君。择君所以求仕,择方所以修道。迁风移俗,嗜欲移性,可不慎乎?"

孔子闻之,曰:"晏子之言,君子哉!依贤者固不困,依富者固不穷,马蚿斩足而复行,何也?以其辅之者众。"

【译文】

曾参跟孔子到齐国,齐景公用对待下卿的礼节聘请曾子,曾子坚决推辞。

曾参离开齐国时,晏婴为他送行说道:"我听说:君子赠人钱财,不如赠人好话。现在有一块生长三年的兰草根,用鹿肉酱浸渍它,味道好得可以用来换一匹马。这不是兰草本身有这么好的味道,而是用来浸泡它的鹿肉酱美,希望你弄明白那肉酱的作用。君子居住一定要选择地方,出游一定要选择方向,做官一定选择国君。选择君主是为了求得官做,选择方向是为了加强道德修养。风俗能使人转变,喜好改变本性,能够不谨慎吗?"

孔子听到后说:"晏子说的,是君子的话啊。依随好人当然不会困惑,依随富人,当然不会贫穷。蚿虫腿断了还能行走,为什么?因为他的辅助脚多。"

【原文】

孔子曰:"以富贵而下人,何人不尊;以富贵而爱人,何人不亲?发言不逆,可谓知言矣;言而众向之,可谓知时矣。是故以富而能富人者,欲贫不可得也;以贵而能贵人者,欲贱不可得也;以达而能达人者,欲穷不可得也。"

【译文】

孔子说:"凭着富贵而能待人谦恭,有什么人不尊敬你呢?凭着富贵却能爱护别人，有什么人不亲近你呢？发表言论不违背众人的意愿，可算是会说话了。说出话大伙儿响应，可算是懂得时机了。所以由于自己富有而能使别人富有的人，想穷也不可能啊。由于自己显贵而能使别人显贵的人，想低贱也不可能啊。自己通达，而且也能让别人通达的，想困窘也不可能啊。"

## 【原文】

孔子曰："中人之情也，有余则侈，不足则俭，无禁则淫，无度则逸，从欲则败。是故鞭朴之子不从父之教，刑戮之民不从君之令。此言疾之难忍，急之难行也。故君子不急断，不急制。使饮食有量，衣服有节，宫室有度，畜积有数，车器有限，所以防乱之原也。夫度量不可不明，是中人所由之令。"

## 【译文】

孔子说："一般人的情况是这样的：财物有余就会奢侈，不够就会节省，没有禁令就会过度行动，没有限度就会放纵，随心所欲就会失败，因此遭受鞭打的儿子，往往不听从父亲的教诲，被刑律惩罚的老百姓不会听从君主的命令。这是说要求过快就难以让人忍受，操之过急则难以行得通。所以君子不急于决断，不急于下结论，不急于采取措施，使饮食有限量，穿衣服有节制，住房有限度，积蓄有定数，车辆和器具有限额，这就是为了杜绝祸乱的根源。法规禁令不可以不明确，这是一般人遵守的教令。"

## 【原文】

孔子曰："巧而好度，必攻；勇而好问，必胜；智而好谋，必成。以愚者反之。是以非其人，告之弗听；非其地，树之弗生。得其人，如聚砂而雨之；非其人，如会聋而鼓之。夫处重擅宠，专事妒贤，愚者之情也。位高则危，任重则崩，可立而待。"

## 【译文】

孔子说："灵巧而善于筹算的人必然坚定，勇敢而善于请教的人必然胜利，聪明而善于谋划的人必然会成功。愚者正与此相反。因此，不是他得意的人，告诉他也不听；不是他要的地，种上树也不长。遇到得意的人，就像把沙子聚扰起来，让它淋雨也不散；不是他得意的人，就像把聋子会聚到一块，敲鼓也没有用。处于重要地位独自受宠，专门干嫉贤妒能的事，这是愚者的本性。地位高就危险，任务重就会崩塌，这种情况可能会很快出现。"

## 【原文】

孔子曰："舟非水不行，水入舟则没；君非民不治，民犯上则倾。是故君子不可不严也，小人不可不整一也。"

【译文】

孔子说："船没有水就不会行驶，水进了船，船就会沉没。君主离开了老百姓就不能治理国家，百姓违抗君命就会使国家倾覆。所以君子不可以不严谨，小人的思想不可以不统一。"

【原文】

齐高庭问于孔子曰："庭不旷山，不直地，衣穰而提贽，精气以问事君子之道，愿夫子告之。"

孔子曰："贞以干之，敬以辅之，施仁无倦。见君子则举之，见小人则退之，去汝恶心而忠与之，效其行，修其礼，千里之外，亲如兄弟；行不效，礼不修，则对门不汝通矣。夫终日言，不遗己之忧；终日行，不遗己之患，唯智者能之。故自修者必恐惧以除患恭俭以避难者也。终身为善，一言则败之，可不慎乎？"

【译文】

齐国的高庭向孔子请教道："我爬过高山，不远千里而来，穿着蒿草做的衣服，拿着礼物，真诚地前来问您侍奉国君的方法，希望先生能告诉我。"

孔子说："忠实地去干，恭敬地辅助他，实行仁德毫不厌倦，看到君子就加以举荐，看到小人就加以斥退。去掉你的邪恶念头，忠心地对待他，学习他的品行，讲究礼义。那么，即使距离千里之遥，也亲密如兄弟。如果不学习他的品行，不讲究礼义，那么即使对门居住，也不会与你沟通。整天说话，不会给自己留下忧患；整天做事，也不会给自己留下祸患，只有智者才能做到这些。所以自我修养的人，一定小心谨慎地消除祸患，恭敬地避开灾难。一辈子做好事，一句话就能毁了自己，能不谨慎吗？"

## 辩物第十六

【原文】

季桓子穿井，获如土缶，其中有羊焉。使使问于孔子曰："吾穿井于费，而于井中得一狗，何也？"

孔子曰："丘之所闻者，羊也。丘闻之，木石之怪夔、蝄蜽，水之怪龙、罔象，土之怪羵羊也。"

## 【译文】

季桓子在家挖井，挖出个瓦罐，里面有只羊。派人向孔子请教，说："我在费城打井，从井中得到一个兽，请问这是什么？"

孔子说："就我知道的而言，应该是一只羊。我听说：'山林中的精怪有夔和蝄蜽，水中的精怪有龙和罔象，土中的精怪有羵羊。'"

## 【原文】

吴伐越，隳会稽，获巨骨一节，专车焉。吴子使来聘于鲁，且问之孔子，命使者曰："无以吾命也。"

宾即将事，乃发币于大夫，及孔子，孔子爵之。

既彻俎而燕客，执骨而问曰："敢问骨何如为大？"

孔子曰："丘闻之，昔禹致群臣于会稽之山，防风后至，禹杀而戮之，其骨专车焉，此为大矣。"

客曰："敢问谁守为神？"

孔子曰："山川之灵，足以纪纲天下者，其守为神。社稷之守为公侯，山川之祀者为诸侯。皆属于王。"

客曰："防风何守？"

孔子曰："汪芒氏之君守封嵎山者，为添姓，在虞夏商为汪芒氏，于周为长翟氏，今曰大人。"

客曰："人长之极几何？"

孔子曰："僬侥氏长三尺，短之至也。长者不过十，数之极也。"

## 【译文】

吴国攻伐越国，攻下会稽山，获得一节大骨头，占满了一辆车。吴王派人到鲁国问候鲁君，并向孔子请教这件事。吴王命令使臣说："不要说是我的命令。"

使者问候完鲁君以后，分发礼物给鲁国大夫，发到孔子时，孔子给他倒了杯酒。

撤掉礼器后，众人欢宴。客人拿起一块骨头问孔子说："请问什么骨头最大？"

孔子说："我听说，从前大禹帝在会稽山上召集大臣们，防风氏来晚了，于是禹杀了他，并陈尸示众，他的骨头装了一车，这样的骨头算大的了。"

客人说："请问谁是守护山川的神？"

孔子说："高山大川的灵气，足能治理天下，守山川的叫神。守社稷的叫公侯，主祭山川的是诸侯，都隶属于天子。"

客人说："防风氏守住哪里呢？"

孔子说："汪芒氏的国君主守封山和嵎山，姓添，在虞、夏、商代叫汪芒氏，在周时叫长翟氏，如今叫大人。"

客人问："人的身高最大极限是多少？"

孔子说："僬侥氏身长三尺，是最短的了。长的最多不超过十几尺，这个数字已到了极限。"

【原文】

孔子在陈，陈惠公宾之于上馆。时有隼集于陈侯之庭而死，楛矢贯之石砮，其长尺有咫。惠公使人持隼如孔子馆而问焉。

孔子曰："隼之来远矣，此肃慎氏之矢。昔武王克商，通道于九夷百蛮，使各以其方贿来贡，而无忘职业。于是肃慎氏贡楛矢石砮，其长尺有咫。先王欲昭其令德之致远物也，以示后人，使永鉴焉，故铭其楛曰'肃慎氏贡楛矢楛'，以分大姬。配胡公，而封诸陈。古者分同姓以珍玉，所以展亲亲也；分异姓以远方之职贡，所以无忘服也。故分陈以肃慎氏贡焉。君若使有司求诸故府，其可得也。"

公使人求，得之金椟，如之。

【译文】

孔子在陈国时，陈惠公以贵宾之礼让他住在上等客馆。当时有一只鸟落在陈惠公的庭院中死了，楛木箭射穿了它的身体，箭长一尺八。陈惠公派人拿着隼鸟到孔子的馆舍询问这件事。

孔子说："隼鸟从很远的地方来啊！这是肃慎氏的箭。从前周武王消灭商国，打通了和各少数民族往来的道路，让他们各自以地方上特有的财物来进贡，并且告诫他们不要忘记自己的职守，要成为惯例。于是，肃慎氏献上用楛木做的杆、石头箭头制成的箭，它长一尺八寸。武王想昭示后人，是自己的美德善行使四方宾服来朝纳贡，并让后人永远作为借鉴，所以在箭楛上刻字纪念'肃慎氏贡

上楛木箭'。把它赏给自己的女儿大姬。后来，大姬嫁给了封地在陈的舜的后代胡公。古时候分给同姓诸侯珍宝玉器，以表示亲密的亲属关系；拿远方献上的贡物分封给异姓之国，是要他们不忘服从王室。所以，把肃慎氏的贡品分给陈国。您如果派官吏到以前的官府府库中去找，是可以找到的。"

陈惠公派人去找，果然在一个铜柜子里找到了它，和孔子说的完全相同。

## 【原文】

郯子朝鲁，鲁人问曰："少昊氏以鸟名官，何也？"

对曰："吾祖也，我知之。昔黄帝以云纪官，故为云师而云名。炎帝以火，共工以水，太昊以龙，其义一也。我高祖少昊挚之立也，凤鸟适至，是以纪之于鸟，故为鸟师而鸟名。自颛顼氏以来，不能纪远，乃纪于近，为民师而命以民事，则不能故也。"

孔子闻之，遂见郯子而学焉。既而告人曰："吾闻之：天子失官，学在四夷，犹信。"

## 【译文】

郯国国君到鲁国来朝见，鲁国人问道："少昊氏用鸟名来封官，这是为什么？"

郯君回答说："他是我的先祖，我知道。从前黄帝用云字来记录官职，所以各官之长都用云字命名。炎帝用火记名，共工用水记名，太昊用龙记名，它们的意义是一样的。我的先祖少昊挚即位的时候，凤凰恰好飞来，因此就用鸟记官，各官之长都用鸟命名。从颛顼氏以来，不能记述远古的事情，只好记述近世的事情。为民做官，就用民众的事来记，就不能用过去的方法了。"

孔子听说了这事，立刻去拜见郯君，向他学习。不久后对人说："我听说：天子丧失官学后，学问就存在于诸侯小国中了。这话是真实可信的。"

## 【原文】

邾隐公朝于鲁，子贡观焉。邾子执玉高，其容仰。定公受玉卑，其容俯。

子贡曰："以礼观之，二君者将有死亡焉。夫礼，生死存亡之体，将左右周旋，进退俯仰，于是乎取之；朝祀丧戎，于是乎观之。今正月相朝，而皆不度，心以亡矣。嘉事不体，何以能久？高仰，骄也；卑俯，替也。骄近乱，替近疾。君为主，其先亡乎？"

夏五月，公薨，又邾子出奔。孔子曰："赐不幸而言中，是赐多言。"

## 【译文】

邾隐公朝见鲁定公，子贡观看朝见的礼仪。邾君高高地举着玉，他的脸仰着；定公低低地接过玉，他的脸往下俯。

子贡说："从礼节来看他们，两个君主将会有死亡的。礼节，是生死存亡的主导，一举一动，或左或右，对人揖让，以及进退、俯仰，都从里来择取它；朝拜祭祀、丧事出征，从中看出礼节，如今正月互相朝拜，他们的礼节不合法度，礼节的根本都丧尽了。朝拜的礼节都不合于礼制，怎么能够活得久？头高昂，是骄傲；头低俯，是衰弱。骄傲近于作乱，衰弱近于生病。如果作为君主，大概就是死亡的先兆吧？"

夏五月定公死了，邾君也逃到国外。孔子说："端木赐不幸而说中了，这是他多嘴。"

## 【原文】

孔子在陈，陈侯就之燕游焉。行路之人云："鲁司铎灾，及宗庙。"以告孔子。子曰："所及者其桓、僖之庙。"

陈侯曰："何以知之？"

子曰："礼，祖有功而宗有德，故不毁其庙焉。今桓、僖之亲尽矣，又功德不足以存其庙，而鲁不毁，是以天灾加之。"

三日，鲁使至，问焉，则桓、僖也。陈侯谓子贡曰："吾乃今知圣人之可贵。"

对曰："君之知之，可矣，未若专其道而行其化之善也。"

## 【译文】

孔子在陈国，陈侯到他那儿和他一起闲游。路上的行人说："鲁国的司铎官署发生了火灾，连宗庙也被烧着了。"陈君把这事告诉孔子，孔子说："被烧的大概是桓公和僖公的庙。"

陈国国君说："你凭什么知道是他们的宗庙？"

孔子说："按照礼制规定，祖宗有功有德，不毁坏他的庙。现在桓公、僖公的近亲没了，他们的功德又不足以保存他们的庙，鲁人不毁坏它们，因此天灾就落在它们的身上。"

三天后，鲁国使节到了陈国，陈国国君问起这事，果然就是桓公和僖公的宗庙被烧。陈国国君对子贡说："我今天才知道圣人值得敬重。"

子贡回答说："您今天懂得，可以了，但还不如一心推行他的道来实行圣人的教化好啊。"

## 【原文】

阳虎既奔齐，自齐奔晋，适赵氏。

孔子闻之，谓子路曰："赵氏其世有乱乎？"

子路曰："权不在焉，岂能为乱？"

孔子曰："非汝所知。夫阳虎亲富而不亲仁，有宠于季孙，又将杀之，不克而奔，求容于齐。齐人囚之，乃亡归晋。是齐、鲁二国已去其疾。赵简子好利而多信，必溺其说而从其谋。祸败所终，非一世可知也。"

【译文】

季孙氏的家臣阳虎逃到齐国后，又从齐国逃到晋国，投奔赵简子。

孔子听到后对子路说："赵家恐怕要世世代代不安宁了。"

子路说："权力不在阳虎手上，怎么能作乱呢？"

孔子说："你不懂，那阳虎亲近富贵而不亲近仁义，得到季孙的宠信，又想杀季孙，没成功就逃了，请求在齐国容身，齐国囚禁他，便逃亡跑到晋。这样齐鲁两国就去掉了祸害。赵简子贪利轻信，肯定相信他的话，必然会沉溺于阳虎的说教而听从他的计谋，祸患的最终结果，不是一世可以知道的。"

【原文】

季康子问于孔子曰："今周十二月，夏之十月，而犹有螽，何也？"

孔子对曰："丘闻之，火伏而后蛰者毕。今火犹西流，司历过也。"

季康子曰："所失者几月也？"

孔子曰："于夏十月，火既没矣。今火见，再失闰也。"

【译文】

季康子问孔子说："现在是周历十二月，夏历十月，但仍然有蝗虫为灾，为什么呢？"

孔子回答说："我听说：心星下去以后蛰虫就不会有了。如今心星还在向西移动，这是司历官造成的错误。"

季康子说："所错算的是哪个月份？"

孔子说："在夏历十月，心星隐没了以后。现在它又出现，这是又一次应设闰月而未设。"

【原文】

吴王夫差将与哀公见晋侯。

子服景伯对使者曰："王合诸侯，则伯率侯牧以见于王；伯合诸侯，则侯率子男以见于伯。今诸侯会而君与寡君见晋君，则晋成为伯矣。且执事以伯召诸侯，则以侯终之，何利之有焉？"

吴人乃止。既而悔之，遂囚景伯。

伯谓太宰嚭曰："鲁将以十月上辛有事于上帝、先王，季辛而毕。何也世有职焉，自襄已来，未之改也。若其不会，则祝宗将曰：'吴实然。'"嚭言于夫差，归之。

子贡闻之，见于孔子曰："子服氏之子拙于说矣，以实获囚，以诈得免。"

孔子曰："吴子为夷德，可欺而不可以实，是听者之蔽，非说者之拙也。"

是听者之蔽，非说者之拙也

## 【译文】

吴王夫差打算与鲁哀公一块去见晋国国君。

子服景伯对吴国使臣说："天子会合诸侯，那么诸侯的首领就率领诸侯去朝见天子。诸侯的首领会合诸侯，那么侯就率领子、男爵位的人去朝见首领。如今是诸侯间会盟，你们国君和我们国君去见晋侯，那么晋侯就成了首领了。再说您以首领的身份召集诸侯，却以普通诸侯身份结束，有什么好处？"

吴国于是没有去。过后很后悔，于是把景伯关了起来。

景伯对太宰嚭说："鲁国将要在十月上旬的辛日祭祀先王、上帝，下旬的辛日结束。我们家世代在祭祀中担任职务，从襄公以来，没有改变。如果我不参加，那么祝宗将会说：'是吴国不让他这样做。'"嚭向夫差说了这些，夫差就把子服景伯放了回去。

子贡听说了这些事，就对孔子说："子服氏的儿子真是不会说话，因为诚实而被关押，又因欺骗而被释放。"

孔子说："吴王实行夷人的德行，可以欺骗，不可以对他讲实话，这是听的人被蒙蔽了，不是说的人笨拙。"

## 【原文】

叔孙氏之车士曰子钼商，采薪于大野，获麟焉，折其前左足，载以归。叔孙以为不祥，弃之于郭外，使人告孔子曰："有麏而角者，何也？"

孔子往观之，曰："麟也，胡为来哉？胡为来哉？"反袂拭面，涕泣沾襟。

叔孙闻之，然后取之。

子贡问曰："夫子何泣尔？"

孔子曰："麟之至，为明王也。出非其时而见害，吾是以伤焉。"

## 【译文】

叔孙氏的车夫子钼商，在大野打柴，捕到一只麒麟。他折断了麒麟的前左脚，并将它载回来。叔孙氏认为不吉祥，把麒麟抛弃在城外。他派人告诉孔子说："有一只长了角的獐，是什么？"

孔子去看，说："这是麒麟，它为什么会来到这里呢？它为什么会来到这里呢？"回身用衣袖擦脸，眼泪沾湿衣襟。

叔孙氏听孔子这样说，就把麒麟带了回来。

子贡问道："先生为什么哭呢？"

孔子说："麒麟出现在世间，是因为将要出现圣明的君王，但是它在不该出来的时候出来，而且被伤害，我因此伤心。"

## 哀公问政第十七

【原文】

哀公问政于孔子。

孔子对曰："文、武之政，布在方策。其人存，则其政举，其人亡则其政息。天道敏生，人道敏政，地道敏树。夫政者，犹蒲卢也，待化以成，故为政在于得人。取人以身，修道以仁。仁者，人也，亲亲为大；义者，宜也，尊贤为大。亲亲之杀，尊贤之等，礼所以生也。礼者，政之本也。是以君子不可以不修身。思修身，不可以不事亲；思事亲，不可以不知人；思知人，不可以不知天。天下之达道有五，其所以行之者三。曰君臣也，父子也，夫妇也，昆弟也，朋友也。五者，天下之达道。智仁勇三者，天下之达德也。所以行之者，一也。或生而知之，或学而知之，或困而知之。及其知之，一也。或安而行之，或利而行之，或勉强而行之。及其成功，一也。"

公曰："子之言美矣，至矣！寡人实固，不足以成之也。"

孔子曰："好学近乎智，力行近乎仁，知耻近乎勇。知斯三者，则知所以修身；知所以修身，则知所以治人；知所以治人，则能成天下国家者矣。"

公曰："政其尽此而已乎？"

孔子曰："凡为天下国家有九经，曰修身也，尊贤也，亲亲也，敬大臣也，体群臣也，重庶民也，来百工也，柔远人也，怀诸侯也。夫修身则道立，尊贤则不惑，亲亲则诸父昆弟不怨，敬大臣则不眩，体群臣则士之报礼重，重庶民则百姓劝，来百工则财用足，柔远人则四方归之，怀诸侯则天下畏之。"

公曰："为之奈何？"

孔子曰："斋洁盛服，非礼不动，所以修身也。去谗远色，贱财而贵德，所以尊贤也。爵其能，重其禄，同其好恶，所以笃亲亲也。官盛任使，所以敬大臣也。忠信重禄，所以劝士也。时使薄敛，所以劝百姓也。日省月考，饩廪称事，所以来百工也。送往迎来，嘉善而矜不能，所以绥远人也。继绝世，举废邦，治乱持危，朝聘以时，厚往而薄来，所以怀诸侯也。治天下国家有九经，其所以行之者，一也。凡事豫则立，不豫则废。言前定则不跲，事前定则不困，行前定则不疚，道前定则不穷。在下位不获于上，民弗可得而治矣。获于上有道：不信于友，不获于上矣。信于友有道：不顺于亲，不信于友矣。顺于亲有道：反诸身不诚，不顺于亲矣。诚有道：不明于善，不诚于身矣。诚者，天之至道也；诚之者，人之道也。夫诚，弗勉而中，不思而得，从容中道，圣人之所以定体也。诚之者，择善而固执之者也。"

公曰："子之教寡人备矣，敢问行之所始？"

孔子曰："立爱自亲始，教民睦也；立敬自长始，教民顺也。教之慈睦，而民贵有亲；教以敬，而民贵用命。民既孝于亲，又顺以听命，措诸天下，无所不可。"

公曰："寡人既得闻此言也，惧不能果行而获罪咎。"

### 【译文】

鲁哀公向孔子询问为政之道。

孔子回答说："周文王和周武王施行德政的事绩，记录在典籍里。如果现在有像文王、武王那样的人存在，那么他们的为政之道便能实行；若没有，就不能实行德政。天道使生命迅速繁衍。人道是要快快施行德政。地道是要快快种植。国政，就像蒲草一样，化行以后取得成就。所以施行德政，在于得到贤人，得贤人靠自身修养，自身修养要讲仁。仁就是爱人，爱双亲是最主要的。义就是人与人之间相处适宜得当，尊敬贤人是最重要的。爱亲人要根据亲疏降等，尊敬贤人也有等级之别，这是根据礼产生的，礼是德政的根本。因此，君子不能不修身，想修身就不能不侍奉双亲，想侍奉双亲就不能不了解人，想了解人就不能不了解天。天下通常的人际关系有五种，实行它的方式有三种。有君臣关系，有父子关系，有夫妻关系，有兄弟关系，有朋友之间的关系。这五种，就是天下共行的大道。仁、智、勇这三点是实现这些关系所遵循的道德。实行这些归到一点就是诚。有的人生来就懂得这些道理，有的人学习后懂了，有的人困惑后经过苦苦思索才懂了，就懂这一点来说，他们又都是一样的。有的人是心安理得地去实践这些道德，有的人是唯利是图地去实践，有的人勉强实行了，等到他们成功时是一样的。"

鲁哀公说："你说的真是好极了！我的确是原来不能够实现它们啊。"

孔子说："喜欢学习近于有智慧，努力学习近于有仁义，知道耻辱近于有勇气。知道这三点，就知道修养自身的方法了；知道修养自身的方法，就知道管理别人的方法了；知道管理别人的方法，就能够完成治理国家的大事了。"

鲁哀公说："为政的道理就只有这些吗？"

孔子说："大凡治理天下、国家大致有九条常规：修养好自身，尊敬贤人，爱亲人，尊敬大臣，体恤群臣，爱民如子，招来各种工匠，安抚边远地区的人民，安抚诸侯。修养好身心就有了高尚的道德；尊敬贤人就有人规谏，因而不至于糊涂；爱亲人，长辈兄弟就没有怨恨；敬重大臣，自己就不会迷惑；体恤群臣，士人就会重重地回报；爱百姓，百姓就受到鼓励，会更加效劳；招来各种工匠，国家的财货就会丰足；安抚边远地区的人民，四方民族就会来归顺；安抚诸侯，天下人就会敬畏您。"

鲁哀公说："怎样才能做到这些呢？"

孔子说："斋戒整洁穿着盛大的礼服，不合乎礼节就不行动，这是修养身体的方法；消除谗言远离女色，轻视钱财而且注重德行，这是尊敬贤能的方法；对有能力的人加官晋爵，增加他们的俸禄，对他们喜爱和厌恶的一样对待，这是忠厚地孝敬父母的方法；多封官而且任命使用他们，这是敬重大臣的方法；给忠诚守信的人很高的俸禄，这是鼓励士人的方法；遵从农时使赋税减轻，这是爱护百姓的方法；经常地进行考察，按劳动来配给官粮，这是招揽各种手工业者的方法；对远方来客热情相送，盛情相迎，赞扬有优点的人，同情没有才能的人，这是安抚远方人民的方法；让已经断绝的朝代之后有封地，振兴荒废的城邦，治理乱政扶持危局，让各地诸侯按时朝聘，赐予的礼品多而收受的礼品少，这是安抚诸侯的方法。治理天下有九种原则，用来实行的方法只有一个。无论做什么事预先有了准备就能做成，没有准备就会失败。言语先确定就不会失败，事情先确定好就不会陷入困顿；行动先确定了就不会有痛苦，道义先确定了就不会不得志。处在下位不被上司信任和支持，就不可能得到百姓并且管理他们；有办法让上面的人发现任用，却不被朋友信任，就不能算是被上头任用；有一定的办法让朋友信任，却不顺从父母，就不会真正被朋友信任了；依从父母有一定的办法，返回到自身却不忠诚，不能算是顺从父母；自身忠诚有办法，不明白善行，就不能算是忠诚自身。忠诚，是天下最大的道理；使人忠诚，是人伦之道。如果有诚心，不努力就能做到，不考虑就能得到，从从容容符合道义，这是圣人表现出来的形象。真诚的人，就是选择善行而且牢牢地把握住它。"

鲁哀公说："您教给我的方法真全面啊！冒昧地问您应该从哪里开始呢？"

孔子说："树立爱心从爱亲人开始，教百姓要相亲和睦。树立敬意从敬长者开始，教百姓要顺从长者。教百姓慈爱和睦，百姓就重视孝事双亲；教百姓恭敬，百姓就重视尊长的命令。百姓既孝敬亲人，又顺从听命，让他们做任何事，都没有不可以的。"

鲁哀公说："我能听到这些话，就怕不能实行而犯错误。"

【原文】

宰我问于孔子曰："吾闻鬼神之名而不知所谓，敢问焉。"

孔子曰："人生有气有魄。气者，神之盛也；魄者，鬼之盛也。众生必死，死必归土，此谓鬼。魂气归天，此谓神。合鬼与神而享之，教之至也。骨肉毙于下，化为野土，其气发扬于上，此神之著也。圣人因物之精，制为之极，明命鬼神，以为民之则。而犹以是为未足也，故筑为宫室，设为宗祧，春秋祭祀，以别亲疏，教民反古复始，不敢忘其所由生也。众人服自此，故听且速焉。教以二端，二端既立，报以二礼，建设朝事，燔燎膻芗，所以报气也。荐黍稷，羞肺肝，加以郁鬯，所以报魄也。此教民修本反始崇爱，上下用情，礼之至也。

"君子反古复始，不忘其所由生，是以致其敬，发其情，竭力从事，不敢不自尽也，此之谓大教。昔者文王之祭也，事死如事生，思死而不欲生，忌日则必哀，称讳则如见亲，祀之忠也。思之深，如见亲之所爱。祭欲见亲之颜色者，其唯文王与？《诗》云：'明发不寐，有怀二人。'则文王之谓与？祭之明日，明发不寐，有怀二人，敬而致之，又从而思之。祭之日，乐与哀半，飨之必乐，已至必哀。孝子之情也，文王为能得之矣。"

## 【译文】

宰我问孔子说："我听说有鬼神这种名称却不知道它们是什么东西，冒昧地来问您这件事。"

孔子说："人生下来有气有魄。气，是人盛极而生的；魄，是鬼盛极而生的。有生必有死，死后一定归于土，这就指的是鬼。魂气归到天上，这叫神。向鬼和神献祭品，这是教化中最重要的。骨肉埋在地下，化为野外的泥土，那气升扬到天上，这就是神所附着的。圣人依据万物的精灵，规定它为最高地位，明确命名为鬼神，以此作为万民所恭敬的标准。还认为不够，所以又建造房屋，设立宗庙，一年都祭祀，以此区分亲疏关系。教百姓反思到远古，不忘自己的由来。大家从此信服了，纷纷听命而且十分迅速。教以气、魄的由来，报之以敬神敬鬼二礼。安排朝会事宜，焚烧牛脂牛膏，发散出香味，用以报气；献上谷物，献上肺肝，再加上美酒，用以报魄。这样做是为了教导百姓依循本根，回返本原，注重相互爱护，上上下下都讲真诚，这是礼的最高要求。

"君子反古复始，不忘由来，因此献敬意，表达真情，努力做事，不敢不尽全力，这就叫最重要的教化。从前周文王

祭祀的时候，敬奉死者就像侍奉生人，思念死者痛不欲生，遇到忌日肯定哀伤，提到父母的名字时就像看到亲人，这是忠诚的祭祀。深深地思念，就像见到自己亲爱的人。祭祀时想看到亲人的容貌，难道只是周文王吗？《诗经》上说：'直到天亮还没睡着，怀念双亲难平静。'就是指文王吧。祭祀的第二天，到天亮还没睡，一直思念死去的双亲，这是恭敬到极点了，想念又想念。祭祀的日子，乐和哀各半，宴饮时一定要高兴，宴饮后就很哀伤。这是孝子的感情，周文王能做到。"

## 颜回第十八

【原文】

鲁定公问于颜回曰："子亦闻东野毕之善御乎？"对曰："善则善矣，虽然，其马将必佚。"定公色不悦，谓左右曰："君子固有诬人也。"颜回退。

后三日，牧来诉之曰："东野毕之马佚，两骖曳，两服入于厩。"公闻之，越席而起，促驾召颜回'。回至，公曰："前日寡人问吾子以东野毕之御，而子曰'善则善矣，其马将佚。不识吾子奚以知之？"

颜回对曰："以政知之。昔者帝舜巧于使民，造父巧于使马。舜不穷其民力，造父不穷其马力，是以舜无佚民，造父无佚马。今东野毕之御也，升马执辔，衔体正矣；步骤驰骋，朝礼毕矣；历险致远，马力尽矣，然而犹乃求马不已。臣以此知之。"

公曰："善！诚若吾子之言也。吾子之言，其义大矣，愿少进乎？"

颜回曰："臣闻之，鸟穷则啄，兽穷则攫，人穷则诈，马穷则佚。自古及今，未有穷其下而能无危者也。"公悦，遂以告孔子。

孔子对曰："夫其所以为颜回者，此之类也，岂足多哉？"

未有穷其下而能无危者也

【译文】

鲁定公问颜回说："你也听说东野毕善于驾驭车马吗？"颜回说："他可以称得上善于驾车。尽管如

此，他的马还是一定会奔逃。"鲁定公听了，现出很不高兴的脸色，对身边的人说："有道德的人，也诬蔑人哪。"颜回退下。

过了三天，养马的跑来说："东野毕的马跑了。两匹骖马逃跑，两匹服马进了马棚。"鲁定公听说后，跌撞在席上，又站起来说："赶快驾车召见颜回。"颜回来到，鲁定公说："前天我问您东野毕驾车之事，您说：'他可以称得上精通驾车，但他的马一定会奔逃。'不知您是根据什么知道的？"

颜回说："根据处理政事的道理推知。从前舜帝最善于治理百姓，造父最善于驾驭马。舜帝不用尽民力，造父不用尽马力。因此舜帝没有散失百姓，造父没有散失马匹。东野毕驾车时，登上车，拿起马缰绳，马嚼子的位置放得很端正，调理完毕，打马快跑，经历险路，跑很远的道。马力都用尽了，还没完没了地要求马快跑。我根据这点知道马会散失。"

鲁定公说："说得好，的确像您说的那样。您刚才说的话，意义深远得很呀，您能不能稍微进一步加以论述呢？"

颜回说："我听说，鸟儿饿极了就会啄人，野兽饿极了就会抓人，人穷极了就欺骗，马累极了就跑散，自古到今，没有让下位困窘而能没危险的。"鲁定公听了非常高兴，于是把这些话都告诉了孔子。

孔子说："他之所以是颜回，就在于他常有这一类的表现，不必过多地称赞他。"

## 【原文】

孔子在卫，昧旦晨兴，颜回侍侧，闻哭者之声甚哀。

子曰："回，汝知此何所哭乎？"

对曰："回以此哭声非但为死者而已，又有生离别者也。"

子曰："何以知之？"

对曰："回闻桓山之鸟生四子焉，羽翼既成，将分于四海，其母悲鸣而送之，哀声有似于此，谓其往而不返也。回窃以音类知之。"

孔子使人问哭者，果曰："父死家贫，卖子以葬，与之长决。"

子曰："回也，善于识音矣。"

## 【译文】

孔子在卫国时，一次天刚刚亮时就早早起来，颜回在一旁侍候，听到有人哭，哭声非常悲伤。

孔子问："颜回啊，你知道这是为了什么哭吗？"

颜回说："我认为这种哭声，不只是替死人哭的，而且还有生离死别的伤心事。"

孔子问："你根据什么知道的？"

颜回说："我听说桓山有一种鸟，生了四只小鸟，小鸟羽毛丰满之后，即将分飞往四面八方，小鸟的母亲凄楚地鸣叫着送它们远行，它那凄楚的叫声跟刚才我们听到的哭声相似，都是因为亲人将要离去，不再回来。我是根据声音类似而得知的。"

孔子派人去问哭的人，他果然说："我父亲死了，家里穷困，只好卖掉小孩来埋葬父亲。现在我正和我的小孩诀别。"

孔子感慨地说："颜回真善于辨识声音呀！"

## 【原文】

颜回问于孔子曰："成人之行若何？"

子曰："达于情性之理，通于物类之变，知幽明之故，睹游气之原，若此可谓成人矣。既能成人，而又加之以仁义礼乐，成人之行也。若乃穷神知礼，德之盛也。"

## 【译文】

颜回问孔子说："成年人的德行是什么样？"

孔子说："能明白人的性情，通晓万物的变化，懂得有形和无形物象的成因，洞察风云变幻的根源，像这样就可以算成年人了。如果又懂得仁义礼乐，就是成年人的德行了，至于能探究事物精微的道理和变化，那就是德行很高了。"

## 【原文】

颜回问于孔子曰："臧文仲、武仲孰贤？"孔子曰："武仲贤哉。"颜回曰："武仲世称圣人，而身不免于罪，是智不足称也；好言兵讨，而挫锐于邾，是智不足名也。夫文仲，其身虽殁而言不朽，恶有未贤？"孔子曰："身殁言立，所以为文仲也。然犹有不仁者三，不智者三，是则不及武仲也。"

回曰："可得闻乎？"孔子曰："下展禽，置六关，妾织蒲，三不仁。设虚器，纵逆祀，祠海鸟，三不智。武仲在齐，齐将有祸，不受其田，以避其难，是智之难也。夫臧武仲之智而不容于鲁，抑有由焉。作而不顺，施而不恕也夫。《夏书》曰：'念兹在兹'，顺事恕施。"

## 【译文】

颜回问孔子说："臧文仲和臧武仲二人谁是贤人？"孔子说："武仲是。"颜回说："武仲被世人称为圣人，可是他自己还没能免于犯罪，这就是说他的智慧不值得称赞。他喜欢谈论武器征战，却被邾国打败，这又说明他的智慧不值得颂扬。那文仲，虽然死了，可他的言论不朽，怎么不好？"孔子说："文仲身死言立，所以谥号叫文仲。可是，他还有三点不仁、三点不智，这就赶不上武仲了。"

颜回说："可以详细地讲一讲是怎么回事吗？"孔子说："让展禽居下位，设置六个关卡，让妾织苇席贩卖，这是三点不仁。养了一个有器无位的大龟，纵容不合顺序的祭祀，祭祀海鸟，这是三件不明智的事情。武仲在齐国时，齐国将要有祸难，他已预见到，所以不接受封土，从而避免灾难。这就说明他的明智难得啊。凭着武仲的智慧，还不能被鲁国容纳，肯定有缘由啊。做事不顺理，施与不合恕道啊。《夏书》上说：'想着这里，一心扑在这里'，就是要顺从事理，合乎仁恕。"

## 【原文】

颜回问君子。孔子曰："爱近仁，度近智，为己不重，为人不轻，君子也夫。"回曰："敢问其次。"子曰："弗学而行，弗思而得，小子勉之。"

## 【译文】

颜回问什么样的人算君子，孔子说："有爱心就接近仁德；考虑问题，接近智者；对自己不要看得太重，为别人要想得多，这就是君子。"颜回说："请问差一等的呢。"孔子说："不学就能做，不思考却得到。你努力吧。"

## 【原文】

仲孙何忌问于颜回曰："仁者一言而必有益于仁智，可得闻乎？"回曰："一言而有益于智，莫如豫；一言而有益于仁，莫如恕。夫知其所不可由，斯知所由矣。"

## 【译文】

仲孙何忌问颜回："讲究仁德的人说出一个字来必定有益于仁德、智慧的实行，你能不能说给我听听？"颜回说："说一个字对智力培养有好处，没有什么比得上'豫'字；说一个字对仁有好处，没有什么比得上'恕'字。那么，明白不能干什么，也就懂得什么是该做的了。"

## 【原文】

颜回问小人，孔子曰："毁人之善以为辩，狡讦怀诈以为智，幸人之有过，耻学而羞不能，小人也。"

## 【译文】

颜回问孔子有关小人的事，孔子说："常常把诋毁别人的优点当作能言善辩，险恶地揭发别人的缺点，内心虚伪，却以此为聪明，别人有过失就幸灾乐祸，把学习看作不光彩的事情，同时又看不起没有才能的人，这种人就是小人。"

【原文】

颜回问子路曰："力猛于德而得其死者，鲜矣，盍慎诸焉？"

孔子谓颜回曰："人莫不知此道之美，而莫之御也，莫之为也，何居为闻者，盍日思也夫！"

【译文】

颜回问子路："一个人的勇猛胜过他的德行，能够死得其所的很少，为什么不谨慎点呢？"

孔子对颜回说："人们都知道这个道理是正确的，但是却不能控制自己，没有人认真去这样做。为什么人们宁愿白坐着做一个道听途说的人呢？为什么不每天多想一想？"

【原文】

颜回问于孔子曰："小人之言有同乎君子者，不可不察也。"孔子曰："君子以行言，小人以舌言。故君子于为义之上相疾也，退而相爱；小人于为乱之上相爱也，退而相恶。"

【译文】

颜回问孔子："小人的话也有与君子相同的地方，不能不加以分辨。"孔子说："君子靠自己的行为说话，小人凭善辩的舌头说话。所以君子在追求义的问题上，痛恨别人不努力，而平时跟人的关系是很融洽的；小人在制造动乱的问题上志同道合，但平时就互相憎恶。"

【原文】

颜回问："朋友之际如何？"孔子曰："君子之于朋友也，心必有非焉，而弗能谓，吾不知其仁人也。不忘久德，不思久怨，仁矣夫。"

【译文】

颜回问："朋友之间应该怎么相处？"孔子说："君子对于朋友，心里一定有认为做得不对的地方，但是他不能说我不认为这个人是仁人。如果是仁德的人，就不会忘记朋友以前对自己的恩德，也不会记着以前对朋友的怨恨，这才是仁德呀。"

【原文】

叔孙武叔见未仕于颜回，回曰："宾之。"武叔多称人之过，而己评论之。颜回曰："固子之来辱也，宜有得于回焉。吾闻诸孔子曰：'言人之恶，非所以美己；言人之枉，非所以正己。'故君子攻其恶，无攻人之恶。"

【译文】

叔孙武叔没做官的时候受到颜回的接待，颜回说："请用宾客之礼招待他。"武叔经常谈别人的过错并妄加评论。颜回说："这样做是会自取其辱的，应该从我的做法中有所得。我听先生说，说别人的坏处，不能用来证明自己好，说别人的不正直，不能表明自己正直。所以，君子批评自己的缺点，不批评别人不好的地方。"

【原文】

颜回谓子贡曰："吾闻诸夫子，身不用礼而望礼于人，身不用德而望德于人，乱也。夫子之言，不可不思也。"

【译文】

颜回对子贡说："我听先生说，自己如果不讲究礼却指望别人讲究礼，自己不讲德却指望别人讲德，这种想法是混乱又不合理的。先生的话，不能不考虑啊。"

## 子路初见第十九

【原文】

子路见孔子，子曰："汝何好乐？"对曰："好长剑。"孔子曰："吾非此之问也，徒谓以子之所能，而加之以学问，岂可及哉？"

子路曰："学岂益哉也？"孔子曰："夫人君而无谏臣则失正，士而无教友则失听。御狂马不释策，操弓不反檠。木受绳则直，人受谏则圣。受学重问，孰不顺哉？毁仁恶士，必近于刑。君子不可不学。"

子路曰："南山有竹，不揉自直。斩而用之，达于犀革。以此言之，何学之有？"孔子曰："栝而羽之，镞而砺之，其入之不亦深乎？"子路再拜，敬而受教。

【译文】

子路拜见孔子，孔子问他："你爱好什么？"子路回答："我喜欢长剑。"孔子说："我不是问这个，只是说，凭着你的才能，再进一步学习，别人哪里能够赶得上？"

子路问："学习真有好处吗？"孔子说："好的国君，如果没有肯于谏诤的大臣就会犯错误。一般做官的人，如果没有说教自己的好友也会犯错误。驾驭狂奔乱跳的马，不能丢了鞭子，操弓射箭，不能离开校正器。木头有墨绳画就能矩直，人接受劝谏才能明智。好学爱问，什么事不能成功，诋毁别人就接近刑罚，君子不能不学习。"

子路说："南山有竹子，不用揉制自然端直，砍来用作箭杆，可以射穿犀牛皮。由此说来，有什么必要学习呢？"孔子说："箭尾加上羽毛，箭头磨锋利，它不可以射得更深吗？"子路再次拜谢，恭敬地接受孔子的教诲。

## 【原文】

子路将行，辞于孔子。子曰："赠汝以车乎？赠汝以言乎？"子路曰："请以言。"孔子曰："不强不达，不劳无功，不忠无亲，不信无复，不恭失礼。慎此五者而已。"

子路曰："由请终身奉之。敢问亲交取亲若何？言寡可行若何？长为善士而无犯若何？"孔子曰："汝所问苞在五者中矣。亲交取亲，其忠也；言寡可行，其信乎；长为善士而无犯，其礼也。"

## 【译文】

子路即将外出，向孔子辞行，孔子说："我送车给你呢？还是送你些忠告呢？"子路说："请给我些忠告吧。"孔子说："不坚强就不能达到目的，不劳动就不会有功绩，不忠诚就不能受人亲近，不诚信就不会有回报，不恭敬就失去礼义，在这五方面要谨慎。"

子路说："我将一辈子谨记心头。请问对新结识的人，怎样才能取得其信任？平日说话少，如何才能维持与别人的关系？一向是仁善之士，如何才能保持始终？"孔子说："你所问的，在那五个方面里面了。要取得新结识的人的信任，那就是诚实；说话少，事情又行得通，那就是讲信用；一直为善而不受别人侵犯，那就是礼义。"

## 【原文】

孔子为鲁司寇，见季康子，康子不悦。孔子又见之，宰予进曰："昔予也常闻诸夫子曰：'王公不我聘则弗动。'今夫子之于司寇也日少，而屈节数矣，不可以已乎？"孔子曰："然，鲁国以众相陵，以兵相暴之日久矣，而有司不治，则将乱也。其聘我者，孰大于是哉？"

鲁人闻之，曰："圣人将治，何不先自远刑罚。"自此之后，国无争者。孔子谓宰予曰："违山十里，蟪蛄之声犹在于耳，故政事莫如应之。"

【译文】

　　孔子在鲁国做司寇时，拜见季康子，季康子不高兴，孔子仍然要去拜见他。宰予走上前说："以前我也曾经听老师您说过：'王公贵族要是不重礼聘请我，我就不主动去找他们。'现在老师任司寇之职时间不长，却多次屈节去见季氏，不可以停止吗？"孔子说："是的，鲁国民众互相欺侮，用武器互相侵害，已经很久了。可是管事的人不治理，国家就要乱了，至于聘请不聘请我，能比这更要紧吗？"

　　鲁国人听说这件事后，说："这么贤能的人治理我们国家，我们为什么不自己主动地不去做那些违法乱纪之事？"从此以后，国家中百姓不再有争吵的人。孔子对宰予说："离山十里远，蟪蛄的叫声，还在耳边，所以政事处理时不如谨慎地听取意见，然后找出相应的办法。"

【原文】

　　孔子兄子有孔蔑者，与宓子贱偕仕。孔子往过孔蔑而问之曰："自汝之仕，何得何亡？"对曰："未有所得，而所亡者三：王事若龙，学焉得习？是学不得明也；俸禄少，饘粥不及亲戚，是以骨肉益疏也；公事多急，不得吊死问疾，是朋友之道阙也。其所亡者三，即谓此也。"

　　孔子不悦，往过子贱，问如孔蔑。对曰："自来仕者，无所亡，其有所得者三：始诵之，今得而行之，是学益明也；俸禄所供，被及亲戚，是骨肉益亲也；虽有公事，而兼以吊死问疾，是朋友笃也。"孔子喟然谓子贱曰："君子哉若人！鲁无君子者，则子贱焉取此。"

【译文】

　　孔子有个侄儿叫孔蔑，跟宓子贱一块做官。孔子去探望孔蔑并问他："自从你做官，得到了什么？失去了什么？"回答说："没得到什么，却失去了三样。公事陈陈相因，学习的东西哪儿能温习？这样，学习的东西不能融会贯通；俸禄少，连稀饭都不能给亲戚，因此亲人间越发疏远；公事多而急迫，不能吊问死者、问候有病的人，这样朋友之谊就失去了，所失去的就这三点。"

　　孔子听了不高兴。又去探望宓子贱，问的是同样的问题。回答说："自从做官，没失去什么，却得到三样。先前学的知识，现在得以实践，这样学的就更融会贯通了；俸禄供给，可以顾及亲戚，这样亲人间更加亲密；虽然有公事，仍可兼顾吊问生老病死的，这样朋友间情谊更加深厚。"孔子慨叹说："子贱这个人是个君子啊，鲁国如果没有君子，那么子贱从哪儿学来这些品质。"

【原文】

孔子侍坐于哀公，赐之桃与黍焉。哀公曰："请食。"孔子先食黍而后食桃。左右皆掩口而笑。公曰："黍者所以雪桃，非为食之也。"孔子对曰："丘知之矣。然夫黍者，五谷之长，郊礼宗庙以为上盛。果属有六，而桃为下，祭祀不用，不登郊庙。丘闻之，君子以贱雪贵，不闻以贵雪贱。今以五谷之长雪果之下者，是从上雪下。臣以为妨于教，害于义，故不敢。"公曰："善哉！"

【译文】

孔子陪坐在哀公一旁，哀公赏赐桃子和黍给孔子。哀公说："请吃吧。"孔子先吃黍然后再吃桃子，哀公左右的人都捂着嘴笑。哀公说："黍是用来擦拭桃子的，不是拿来吃的。"孔子说："我知道。但是黍是五谷中最好的东西，郊外祭祀祖宗时把它当作供祭用的上等食物。我们吃的果品有六种，而桃子是最低下的一种，祭祀根本不用，它不能摆在郊祭的供桌上。我听说，君子应该用低贱的东西去擦拭那些珍贵的东西，没听说用珍贵的东西擦拭低贱的东西。现在我要是拿五谷中最好的东西去擦拭水果中最贱的一种果子，这是以上等擦下等。我认为这样做对于礼教有妨碍，同时也妨碍义礼，所以我不敢以黍擦拭桃子。"哀公说："你说得真好。"

贵黍贱桃

【原文】

子贡曰："陈灵公宣淫于朝，泄冶正谏而杀之，是与比干谏而死同，可谓仁乎？"子曰："比干于纣，亲则诸父，官则少师，忠报之心在于宗庙而已，固必以死争之，冀身死之后，纣将悔悟，其本志情在于仁者也。泄冶之于灵公，位在大夫，无骨肉之亲，怀宠不去，仕于乱朝，以区区之一身，欲正一国之淫昏，死而无益，可谓狷矣。《诗》云：'民之多辟，无自立辟。'其泄冶之谓乎？"

【译文】

子贡说："陈灵公在朝廷上做淫乱的事，泄冶正言劝谏，结果被杀。这跟比干进谏而死相同，可以算仁德吧？"孔子说："比干对商纣王来说，论亲戚是叔父，论官位是少师，忠诚报答之心是为祖宗，为国家，所以用死谏诤，希望自己死了，纣王会悔悟。他的本意属于仁德。泄冶对于灵公来说，官位是大夫，没有亲戚之情，受宠不离去，在混乱的朝中做官，想用小小的一个身体，来纠正一国的淫乱，死了也没有什么益处，可以说是固执。《诗经》说：'百姓邪僻的很多，自己立法没有用。'大概指的是泄冶吧。"

【原文】

孔子相鲁，齐人患其将霸，欲败其政，乃选好女子八十人，衣以文饰而舞容玑，及文马四十驷，以遗鲁君。陈女乐，列文马于鲁城南高门外。季桓子微服往观之再三，将受焉，告鲁君为周道游观。观之终日，怠于政事。子路言于孔子曰："夫子可以行矣。"孔子曰："鲁今且郊，若致膰于大夫，是则未废其常，吾犹可以止也。"

桓子既受女乐，君臣淫荒，三日不听国政，郊又不致膰俎。孔子遂行，宿于郭屯。师已送曰："夫子非罪也。"孔子曰："吾歌可乎？"歌曰："彼妇人之口，可以出走，彼妇人之请，可以死败。优哉游哉，聊以卒岁。"

【译文】

孔子在鲁国当相，齐国怕鲁国称霸，打算破坏鲁国的国政，就选了八十个美女，穿上绣花的锦缎，伴着容玑曲跳舞，还有装饰有纹彩的马一百六十匹，一起赠送给鲁国国君。在鲁国南门外，陈列开女子歌舞队和装饰有纹彩的马匹。季桓子换上平民衣服去观看，一连观赏了三次，打算接受这些赠物。又禀告国君，让他们在大道上游行以便观看。整天观看，忘了政事。子路对孔子说："老师可以离开此地了吧。"孔子说："鲁国现在马上要进行郊祭，如果国君还能给大夫馈送些祭祀用的烤肉，这样还不算废弃世代相承的礼制，我还可以留在这儿。"

后来季桓子接受了齐国赠送的歌舞伎，君臣天天沉溺于声色之中，日益荒淫，有时三天都不上一次朝，郊祭也不准备祭祀用的器用和食物。孔子于是离开了朝堂，留宿在城外的村庄里。师已前往送行时说："先生您没有错。"孔子说："我可以唱一首歌吗？"便唱道："那些女人开口唱歌，我可以走了；那些女人的请求，能败坏国家。我还是悠闲自得地生活，以此来安度岁月吧。"

【原文】

澹台子羽有君子之容，而行不胜其貌，宰我有文雅之辞，而智不充其辩。孔子曰："里语云：'相马以舆，相士以居。'弗可废矣。以容取人，则失之子羽；以辞取人，则失之宰予。"

【译文】

澹台子羽有君子的容貌，可行为赶不上他的外貌。宰我能讲十分文雅的言辞，可智慧不足。孔子说："俗话说，观察马匹要在它驾车的时候，相人要在他独处的时候，这话不能废弃。凭容貌取人，那在子羽这样的人身上就失误了。凭言辞取人，那对宰予之类的人就错了。"

【原文】

孔子曰："君子以其所不能畏人，小人以其所不能不信人。故君子长人之才，小人抑人而取胜焉。"

【译文】

孔子说："君子由于有不能做到的地方而害怕别人，小人因为自己有不能做到的地方而不信任别人，所以君子总是崇尚别人的才干，而小人则以压制别人来取胜。"

【原文】

孔蔑问行己之道。子曰："知而弗为，莫如勿知；亲而弗信，莫如勿亲。乐之方至，乐而勿骄；患之将至，思而勿忧。"孔蔑曰："行己乎？"子曰："攻其所不能，补其所不备。毋以其所不能疑人，毋以其所能骄人。终日言，无遗己之忧；终日行，不遗己之患。情智者有之。"

【译文】

孔蔑问孔子关于为人处世的方法。孔子说："知道不做，不如不知道，亲近却不相信，不如不去亲近。快乐的事要来了，高兴却不骄傲；忧患将要来了，思考对策而不忧愁。"孔蔑问："我自己应该怎么做呢？"孔子说："攻克自己所不能做的，补充自己所不具备的。不因自己不能而怀疑别人；不因自己能而傲视别人。整天谈话，却不留给自己忧患；整天做事，却不忘记自己的忧患。只有聪明人能有这些品德。"

## 在厄第二十

【原文】

楚昭王聘孔子，孔子往拜礼焉，路出于陈、蔡。

陈、蔡大夫相与谋曰："孔子圣贤，其所刺讥皆中诸侯之病。若用于楚，则陈、蔡危矣。"遂使徒兵距孔子。

孔子不得行，绝粮七日，外无所通，藜羹不充，从者皆病。孔子愈慷慨讲诵，弦歌不衰。乃召子路而问焉，曰："《诗》云：'匪兕匪虎，率彼旷野。'吾道非乎，奚为至于此？"子路愠，作色而对曰："君子无所困。意者夫子未仁与？人之弗吾信也；意者夫子未智与？人之弗吾行也。且由也昔者闻诸夫子：'为善者天报之以福，为不善者天报之以祸。'今夫子积德怀义，行之久矣，奚居之穷也？"子曰："由未之识也，吾语汝。汝以仁者为必信也，则伯夷、叔齐不饿死首阳；汝以智者为必用也，则王子比干不见剖心；汝以忠者为必报也，则关龙逢不见刑；汝以谏者为必听也，则伍子胥不见杀。夫遇不遇者，时也；贤不肖者，才也。君子博学深谋，而不遇时者，众矣，何独丘哉？且芝兰生于深林，不以无人而不芳；君子修道立德，不为穷困而败节。为之者，人也；生死者，命也。是以晋重耳之有霸心，生于曹卫；越王勾践之有霸心，生于会稽。故居下而无忧者，则思不远；处身而常逸者，则志不广。庸知其终始乎？"

子路出，召子贡，告如子路。子贡曰："夫子之道至大，故天下莫能容夫子，夫子盍少贬焉？"子曰："赐！良农能稼，不必能穑；良工能巧，不能为顺；君子能修其道，纲而纪之，不必其能容。今不修其道，而求其容，赐，尔志不广矣，思不远矣！"

子贡出，颜回入，问亦如之。颜回曰："夫子之道至大，天下莫能容。虽然，夫子推而行之，世不我用，有国者之丑也，夫子何病焉？不容，然后见君子。"孔子欣然叹曰："有是哉，颜氏之子！吾亦使尔多财，吾为尔宰。"

【译文】

楚昭王聘请孔子到楚国为官，孔子去拜见，路经陈国、蔡国。

陈、蔡两国的大夫们相聚谋划说："孔子是一代圣贤，他每次抨击嘲讽的问题都是诸侯各国的缺点。他要是被楚国重用，那我们陈、蔡两国就危险了。"于是他们派兵拦住孔子他们，不让通行。

孔子不能通行，断粮七天，和外面失去了联系，连粗劣的饭食都吃不到，随从的人都饿倒了。孔子更加慷慨激昂地演讲礼乐教化，又叫来子路问："《诗经》上说'不是犀牛，不是老虎，沿着那旷野急出入'，我的主张不对吗，为什么到了这个地步？"子路听后心里生气脸上露出了不高兴的神色，对孔子说："君子没有什么东西能困扰他的。想来大概是老师不够仁德吧，因此别人就不相信您；还是老师不够聪明，致使人们不让我们通行。而且我以前曾经听老师您说过：'常做好事的人，上天以好运来报答他；常做坏事的人，上天以灾祸来惩罚他。'如今老师您积累仁德心怀仁义已经做了很久了，怎么也会如此穷困呢？"孔子说："仲由不懂啊。我告诉你，你以为仁德的人就一定被信任吗？那么伯夷、叔齐就不该死在首阳山。你以为聪明人一定被重用吗？那么王子比干就不该被剖心。你以为忠诚的人一定得到报答吗？那么关龙逄就不该受刑罚。你以为劝谏的话一定有人听吗？那么伍子胥就不该被杀。遇不遇明君，是时机决定的，贤不贤是才能决定的。君子学识广博、谋虑深远，却遇不到明君的多的是，哪只我孔丘呢？再说兰草长在深山老林，不因为没人欣赏就不芳香。君子修身讲德，不因为困窘就改变气节。做事在人，生与死在命。因此，齐桓公在莒国产生了称霸的愿望，晋文公在曹国产生了称霸的决心，越王勾践在会稽山被围，立志图强。所以说，处于下位没有忧虑的人，理想就不会远大；处下位还常常想安逸的人，志向就不会宏阔。哪里用得着了解他们活动的全过程？"

　　子路退出去以后，孔子又叫子贡到他跟前，把对子路说的话跟子贡说了一遍。子贡说："老师的理论主张实在是博大精深，所以天下没有谁能接受。老师您何不把您的主张稍微降低些标准呢？"孔子说："端木赐呀，优秀的农夫懂得如何播种，不一定懂得如何收获；优秀的工匠能做出精巧的东西，不一定能符合别人的要求；君子能培养，创立政治主张，抓住主要的东西，理清头绪，不一定别人就能接受。如今不主动地培养自己的道德品质，创立出仁德的思想主张，却只求别人接受。端木赐呀，你的志向不够远大呀！你的想法不够深远呀！"

　　子贡出去，颜回进来，孔子也像先前那样问他，颜回说："先生的学问最大，以至于天下都不能接受。虽然这样，先生推行它，世人不用我们的主张，是掌握国家的人丑陋，先生有什么错误？不被收容才更显出你是君子。"孔子高兴地

感叹说："有学问哪！颜家的孩子，假使你有很多钱财，我给你当总管。"

## 【原文】

子路问于孔子曰："君子亦有忧乎？"子曰："无也。君子之修行也，其未得之，则乐其意；既得之，又乐其治。是以有终身之乐，无一日之忧。小人则不然，其未得也，患弗得之；既得之，又恐失之。是以有终身之忧，无一日之乐也。"

## 【译文】

子路问孔子："君子也有忧愁的时候吗？"孔子说："没有。君子修养自己的德行，在没有养成良好品德时，他会为自己的内心体验而高兴；已经养成了良好品德之后，他又会为自己的成功而高兴。因此他终身都感到快乐，没有一天是忧愁的。小人就不是这样了，在他没有得到自己想要的东西之前，他很担心得不到；当他得到之后，又担心失去它。因此他终身都有忧愁，没有一天是欢乐的。"

## 【原文】

曾子敝衣而耕于鲁，鲁君闻之而致邑焉，曾子固辞不受。或曰："非子之求，君自致之，奚固辞也？"曾子曰："吾闻受人施者常畏人，与人者常骄人。纵君有赐，不我骄也，吾岂能勿畏乎？"

孔子闻之曰："参之言足以全其节也。"

## 【译文】

曾参穿着破衣服在鲁国种地。鲁国国君听说后送给他城邑，曾子坚决推辞。有人说："不是你要的，是国君主动送的，为什么一再推辞？"曾子说："我听说，接受别人赠送的人常常害怕别人；给人东西的人，常常傲视别人。即使君王赏赐给我，不傲视我，我以后怎么能不惧怕呢？"

孔子听到这话，说："曾参的话足可以保全他的气节。"

## 【原文】

孔子厄于陈、蔡，从者七日不食。子贡以所赍货，窃犯围而出，告籴于野人，得米一石焉。颜回、仲由炊之于坏屋之下，有埃墨堕饭中，颜回取而食之。

子贡自井望见之，不悦，以为窃食也。入问孔子曰："仁人廉士，穷改节乎？"孔子曰："改节即何称于仁廉哉？"子贡问："若回也，其不改节乎？"子曰："然。"子贡以所饭告孔子，子曰："吾信回之为仁久矣，虽汝有云，弗以疑也，其或者必有故乎。汝止，吾将问之。"召颜回曰："畴昔予梦见先人，岂或启佑我哉？子炊而进饭，吾将进焉。"对曰："向有埃墨堕饭中，欲置之，则不洁；欲弃之，则可惜。回即食之，不可祭也。"孔子曰："然乎，吾亦食之。"

颜回出，孔子顾谓二三子曰："吾之信回也，非待今日也。"二三子由此乃服之。

## 【译文】

孔子被困厄在陈国、蔡国之间，随从的人七天没吃东西。子贡拿出他所携带的衣物，偷偷冲出包围，向乡民换了一石米。颜回、仲由在破房子里烧饭，有点儿黑灰掉到饭里，颜回把弄脏的饭拿出来吃了。

子贡从井边望见了这情景，很不高兴，以为颜回偷吃食物。就进去问孔子："仁德而有操守的人穷困了会改变节操吗？"孔子说："改变节操还怎么能够与仁义、廉洁的称号相符呢？"子贡问："像颜回这样的人，他不会改变节操吗？"孔子说："是的。"子贡就把颜回偷偷吃饭的事告诉孔子，孔子说："我相信颜回是仁人已经很久了。虽然你说了方才那些情况，我也不怀疑真有此事，那一定有缘故吧。你别说，我去问他。"孔子叫颜回进来说："前几天我曾梦见祖先，这难道是祖先在上天开导我们，保佑我们吗？你快煮好饭，我要献饭祭祖。"颜回说："刚才有点儿黑灰掉到饭里，我想不管它，那么饭就不干净了；想扔掉那些饭，太可惜了，我就拿出来吃了，不能用这种饭祭祖啊。"孔子说："这样的话，是我也会吃掉它。"

颜回出去后，孔子回头对学生们说："我相信颜回，不是从今天才开始的。"弟子们由此叹服颜回。

# 入官第二十一

## 【原文】

子张问入官于孔子。

孔子曰："安身取誉为难。"

子张曰："为之如何？"

孔子曰："己有善勿专，教不能勿怠，已过勿发，失言勿掎，不善勿遂，行事勿留。君子入官，自此六者，则身安誉至而政从矣。

"且夫忿数者，官狱所由生也；拒谏者，虑之所以塞也；慢易者，礼之所以失也；怠惰者，时之所以后也；奢侈者，财之所以不足也；专独者，事之所以不成也。君子入官，除此六者，则身安誉至而政从矣。

"故君子南面临官，大域之中而公治之，精知而略行之，合是忠信，考是大伦，存是美恶，进是利而除是害，无求其报焉，而民之情可得也。夫临之无抗民之恶，胜之无犯民之言，量之无佼民之辞，养之无扰于其时，爱之无宽于刑法。若此，则身安誉至而民得也。

"君子以临官，所见则迩，故明不可蔽也。所求于迩，故不劳而得也。所以治者约，故不用众而誉立。凡法象在内，故法不远而源泉不竭。是以天下积而本不寡，短长得其量，人志治而不乱政。德贯乎心，藏乎志，形乎色，发乎声。若此，而身安誉至民咸自治矣。

"是故，临官不治则乱，乱生则争之者至。争之至，又于乱。明君必宽裕以容其民，慈爱优柔之，而民自得矣。行者，政之始也；说者，情之导也。善政行易而民不怨，言调说和则民不变。法在身则民象之，明在己则民显之。若乃供己而不节，则财利之生者微矣；贪以不得，则善政必简矣。苟以乱之，则善言必不听也；详以纳之，则规谏日至。言之善者，在所日闻；行之善者，在所能为。故君上者，民之仪也；有司执政者，民之表也；迩臣便僻者，群仆之伦也。故仪不正则民失，表不端则百姓乱，迩臣便僻则群臣污矣。是以人主不可不敬乎三伦。

"君子修身反道，察里言而服之，则身安誉至，终始在焉。故夫女子必自择丝麻，良工必自择完材，贤君必自择左右。劳于取人，佚于治事。君子欲誉，则必谨其左右。

"为上者，譬如缘木焉，务高而畏下滋甚。六马之乖离，必于四达之交衢；万民之叛道，必于君上之失政。上者尊严而危，民者卑贱而神。爱之则存，恶之则亡。长民者必明此之要。故南面临官，贵而不骄，富而能供，有本而能图末，修事而能建业，久居而不滞，情近而畅乎远，察一物而贯乎多。治一物而万物不能乱者，以身本者也。君子莅民，不可以不知民之性而达诸民之情。既知其性，又习其情，然后民乃从命矣。故世举则民亲之，政均则民无怨。

"故君子莅民，不临以高，不导以远，不责民之所不为，不强民之所不能。以明王之功，不因其情，则民严而不迎；笃之以累年之业，不因其力，则民引而不从。若责民所不为，强民所不能，则民疾，疾则僻矣。

"古者圣主冕而前旒，所以蔽明也；紞纩充耳，所以掩聪也。水至清则无鱼，人至察则无徒。枉而直之，使自得之；优而柔之，使自求之；揆而度之，使自索之。民有小罪，必求其善以赦其过；民有大罪，必原其故以仁辅化。如有死罪，其使之生，则善也。是以上下亲而不离，道化流而不蕴。故德者，政之始也。

"政不和，则民不从其教矣。不从教，则民不习。不习，则不可得而使

安身取誉为难

也。君之欲言之见信也，莫善乎先虚其内；欲政之速行也，莫善乎以身先之；欲民之速服也，莫善乎以道御之。故虽服必强，自非忠信，则无可以取亲于百姓者矣。内外不相应，则无可以取信于庶民者矣。此治民之至道矣，入官之大统矣。"

子张既闻孔子斯言，遂退而记之。

## 【译文】

子张向孔子询问入仕做官的事。

孔子说："获得立身之地并且取得荣誉，这是困难的事情。"

子张问："那么怎么办才好呢？"

孔子说："自己有优点不要专归己有，教无能的人不要怠惰，别人有过失时不要总是提及，别人失言时不要总抓住不放，不好的事不要继续做下去，办事不要拖延。君子做官，做到这六点，就会有立身之地，获得声誉，把政事办好了。

"而且愤怒，憎恨别人，这是身陷官司牢狱的根源，拒不纳谏是考虑问题受到阻碍的原因，行为不庄重是缺乏礼节教育的原因，松懈懒惰是机会迟迟不来的原因，大肆挥霍是国家财政不足的原因，专横独裁是事情办不成的原因。君子做官，去除了这六个方面的毛病，那么自己的地位便得以巩固，名誉也可获得，政治也就顺利了。

"所以君子一旦身居高位，就要秉公执事，把忠、信这两方面结合起来，仔细考虑哪些事情是符合伦理道德规范的，把好事和坏事放在一起加以考察，对治国有利的好的东西就大力推广，有害的坏的东西坚决清除，不追求什么报偿，那么，这样民情就可以了解到了。治理国家时没产生悖逆天理、凌虐百姓的想法；需要说服百姓时，没有冒犯百姓的话语；考虑问题时，没有欺骗百姓的狡诈之辞；养护百姓而不去扰乱他们的劳作时间；关心爱护百姓但不能太宽容而置法律于不顾。如果这样做了，君子便巩固了地位，取得了名誉，获得了百姓的拥戴。

"君子做官统治百姓，先考察自己身边的事情，这样看得清楚，不会把事情弄砸。先从自己身边去寻求自己需要的东西，这样可以毫不费力地得到所寻求的东西。治理国家时抓住了关键问题就用不着役使众多的百姓，同时又可以获得好的名声。所有合于礼仪规范的仪表、举止存在于心中，所以所效法的对象不在远处而它的源泉也不会竭尽。因此治理国家时，天下百姓聚于自己手下，人才不少，像泉水源头众多一样，根据各人才能大小委以任务，人才各得其用，政治就太平、顺利了。良好的品德通过长期培养获得，藏于心灵深处，显露于脸色上，流露在言谈之中。如果能够这样，那么君子就会地位巩固，获取名望，百姓也都自觉地服从管理了。

"由此看来，身居要职不善于管理就滋生错乱，百姓的生活一旦陷入错乱局面，就会有人为谋私利竞相奔逐。追逐私利的事发生，百姓的生活就会更加混乱无序。贤明的君王必定要以宽松宏远的态度容纳自己的百姓，要用一片慈爱之心去安抚百姓的种种错乱，这样，百姓便服从君王的统治了。亲身实践是治理国家的关键；令人高兴的言谈是用来疏导郁结心情的。治理国家的措施得力，百姓奉行并不难，而且他们乐于去做，毫无怨言；说话和颜悦色，语气和缓，百姓不会产生二心。自己带头好好干，百姓便模仿君王好好干；自己总是胸怀坦白，那么百姓做事也不会躲躲藏藏。至于自己生活不够节约，那么用以生财的东西就少了。一心贪图私利，胡乱得来的财富又不明白地花掉了，这样，即使是好的政治措施也会变得简陋无用了。如果简陋，国家混乱无序，那么好的话语也一定无人听从了。对这些言论加以详察并接纳，那么天天都会有人来进谏。君子能持有好的治国措施，在于每天都在听取劝谏；君子能有好的行为，在于凡事能亲自去做。所以，君王是百姓的仪范；执政的政府官员是百姓行为的表率；君王身边的侍御大臣，是群臣群仆的榜样。仪范如果不端正，百姓就没有了约束自己的法度；仪范不端正，百姓就无所适从，陷入混乱之中；侍御大臣们若逢迎谄媚，群臣也就会学坏。因此，治理国家的君王一定要恭敬地把诸多伦理道德熟记于心。

"君子培养好的道德情操一定要不断积累，仔细辨明事物的发展规律，然后按规律办事，这样就可以巩固自己的地位，获取名望，终生受用。所以，女子一定要自己择取丝麻做材料，优秀的工匠一定会亲自挑选好的材料，而圣贤的君王要亲自择取左右近臣。在选拔人才时辛苦一点儿，那么治理国家的时候就轻松安逸一点儿。君子若想获得好名声，就一定要严格要求手下群臣将士。

"一旦登上了君王的宝座，就好比爬到了高高的树上，想爬高而又怕掉下来的心理越来越重。拉车的六匹马分散乱跑，一定是在四通八达的十字路口。众多百姓背叛大道，一定是在君上为政有失的时候。君王虽有高高在上的威严却失去了依靠，百姓虽地位卑贱，但仍可以像神一样尊贵。爱护百姓，政权就能存在下去；讨厌他们，政权就会灭亡。做君王的一定要深深理解这一关键举措。所以，君王身居高位，地位高贵但不骄横；富裕而举止恭敬得体，为自己图谋考虑主次；修治旧事而能建立功业；长时间安居却不闭塞视听；感觉到的是眼前的东西，但思想却能到达很远的地方；观察一件东西就能明白很多其他的东西。专心研究一件东西，不被别的东西扰乱思绪，那是因为他本人把注意力集中在那件东西上。

"君子统治百姓，一定要了解百姓的仁义礼智等品质，习知百姓的情感。既了解百姓的诸多品质，又理解百姓的喜怒哀乐，这样以后百姓才真心实意地听从安排。所以国家安定，百姓就对君王有感情；政策公平合理，百姓就没有怨言。所以君子治国，不在高高的位置上坐视，不以远离于世的姿态训导他们；百姓不愿去做某件事时，君王不责备他们；百姓不能做到的事，君王并不强迫他们去做。为了显示君王的伟大功业而扩军占地，不考虑百姓心里的想法，百姓表面恭敬却不迎合；连年大兴土木，充实自己的霸王基业，不考虑百姓的实际能力，百姓就会逃避而不听从君王的号令。如果君王责备百姓没去做某事，强迫百姓去做那些无法实现的事，百姓一定疲惫不堪，那样的话便会做出些不正当的事。

"以前贤能的君王戴着前面悬垂着玉石的帽子，那是用来遮隐亮光的；垂于冠冕两旁悬瑱的带子塞住了耳朵，那是用来蒙蔽听觉的。水清到极点就见不到鱼了，考察百姓仔细到极点时就没有民众了。百姓有了邪枉而加以正直，让他们能自己认识到错误；宽厚地对待百姓，让他们自己去发现好的品德；根据百姓的才能教育他们，让他们自觉地遵守法规。百姓有小罪过时，一定设法找出他们的贤能之处，从而赦免他们的过失；百姓若犯了大罪，一定要仔细地追查事情的原委，用仁爱的思想来教育他们，使他们自觉地认识错误，弃恶扬善；如果是百姓犯了死罪，尽量宽恕他，能使他活下来，他得到劝勉后获得了新生，这也是好事。因此，只要君臣亲近，百姓与君王总在一起，君王的治国措施就能得到施行而不积滞。所以，君王以法制治国，首先要培养自己的品德。

"国家的法制禁令不合乎实际，百姓就不会听从教命。不能按法制禁令行事，百姓就难以贯彻君王的治国措施，这样，百姓就不服从君王的统治了。君子想让百姓相信自己的治国措施，最好是首先保持清心寡欲；要想在百姓中尽快地推行自己的政治主张，最好是君王亲自带头施行那些措施，以身作则；若想让百姓尽快地听从自己的统治，最好是按事物的发展规律办事。若不按事物的发展规律办事，百姓即使口头听从，也一定是勉强的。自己不为百姓考虑，就无法获得百姓爱戴。全国上下的百姓对君王的号令一点不响应，那就没有什么东西可以取信于民了。这就是统治百姓的最重要的纲领，入仕做官的诀窍。"

子张听了孔子的话，退下后并把它记录下来。

## 困誓第二十二

【原文】

子贡问于孔子曰："赐倦于学，困于道矣，愿息而事君，可乎？"孔子曰："《诗》云：'温恭朝夕，执事有恪。'事君之难也，焉可息哉！"曰："然则赐愿息而事亲。"孔子曰："《诗》云：'孝子不匮，永锡尔类'，事亲之难也，焉可以息哉！"曰："然则赐请愿息于妻子。"孔子曰："《诗》云：'刑于寡妻，至于兄弟，以御于家邦。'妻子之难也，焉可以息哉！"曰："然则赐愿息于朋友。"孔子曰："《诗》云：'朋友攸摄，摄以威仪。'朋友之难也，焉可以息哉！"曰："然则赐愿息于耕矣。"孔子曰："《诗》云：'昼尔于茅，宵尔索绹，亟其乘屋，其始播百谷。'耕之难也，焉可以息哉！"曰："然则赐将无所息者也？"孔子曰："有焉，自望其广，则睪如也；视其高，则填如也；察其从，则隔如也。此其所以息也矣。"子贡曰："大哉乎死也！君子息焉，小人休焉。大哉乎死也！"

## 【译文】

子贡问孔子说:"我对学习感到疲倦,对研究学问感到困惑,想去侍奉君主以得到休息可以吗?"孔子说:"《诗经》上说:'侍奉君主从早到晚都要温和恭敬,做事要认真谨慎。'侍奉君主很不容易,怎么能得到休息呢?"子贡说:"那么我希望去侍奉父母。"孔子说:"《诗经》上说:'孝子的孝心没有穷尽,永远把自己的孝心献给自己同类的人。'这是说侍奉双亲很难,怎么可以休息。"子贡说:"那么我去侍奉妻子儿女。"孔子说:"《诗经》上说:'给我的妻子做榜样,同时扩及给兄弟做榜样,用这种做法来治理家和国。'这是说跟妻儿在一起也难,怎么可以休息。"子贡说:"那么我希望去侍奉朋友以得到休息了。"孔子说:"《诗经》上说:'朋友要互相帮助,依礼节去帮助。'这是说跟朋友在一起也难,怎么可以得到休息。"子贡说:"那么我希望去耕种。"孔子说:"《诗经》上说:'白天去割草,晚上搓草绳,赶快登上房顶修房子,又要播种庄稼了。'这是说耕作也难,怎么可以得到休息。"子贡说:"那么我就没有可得到休息的地方吗?"孔子说:"有的。望望自己的坟墓,远远看它,大大的,高高的;看它那么高,填得实实的;看看跟从的人,已经不复相从了,那就是可以得到休息的地方。"子贡说:"死的意义是这样的重大啊,君子这个时候才休息,而小人也是这时才休息,死的意义真重大啊!"

## 【原文】

孔子自卫将入晋,至河,闻赵简子杀窦犫鸣犊及舜华,乃临河而叹曰:"美哉水,洋洋乎!丘之不济此,命也夫!"子贡趋而进曰:"敢问何谓也?"孔子曰:"窦犫鸣犊、舜华,晋之贤大夫也。赵简子未得志之时,须此二人而后从政。及其已得志也,而杀之。丘闻之,刳胎杀夭,则麒麟不至其郊;竭泽而渔,则蛟龙不处其渊;覆巢破卵,则凤凰不翔其邑。何则?君子违伤其类者也。鸟兽之于不义,尚知避之,况于人乎!"遂还,息于邹,作《槃操》以哀之。

西河返驾

## 【译文】

孔子准备从卫国到晋国,到黄河那儿,听说赵简子杀了窦犨和舜华,便面对河水叹息道:"水真美呵!浩浩荡荡,我不能渡过这条河,是命吗?"子贡快步向前问道:"请问老师这话是什么意思?"孔子说:"窦犨和舜华是晋国的贤能大夫,赵简子没得志时,靠这两个人得以从政。等到他得志时,就杀了这两个人。我听说:如果剖挖母胎,虐杀幼小的禽兽,麒麟就不会到这个国家的郊外;如果淘干池水捕鱼,蛟龙就不会在这个国家的水里居住;如果捣翻窝巢,打破卵壳,凤凰就不会在这个国家的上空飞翔,为什么呢?君子忌讳伤害自己的同类,鸟兽对于不义的人,尚且知道避开,何况人呢。"于是返回邹歇息,作了《槃操》这首琴曲来哀悼他们。

## 【原文】

子路问于孔子曰:"有人于此,夙兴夜寐,耕芸树艺,手足胼胝,以养其亲。然而名不称孝,何也?"孔子曰:"意者身不敬与?辞不顺与?色不悦与?古之人有言曰:'人与己与不汝欺。'今尽力养亲,而无三者之阙,何谓无孝之名乎?"孔子曰:"由!汝志之,吾语汝:虽有国士之力,而不能自举其身,非力之少,势不可矣。夫内行不修,身之罪也;行修而名不彰,友之罪也;行修而名自立。故君子入则笃行,出则交贤,何谓无孝名乎?"

## 【译文】

子路问孔子说:"假如有个人,早起晚睡,耕种劳作,手脚都长出老茧,为的是供养父母,可是却得不到孝顺的美名,这是为什么呢?"孔子说:"或许是他的行为不恭敬吧?言辞不柔顺吧?表情不和悦吧?古人有句话说:'别人和自己的心灵是相通的,是不会欺骗你的。'现在这个人尽力奉养自己的父母,若没有前面三种过失,那怎么还会没有孝子的名声呢?"孔子说:"仲由,你记住,我告诉你:即使有全国闻名的勇士那么大的力气,也不能把自己举起来,这并不是因为力气小,而是情势上做不到。一个人如果不培养内在的道德,这是自己的罪过;培养了道德而名声不显赫,这是朋友的罪过。自己培养的道德,名声自然会树立起来。因此,君子在家就要行为淳厚,出外就要和贤能之人交朋友,这样怎会没有孝子的名声呢?"

## 【原文】

孔子遭厄于陈、蔡之间,绝粮七日,弟子馁病,孔子弦歌。子路入见曰:"夫子之歌,礼乎?"孔子弗应,曲终而曰:"由,来!吾语汝:君子好乐,为无骄也;小人好乐,为无慑也。其谁之子。不我知而从我者乎?"子路不悦,援戚而舞,三终而出。明日,免于厄,子贡执辔曰:"二三子从夫子而遭此难也,其弗忘矣!"孔子曰:"善。恶何也?夫陈、蔡间,丘之幸也。二三子从丘者,皆幸也。吾闻之,君不困不成王，烈士不困行不彰。庸知其非激愤厉志之始，于是乎在？"

【译文】

孔子被困在陈国和蔡国之间遭受危难，断粮七天，弟子们都非常饥饿疲惫。孔子依旧诵诗弹琴、歌唱不止。子路于是进去见孔子说道："老师这时还歌唱，符合礼制的规定吗？"孔子没有回答，唱完那支曲子后才说："仲由，过来，我告诉你。君子喜欢音乐，是因为不骄傲；小人喜欢音乐，是因为不惧怕。谁家的孩子不了解我，却跟随我呢？"子路不高兴了，操起兵器舞将起来，三遍结束了才出去。第二天，一行人摆脱了困境。子路拿着缰绳，说："我们跟随老师遭受此难，大概永远不会忘记了。"孔子说："讲得好！但这是什么意思呢？被困在陈、蔡之间，是我的幸运。你们这些人跟从我，都是幸运的。我听说，君子不经受困难的考验就不能当王，有抱负的男子汉不经受困难的考验，就不能扬名，怎么知道这次遭困厄就不是发愤激扬、磨炼志向的开始呢？"

【原文】

孔子之宋，匡人简子以甲士围之。子路怒，奋戟将与战。孔子止之曰："恶有修仁义而不免俗者乎？夫《诗》《书》之不讲，礼乐之不习，是丘之过也。若以述先王好古法而为咎者，则非丘之罪也。命夫！歌，予和汝。"

子路弹琴而歌，孔子和之。曲三终，匡人解甲而罢。

【译文】

孔子到宋国去，匡地有个叫简子的率领武士围住了孔子。子路很愤怒，举起武器要跟匡人作战。孔子阻止子路说："怎么会有讲求仁义而不能免除世俗憎恨的人呢？不研究《诗》《书》，不学习礼乐，这是我的过错。若把宣传先王美德、爱好古法作为一种罪责，那就不是我的罪过了，这大概是命吧！子路，你唱歌，我应和你。"子路弹琴歌唱，孔子应和着。他们唱了三遍，匡人卸去衣甲自己解了围。

【原文】

孔子曰："不观高崖，何以知颠坠之患；不临深泉，何以知没溺之患；不观巨海，何以知风波之患。失之者，其不在此乎？士慎此三者，则无累于身矣。"

【译文】

孔子说："不观察高高的山崖，怎么能知道掉下去的危险；不看到深水，怎么能知道溺水的危险；不看到大海，怎么能知道风浪的危险。失去生命的情况恐怕就在这些方面了。在这三点上审慎，就不会危害自己了。"

【原文】

子贡问于孔子曰："赐既为人下矣，而未知为人下之道，敢问之。"子曰："为人下者，其犹土乎？汩之深则出泉，树其壤则百谷滋焉，草木植焉，禽兽育焉。生则出焉，死则入焉。多其功而不意，恢其志而无不容。为人下者以此也。"

【译文】

子贡问孔子说："我已经做到对人谦逊了，但不知怎么谦虚处下，想请教先生。"孔子说："为人谦逊的人，就像土一样吧，深深挖掘就可以得到甘泉，在那土壤上面种植，就会有百谷茂盛，草木在上面生长，禽兽在上面繁育，草木生时在它上面生长，死后就埋在它的下面。土有多方面的功业却不在意自己有功德，胸怀宽广，无所不容。对人谦逊就应该像土那样。"

【原文】

孔子适郑，与弟子相失，独立东郭门外。或人谓子贡曰："东门外有一人焉，其长九尺有六寸，河目隆颡，其头似尧，其颈似皋陶，其肩似子产，然自腰已下，不及禹者三寸，累然如丧家之狗。"子贡以告，孔子欣然而叹曰："形状末也，如丧家之狗，然乎哉！然乎哉！"

【译文】

孔子到郑国去，和弟子们走散了，独自一人站立在外城东门外。有个人对子贡说："东门外有一个人，身高九尺六，眼睛上下眶平正而长，前额高高隆起。他的头像尧，他的脖子像皋陶，他的肩部像子产，可是从腰部往下，比大禹矮三寸，一样不得意的样子，像丧家之犬。"子贡把这话如实告诉了孔子。孔子欣然自得地感叹道："形貌未必是这样，然而他说我像一只失去了主人的狗，那倒是真的啊！那倒是真的啊！"

## 【原文】

孔子适卫，路出于蒲，会公叔氏以蒲叛卫，而止之。孔子弟子有公良儒者，为人贤长，有勇力，以私车五乘从夫子行，喟然曰："昔吾从夫子遇难于匡，又伐树于宋。今遇困于此，命也夫！与其见夫子仍遇于难，宁我斗死。"挺剑而合众，将与之战。蒲人惧，曰："苟无适卫，吾则出子。"乃盟孔子，而出之东门。孔子遂适卫。子贡曰："盟可负乎？"孔子曰："要我以盟，非义也。"卫侯闻孔子之来，喜而于郊迎之。问伐蒲，对曰："可哉。"公曰："吾大夫以为蒲者，卫之所以待晋、楚也，代之无乃不可乎？"孔子曰："其男子有死之志，吾之所伐者，不过四五人矣。"公曰："善。"卒不果伐。他日，灵公又与夫子语，见飞雁过而仰视之，色不悦，孔子乃逝。

## 【译文】

孔子到卫国去，路经蒲地，正碰上公叔氏凭借蒲地反叛卫国。他们阻止孔子前往。孔子有个叫公良儒的弟子，为人贤能，有武功，带着自家的五辆车跟随孔子出行。感叹道："过去我跟随老师在匡地受困，在宋国又遇上行礼之处的大树被砍伐的事情。现在到这里又遭受危困，这是命啊！与其看到老师遭受危困，不如让我和他们拼死算了！"就会合众人，拿起武器要跟他们战斗。蒲人怕了，说："如果不到卫国去，我们就让您出去。"于是和孔子订了盟誓，让孔子等从东门出去。孔子还是去了卫国。子贡问道："盟誓可以违背吗？"孔子说："他们用盟约要挟我，这是不义之举。"卫侯听说孔子来了，高兴地到郊外迎接。卫侯问讨伐蒲地可否，孔子回答："可以。"卫灵公说："我的大夫认为，蒲地是我们卫国用来对付晋国和楚国的前哨据点，讨伐它大概不行吧？"孔子说："蒲地男子有保家卫国、宁死不愿随从叛乱者之志，我们所讨伐的只不过是公叔氏等四五个人而已。"灵公说："好。"然而最终还是没有派兵讨伐。第二天，卫灵公又跟孔子谈话，看见大雁飞过，抬头看它，脸色不高兴。孔子就离开了卫国。

【原文】

卫蘧伯玉贤，而灵公不用；弥子瑕不肖，反任之。史鱼骤谏而不从。史鱼病将卒，命其子曰："吾在卫朝，不能进蘧伯玉，退弥子瑕，是吾为臣不能正君也。生而不能正君，则死无以成礼。我死，汝置尸牖下，于我毕矣。"其子从之，灵公吊焉，怪而问焉。其子以其父言告公。公愕然失容曰："是寡人之过也。"于是命之殡于客位，进蘧伯玉而用之，退弥子瑕而远之。孔子闻之，曰："古之列谏之者，死则已矣，未有若史鱼死而尸谏。忠感其君者也，不可谓直乎？"

【译文】

卫国的蘧伯玉贤德，可是卫灵公不予任用。弥子瑕无才，灵公反而任用他。史鱼屡次劝谏，卫灵公不听。史鱼得病将死，对他的儿子说："我在卫国朝廷上做官，却不能进荐蘧伯玉而使弥子瑕被罢免，这是我作为臣子不能匡正君主啊。活着不能匡正君主，死了也就不值得治办丧礼。我死后，你把我的尸体放在窗下，对我来说就算责任完成了。"他儿子遵从了他的遗言。卫灵公去吊唁，认为奇怪，就问史鱼的儿子。史鱼的儿子把父亲的话告诉给灵公。灵公非常惊愕，说道："这是我的过错呀！"于是命令将史鱼的尸体停放在房子的正堂，召进蘧伯玉而重用他，罢免了弥子瑕并疏远他。孔子听到这件事，说："古时勇于劝谏的人，死了就算了，没有像史鱼这样用尸体进谏的，忠心感动了他的君王，难道还不算忠直吗？"

## 五帝德第二十三

【原文】

宰我问于孔子曰："昔者吾闻诸荣伊曰'黄帝三百年'。请问黄帝者，人也，抑非人也？何以能至三百年乎？"孔子曰："禹、汤、文、武、周公，不可胜以观也，而上世黄帝之问，将谓先生难言之故乎！"宰我曰："上世之传，隐微之说，卒采之辩，暗忽之意，非君子之道者，则予之问也固矣。"孔子曰："可也。吾略闻其说。黄帝者，少典之子，曰轩辕。生而神灵，弱而能言，幼齐叡庄，敦敏诚信。长聪明，治五气，设五量，抚万民，度四方。服牛乘马，扰驯猛兽，以与炎帝战于阪泉之野，三战而后克之。始垂衣裳，作为黼黻。治民以顺天地之纪，知幽明之故，达死生存亡之说。播时百谷，尝味草木，仁厚及于鸟兽昆虫。考日月星辰，劳耳目，勤心力，用水火财物以生民。民赖其利，百年而死；民畏其神，百年而亡；民用其教，百年而移。故曰黄帝三百年。"

**【译文】**

　　宰我请教孔子说："过去，我听荣伊说过'黄帝三百年'，请问，黄帝是否是人，怎么能活三百年？"孔子说："大禹、汤、周文王、周武王、周公，尚且无法说得尽，道得明，而你偏偏要问远古时代黄帝的事情，恐怕这是先生前辈也难以说得清的吧！"宰我说："远古时代的传说，隐约细微的言论，事发以后的辩论，久远而不明的含义，这些都不是君子应该讲的，而宰予我请教这些问题是因为孤陋无知。"孔子说："好吧，我略略听说过这种说法：黄帝，是少典的儿子，名叫轩辕，出生时就非常神明灵异，很小就能说话。童年的时候，他伶俐、机敏、诚实、厚道。长大成人后，就更加聪明，能治理五行之气，设置了五种量器，而且还游历全国各地，安抚民众，他骑着牛坐着马，驯服了猛兽，跟炎帝在阪泉交战，三战后打败了炎帝。从此，黄帝开始确立有关衣服的礼制，规定了民众个个穿着绣有花纹的礼服，天下太平，无为而治。他遵循天地的纲纪统治着人民，既明白昼夜阴阳之道，又通晓生死存亡之理。按季节播种百谷，栽培花草树木，他的仁德遍及鸟兽昆虫。他考察星辰日月的运行，观察万物，劳心劳力，用水、火、财物养育生民。百姓仰赖他的养育一百年，敬畏他的神灵一百年，得到他的教化一百年，所以说黄帝三百年。"

**【原文】**

　　宰我曰："请问帝颛顼？"孔子曰："五帝用说，三王有度。汝欲一日遍闻远古之说，躁哉予也。"宰我曰："昔予也闻诸夫子曰'小子毋或宿'，故敢问。"孔子曰："颛顼，黄帝之孙，昌意之子，曰高阳。洪渊而有谋，疏通以知远，养财以任地，履时以象天。依鬼神而制义，治气性以教众，洁诚以祭祀，巡四海以宁民。北至幽陵，南暨交趾，西抵流沙，东极蟠木。动静之类，小大之物，日月所照，莫不砥属。"

**【译文】**

　　宰我说："请教一下帝颛顼是怎样的人？"孔子说："了解五帝靠传说。了解三王靠现成法度。你想在一天内普遍了解上古的传说，你真是太急躁了呀。"宰我说："以前我听夫子说过'子弟有疑问则问，无需搁置隔夜'，所以我才请教您。"孔子说："颛顼是黄帝的孙子，昌意的儿子，名叫高阳。他为人稳重深沉，有智谋，明理通达能预知很远；用大地滋养草木百谷，顺应时气以取法于天；依据鬼神制定礼义，教民众养气练性；用洁净的物品虔诚祭祀，巡视天下，让万民安定，北边到幽陵，南到交趾，西边到流沙，东到蟠木。无论是动物、植物，还是大神小神，日月所照的一切，没有一样不归他统管。"

## 【原文】

宰我曰："请问帝喾？"孔子曰："玄枵之孙，乔极之子，曰高辛。生而神异，自言其名。博施厚利，不于其身。聪以知远，明以察微。仁以威，惠而信，以顺天地之义。知民所急，修身而天下服，取地之财而节用之，抚教万民而诲利之。历日月之生朔而迎送之，明鬼神而敬事之。其色也和，其德也重，其动也时，其服也衷。春夏秋冬，育护天下。日月所照，风雨所至，莫不从化。"

## 【译文】

宰我说："想请教一下帝喾是怎样的人？"孔子说："他是玄枵的孙子，乔极的儿子，名叫高辛。他一生下来就非常神奇（与众不同），自己叫自己的名字。他广施厚道，施利于民，却没有考虑过自身的利益。他聪明而有远见，精明能体察细小之事。他仁慈而有威信，施惠而讲信用，并顺从天地的规律。他深知人民急需什么，自我修养而天下人都服从，从土地中获取产品并节约省用，安抚和训导百姓并教诲他们生财的方法。他观察日月的明暗晦朔来迎送日月，明察鬼神并敬服地祭奉他们。他的面容温和，德行敬重，举动符合时宜。春夏秋冬，护卫抚育着天下万物。日月所能照到、风雨所能及的地方，没有什么不被感化的。"

## 【原文】

宰我曰："请问帝尧？"孔子曰："高辛氏之子，曰陶唐。其仁如天，其智如神。就之如日，望之如云。富而不骄，贵而能降。伯夷典礼，夔、龙典乐。舜时而仕，趋视四时，务先民始之。流四凶而天下服。其言不忒，其德不回。四海之内，舟舆所及，莫不夷说。"

## 【译文】

宰我说："想请教一下帝尧是怎样的人？"孔子说："他是高辛氏的儿子，名叫陶唐。他的仁德像天，他的智慧像神。走近他，看似太阳，远远望他像行云。他富了却不骄傲，有了地位也能谦下待人。他让伯夷主管礼，夔龙主管乐，让舜做官，四季奔走，把老百姓的事情放在首位。他流放杀死四凶，于是天下顺服。他的言语中听，品德高尚，普天之下，车船所能到达的地方，没有谁不喜欢他。"

## 【原文】

宰我曰："请问帝舜？"孔子曰："乔牛之孙，瞽瞍之子也，曰有虞舜。孝友闻于四方，陶渔事亲。宽裕而温良，敦敏而知时，畏天而爱民，恤远而亲近。承受大命，依于二女。叡明智通，为天下帝。命二十二臣，率尧旧职，躬己而已。天平地成，巡狩四海，五载一始。三十年在位，嗣帝五十载。陟方岳，死于苍梧之野而葬焉。"

【译文】

宰我说："想请教一下帝舜是怎样的人？"孔子说："他是乔牛的孙子，瞽瞍的儿子，名叫有虞舜。因孝敬父母、善待兄弟而闻名于世，他用陶器捕鱼来侍奉双亲。他宽容而温和，机敏而知时节，敬畏上天，爱戴人民，体恤远方的民族，亲近亲人邻里。他承受大命，依靠两位妻子帮忙。他聪明足谋，通晓达理而成为天下帝王。他任命二十二个大臣，都是帝尧原有的旧职，他只是严格地约束自己而已。天下太平，地上收成好，于是他巡狩全国各地，五年一次。三十岁开始做官，接续帝位五十年。到四方之山岳朝会，死在苍梧的野外，并葬在了那里。"

【原文】

宰我曰："请问禹？"孔子曰："高阳之孙，鲧之子也，曰夏后。敏给克齐，其德不爽，其仁可亲，其言可信。声为律，身为度。亹亹穆穆，为纪为纲。其功为百神主，其惠为民父母。左准绳，右规矩，履四时，据四海。任皋陶、伯益以赞其治，兴六师以征不序。四极之民，莫敢不服。"孔子曰："予，大者如天，小者如言，民悦至矣。予也非其人也。"宰我曰："予也不足以戒敬承矣。"他日，宰我以语子贡，子贡以复孔子。子曰："吾欲以颜状取人也，则于灭明改之矣；吾欲以言辞取人也，则于宰我改之矣；吾欲以容貌取人也，则于子张改之矣。"宰我闻之，惧，弗敢见焉。

【译文】

宰我说："请教一下禹是怎样的一个人？"孔子说："他是高阳氏的孙子，鲧的儿子，人称夏后。他敏捷勤快，德行不差。他仁义可亲，说话可信。他的声音可以作为音律的标准，他的身体可以作为度量的标准。他勤勉恭敬，可以做行为的纪纲。他的功绩可为百神之主，他的慈惠可以为民父母。测量和规划的工具不离左右，一年四季，走遍天下。他任命皋陶、伯益帮助他治理天下，发动军队，征讨四方边远不顺服的民族，没有谁敢不服。"孔子说："宰予啊，禹的功德大得像广阔的天空，德行小的就像我所说的，无论大小，百姓都感到非常满意高兴。宰予啊，你还不是了解帝王德行的人。"宰我说："我还不够格这样肃敬地接受教导。"第二天，宰我把这话告诉了子贡，子贡又把它告诉了孔子。孔子说："我想根据外表选人，从灭明起，我改变了这做法。我凭言语取人，从宰我起，我改变了。我凭外貌取人，从子张起，我改变了。"宰我听到这话，害怕了，不敢再见孔子了。

## 五帝第二十四

【原文】

季康子问于孔子曰："旧闻五帝之名，而不知其实，请问何谓五帝？"

孔子曰："昔丘也闻诸老聃曰：'天有五行，木、火、金、水、土，分时化育，以成万物。其神谓之五帝。'古之王者，易代而改号，取法五行。五行更王，终始相生，亦象其义。故其为明王者，而死配五行。是以太皞配木，炎帝配火，黄帝配土，少皞配金，颛顼配水。"

【译文】

季康子向孔子问道："以前曾听说过'五帝'的名称，却不知道它们的实际含义，请问什么叫'五帝'？"

孔子说："过去，我听老聃说，天有五行：木、火、金、水、土，它们分别在不同时节化生长育，从而产生万物，万物之神称作五帝，古时称王的人，换一个朝代改一个名号，效法五行，用五行变换王的名号，周而复始，终始相生，也是以五行变化的意义为根据的。他们活着时是圣明的君王，死了配以五行。因此太皞氏配以木，炎帝配以火，黄帝配以土，少皞氏配以金，颛顼配享于水。"

【原文】

康子曰："太皞氏其始之木何如？"

孔子曰："五行用事，先起于木。木，东方，万物之初皆出焉，是故王者则之，而首以木德王天下。其次则以所生之行转相承也。"

【译文】

季康子问："太皞氏从木开始是什么原因？"

孔子说："用五行说明万物，先从木开始，木配东方，万物都从那里生出。所以称王的人也效法它，首先以木德称王天下，其次用所凭借称王的那一'行'，互相连接承续。"

【原文】

康子曰："吾闻勾芒为木正，祝融为火正，蓐收为金正，玄冥为水正，后土为土正，此则五行之主而不乱，称曰帝者，何也？"

孔子曰："凡五正者，五行之官名，五行佐成上帝，而称五帝。太皞之属配焉，亦云帝，从其号。昔少皞氏之子有四叔，曰重，曰该，曰修，曰熙，实能金木及水，使重为勾芒，该为蓐收，修及熙为玄冥。颛顼氏之子曰黎，为祝融。共工氏之子曰勾龙，为后土。此五者，各以其所能业为官职。生为上公，死为贵神，别称五祀，不得同帝。"

【译文】

季康子说："我听说勾芒是木官之长，祝融是火官之长，蓐收是金官之长，玄冥是水官之长，后土是土官之长，这五行的主管者不相混乱，却又称为帝，为什么呢？"

孔子说："这五正是五行的官属名称。五行辅佐他们成为帝王，以此而称为五帝。太皞等也与之相配，也称为帝，这是依循它的称号。以前的少皞有四个儿子：一个叫重，一个叫该，一个叫修，一个叫熙，他们的能力可以胜任金、木及水。于是让重做勾芒，让该做蓐收，让修和熙做玄冥，让颛顼的儿子黎成为祝融，让共工的儿子勾龙成为后土。这五个人活着的时候称为上公，死了以后称为贵神，另外称他们为'五祀'，不能与帝位等同。"

【原文】

康子曰："如此之言，帝王改号，于五行之德各有所统，则其所以相变者，皆主何事？"

孔子曰："所尚则各从其所王之德次焉。夏后氏以金德王，色尚黑，大事敛用昏，戎事乘骊，牲用玄。殷人以水德王，色尚白，大事敛用日中，戎事乘翰，牲用白。周人以木德王，色尚赤，大事敛用日出，戎事乘骤，牲用骍。此三代之所以不同。"

康子曰："唐虞二帝，其所尚者何色？"孔子曰："尧以火德王，色尚黄。舜以土德王，色尚青。"

【译文】

季康子问："按这个说法，帝王改变称号对于五行的德性来说，是因为各自有不同的统属。那么他们之所以这样相继改变，又掌管什么事呢？"

孔子说："他们所崇尚的都依循所据以称王的某一德行来安排次序。夏后氏以金德称王天下，崇尚黑色，祭礼或入殓选在黄昏时，打仗时驾乘黑色的马，祭祀时用黑色的牺牲。商代以水德称王天下，崇尚白色，祭祀或入殓选在中午时，打仗时乘驾白色的马，祭祀时牺牲也用白色的。周人以木德称王天下，崇尚红色，祭祀或入殓选在太阳初升时，打仗时，打仗时乘驾红色的马，祭祀时牺牲也用红色的。这就是三代不同的做法。"

康子问道："唐尧、虞舜二帝，他们所崇尚的是什么颜色？"孔子说："尧以火德称王天下，颜色上崇尚黄色。舜以土德称天王下，颜色上崇尚青色。"

【原文】

康子曰："陶唐、有虞、夏后、殷、周，独不配五帝，意者德不及上古邪？将有限乎？"孔子曰："古之平治水土，及播殖百谷者众矣。唯勾龙氏兼食于社，而弃为稷神，易代奉之，无敢益者，明不可与等。故自太皞以降，逮于颛顼，其应五行而王，数非徒五，而配五帝，是其德不可以多也。"

【译文】

季康子问："陶唐、有虞、夏后、殷、周的帝王，不与五帝相配，想来是他们的德行比不上上古呢，还是有什么限制呢？"孔子说："古代平治水土和播种百谷的人很多，只有勾龙氏当了土神，弃当了谷神，换了朝代仍尊奉他们，此外没有敢再增加的，表明他不可跟帝同一等次。所以从太皞氏往下一直到颛顼，那些可配五行称王的人，数目不只五个，可只是配以五帝，这就说明五帝的德行不可以超过啊。"

## 执辔第二十五

【原文】

闵子骞为费宰，问政于孔子。

子曰："以德以法。夫德法者，御民之具，犹御马之有衔勒也。君者，人也；吏者，辔也；刑者，策也。夫人君之政，执其辔策而已。"子骞曰："敢问古之为政？"孔子曰："古者天子以内史为左右手，以德法为衔勒，以百官为辔，以刑罚为策，以万民为马，故御天下数百年而不失。善御马者，正衔勒，齐辔策，均马力，和马心，故口无声而马应辔，策不举而极千里。善御民者，壹其德法，正其百官，以均齐民力，和安民心。故令不再而民顺从，刑不用而天下治。是以天地德之，而兆民怀之。夫天地之所德，兆民之所怀，其政美，其民而众称之。今人言五帝三王者，其盛无偶，威察若存，其故何也？其法盛，其德厚，故思其德，必称其人，朝夕祝之，升闻于天。上帝俱歆，用永厥世而丰其年。不能御民者，弃其德法，专用刑辟。譬犹御马，弃其衔勒，而专用棰策，其不制也，可必矣。夫无衔勒而用棰策，马必伤，车必败。无德法而用刑，民必流，国必亡。治国而无德法，则民无修；民无修，则迷惑失道。如此，上帝必以其为乱天道也。苟乱天道，则刑罚暴，上下相诛，莫知念患，俱无道故也。今人言恶者，必比之于桀纣，其故何也？其法不听，其德不厚。故民恶其残虐，莫不吁嗟，朝夕祝之，升闻于天。上帝不蠲，降之以祸罚。灾害并生，用殄厥世。故曰德法者御民之本。

"古之御天下者，以六官总治焉。冢宰之官以成道，司徒之官以成德，宗伯之官以成仁，司马之官以成圣，司寇之官以成义，司空之官以成礼。六官在手以为辔，司会均仁以为纳。故曰御四马者执六辔，御天下者正六官。是故善御马者，正身以总辔，均马力，齐马心，回旋曲折，唯其所之。故可以取长道，可赴急疾。此圣人所以御天地与人事之法则也。天子以内史为左右手，以六官为辔，已而与三公为执六官，均五教，齐五法，故亦唯其所引，无不如志。以之道则国治，以之德，则国安，以之仁则国和，以之圣则国平，以之礼，则国定，以之义则国义，此御政之术。

"过失，人之情莫不有焉；过而改之，是为不过。故官属不理，分职不明，法政不一，百事失纪，曰乱。乱则饬冢宰。地而不殖，财物不蕃，万民饥寒，教训不行，风俗淫僻，人民流散，曰危。危则饬司徒。父子不亲，长幼失序，君臣上下，乖离异志，曰不和。不和则饬宗伯。贤能而失官爵，功劳而失赏禄，士卒疾怨，兵弱不用，曰不平。不平则饬司马。刑罚暴乱，奸邪不胜，曰不义。不义则饬司寇。度量不审，举事失理，都鄙不修，财物失所，曰贫。贫则饬司空。故御者，同是车马，或以取千里，或不及数百里，其所谓进退缓急异也。夫治者，同是官法，或以致平，或以致乱者，亦其所以为进退缓急异也。

"古者天子常以季冬考德正法，以观治乱。德盛者，治也；德薄者，乱也。故天子考德，则天下之治乱可坐庙堂之上而知之。夫德盛则法修，德不盛则饬，法与政咸德而不衰。故曰王者又以孟春论吏之德及功能，能德法者为有德，能行德法者为有行，能成德法者为有功，能治德法者为有智。故天子论吏而德法行，事治而功成。夫季冬正法，孟春论吏，治国之要。"

## 【译文】

闵子骞在费地做官的时候，向孔子询问关于从政的方法。

孔子说："要靠德行、靠法制。德行、法制是治理万民的工具，就像驾驭马要有衔口和笼头一样啊。国君是驾驭马的人，官吏是马缰绳，刑罚是马鞭子。君主为政，只不过是在使用缰绳和鞭子罢了。"子骞说："请问古时的人怎么抓政事？"孔子说："古时候，天子把内史当作左右手，用德行、法制当衔口和笼头，用百官当缰绳，用刑罚当鞭子，把万民当马，所以能治理几百年而不丢。会驾驭马的，安正衔口和笼头，弄齐缰绳，让马使匀力气，和马配合好。所以不用动嘴喊而马就会循着缰绳活动，不用举鞭子，马就能跑千里远。会治理百姓的，统一德政、法制，让百官正确对待职守，平均使用民力，安定民心。所以不必下两次命令，百姓就顺从，不动用刑罚，天下就大治。因此，天地认为他有德行，众百姓也纷纷归附他们。那天地所感恩的，万民所归附的，是他们的政事搞得好，他的百姓也受到众人的称誉。现在的人说起三王五帝，还称赞他们兴盛无比，令人敬畏的察考好像尚存，这是什么缘故呢？他们的法制严、德行好，所以想起他们的美德,一定称赞。早晚祝祷他们,升到上天被天帝听到,天帝都心悦诚服。因而使他们世系永固,年景丰饶。不能治理百姓的人,抛弃了德行、法制,专用刑律。这就好比驾驭马,丢了衔口和笼头,只用鞭子,那是肯定驾驭不了的。不用衔口和笼头,只用鞭子,马肯定会受到伤害,车也肯定毁坏。不用德,不用法,只用刑,百姓必然流亡,国家肯定灭亡。治理国家不靠德、不靠法,那么百姓就不能治理好,百姓就会糊涂、违背道德。像这样的话,天帝肯定认为违背了天道。假如违逆天道,刑罚残暴,上下互相逢迎,没有人讲忠诚,都不遵循道了。现在的人说到坏人,肯定把他比作夏桀和商纣王,什么缘故呢?因为桀纣的法制没人听从,他们的德行不纯厚。百姓憎恨他们的残忍暴虐,没有谁不嗟叹。早晚诅咒他们,被上天听到,天帝也认为他们不洁、不好,降下灾祸,惩罚他们,从而使他们世系灭亡。所以说,德和法是治民之本。

"古代统治天下的帝王,设置六官来治理国家。冢宰之类的官用来成就'道',司徒之类的官用来成就'德',宗伯之类的官用来成就'仁',司马之类的官用以成就'圣',司寇之类的官用以成就'义',司空之类的官用以成就'礼'。六官好像是马缰绳掌握在手中,司会使仁义均齐就如同有了内侧缰绳。所以说,驾驭四马的人控制六条缰绳,统治天下的人端正六官。因此,善于驾驭马的人,端正身体,总揽缰绳,使马力均齐,使马齐心协调一致,回旋曲折,想去哪里就去哪里。因此,能用它们奔赴距离远的道路,能够借助它们应付紧急的危难。是圣人用来统治天地和人民的法则啊。天子把内史当作左右手,以六官为缰绳,随后和三公一同管理六官,推广五教,统一五法,因此人们也听凭他的引导,没有不如愿的。以道义来治国,国家就能太平;以德行来治国,国家就会平安;以仁义来治国,国家就会和睦;以圣贤来治国,国家就会平定;以礼仪来治国,国家就会安定;以信义来治国,国家就会长治久安。这就是驾驭政治的方法。

"过失,实际上没有哪个人能避免,犯了过失能改正,这就不成其为过失。众官没管理好,区分职责不够明确,法制政令不统一,各项事务没头绪,叫作混乱,乱就责治冢宰官。土地不种植,财物匮乏,万民饥寒,不实行教化,风俗邪僻淫乱,百姓离散,叫作危险,危就责治司徒官。父子不亲近,长幼没顺序,君臣上下离心离德,叫不和,不和就责治宗伯官。有才能的没官职,有功劳的没赏赐,士卒怨恨,兵力削弱,叫不平,不义就责治司寇。量度的工具不准确,办事违理，大城小邑不修建，财物没处放，叫贫穷，贫就责治司空。所以驾驭车马的人用的是同样的车马，有的能跑千里远，有的不到几百里，这就是驾车进退缓急的办法不同啊。治理政事，同是这个官府、法制，有的人就治理得安定，有的人就搞得混乱，这也是采取的办法不同啊。

"古时候，天子常在冬季的最后一个月考察德政，调整法制，用来了解太平和混乱。德政深厚充足的，世道就安定；德政浅薄的，世道就混乱。所以天子只要考察德政，那么天下是安定还是混乱，坐在太庙的明堂上就能知道了。德政丰厚充足，那么法律就得到修治，德政不充足就整治法律和政治，法律和政治都依德而行就能长久不衰。所以说，当君王的在春季的第一个月评论官吏的德行及功劳、才能，能够注意德行和法制的人当作有德之人，能够施行德政和法制的算是能干，能够施行德政与法制而有所成效的算是有功劳，能用德政与法制治理好国家的算是有智谋。因此，天子考论官吏、德政、法制的施行，治理好天下，其功劳就算告成。冬季的最后一个月调整法律，春季的第一个月评定官吏，是治理国家的关键。"

## 【原文】

子夏问于孔子曰："商闻易之生人及万物、鸟兽昆虫，各有奇耦，气分不同。而凡人莫知其情，唯达道德者能原其本焉。天一，地二，人三。三三如九，九九八十一。一主日，日数十，故人十月而生。八九七十二，偶以从奇，奇主辰，辰为月，月主马，故马十二月而生。七九六十三，三主斗，斗主狗，故狗三月而生。六九五十四，四主时，时主豕，故豕四月而生。五九四十五，五为音，音主猿，故猿五月而生。四九三十六，六为律，律主鹿，故鹿六月而生。三九二十七，七主星，星主虎，故虎七月而生。二九一十八，八主风，风为虫，故虫八月（疑为"日"之误）而生。其余各从其类矣。鸟鱼生阴而属于阳，故皆卵生。鱼游于水，鸟游于云，故立冬则燕雀入海化为蛤。蚕食而不饮，蝉饮而不食，蜉蝣不饮不食，万物之所以不同。介鳞夏食而冬蛰，龁吞者八窍而卵生，咀嚼者九窍而胎生，四足者无羽翼，戴角者无上齿，无角无前齿者膏，有角无后齿者脂。昼生者类父，夜生者似母，是以至阴主牝，至阳主牡。敢问其然乎？"

孔子曰："然。吾昔闻老聃亦如汝之言。"

子夏曰："商闻《山书》曰：地东西为纬，南北为经。山为积德，川为积刑。高者为生，下者为死。丘陵为牡，溪谷为牝。蚌蛤龟珠，与日月而盛虚。是故坚土之人刚，弱土之人柔，墟土之人大，沙土之人细，息土之人美，秏土之人丑。食水者善游而耐寒，食土者无心而不息，食木者多力而不治，食草者善走而愚，食桑者有绪而蛾，食肉者勇毅而悍，食气者神明而寿，食谷者智惠而巧，不食者不死而神。故曰羽虫三百有六十，而凤为之长；毛虫三百有六十而麟为之长；甲虫三百有六十，而龟为之长；鳞虫三百有六十，而龙为之长；裸虫三百有六十，而人为之长。此乾坤之美也。殊形异类之数，王者动必以道，静必顺理，以奉天地之性，而不害其所主，谓之仁圣焉。"

子夏言终而出，子贡进曰："商之论也何如？"孔子曰："汝谓何也？"对曰："微则微矣，然则非治世之待也。"孔子曰："然，各其所能。"

## 【译文】

子夏问孔子说："我听说太易生人和万物、鸟兽昆虫等，各有单数和双数，所禀受元气的分限不同，而一般人没有谁知道真实情况，只有德高的人能知道那原本。天为一，地为二，人为三，三三得九，九九八十一。一主象天干，天干数有十，所以人是怀胎十月而生。八九七十二，是双数承接奇数，奇数主象地支，地支主象月份，月份主象马，所以马是怀胎十二月而生。七九六十三，三配斗，北斗主象狗，所以狗是怀胎三月而生。六九五十四，四配四时，四时主象猪，所以猪是怀胎四月而生。五九四十五，有五音，音主猿，所以猿是怀胎五月而生。四九三十六，六配六律，律象鹿，所以鹿是怀胎六月而生。三九二十七，七主象星宿，星宿主象虎，所以虎怀胎七个月而生。二九一十八，八主八风，八风主象虫，所以一般虫是八日后出生。其余的万物都是根据自己的类别生成。鸟鱼由母性生，属于阳性物，都是卵生。鱼在水中游，鸟在云中游，所以立冬后燕雀进入海变成蛤。蚕吃桑叶不饮水，蝉只饮露水不吃树叶，蜉蝣不吃也不饮，万物不相同。甲类鳞类动物夏天吃，冬天不吃不动。吞咬进食的动物全身八孔属于卵生。咀嚼类动物全身九孔属于胎生。长有四只脚的动物没有羽毛翅膀。长角的动物没有上齿，无角无前齿的动物脂肪多，无角无后齿的动物脂肪少。白天生的动物像其父，夜里生的动物像其母。因此极阴的地方主象牝，极阳的地方主象牡，请问是这样吗？"

孔子说："是这样。我以前听到老子讲的也和你说的一样。"

子夏说："我听说《山书》上说：大地东西方向为纬，南北方向为经，山为积聚道德之地，平地为积聚刑罚之所，高处的为生，低处的为死，丘陵为雄性，溪谷为雌性，蚌、蛤、龟、珠因日月的变化而有盛衰的不同。因此坚硬土地上的人刚强，软弱土地上的人柔和，丘陵土地上的人高大，沙土之地的人矮小，肥沃土地上的人长得美丽，而土地疏薄贫瘠之处的人丑陋。吃水的动物善于游水并且能耐得住寒冷，吃土的动物没有心脏而不必呼吸，吃树木的动物力量大而难以驯服，吃草的动物善于奔跑却愚蠢，吃桑的动物吐丝并且变飞蛾，吃肉的动物勇毅而强悍，吃气的动物聪明而且长寿，吃谷类的动物有智慧而且灵巧，不吃东西的不死亡而成为神仙。因此说，有羽毛的动物有三百六十种，而凤凰为第一；有毛的动物有三百六十种，而麒麟是第一；有甲的动物有三百六十种，而龟是第一；有鳞的动物三百六十种，而龙居首位；无羽毛鳞甲的动物有三百六十种，而人类居首位。这是天地美妙之处，不同形状、不同类别的动物有不同之处。君王要行动必定根据'道'来行动，安静必定顺从理，奉行天地的本质特点，而不伤害它们所代表的事物，这样就能称得上仁人中的圣者了。"

子夏说完后出去，子贡进来说："子夏的话怎么样？"孔子说："你认为怎么样？"回答说："精微倒是精微，但不是太平盛世所需要的。"孔子说："是的，各谈自己所能谈的罢了。"

## 本命解第二十六

【原文】

鲁哀公问于孔子曰："人之命与性，何谓也？"

孔子对曰："分于道谓之命，形于一谓之性。化于阴阳，象形而发，谓之生；化穷数尽，谓之死。故命者，性之始也；死者，生之终也。有始则必有终矣。人始生而有不具者五焉：目无见，不能食，不能行，不能言，不能化。及生三月而微煦，然后有见。八月生齿，然后能食。三年囟合，然后能言。十有六而精通，然后能化。阴穷反阳，故阴以阳变；阳穷反阴，故阳以阴化。是以男子八月生齿，八岁而龀。女子七月生齿，七岁而龀，十有四有化。一阳一阴，奇偶相配，然后道合化成。性命之端，形于此也。"

公曰："男子十六通精，女子十四而化，是则可以生民矣。而礼男必三十而有室，女必二十而有夫也，岂不晚哉？"孔子曰："夫礼，言其极，不是过也。男子二十而冠，有为人父之端。女子十五许嫁，有适人之道。于此而往，则自婚矣。群生闭藏乎阴，而为化育之始。故圣人因时以合偶，穷天数也。霜降而妇功成，嫁娶者行焉。冰泮而农桑起，婚礼而杀于此。男子者，任天道而长万物者也。知可为，知不可为；知可言，知不可言；知可行，知不可行者也。是故审其伦而明其别，谓之知，所以效匹夫之德也。女子者，顺男子之教而长其理者也，是故无专制之义，而有三从之道。幼从父兄，既嫁从夫，夫死从子，言无再醮之端。教令不出于闺门，事在供酒食而已。无阃外之非义也，不越境而奔丧，事无擅为，行无独成，参知而后动，可验而后言。昼不游庭，夜行以火，所以效匹妇之德也。"

孔子遂言曰："女有五不取：逆家子者，乱家子者，世有刑人子者，有恶疾子者，丧父长子者。妇有七出，三不去。七出者：不顺父母者，无子者，淫僻者，嫉妒者，恶疾者，多口舌者，窃盗者。三不去者：谓有所取而无所归，一也。与共更三年之丧，二也。先贫贱后富贵，三也。凡此，圣人所以顺男女之际，重婚姻之始也。"

【译文】

鲁哀公向孔子问道："人的生命和性别是怎么回事？"

孔子回答说："为天道所决定的，叫作命；通过同一途径而形成的，叫作性。阴阳交合变化，象其形而出叫作生，变化完了，气数已尽叫作死。所以命是性的开始，死是生的终结，有始就一定有终。人刚生下来时身体存在不完备之处，一般表现在五点：眼睛看不见东西，不能吃饭，不能走路，不能说话，不能生育。出生三个月眼珠稍微能转动，然后能看东西。八个月开始长牙，然后能吃东西。出生三年囟门合拢，然后能说话。十六岁通精，然后能生育。阴到极点变成阳，阳到极点变成阴，阴配阳、阳配阴才能化育。因此男孩八个月出牙，八岁换牙，十六岁精通。女孩七个月出牙，七岁换牙，十四岁能生育。一阳一阴，奇偶相配，然后能生化，性命的开端，就表现在这里。"

鲁哀公说："男子十六岁精通，女子十四岁就能生育，这时就可以生养人了。而按照礼的规定，男子三十岁才娶妻，女子二十岁才有丈夫，难道不太迟了吗？"孔子说："礼说的是它的最迟限度，是说不要超过这一限度。男子二十岁行加冠之礼，开始能为人父了。女子十五岁允许出嫁，到了出嫁的年纪。从这以后，就可以婚嫁了。众生关闭而藏于阴，就成为化育的开始。因此圣人依据时候季节来为男女成婚，穷尽天道的最大限度。霜降之时，女红完成了，于是开始操办嫁女、娶媳妇的事。冰雪融化后，农事活动开始了，结婚之事到此结束。男子，是担当天道而助长万事万物的。知道什么可以做，什么不可以做；知道什么可以说，什么不可以说；知道什么可以从事，什么不可以从事。因此明悉它们的不同类别并且懂得它们的细微差别，叫作知，这是男子所效行的一般人的德行。女子，顺从男子的训导，并扩大男子的道理，因此没有独立自主、自作主张的道理，却有"三从"的责任：年少时听命于父亲和兄长，嫁人以后顺从丈夫，丈夫死后听从儿子，一句话就是她们没有再嫁的理由。她们接受教育的地方不超出内室之门，所做的事仅在于端酒上菜而已。她们在家门之外不应出现错误邪僻，不能超越所规定的区域去奔丧。做事不能擅自妄为，行为不能独断专行，三思然后才能行动，可以验证再说。白天不在庭院中闲逛，夜间走路要用灯火照亮，这是女子所应效行的一般妇女的德行。"

孔子又接着说："有五种女子不能娶。悖逆道德家庭的姑娘，淫乱人家的姑娘，祖上曾受过刑罚的姑娘，有不治之病人家的姑娘，早年丧父家庭的长女。有七种媳妇要休弃，有三种媳妇不能休弃。七种要休弃的是：不孝顺父母的、不生孩子的、淫荡不正派的、生性嫉妒的、有难治之病例的、多嘴多舌的、偷东西的。三种不能休弃的：无处可归的、跟丈夫共同为公婆守过三年之丧的、先贫贱后富贵的。大凡这些，就是圣人用以理顺男女婚姻结合的原则，重视婚姻的开始。"

## 【原文】

孔子曰："礼之所以象五行也，其义四时也，故丧礼有举焉。有恩，有义，有节有权，其恩厚者其服重，故为父母斩衰三年，以恩制者也。门内之治恩掩义，门外之治义掩恩。资于事父以事君，而敬同。贵贵尊尊，义之大也。故为君亦服衰三年，以义制者也。三日而食，三月而沐，期而练。毁不灭性，不以死伤生，丧不过三年。齐衰不补，坟墓不修。除服之日鼓素琴，示民有终也。凡此，以节制者也。资于事父以事母，而爱同。天无二日，国无二君，家无二尊，以一治之。故父在为母齐衰期者，见无二尊也。百官备，百物具，不言而事行者，扶而起；言而后事行者，杖而起；身自执事行者，面垢而已。此以权制者也。亲始死，三日不怠，三月不懈，期悲号，三年忧，哀之杀也。圣人因杀以制节也。"

## 【译文】

孔子说："礼制是用来效法五行的，道义则是效法四时的，所以丧礼有四种服制，有按恩德规定，有按义规定，有按礼节规定的，有按权力规定。对恩厚的，穿最重一等的丧服，所以儿子为父母斩衰，守丧三年，这是考虑到恩情而制定的。在家内恩大于义，在家外义大于恩。取侍奉父亲的礼来侍奉君王，恭敬的程度相同，尊敬地位高的，这是义的主要内容。所以为君王服斩衰，守丧三年，这是按义规定的。亲人死后三天才吃饭，三个月后洗头发，周年时可以穿白练做的丧服。因伤心流泪容颜被毁得不像样子，但不失掉生性，不能因为死人伤了活着的人，守丧不超过三年。齐衰之服破损了也不用缝补，坟墓不必再培土。满服那天，弹拨素琴，以显示哀伤终结，这是按礼节规定的丧礼。取侍奉父亲的礼节侍奉母亲，爱心相同，但天上不能有两个太阳，国家不能有两个国君，家庭不能有两个家长，由一人主持。所以父亲健在时，为母亲服齐衰的人，要体现一家不能有两个至尊。百官齐备，万物拥有，不用说话，事情就能办成的君王，哭完丧，由人搀扶起来；说了话，事情就能办成的大夫，哭完丧拄杖起来；事必躬亲来办的人，要哭得容貌不成样子，这是平民百姓。这是按权力规定的丧礼。亲人刚死，三天内哭声不绝，三月内不能解衣而睡，一周年时要悲痛哭号，忧伤三年，哀伤逐渐减退。圣人根据逐渐减退的情况来制定丧礼。"

## 论礼第二十七

## 【原文】

孔子闲居，子张、子贡、言游侍，论及于礼。孔子曰："居！汝三人者，吾语汝以礼周流无不遍也。"子贡越席而对曰："敢问如何？"子曰："敬而不中礼，谓之野；恭而不中礼，谓之给；勇而不中礼，谓之逆。"子曰："给夺慈仁。"子贡曰："敢问将何以为此中礼者？"子曰："礼乎，夫礼所以制中也。"

子贡退。言游进曰："敢问礼也，领恶而全好者与？"子曰："然。"子贡问："何也？"子曰："郊社之礼，所以仁鬼神也；禘尝之礼，所以仁昭穆也；馈奠之礼，所以仁死丧也；射飨之礼，所以仁乡党也；食飨之礼，所以仁宾客也。明乎郊社之义，禘尝之礼，治国其如指诸掌而已。是故居家有礼，故长幼辨；以之闺门有礼，故三族和；以之朝廷有礼，故官爵序；以之田猎有礼，故戎事闲；以之军旅有礼，故武功成。是以宫室得其度，鼎俎得其象，物得其时，乐得其节，车得其轼，鬼神得其享，丧纪得其哀，辩说得其党，百官得其体，政事得其施。加于身而措于前，凡众之动，得其宜也。"

言游退。子张进曰："敢问礼何谓也？"子曰："礼者，即事之治也，君子有其事必有其治。治国而无礼，譬犹瞽之无相，伥伥乎何所之？譬犹终夜有求于幽室之中，非烛何以见？故无礼则手足无所措，耳目无所加，进退揖让无所制。是以其居处长幼失其别，闺门三族失其和，朝廷官爵失其序，田猎戎事失其策，军旅失其势，宫室失其度，鼎俎失其象，物失其时，乐失其节，车失其轼，鬼神失其享，丧纪失其哀，辩说失其党，百官失其体，政事失其施。加于身而措于前，凡动之众失其宜。如此，则无以祖洽四海。"

子曰："慎听之，汝三人者，吾语汝，礼犹有九焉，大飨有四焉。苟知此矣，虽在畎亩之中，事之，圣人矣。两君相见，揖让而入，入门而悬兴。揖让而升堂，升堂而乐阕。下管《象》舞，夏籥序兴。陈其荐俎，序其礼乐，备其百官。如此而后君子知仁焉。行中规，旋中矩，銮和中《采荠》。客出以《雍》，彻以《振羽》。是故君子无物而不在于礼焉。入门而金作，示情也；升歌《清庙》，示德也；下管《象》舞，示事也。古之君子，不必亲相与言也，以礼乐相示而已。夫礼者，理也；乐者，节也。无理不动，无节不作。不能《诗》，于礼谬；不能乐，于礼素；于薄德，于礼虚。"

子贡作而问曰："然则夔其穷与？"子曰："古之人与？上古之人也。达于礼而不达于乐，谓之素；达于乐而不达于礼，谓之偏。夫夔达于乐而不达于礼，是以传于此名也。古之人也。凡制度在礼，文为在礼，行之其在人也。"三子者，既得闻此论于夫子也，焕若发蒙焉。

# 【译文】

孔子在家闲坐着，子张、子贡和子游在身边陪侍，谈论起礼的问题。孔子说："你们三个人坐下！我告诉你们怎样使礼运用到天下任何地方和场合。"子贡越过座席问道："请问礼是什么？"孔子说："严肃方面不合乎礼，叫粗野；恭敬方面不合乎礼，叫作耍辩才；勇敢方面不合乎礼，叫作违理不道。耍口才就失去了仁德慈惠。"子贡说："请问怎么样才合乎礼呢？"孔子说："礼就是用来规定怎么适中的。"

子贡退下来，子游上前问道："请问所谓礼，就是治理坏的，保全好的吗？"孔子说："是的。"子贡问："可是这怎么做呢？"孔子说："郊祭、社祭的意义，就是使鬼神得到仁爱；秋尝夏禘之礼，就是使祖先得到仁爱；馈奠之礼，就是使死者得到仁爱；乡射时用酒食款待人的礼节，就是使同乡邻里得到仁爱；用食物款待人的礼节，就是使客人得到仁爱。明白了郊祭、社祭的礼仪，秋尝夏禘的礼仪，那么管理国家就像在手掌上指画那样容易。所以，日常起居有了礼，长辈晚辈就有了分别；家庭内部有了礼，一家三代就能和和睦睦；朝廷上有了礼，官职爵位就能井然有序；田猎时有了礼，军事行动就能熟练；军队里有了礼，就能建立军功。因此宫室遵循适当的法度，祭器符合一定的形状，万物能适时生长，音乐符合节拍，车辆有了合适的轼，鬼神得到了各自的供品，丧葬有了适度的悲哀，辩论谈话有了拥护自己的人，百官有了礼仪，政事就能够顺利施行。将礼运用于自身和眼前的一切事情，所有人的举动就都能适宜。"

子游退下，子张走向前，说："请问礼是指什么？"孔子说："礼，就是做事的方法。君子有了政事就要治理。治国如果没有礼，就像瞎子没有领路人，稀里糊涂往哪儿走？就像一整夜在黑屋子里找东西，没有火烛怎么能看见？所以，没有礼，就连手脚都不知往哪儿放，耳朵听不进、眼睛看不见什么，进退谦让都没有具体规定。所以，治家没了礼，长幼就没了分别。小家族没有礼，也就不会和睦。朝廷没有礼，官职爵位就没了顺序。没有礼，田猎打仗时就会缺少计策，军队作战就会失去有利的形势。没有礼，宫室建筑没尺度，祭器没标准，作物耕作不按季节，快乐没个节制，车辆装载没有限度，鬼神得不到祭祀，丧事没有哀悼，辩论没有同类人赞助，官府没有具体制度，政事得不到实施，众多的行动都不合宜。像这样，就没有办法治理天下。"

孔子说："你们三个仔细听着吧！我告诉你们，礼一共有九项，其中大飨之礼有四项。如果能做到这些，哪怕他是个种田人，只要照礼而行，他也可以成为圣人了。两个国君相见，互相作揖谦让进入大门，一进入大门，马上钟鼓齐鸣，彼此相互作揖谦让后才登上厅堂，登上大堂钟鼓之声便停止了；这时又在庭下奏起管乐《象》的乐曲，接着就是夏籥的乐曲，陈列器鼎供品，按照礼乐安排仪式，百官执事一应俱全。像这样君子就懂得了仁爱。进退都很合规矩，车上的铃也和着《采荠》乐曲的节奏。客人出去时，奏起《雍》曲以送别，撤出供品时奏起《羽》曲。所以君子所做的事情没有不合于礼的。进门时鸣金，表示欢迎之情；登堂时演唱《清庙》之诗，表示赞美其功德；堂下吹起《象》的乐曲，显示祖先的功业。所以古代两个君子相见，不必用语言表达敬意，用礼乐就可以相互传达意思了。所谓礼，就是条理；所谓乐，就是礼节。没有条理就不能行动，不合于礼节就不能做事。不懂得赋《诗》言志，礼节上就会出差错；不能用音乐来配合，礼节就显得单调枯燥；道德低下，礼就会变得虚假。"

子贡起来问道："这样说来，夔对于礼就完全不通吗？"孔子说："你说的是一位古代的人吗？他是上古的人。通晓礼却不通晓乐叫作素，通晓乐却不通晓礼叫作偏。那个夔通晓乐不通晓礼，因此，传下这个名字。大凡制度在于礼，修饰的行为在于礼，实际在于人吧。"三个学生，已经从先生那听到这些高论，眼前豁然一亮，好像拨开了迷雾。

## 【原文】

子夏侍坐于孔子，曰："敢问《诗》云'恺悌君子，民之父母'，何如斯可谓民之父母？"孔子曰："夫民之父母，必达于礼乐之源，以至五至而行三无，以横于天下。四方有败，必先知之，此之谓民之父母。"

子夏曰："敢问何谓五至？"孔子曰："志之所至，《诗》亦至焉；《诗》之所至，礼亦至焉；礼之所至，乐亦至焉；乐之所至，哀亦至焉。《诗》礼相成，哀乐相生。是以正明目而视之，不可得而见；倾耳而听之，不可得而闻；志气塞于天地，行之充于四海，此之谓五至矣。"

子夏曰："敢问何谓三无？"孔子曰："无声之乐，无体之礼，无服之丧，此之谓三无。"子夏曰："敢问三无，何诗近之？"孔子曰："'夙夜基命宥密'，无声之乐也；'威仪逮逮，不可选也'，无体之礼也；'凡民有丧，扶伏救之'，无服之丧也。"

子夏曰："言则美矣大矣！言尽于此而已乎？"孔子曰："何谓其然？吾语汝！其义犹有五起焉。"子夏曰："何如？"孔子曰："无声之乐，气志不违；无体之礼，威仪迟迟；无服之丧，内恕孔哀；无声之乐，所愿必从；无体之礼，上下和同；无服之丧，施及万邦。既然，而又奉之以三无私而劳天下，此之谓五起。"

子夏曰："何谓三无私？"孔子曰："天无私覆，地无私载，日月无私照。其在《诗》曰：'帝命不违，至于汤齐。汤降不迟，圣敬日跻。昭假迟迟，上帝是祗，帝命式于九围。'是汤之德也。"子夏蹶然而起，负墙而立曰："弟子敢不志之！"

## 【译文】

子夏陪孔子坐着，说："请问《诗经》上说'和乐近人的君子，是百姓的父母'，怎样做才称得上百姓的父母？"孔子说："百姓的父母官，必须懂得礼乐的本源，做到五至，实行三无。让它们充塞天下，任何地方发生了灾祸，一定先知道，这样的人才算得上百姓的父母。"

子夏说："请问什么叫作五至呢？"孔子说："只要心中想要表达什么，《诗经》中的诗句就会涌现在心中；《诗经》要表达什么，相应的礼也就随之产生；礼所到之处，乐也应该有所表现；乐所到之处，哀也就随之产生了。《诗经》和礼是相辅相成的，哀和乐是互相引发的，因此即使擦亮了眼睛也不可能看见，竖起耳朵也不可能听到。意志充满于天地，实行起来又遍及天下，这就叫作五至。"

子夏曰："请问什么叫三无？"孔子说："没有声的音乐，没有仪式的礼节，不穿丧服的吊丧，这就叫三无。"子夏说："请问对三无来说，什么诗最接近它的含义？"孔子说："日夜秉承天命，宽和而又宁静，这就近似于无声的音乐。'威仪逮逮，不可选也'，这句诗就是没有具体规定的礼。'凡民有丧，扶伏救之'，这句就是指不穿丧服吊慰死者。"

子夏说："您说的话真是太完美、太伟大了，所要说的就只有这些吧？"孔子说："怎么能这么说呢？我告诉你，它的真正的含义还要从五个方面来阐明。"子夏问："如何说呢？"孔子说："无声的音乐，不违背个人心志；无形的礼仪，从容不迫；无服的丧事，把自己内心的极度悲伤推及他人。无声的音乐，心想事成；无形的礼仪，使上下融洽；无服的丧事，推广到万国。这样，用三无私的精神来治理天下。这就叫作五起。"

子夏说："什么叫三无私？"孔子说："像上天无私覆盖大地，像大地无私负载万物，像日月无私照耀天下。它在《诗经》上这样说：'上帝之命不违逆，到了商汤与天齐心。下人之道汤疾行，敬圣声名速升起。昭明遍圣不迫急，上帝对其表敬意，命把九州来治理。'这就是汤的美德。"子夏急忙站起，靠墙站立，说："学生怎敢不记住这些。"

## 观乡射第二十八

【原文】

孔子观于乡射，喟然叹曰："射之以礼乐也，何以射，何以听。循声而发，不失正鹄者，其唯贤者乎？若夫不肖之人，则将安能以求饮？《诗》云：'发彼有的，以祈尔爵。'祈，求也。求所中以辞爵。酒者，所以养老，所以养病也。求中以辞爵，辞其养也。是故士使之射而弗能，则辞以病，悬弧之义。"于是退而与门人习射于矍相之圃，盖观者如墙堵焉。试射至于司马，使子路执弓矢，出列延，谓射之者曰："奔军之将，亡国之大夫，与为人后者，不得入，其余皆入。"盖去者半。又使公罔之裘、序点又扬觯而语曰："幼壮孝悌，耆老好礼，不从流俗，修身以俟死者，在此位。"盖去者半。序点又扬觯而语曰："好学不倦，好礼不变，耄期称道而不乱者，在此位。"盖仅有存焉。射既阕，子路进曰："由与二三子者之为司马，何如？"孔子曰："能用命矣。"

观乡人射

## 【译文】

孔子观看乡射的场面,长叹一声说:"射箭要合于礼仪和音乐。依照什么礼来射,射的时候听什么乐曲都有一定的标准。依照乐曲的节拍射,射出去没有不中箭靶的,大概只有贤者吧。至于没有射猎才能的人,又怎么能求得射中?《诗经》上说:'射箭能中靶心,以祈罚你将酒饮。'祈是求的意思,求得射中,是为了自己免受罚酒。酒是用以养老养病的,求得射中好辞掉别人的奉养。所以,作为士来说,如果让他射箭却不会射,就要以疾病为理由推辞,就是挂起弓不射的意思。"于是回来与门人们在矍相的园子里学习射箭,观看的人围得像一堵墙一样。当射礼行至子路时,孔子让子路拿着弓箭出来邀请射箭的人,说道:"败军之将,丢掉封地的大夫,求做别人后嗣的,不能进去。其余的人都进场。"听到这话,人走了一半。这时,孔子又让公罔之裘、序点举起酒杯说道:"懂得孝悌之礼的少壮人,喜欢礼的老年人,不盲从于世俗风气,修身洁行的人,站在这个位置。"结果又走掉了一半。序点又举杯说道:"爱学习不知疲倦,爱好礼义永不改变,年纪虽大仍讲仁道的人,请留在这个位置。"结果仅剩几个人留下了。射箭结束后,子路向前面对孔子说道:"我和序点他们这些人做司马这个官职如何?"孔子回答道:"可以胜任了。"

## 【原文】

孔子曰:"吾观于乡,而知王道之易易也。主人亲速宾及介,而众宾从之。至于正门之外,主人拜宾及介,而众宾自入。贵贱之义别矣。三揖至于阶,三让以宾升,拜至献酬辞让之节繁。及介升,则省矣。至于众宾,升而受爵,坐祭立饮,不酢而降,隆杀之义辨矣。工入,升歌三终,主人献宾。笙入三终,主人又献之;间歌三终,合乐三阕,工告乐备而遂出。一人扬觯,乃立司正焉,知其能和乐而不流也。宾酬主人,主人酬介,介酬众宾,少长以齿,终于沃洗者焉。知其能弟，长而无遗矣。降脱履，升座，修爵无算。饮酒之节，旰不废朝，暮不废夕。宾出，主人拜送，节文终遂焉，知其能安燕而不乱也。贵贱既明，降杀既辨，和乐而不流，弟长而无遗，安燕而不乱。此五者，足以正身安国矣，彼国安而天下安矣。故曰：'吾观于乡，而知王道之易易也。'"

### 【译文】

孔子说："我从观看乡饮酒礼中，就知道王道的推行非常容易。行礼之前，主人亲自邀请宾客和陪客，而其他从宾则跟随着他们前去。到了主人的正门外，主人拜迎宾客和陪客，又作揖请其他从宾们入内。这样尊贵的和卑贱的就区别开了。主人和宾客三次揖让后走到堂阶前，三次谦让后主人引导宾客登上厅堂。主人用三揖三让来拜射宾客的到来，并斟酒献与宾客，宾客又回敬主人，推辞谦让的礼节就特别多。等到陪客升堂，礼节就减少了很多。对于众宾，登阶接受献酒，坐着祭酒，站着喝酒，不回敬主人就可以下阶。礼节的隆重与简单就分得很清楚了。乐工进来，到堂下唱了三首歌，主人于是给客人献酒。吹笙的人进来，在堂下吹奏了三首乐曲，主人再一次献酒。堂上乐工和堂下吹笙的人轮演奏了三首歌和乐曲，最后配合起来唱与吹又共三首，乐工告诉主宾说乐曲和歌唱已演奏完毕，于是就退下堂去。这时主人属下一名管事的人对众人举杯，表示可以喝酒了，大家便推举一人为司正监礼。这样做，就可以知道乡饮酒能使大家和谐欢乐而不至于失礼。宾客先向主人劝酒，主人又向陪客劝酒，陪客又向众客劝酒，按年龄大小顺序饮酒，一直到侍奉主宾盥洗的人到来为止。这样做，无论年龄大小都不会遗漏。众人走下堂来，脱掉鞋子，然后再登堂就座，这时就开始互相敬酒，不计杯数。饮酒的限度以早上不能耽误早朝，傍晚不能耽误回家治事为准。饮酒结束、宾客离去时，主人要拜送，到此，所有的礼仪全部完成了。这样做就可以知道了，乡里饮酒能够使大家安乐而不混乱了。地位的尊卑贵贱能够分明，礼节的隆重简单可以区别，和谐欢乐而不失礼，年龄大小都不会遗漏，欢乐而有节制。这五种行为，足以修正身心而安定国家了。国家安定，天下就安定了。所以说：'我从观看乡饮酒的礼仪中，就知道王道的推行极为容易。'"

### 【原文】

子贡观于腊。孔子曰："赐也，乐乎？"对曰："一国之人皆若狂，赐未知其为乐也。"孔子曰："百日之劳，一日之乐，一日之泽，非尔所知也。张而不弛，文武弗能；弛而不张，文武弗为；一张一弛，文武之道也。"

【译文】

子贡观看年终的腊祭。孔子说:"端木赐,你觉得有乐趣吗?"回答说:"一国的人都像疯子一样,我不知道那算什么快乐。"孔子说:"他们辛苦多日,快乐一天,放肆一天,这不是你所能理解的。光紧张而不松弛,文王、武王不能这样;光松弛不紧张,文王武王也不干;有紧张有松弛,这是文王武王的主张啊。"

观腊论俗

## 郊问第二十九

【原文】

定公问于孔子曰:"古之帝王必郊祀其祖以配天,何也?"孔子对曰:"万物本于天,人本乎祖。效之祭也,大报本反始也,故以配上帝。天垂象,圣人则之,郊所以明天道也。"

【译文】

鲁定公向孔子询问道:"古代的帝王,一定要郊祀祖先而让他们配享上天,这是为什么呢?"孔子说:"万物之本源归于天,人的本源归于祖,郊祭是为了用盛大的祭祀来报答本源的恩赐,回顾自己的由来,所以不仅祭祖,还加上祭天。上天挂着日月星辰,人效法天,郊祭就是用以显示天道。"

## 【原文】

公曰:"寡人闻郊而莫同,何也?"孔子曰:"郊之祭也,迎长日之至也。大报天而主日,配以月。故周之始郊,其月以日至,其日用上辛。至于启蛰之月,则又祈谷于上帝。此二者,天子之礼也。鲁无冬至大郊之事,降杀于天子,是以不同也。"

## 【译文】

定公说:"我听说郊祭不同于别的祭祀,为什么?"孔子回答道:"郊外祭天,是迎接长日的到来,用盛大的祭祀来报答上天,以日作为祭拜的主体,并以月作为配祭。因此周代开始祭天时,选择月份是根据太阳由远而近地到来,把日期确定在这月上旬的辛日;对于启蛰之月,则又要向上天祈谷物丰收。这两者,是天子所用的礼仪。鲁国没有冬至盛大祭祀的事情,因为鲁国是诸侯,只能用次于天子之礼的礼仪,这就是不同的原因吧。"

## 【原文】

公曰:"其言郊,何也?"孔子曰:"兆正于南,所以就阳位也。于郊,故谓之郊焉。"曰:"其牲器何如?"孔子曰:"上帝之牛角茧栗,必在涤三月。后稷之牛唯具,所以别事天神与人鬼也。牲用骍,尚赤也;用犊,贵诚也。扫地而祭,于其质也。器用陶匏,以象天地之性也。万物无可称之者,故因其自然之体也。"

## 【译文】

定公又问道:"为什么称为郊祭呢?"孔子说:"祭祀坛场在南郊,是为了处于阳位,在郊外,所以叫郊祭。"哀公问道:"郊祭时供奉牺牲的器具是怎样的呢?"子说:"祭天帝用牛的牛角要小,必须在洁净的牛棚里喂养三个月。祭后稷有牛,形体和毛色要好,用以区别祭天神和人鬼。牛用红色毛的,是崇尚红色的意思。用小牛犊,是表明尊重真诚。清扫地面才祭祀,在于显示质地洁净。器皿用陶制的,是为了象征天地自然的本性。一切用物都没有值得称道的,都依照本来自然的样子。"

## 【原文】

公曰:"天子之郊,其礼仪可得闻乎?"孔子对曰:"臣闻天子卜郊,则受命于祖庙,而作龟于祢宫,尊祖亲考之义也。卜之日,王亲立于泽宫,以听誓命,受教谏之义也。既卜,献命库门之内,所以诫百官也。将郊,则供天子皮弁以听报,示民严上也。郊之日,丧者不敢哭,凶服者不敢入国门,氾扫清路,行者毕止。弗命而民听，敬之至也。天子大裘以黼之，被衮象天，乘素车，贵其质也。旂十有二旒，龙章而设以日月，所以法天也。既至泰坛，王脱裘矣，服衮以临燔柴，戴冕，璪十有二旒，则天数也。臣闻之，诵诗三百，不足以一献；一献之礼，不足以大飨；大飨之礼，不足以大旅；大旅具矣，不足以飨帝。是以君子无敢轻议于礼者也。"

## 【译文】

定公说："天子参加郊祭的礼仪，可以说给我听听吗？"孔子回答道："我听说天子郊外祭天要先用龟卜问吉凶后才选定祭祀的日期。卜人先在太庙里接受命令，然后又到父庙中占卜，这表示尊重祖先、亲近父亲的意思。在占卜那天，天子亲自站在泽宫前恭候，听取卜问的结果，这是听取祖先的教导和劝谏的意思。占卜之后，天子在王宫的库门内颁布行将郊祭的命令，这是为了告诫百官抓紧准备。将郊祭时，天子戴着皮帽听取有关祭祀的准备情况的报告，是让民众要严格听从天子。郊外祭天那天，有丧事的人家不能哭泣，披麻戴孝的人不能进入国都的城门。凡是郊祭经过的道路各处都要清扫，路面换上新土，走路的人必须止步。其实，不用命令，民众就早已听从了，因为民众已恭敬到了极点。天子穿着绣有黑白相间花纹的大裘衣，披上龙袍，图案仿效上天的样子，乘着没有华丽装饰的木车，重在它的质朴。打着有十二旒的旗帜，上面绘有龙纹、日月，也仿效上天的样子。到了祭天之坛，天子就脱去裘衣，穿着龙袍靠近燔柴。天子戴着的冕冠，垂着十二旒玉璪，这是仿效天有十二个月之数。我听说过：只要没学过行礼，即使能背诵《诗经》的三百首诗，也不能足以承担一献之礼；学得一献之祭，不足以行大飨之礼。全部学得大飨之礼，还不能足以承担祭祀上帝之礼。所以君子不敢轻率议论礼的长短。"

## 五刑解第三十

## 【原文】

冉有问于孔子曰："古者三皇五帝不用五刑，信乎？"孔子曰："圣人之设防，贵其不犯也。制五刑而不用，所以为至治也。凡民之为奸邪窃盗靡法妄行者，生于不足。不足生于无度，无度则小者偷惰，大者侈靡，各不知节。是以上有制度，则民知所止；民知所止，则不犯。故虽有奸邪贼盗靡法妄行之狱，而无陷刑之民。不孝者生于不仁，不仁者生于丧祭之礼不明。丧祭之礼，所以教仁爱也。能教仁爱，则服丧思慕，祭祀不懈人子馈养之道。丧祭之礼明，则民孝矣。故虽有不孝之狱，而无陷刑之民。杀上者生于不义，义所以别贵贱、明尊卑也。贵贱有别，尊卑有序，则民莫不尊上而敬长。朝聘之礼者，所以明义也。义必明则民不犯，故虽有杀上之狱，而无陷刑之民。斗变者生于相陵，相陵者生于长幼无序而遗敬让。乡饮酒之礼者，所以明长幼之序而崇敬让也。长幼必序，民怀敬让，故虽有斗变之狱，而无陷刑之民。淫乱者生于男女无别，男女无别则夫妇失义。婚姻聘享者，所以别男女、明夫妇之义也。男女既别，夫妇既明，故虽有淫乱之狱，而无陷刑之民。此五者，刑罚之所从生，各有源焉。不豫塞其源，而辄绳之以刑，是谓为民设阱而陷之也。刑罚之源，生于嗜欲不节。夫礼度者，所以御民之嗜欲而明好恶，顺天之道。礼度既陈，五教毕修，而民犹或未化，尚必明其法典以申固之。其犯奸邪靡法妄行之狱者，则饬制量之度；有犯不孝之狱者，则饬丧祭之礼；有犯杀上之狱者，则饬朝觐之礼；有犯斗变之狱者，则饬乡饮酒之礼；有犯淫乱之狱者，则饬婚聘之礼。三皇五帝之所化民者如此，虽有五刑之用，不亦可乎！"孔子曰："大罪有五，而杀人为下。逆天地者罪及五世，诬文武者罪及四世，逆人伦者罪及三世，谋鬼神者罪及二世，手杀人者罪止其身。故曰大罪有五，而杀人为下矣。"

## 【译文】

冉有问老师孔子说："古时候三皇五帝不用各种刑法，是真的吗？"孔子说："圣人制定防犯的办法，是重在让百姓不犯法。制定五种刑法却不使用，这是为了达到大治。凡是邪恶、偷盗犯法的人，是由于不满足；不满足是由于没有适当的法度。没有适当的法度，小的说是偷，大的说是无恶不作，谁也不知有所节制。因此，上边有好的制度，那么百姓就知道什么该干，知道什么不该干，就不会犯法。所以说，即使有偷盗犯法的罪名，却没有遭此刑罚的百姓。不孝顺父母是由于不仁德产生的，不仁德是由于丧葬祭祀没有礼仪。明确丧葬祭祀的礼仪，用以教人民讲仁爱，能做到仁爱，那么死了亲人就想念，永祭神主，永不丢掉馈赐、赡养老人之礼。丧葬祭祀的礼仪明了，百姓就讲孝了，即使有不孝之类的牢狱，也没人犯这类罪了。杀君杀父是由于不义。道义是用来区分贵贱，辨明尊卑的。贵贱有了分别，尊卑有了次序，就没有谁不尊上敬长了。朝拜会见之礼，就是用以显示义的。如果明白什么叫义，就不会弑上。所以，即使有弑上之类的牢狱，也没人犯这种罪了。打架斗殴是由于互相欺凌，互相欺凌是由于没有长幼顺序，而丢掉了恭敬谦让之礼。乡饮酒之礼就是用来显示长幼之序、崇尚恭敬谦让的。长幼有序，人人都讲谦敬礼让，那么即使有打架斗殴之类的牢狱，却没人犯这类罪了。淫乱是由于男女之间没有区别产生的。男女无别，夫妇间就没了礼义。婚嫁聘娶之礼，就是用以区别男女、明确夫妇之义的。男女有别，夫妇讲义，那么即使有淫乱之类的牢狱，也没人进了。这五点是刑罚产生的因素，各有其本源。不事先堵住本源，便急着绳之以法，这就叫给百姓设陷阱，害他们。刑罚的本源是产生于嗜好欲望不节制。那礼法制度，就是用来抵制百姓无限的嗜好和欲望的。顺应上天的运行规律，礼法制度摆出来，全面讲究五教。如果还有百姓顽固不化，又必须阐明法典的精神，加以重申和强化。有犯奸邪、非法、胡作非为罪行的，就整治制度标准方面的规定；有犯不孝之罪的，就整顿丧祭之礼；有犯弑上之罪的，就整顿朝觐之礼；有犯打架斗殴罪的，就整顿乡饮酒之礼；有犯淫乱之罪的，就整顿婚聘之礼。三皇五帝教育百姓，就像这样。即使有刑却不用，不也可以吗？"孔子又说："有五种大罪，杀人是最轻的。逆天背地的，罪及后世五代人；诬蔑周文王和武王的罪行牵连四代，违逆人伦之道的罪行牵连三代；算计鬼神的，罪及两代人；亲手杀人的，自身抵罪。所以说，五种大罪，杀人是最下等的。"

## 【原文】

冉有问于孔子曰："先王制法，使刑不上于大夫，礼不下于庶人，然则大夫犯罪，不可以加刑；庶人之行事，不可以治于礼乎？"孔子曰："不然。凡治君子，以礼御其心，所以属之以廉耻之节也。故古之大夫，其有坐不廉污秽而退放之者，不谓之不廉污秽而退放，则曰'簠簋不饰'；有坐淫乱男女无别者，不谓之淫乱男女无别，则曰'帷幕不修'也；有坐罔上不忠者，不谓之罔上不忠，则曰'臣节未著'；有坐罢软不胜任者，不谓之罢软不胜任，则曰'下官不职'。有坐干国之纪者，不谓之干国之纪，则曰'行事不请'。此五者，大夫既自定有罪名矣，而犹不忍斥然正为呼之也，既而为之讳，所以愧耻之。是故大夫之罪，其在五刑之域者，闻而谴发，则白冠厘缨，盘水加剑，造乎阙而自请罪。君不使有司执缚牵掣而加之也。其有大罪者，闻命则北面再拜，跪而自裁。君不使人捽引而刑杀之也。曰：'子大夫自取之耳，吾遇子有礼矣。'以刑不上大夫而大夫亦不失其罪者，教使然也。凡所谓礼不下庶人者，以庶人遽其事而不能充礼，故不责之以备礼也。"冉有跪然免席，曰："言则美矣，求未之闻，退而记之。"

## 【译文】

冉有问孔子道："先王制定法律制度，使用刑罚不对上施于大夫，用礼不下到平民身上。然而大夫犯罪可以不施加刑罚，平民行事，就不可以用礼来进行治理了吗？"孔子说："不是这样。凡是治理君子，用礼来驾驭他们的思想，原因是把他们归属为有廉耻之节的人。所以，古代的大夫，有犯不廉洁之罪而被罢免放逐，但不叫作不廉洁而被罢免放逐，而叫它'簠簋不饬'。有犯淫乱、男女无别罪的，不说他们淫乱或男女关系暧昧，而说'帷幕不修'。有犯蒙蔽主上不忠罪的，但不叫作蒙蔽主上不忠，而叫'臣节未著'。有犯软弱无能、不胜任其职责之罪的，但不叫软弱无能不胜任其职，而叫'下官不职'。有触犯国家法纪之罪的，但不叫触犯国家法纪，而叫'行事不请'。这五种情况，大夫自己已经确知有了罪名，但仍不正面称呼他有罪，接着为他隐讳，这是为了使他们感到惭愧羞耻。所以大夫的罪行在五刑范围内的，一旦知道罪行发生了，就立即戴上用兽尾作缨的白帽，整理冠带，用盘子盛水，上面放一把剑以请求自尽；或直接到君王那里请罪，君王也不让官吏捆绑牵拉而凌辱他们。犯有大罪的，听到君王的命令就向北方拜两拜，跪下自杀，君王也不派人拘捕加以处死，只是说：'你是大夫，是你自己造成的，我对你算是有礼了。'所以用刑不加到大夫身上，而大夫也不能逃避他的罪行，这是教化造成的结果。所谓礼不下平民，是因为他们忙于自己的事而不能充分学习礼仪之事，不能要求他们有完备的礼仪。"冉有离开席位跪着说道："您说得太好了，我还从未听说过。请让我退下后把这些话记下来。"

## 刑政第三十一

【原文】

仲弓问于孔子曰："雍闻至刑无所用政，至政无所用刑。至刑无所用政，桀纣之世是也；至政无所用刑，成康之世是也。信乎？"孔子曰："圣人之治化也，必刑政相参焉。太上以德教民，而以礼齐之。其次以政言导民，以刑禁之。刑，不刑也。化之弗变，导之弗从，伤义以败俗，于是乎用刑矣。制五刑必即天伦，行刑罚则轻无赦。刑，侀也；侀，成也。壹成而不可更，故君子尽心焉。"

【译文】

仲弓问孔子说："我听说治理国家，最严厉的刑罚用不着政治，最成功的政治用不着刑罚。前者，桀纣统治时就是这样；后者，成康之际就是这样，真的吗？"孔子回答道："圣人治理教化民众，必须把刑罚和政令相互配合使用。最好的办法是用道德来教化民众，并用礼来统一思想，其次才用政令法制。用刑法来引导民众，并用刑罚来禁止他们，处罚那些不遵守刑法的人。对那些教化后而不改变，引导他又听从，损害义理又败坏风俗的人，只好用刑罚来惩处。专用五刑来统治民众，也必须符合天意，执行刑罚无论罪行多轻也不能赦免。

刑就是侀，侀就是已成事实不可改变的意思。一旦执罚已成事实，就不可改变，所以，官吏要尽心尽意地审理各种案件。"

## 【原文】

仲弓曰："古之听讼，尤罚丽于事，不以其心，可得闻乎？"孔子曰："凡听五刑之讼，必原父子之情，立君臣之义以权之。意论轻重之序，慎测浅深之量以别之。悉其聪明，致其忠爱以尽之。大司寇正刑明辟以察狱，狱必三讯焉。有指无简，则不听也。附从轻，赦从重。疑狱则泛与众共之，疑则赦之。皆以小大之比成之。是故爵人必于朝，与众共之也；刑人必于市，与众弃之也。古者公家不畜刑人，大夫弗养。其士遇之涂，弗与之言。屏诸四方，唯其所之，弗及与政，弗欲生之也。"

## 【译文】

仲弓说："古代审理诉讼案件，判定有罪而当责罚时必须使责罚和犯罪事实相符，不能只考虑犯罪动机。可以（说来）让我听听吗？"孔子说："凡是处理各种刑狱诉讼，必须本着父子之情、君臣之义来权衡判断，要考虑罪过的轻重区别用刑，要用尽自己的听视力来审察，用自己的忠心爱心尽力处理。大司寇明法正刑来审案，从而详察案件，审理时必须实行三讯。只有动机而没有构成事实的就不能断为犯罪。施刑要轻，把宽赦放在重要地位。有疑虑的案子，就广泛地和众人共同判断，如果众人都有疑虑就赦免犯人，但都要根据大大小小的案例来决定。所以给人封爵位一定在朝廷，跟众人一起进行；对犯人施刑，一定在街市上，为的是让众人唾弃他。古时候，公家不留养受过刑的人，大丈夫不养活这种人。士人在路上遇到受过刑的人，不跟他讲话。把受过刑的人驱逐到边远之地，随便他到哪里去，不许他们参与政事。这就是不想让他们活下来。"

## 【原文】

仲弓曰："听狱，狱之成，成何官？"孔子曰："成狱成于吏，吏以狱成告于正。正既听之，乃告大司寇。大司寇听之，乃奉于王。王命三公卿士参听棘木之下，然后乃以狱之成告于王。王三宥之以听命，而制刑焉。所以重之也。"

## 【译文】

仲弓说："审理诉讼案件，由什么官员裁定判决呢？"孔子说："案件首先由狱官来裁定，然后由狱官把裁决情况报告给狱官之长。狱官之长把案件审理一遍，然后把裁决结果报告给大司寇。大司寇亲自审理一遍，然后把裁决结果报告给君王。君王命令三公卿士在棘木之下协助审理和断决，然后把裁决结果汇集给君王，君王给予三次宽恕，最后根据审判结果裁定刑罚。审定的程序是十分慎重的。"

## 【原文】

仲弓曰："其禁何禁？"孔子曰："巧言破律，遁名改作，执左道以乱政者，杀；作淫声，造异服，设奇伎奇器以荡上心者，杀；行伪而坚，言诈而辩，学非而博，顺非而泽，以惑众者，杀；假于鬼神、时日、卜筮，以疑众者，杀。此四诛者不以听。"

## 【译文】

仲弓问："法律禁止做的都是什么事情？"孔子说："花言巧语，破坏刑律，变易名物做坏事，搞歪门邪道扰乱政事的杀；编淫秽曲子，制作奇装异服，设计奇巧怪异器械以动摇君上思想的杀；言行伪诈，又坚持不改，言辞虚伪又能诡辩，学非正学又广博多知，顺从坏事又曲加粉饰，来造谣惑众的杀；借助于鬼神算卦占卜，来欺骗民众的杀，这四种该杀的罪，不用层层审。"

## 【原文】

仲弓曰："其禁尽于此而已？"孔子曰："此其急者。其余禁者十有四焉，命服命车不粥于市，珪璋璧琮不粥于市，宗庙之器不粥于市，兵军旂旗不粥于市；牺牲秬鬯不粥于市，戎器兵甲不粥于市，用器不中度不粥于市，布帛精粗不中数、广狭不中量不粥于市，奸色乱正色不粥于市，文锦珠玉之器雕饰靡丽不粥于市，衣服饮食不粥于市，果实不时不粥于市，五木不中伐不粥于市，鸟兽鱼鳖不中杀不粥于市。凡执此禁以齐众者，不赦过也。"

## 【译文】

仲弓说："刑罚中禁止的就是这些吗？"孔子说："这只是最需禁止的事情，其余的有十四种。命服命车不许到市上卖；珪璋之类不许到市上卖；宗庙里的器物不许到市上卖；兵器旗子一类不许到市上卖；祭祀用的酒和牲肉不许到市上卖；军队使用的兵甲、兵器不许到市上卖，使用的器物质量不合乎规格的不准到市上卖；布帛织得不合乎要求，宽窄不合尺度，不许到市上卖；扰乱正色的染色不正的布料不许到市上卖；珠玉锦缎一类华丽之物不许到市上卖；穿的吃的不许到市上卖；未成熟的果实不许到市上卖；未成材的树木不许到市上卖；鸟兽鱼鳖，如果不按规定捕杀，不许到市上卖。大凡就是拿这些禁令治理民众的，触犯的人不能赦免。"

## 礼运第三十二

【原文】

孔子为鲁司寇,与于腊。既宾事毕,乃出游于观之上,喟然而叹。言偃侍,曰:"夫子何叹也?"孔子曰:"昔大道之行,与三代之英,吾未之逮,而有记焉。

【译文】

孔子在鲁国当司寇官,曾参加年终的腊祭。忙完迎送宾客事务,他便出来到门楼上游观,并长声叹息。弟子言偃问道:"先生为什么叹息呢?"孔子说:"从前大道施行于天下的时代和德才出类拔萃的几位英明君主当政的夏商周三代,我都没有赶上,无法看到,所看到的只是一些记载罢了。

【原文】

"大道之行,天下为公,选贤与能,讲信修睦。故人不独亲其亲,不独子其子。老有所终,壮有所用,矜寡孤疾皆有所养。货恶其弃于地,不必藏于己;力恶其不出于身,不必为人。是以奸谋闭而弗兴,盗窃乱贼不作。故外户不闭,谓之大同。

【译文】

"大道实行的时代,天下为大家所共有,选举贤能之人为政,讲究信用,重视亲睦。所以人们不只敬奉自己的双亲,不只是抚养自己的子女;社会上的老人能安享天年,壮年人有机会贡献自己的才力,鳏夫、寡妇和残疾人都能得到供养。人们厌恶把财物抛弃在地面上不管,但也不一定自己收藏,据为己有;人们厌恶自己有力而不肯出力,也不让别人为自己出力。所以奸诈阴谋不会兴起,盗窃财物、伤害人身和扰乱社会的犯罪也不会出现,家家的门户对外开着,不必为防范和戒备而锁闭,这就叫作'大同'世界。

【原文】

"今大道既隐,天下为家,各亲其亲,各子其子。货则为己,力则为人。大人世及以为常,城郭沟池以为固。禹汤文武,成王周公,由此而选,未有不谨于礼。礼之所兴,与天地并。如有不由礼而在位者,则以为殃。"

【译文】

"如今大道已经衰微,天下为一家一姓所私有,人们都各自爱自己的亲人,爱自己的孩子;捡东西为自己,出气力的事让他人。王位世袭、父传子、兄传弟成为常法,修筑内城,挖护城河,把这些当作防御工事。人们开始争斗,夏禹、商汤、周文王、周武王、周公等人也就由于这点被推选为君主。他们没有一个不严守礼制。礼的兴起,是和天地一起的。如果有在位的人不用礼,就会因此招来祸殃。"

【原文】

言偃复问曰:"如此乎,礼之急也。"孔子曰:"夫礼,先王所以承天之道,以治人之情。列其鬼神,达于丧、祭、乡射、冠、婚、朝、聘。故圣人以礼示之,则天下国家可得以礼正矣。"

【译文】

言偃又问道:"这样的话,礼就是非常急需的了。"孔子说:"礼制被前代先王用来承续天道,通人情,敬鬼神,以至到丧葬、祭礼、乡射、加冠、婚事、朝拜、聘问等都用礼。所以圣人用礼教人,那么天下国家就能归于正了。"

【原文】

言偃曰:"今之在位,莫知由礼,何也?"孔子曰:"呜呼哀哉!吾观周道,幽厉伤也。吾舍鲁何适?夫鲁之郊及禘皆非礼,周公其已衰矣。杞之郊也禹,宋之郊也契,是天子之事守也,天子以杞、宋二王之后。周公摄政致太平,而与天子同是礼也。诸侯祭社稷宗庙,上下皆奉其典,而祝嘏莫敢易其常法,是谓大嘉。

【译文】

言偃问道:"如今在位的君王,不懂得通过礼制来治理,为什么呢?"孔子说道:"唉,可悲啊!我考察周代的制度,发现自幽王、厉王起就败坏了。我舍弃鲁国又能到什么地方去呢?可是,鲁国举行的郊祭禘祖的仪式也不合乎周礼,周公的恩德已经衰微了。杞国人祭天是祭禹,宋国人祭天是祭契,那是因为他们是夏、商两代天子的后裔,所以能保留着天子的职事。周公代理执政而使天下太平,所以用与天子同样的礼仪。至于诸侯祭祀社稷之神和祖先,上下的人都遵循这一法典规定,祝嘏不敢随便更改原有的体制,这叫作大嘉。

【原文】

"今使祝嘏辞说徒藏于宗祝巫史,非礼也,是谓幽国。醆斝及尸君,非礼也,是谓僭君。冕弁兵革藏于私家,非礼也,是谓胁君。大夫具官,祭器不假,声乐皆具，非礼也，是为乱国。故仕于公曰臣，仕于家曰仆。三年之丧，与新有婚者，期不使也。以衰裳入朝，与家仆杂居齐齿，非礼也，是谓臣与君共国。天子有田以处其子孙；诸侯有国以处其子孙；大夫有采以处其子孙，是谓制度。天子适诸侯，必舍其宗庙，而不以礼籍入，是谓天子坏法乱纪。诸侯非问疾吊丧，而入诸臣之家，是谓君臣为谑。

## 【译文】

"而如今祝嘏的祝祷和接受的神言只有祭祀的官员知道，这不合乎礼，这就叫作国家幽暗。先王所用的醆斝，却为代死者受祭的人和诸侯国君所用，这不合乎礼，这就叫僭越的君主。王冠兵器藏到大夫家，这不合乎礼，这就叫威胁君王。大夫的家中官员齐备，祭器也不用借，声乐全部具备，这不合乎礼，这就是纲纪混乱的国家。给公侯当官叫臣，给大夫当官叫仆。为臣的有婚丧之类的事，假期内不能让他做事，如果穿着丧服上朝，跟大夫的仆人混同，这不合乎礼，这就叫臣与君共管家。天子有土地，让自己子孙住；诸侯有封地，自己子孙住；大夫有采邑，让自己子孙住。这是规定的制度。如果天子到诸侯国，一定要住在宗庙，而不根据礼进入，这就叫天子坏法乱纪。诸侯如果没有吊丧慰问的事，进入各个大夫的私家，这就叫君臣乱来。

## 【原文】

"故夫礼者，君之柄，所以别嫌明微，傧鬼神，考制度，别仁义，立政教，安君臣上下也。故政不正则君位危，君位危则大臣倍小臣窃。刑肃而俗弊，则法无常；法无常，则礼无别；礼无别，则士不事，民不归，是谓疵国。

## 【译文】

"礼制是国君用来治理国家的重要依据，是用来判别是非嫌疑、探明细微幽隐、迎敬鬼神、规定制度、施行仁义、建立政教、安定君臣上下的。所以，决定刑赏若不以礼为标准，那么国君的地位就危险；国君的地位危险，大臣就会悖逆背叛，小臣就会非法窃取权力。刑罚严峻，而习俗风气败坏，那么法令就会经常变化；法令经常变化，礼的秩序就会紊乱；礼的秩序紊乱，那么士人就无法按礼行事，民众就会不归顺，这叫作有问题的国家。

## 【原文】

"是故夫政者，君之所以藏身。必本之天，殽以降命。命教于社之谓殽地，降于祖庙之谓仁义，降于山川之谓兴作，降于五祀之谓制度，此圣人所以藏身固也。圣人参于天地，并于鬼神，以治政也。处其所存，礼之序也。翫其所乐，民之治也。天生时，地生财，人其父生而师教之。四者君以政用之，所以立于无过之地。

【译文】

"所以说政权是君主托身立命的保证，君主一定要效法天道下命令。命令下到土神叫效法大地，下到祖庙叫作仁义，下到山川叫作兴作，下到五行之神叫作制度，这就是圣人用以藏身的办法。圣人参效天地，并用鬼神，来治理政事。每个人都待在所在的地方，按着礼的顺序，体验到民众的欢乐，就知道民众如何治理。天生四季，地生财物，人的身体由父母生养，知识由老师教授，这四点君王也要运用，这才立于无过之地。

【原文】

"君者，人所则，非则人者也；人所养，非养人者也；人所事，非事人者。夫君者明人则有过，养人则不足，事人则失位。故百姓则君以自治，养君以自安，事君以自显。是以礼达而分定，人皆爱其死而患其生。是故用人之智去其诈，用人之勇去其怒，用人之仁去其贪。国有患，君死社稷，为之义；大夫死宗庙，为之变。凡圣人能以天下为一家，以中国为一人，非意之。必知其情，从于其义，明于其利，达于其患，然后能为之。

【译文】

"国君是民众所尊崇的，而不是尊崇民众的人；国君是民众所供养的，而不是供养民众的人；国君是民众所侍奉的，而不是侍奉民众的人。如果国君效法民众自己就一定有差失，供养民众自己在政治上就一定有缺点，服侍民众就会失去地位。所以百姓尊崇君主以管理自己，供养国君来安定自己，服侍国君来显扬自己。所以懂得礼，各人的职分就得到确定，人们乐于为国君献出自己的生命而耻于苟且求生。国君利用人们的智慧去掉他们的巧诈的成分，利用人们的勇气去掉他们的冲动情绪，利用人们的仁爱而去掉他们的贪欲。国家遇到危难，国君为社稷而死，叫作道义，大夫为宗庙去死叫作变。所以圣人能把天下治理得像一家，把天下人治理得像一个人，这不是主观臆想出来的。他必须懂得人情，通晓义理，明白利害所在，然后才能达到这个地步。

【原文】

"何谓人情？喜、怒、哀、惧、爱、恶、欲，七者弗学而能。何谓人义？父慈，子孝，兄良，弟悌，夫义，妇听，长惠，幼顺，君仁，臣忠，十者谓之人义。讲信修睦，谓之人利。争夺相杀，谓之人患。圣人之所以治人七情，修十义，讲信修睦，尚辞让，去争夺，舍礼何以治之？饮食男女，人之大欲存焉；死亡贫苦，人之大恶存焉。欲、恶者，人之大端。人藏其心，不可测度。美恶皆在其心，不见其色，欲一以穷之，舍礼何以哉？

## 【译文】

"什么是人情？喜、怒、哀、惧、爱、恶、欲，这七情不学就会。什么是人义？父亲慈爱，儿子孝顺，兄长善良，弟弟恭顺，丈夫守义，妻子顺从，长者惠爱，幼者顺上，君主仁慈，臣子忠诚，这十种叫作人义。讲究信用，重视亲睦，叫作人利；彼此争夺，互相攻杀，叫作人患。因此，圣人能治理天下的原因，是协调人们的七情，培养人们的十义，讲究信用，重视亲睦，推崇辞让，摈弃争夺，（如果）舍弃这些礼制还能用什么来治理国家呢？人们最强烈的欲望存在于饮食男女之中。人们最厌恶的，存在于死亡与贫苦之中。因此欲望和厌恶是人们心理的两大内容。人们因某种原因隐藏，而不表现在神情上。要想穷尽人们的整个心理，除了礼还能用什么呢？

## 【原文】

"故人者，天地之德，阴阳之交，鬼神之会，五行之秀。天秉阳，垂日星；地秉阴，载山川。播五行于四时，和四气而后月生。是以三五而盈，三五而缺。五行之动，共相竭也。五行四气十二月还相为本，五声六律十二管还相为宫；五味六和十二食还相为质；五色六章十二衣还相为主。故人者，天地之心，而五行之端，食味别声被色而生者也。

## 【译文】

"所以说人，是天地德化的成果，阴阳交错的产物，鬼神相合的结果，五行中的灵气。天秉持着阳性，太阳和群星从天空照临到大地；地秉持着阴性，负载着山川大河。把五行分散到四季中去，交融后生出各种月形，因此月亮十五日圆满，又十五日趋于残缺。五行的运动消长，彼此互为终结。五行四时十二月依次交替为主体，五声六律十二管依次交替为主色。五味六和十二食，轮替为主；五色六章十二衣，交相为主。所以，人是天地的心灵，是五行万物之首，品尝美味，辨别声音，穿着彩色衣服而生活。

## 【原文】

"圣人作则，必以天地为本，以阴阳为端，以四时为柄。日星为纪，以月为量，鬼神以为徒，五行以为质，礼义以为器，人情以为田，四灵以为畜。以天地为本，故物可举；以阴阳为端，故情可睹；以四时为柄，故事可劝；以日星为纪，故业可别；以月为量，故功有艺；鬼神以为徒，故事有守；五行以为质，故事可复也；礼义以为器，故事行有考；人情以为田，故人以为奥。四灵以为畜，故饮食有由。何谓四灵？麟凤龟龙谓之四灵。故龙以为畜，而鱼鲔不淰；凤以为畜，而鸟不獝；麟以为畜，而兽不狘；龟以为畜，而人情不失。

**【译文】**

"圣人制定法则，必然以天地为依据，以阴阳为首，以四时为根本，以日星为纲纪，以月为分限，以鬼神为徒属，以礼义为工具，以人情为田地，以四种灵兽为畜。以天地为依据，因而能包罗万物；以阴阳为首，因而能了解人情；以四季为总纲，因而能劝勉人们做事；以日星为纲纪，因而能区分各种事物；以月为分限，因而做事能有条理；以鬼神为徒，因为能忠于职守；以五行为本，事物可周而复始；以礼义为工具，事能有成效；以人情为田，人有其主；以四灵为畜，人有饮食可用。什么叫四灵？麒麟、凤凰、龟、龙叫四灵。饲养龙，鱼类就不会吓跑；饲养凤凰，鸟类就不会惊飞；饲养麒麟，兽类就不会跑掉；饲养龟，它懂得人情，人情就不会失掉。"

**【原文】**

"先王秉蓍龟，列祭祀，瘗缯，宣祝嘏辞说，设制度。故国有礼，官有御，事有职，礼有序。先王患礼之不达于下，故飨帝于郊，所以定天位也；祀社于国，所以列地利也；禘祖庙，所以本仁也；旅山川，所以傧鬼神也；祭五祀，所以本事也。故宗祝在庙，三公在朝，三老在学，王前巫而后史，卜筮瞽侑皆在左右。王中心无违也，以守至正。是以礼行于郊，而百神受职；礼行于社，而百货可极；礼行于祖庙，而孝慈服焉。礼行于五祀，而正法则焉。故郊社宗庙山川五祀，义之修而礼之藏。"

**【译文】**

"先王秉持着卜筮用的蓍草和龟甲，安排鬼神的祭祀，埋帛以降神，宣示祝祷的言辞和传达的神言，订立制度，于是国家有了礼制，官吏有了执掌，职分有了秩序。先王忧虑礼不能通达于天下，所以在南郊祭祀上天，用来明定天的至尊地位；祭祀土神于国中，用来显示地给予人的利益；祭祀祖庙，用来推行以孝为本的仁道；祭祀山川，是为了迎奉鬼神；祭祀户、门、灶、中霤、井五神，是追溯各项事功及制度的源头。因此，宗祝在庙堂里帮助君王行礼，三公在朝廷辅佐君王，三老在太学协助申明礼制，君王前有接侍鬼神的巫官，后有记录言行的史官，卜筮之人和乐师紧随在左右。君王处于中心，心思无须多用，以保守最纯正的态度作为万民的仿效对象。所以礼施行于郊祀，天上的群神就各司其职；礼施行于社祭，那么百物就可尽得而用；在祖庙行礼，那么孝慈之道就能被人们接受；礼施行于五祀，那么法则等各项制度就可以匡正。所以，在郊、社、祖庙、山川、五祀这些祭祀中，修治了义而礼又寄托在其中。"

**【原文】**

"夫礼必本于太一，分而为天地，转而为阴阳，变而为四时，列而为鬼神。

其降曰命。其官于天也，协于分艺，其居于人也曰养。所以讲信修睦，而固人之肌肤之会，筋骸之束也；所以养生送死，事鬼神之大端；所以达天道，顺人情之大窦。唯圣人为知礼之不可以已也。故破国丧家亡人，必先去其礼。礼之于人，犹酒之有糵也。君子以厚，小人以薄。圣王修义之柄，礼之序，以治人情。

## 【译文】

"礼制必然本源于太一，而太一又分化而为天地，变为阴阳，又变四时。它向下就成为命令，总管是在上天。礼用来讲究信用和睦，约束人的筋骨让人的身体肌肤强健；礼是用来养生送死，侍鬼神的主要工具；礼是让天道人情顺达的主要通道。只有圣人懂得礼，不可以不用。所以要想败国、丧家、亡人，一定是先去掉礼。礼对于人，就像酿酒必须有酒引子一样，君子要多用，小人就少用。圣人修义的根本，就是按照礼的次序研究人情。

## 【原文】

"人情者，圣王之田也。修礼以耕之，陈义以种之，讲学以耨之，本仁以聚之，播乐以安之。故礼者，义之实也。协诸义而协，则礼虽先王未有之，可以义起焉。义者艺之分，仁之节。协诸艺，讲于仁，得之者强，失之者丧。仁者义之本，顺之体，得之者尊。故治国不以礼，犹无耜而耕；为礼而不本于义，犹耕而不种。为义而不讲于学，犹种而不耨；讲之以学而不合之以仁，犹耨而不获；合之以仁而不安之以乐，犹获而弗食；安之以乐而不达于顺，犹食而不肥。

## 【译文】

"人情好比是圣王的田地，用整饰礼制来耕耘，用阐明道义来播种，用讲解研习来养护，用立足于仁爱来收获，用播放音乐来使人们安心接受。所以，礼是义的实质，与义取得协调后自身才会协调。因此，即使在先王时没有的礼，也可以依据义来创制。义既是区分是非的标准，又是衡量仁的尺度。符合义的标准，又讲求仁爱，做得到的人就会强大，失掉它的人就会衰弱。仁是义的根本，是顺应天理人情的体现，做到了仁就会受到尊重。所以说，治理国家不用礼，就像没有农具却要耕田一样。制定礼制不依据义，就像耕耘后而不播种。治理义却不加以研习，就像播种以后不去锄草。研习了却不用仁来统一，就像锄草了却没有收获。仁义统一了，却不能用音乐来使人们安定生活，就像收获了却不能食用果实。做到了以音乐来安定生活却不能达到调和，就像食用了果实，却没有能（吸收营养）使身体健康起来。

## 【原文】

"四体既正，肤革充盈，人之肥也；父子笃，兄弟睦，夫妇和，家之肥也；

大臣法而小臣廉，官职相序，君臣相正，国之肥也；天子以德为车，以乐为御，诸侯以礼相与，大夫以法相序，士以信相考，百姓以睦相守，天下之肥也。是谓大顺。大顺者，所以养生送死事鬼神之常也。故事大积焉而不苑，并行而不谬，细行而不失。深而通，茂而有间，连而不相及，动而不相害。此顺之至也。明于顺，然后乃能守危。夫礼之不同不丰不杀，所以持情而合危也。

## 【译文】

"四肢正常，肌肤丰润，这是健康的身体；父子情深，兄弟和睦，夫妇相爱，这是健康的家庭；大臣守法，小臣廉洁，官职安排合理，君臣互相匡正，这是健康的国家。天子用德为车子，以乐来驾驭，诸侯之间以礼相互交往，大夫用法令排列次序，士人们把信用作为成效，百姓们和睦相处生活，这就是健康的世界了。这就叫作大顺，大顺是用来养生送死敬奉鬼神的常道。所以诸事繁杂却不郁结堵塞，两事同时去做却不互相错杂，微末小事也不会遗忘。深奥却可以通晓，繁茂却有条理，互相连结却不互相干扰，一同运动却又不互相妨害，这就是顺的至上境界了。了解了顺的意义，然后才可能守住高位而不危乱。礼是讲究差别的，既不过分，也不减少，因此用来维持人情，调和矛盾。

## 【原文】

"山者不使居川，渚者不使居原。用水火金木，饮食必时。冬合男女，春颁爵位，必当年德，皆所谓顺也。用民必顺，故无水旱昆虫之灾，民无凶饥妖孽之疾。天不爱其道，地不爱其宝，人不爱其情，是以天降甘露，地出醴泉，山出器车，河出马图，凤凰麒麟皆在近郊，龟龙在宫沼。其余鸟兽及卵胎，皆可俯而窥也。则是无故，先王能循礼以达义，体信以达顺。此顺之实也。"

## 【译文】

"适于山上长的，不让它在河里；适于小洲上长的，不让它长在平原。使用水火金木和饮食必按季节。冬季里男娶女嫁，春季里晋封加爵。这一定要使当事人的年龄和德行相符合，都应顺应天时和民心，这样才能一切都顺。没有水旱虫灾，没有饥荒病害，上天不吝啬它的道，大地也不吝啬它的宝藏，人们也都献出真情。因此上天降甘露，大地喷出甜美的泉水，山车出现，河献龙图，凤凰麒麟都来到郊外，龟龙也都游在宫中的池子里，其余的鸟兽，也都低头可见。这就叫天下无事，天下太平。先王能顺礼达义，讲信达顺，这是顺应天理人情的结果。"

## 冠颂第三十三

【原文】

邾隐公既即位,将冠,使大夫因孟懿子问礼于孔子。子曰:"其礼如世子之冠。冠于阼者,以著代也。醮于客位,加其有成。三加弥尊,导喻其志。冠而字之,敬其名也。虽天子之元子,犹士也,其礼无变,天下无生而贵者,故也行冠事必于祖庙。以祼享之礼以将之,以金石之乐节之,所以自卑而尊先祖,示不敢擅。"

懿子曰:"天子未冠即位,长亦冠乎?"

孔子曰:"古者王世子虽幼,其即位,则尊为人君。人君治成人之事者,何冠之有?"

懿子曰:"然则诸侯之冠异天子与?"

孔子曰:"君薨而世子主丧,是亦冠也已。人君无所殊也。"

懿子曰:"今邾君之冠,非礼也?"孔子曰:"诸侯之有冠礼也,夏之末造也。有自来矣,今无讥焉。天子冠者,武王崩,成王年十有三而嗣立,周公居冢宰,摄政以治天下。明年夏六月,既葬。冠成王而朝于祖,以见诸侯,亦有君也。周公命祝雍作颂,曰:'祝王达而未幼'。祝雍辞曰:'使王近于民,远于年,啬于时,惠于财,亲贤而任能。'其颂曰:'令月吉日,王始加元服。去王幼志,服衮职。钦若昊天,六合是式。率尔祖考,永永无极。'此周公之制也。"

懿子曰:"诸侯之冠,其所以为宾主,何也?"

孔子曰:"公冠则以卿为宾,无介。公自为主,迎宾,揖升自阼,立于席北。其醴也则如士,飨之以三献之礼。既醴,降自阼阶。诸侯非公而自为主者,其所以异,皆降自西阶。玄端与皮弁,异朝服素毕,公冠四,加玄冕祭,其酬币于宾,则束帛乘马。王太子、庶子之冠拟焉,皆天子自为主,其礼与士无变。飨食宾也,皆同。"

懿子曰:"始冠必加缁布之冠,何也?"孔子曰:"示不忘古。太古冠布,斋则缁之,其緌也,吾未之闻。今则冠而敝之,可也。"

懿子曰:"三王之冠,其异何也?"孔子曰:"周弁、殷冔、夏收,一也。三王共皮弁素绩。委貌,周道也;章甫,殷道也;毋追,夏后氏之道也。"

【译文】

邾隐公继承王位以后,准备加冠,便派遣大夫通过孟懿子向孔子询问举行礼的有关事宜。孔子说:"那礼仪就像世子加冠一样。冠者从东阶上堂,以此显示他能代父理事了。向客人敬酒，更加显得他已经成年，三次加冠愈加显出尊贵，表达了他的志向。行冠礼要起字，用字比用他的名恭敬。即使是天子的嫡长子，他的冠礼也和士人冠礼一样，礼仪没什么改变。天下没有生下来就尊贵的人。举行冠礼一定在祖庙里，举行祼享仪式，有乐器演奏，用以表示谦卑和对先祖的尊敬，表示自己不敢妄自专断。"

孟懿子说："天子没有加冠就即位，长大了还要加冠吗？"

孔子说："古时候，天子的太子虽然年幼，他即位就尊贵地当了天子。天子要承担成年人的事业，还行什么冠礼？"

孟懿子问道："那么诸侯的冠礼与天子的冠礼有什么不同吗？"

孔子说："诸侯死了，由嫡长子主办丧事，这也就算是加冠了。对人君来说，是没有什么不同的。"

孟懿子又问道："那么现在为邾隐公举行冠礼是不符合礼制的了？"

孔子说："诸侯行冠礼，是从夏代末年开始的，是有渊源的，没有什么值得批评的。天子行冠礼从周代起。武王驾崩，太子成王十三岁就继位，立周公当总管，代理执政。第二年六月安葬武王以后，成王行冠礼，拜祖，召见诸侯，也就当了天子。周公命令祝雍作颂，说：'给天子的祝辞要明畅达意，又要简法。'祝雍作的祝辞是：'让王亲近百姓，远离奸臣，及时施惠于民，爱贤才、用能人。'那颂辞是：'大吉大利之日，天子加冠，要去除君王不成熟的心理，担起天子的重任，恭敬上天，为天下四方制定法式。他们故去的父祖，将永永远远享有祭祀。'这就是周公规定的冠礼。"

孟懿子又问道："诸侯的冠礼，必须在宾位上举行，这是为什么呢？"

孔子说："诸侯行冠礼，让卿当宾客，不要助手，诸侯自己主持。迎宾客时，从东阶登上，站在座席的北边。宴饮仪节，就像士冠礼一样，采用三献之礼。饮酒完毕，再从东阶走下。诸侯不是公爵的，要自己主持，与之不同的，是从西阶走下。礼服和皮帽子也不同于公侯，穿素色衣服，素色蔽膝。公侯行冠礼四次加冠，多加一次玄冕。向宾客赠送的礼物，就是成捆的丝帛和马匹。王太子和庶子的冠礼也与此相同，都像天子那样自己主持，礼仪跟士人的冠礼没什么改变，宴请宾客也都相同。"

孟懿子又问道："冠礼开始时一定要戴黑色的帽子，这是为什么呢？"孔子说："这是表示不忘古人。远古时只是往头上包块布，斋戒祭祀时用黑色布，至于下垂的带子什么样，我没听说过。如今戴上帽子，盖上头就可以了。"

孟懿子又问道："古代三王的帽子有什么不同吗？"孔子说："周弁、夏收、殷冔是一样的，三代君王都是白鹿皮帽子，白色垂带。委貌是周代的礼帽，章甫是殷代的礼帽，毋追是夏代的礼帽。"

## 庙制第三十四

【原文】

卫将军文子将立先君之庙于其家,使子羔访于孔子。

子曰:"公庙设于私家,非古礼之所及,吾弗知。"

子羔曰:"敢问尊卑上下立庙之制,可得而闻乎?"

孔子曰:"天下有王,分地建国,设祖宗,乃为亲疏贵贱多少之数。是故天子立七庙;三昭三穆,与太祖之庙而七。太祖近庙,皆月祭之。远庙为祧,有二祧焉,享尝乃止。诸侯立五庙,二昭二穆,与太祖之庙而五,曰祖考庙,享尝乃止。大夫立三庙,一昭一穆,与太祖之庙而三,曰皇考庙,享尝乃止。士立一庙,曰考庙,王考无庙,合而享尝乃止。庶人无庙,四时祭于寝。此自有虞以至于周之所不变也。凡四代帝王之所谓郊者,皆以配天。其所谓禘者,皆五年大祭之所及也。应为太祖者,则其庙不毁。不及太祖,虽在禘郊,其庙则毁矣。古者祖有功而宗有德,谓之祖宗者,其庙皆不毁。"

【译文】

卫文子准备在自己的封地为先君立祭庙,派子羔去问孔子。

孔子说:"公庙设在私家,这是古代的礼仪所没有提及的,因而我也就不知道了。"

子羔说:"请问尊卑上下立庙的礼制,可以说给我听吗?"

孔子说:"自从天下有了君王,分封土地,建立国家,设立祖宗的庙宇,于是区分了亲与疏、贵与贱。所以天子一般建立七座庙宇,三座昭庙、三座穆庙与太祖庙合而为七。太祖、高祖之庙,每月都要祭祀。远祖的庙叫作'祧',有二祧,只有四季的祭祀。诸侯一般建立五座庙宇,二昭二穆,与太祖庙合而为五,叫作始祖庙,四时节令都要祭祀。大夫立三庙宇,一昭一穆与太庙合而为三,叫作皇考庙,四时节令都要祭祀。士一般建立一座庙宇,叫作考庙。五考没有祖庙,将祖庙合于父庙之中,四时节令都要祭祀。一般的平民百姓则没有庙宇,四时节令在寝室举行祭礼就可以了。这种制度从有虞到周代都没有改变。大凡四代帝的郊祭,都和天相配。禘祭,是五年中最大的祭祀活动。太祖的庙不能毁,远不及太祖的,即使在禘祭之内,那庙也要毁了。古时对有功的先人称祖,对有德的先人称宗,称为祖宗,他们的庙都不能毁。"

## 【原文】

子羔问曰："祭典云：'昔有虞氏祖颛顼而宗尧，夏后氏亦祖颛顼而宗禹，殷人祖契而宗汤，周人祖文王而宗武王。'此四祖四宗，或乃异代，或其考祖之有功德，其庙可也。若有虞宗尧，夏祖颛顼，皆异代之有功德者也，亦可以存其庙乎？"

孔子曰："善，如汝所问也。如殷、周之祖宗，其庙可以不毁，其他祖宗者，功德不殊，虽在殊代，亦可以无疑矣。《诗》云：'蔽芾甘棠，勿翦勿伐，'召伯所憩。'周人之于召公也，爱其人，犹敬其所舍之树，况祖宗有功德而可以不尊奉其庙焉？"

## 【译文】

子羔又问道："据祭典所说：'从前有虞氏庙祭以颛顼为祖，尧为宗；夏后氏庙祭以颛顼为祖，禹为宗；殷人以契为祖，而以汤为宗；周人庙祭以文王为祖，武王为宗。'这就是人们常说的四祖四宗。这四祖四宗有的是处于不同朝代，有的是他们的祖宗有功德，因而他们的庙宇世代供奉，永不毁坏。像有虞氏以尧为宗，夏后氏以颛顼为祖，这都是处于不同的时候而且有功德的，那么他们的庙宇可以并存于天地间吗？"

孔子说："你问的问题很好，确实如同你所问的一样，像商代周代的祖宗，他们的庙可不毁掉。其他为祖为宗的，功德大小也没有什么不同，即使在不同朝代，也毫无疑问了。《诗经》上说：'幼小的甘棠树，不要砍伐，不要除掉它，它是召伯休息的地方。'周代人对于召公，爱他的为人，还爱他休息的大树，何况有功德的祖宗，怎么可以不尊奉他的庙呢？"

# 辩乐解第三十五

## 【原文】

孔子学琴于师襄子。襄子曰："吾虽以击磬为官，然能于琴。今子于琴已习，可以益矣。"

孔子曰："丘未得其数也。"

有间，曰："已习其数，可以益矣。"

孔子曰："丘未得其志也。"

有间，曰："已习其志，可以益矣。"

孔子曰："丘未得其为人也。"

有间，孔子有所谬然思焉，有所睪然高望而远眺，曰："丘迨得其为人矣，近黮而黑，颀然长，旷如望羊，掩有四方。非文王其孰能为此？"

师襄子避席叶拱而对曰："君子圣人也，其传曰《文王操》。"

## 【译文】

孔子向师襄子学弹琴。师襄子说："我虽然因为磬击得好而担任官职，但我最擅长的莫过于弹琴了。现在，你弹琴弹得已经比较熟练了，可以弹另外的曲子了。"

孔子说："我还没得到弹琴的技艺呢。"

过了一段时间，襄子说："你已经熟练掌握了所弹奏曲子的节奏了，可以多学一些内容了。"

孔子说："我还没学会弹琴的旨趣。"

又过了一段时间，襄子说："你已经领会到曲中所表达的思想感情，可以增加新内容了。"

孔子说："我还没有理解作曲者是怎样的为人。"

过了些天，孔子陷入沉思，表现出志向高远的样子，高高远望，说："我恐怕知道了，他脸色黑黑，高高个儿，放眼仰视，拥有了天地四方，不是周文王谁能这样呢？"

师襄子离开座席向孔子行叶拱之礼，说道："您真是圣人啊！这首琴曲据传说就是《文王操》。"

学琴师襄

## 【原文】

子路鼓琴，孔子闻之，谓冉有曰："甚矣！由之不才也。夫先王之制音也，奏中声以为节，入于南，不归于北。夫南者生育之乡；北者，杀伐之城。故君子之音，温柔居中，以养生育之气，忧愁之感不加于心也，暴厉之动不在于体也。

夫然者，乃所谓治安之风也。小人之音则不然，亢丽微末，以象杀伐之气，中和之感不载于心，温和之动不存于体。夫然者，乃所以为乱之风。昔者舜弹五弦之琴，造《南风》之诗，其《诗》曰：'南风之薰兮，可以解吾民之愠兮；南风之时兮，可以阜吾民之财兮。'唯修此化，故其兴也勃焉。德如泉流，至于今王公大人述而弗忘。殷纣好为北鄙之声，其废也忽焉，至于今王公大人举以为诫。夫舜起布衣，积德含和，而终以帝。纣为天子，荒淫暴乱，而终以亡。非各所修之致乎？由今也匹夫之徒，曾无意于先王之制，而习亡国之声，岂能保其六七尺之体哉？"

冉有以告子路，子路惧而自悔，静思不食，以至骨立。

夫子曰："过而能改，其进矣乎！"

## 【译文】

子路弹琴，孔子听到后便对冉有说："严重啊！仲由弹得不好啊。先王创造音乐，奏出中和之声以为节制，声音倾向南方，不向北方。南边是有利于生育的地方，北边是杀伐的地区。所以有德人的琴音，温和适中，用以保养生育之气，心中不存忧愁之感，身体不做剧烈运动。像这样的，就是所说的治世安乐之音。小人的声音就不这样，有一种历险悲凉琐碎之味，像有杀伐之气在旁，心中不平和，身体不稳静。这样体现的就是所谓背逆作乱的风气。过去舜王弹五弦琴，写《南风》诗，那诗中说：'南风馨香啊！可以解除我们人民的怨恨啊；南风吹得及时啊！可以让我的人民富足啊。'因为他注重这种音乐教化，所以他的事业蓬勃地兴盛起来。好的品德像泉水一样流到百姓中，一直到现在，王公大人们还记述不忘。商纣王喜欢北边的音乐，他很快就衰败了，到如今，王公大人们还举纣的例子引以为戒。舜从平民百姓起家，积累善行，蓄养和气，终于当了皇帝。纣当天子，荒淫暴虐，终于灭亡，这不是各自修政的结果吗！仲由，现在是那个普普通通的人，竟然不留意先王的制度，却习亡国之音，怎么能保住自己的七尺之躯呢？"

冉有把孔子的话告诉了子路，子路听后心里非常不安，也感到后悔，静坐思考，不吃不喝，以至于形销骨立。

孔子说："有了过错而能够改正，子路又进一步了。"

## 【原文】

周宾牟贾侍坐于孔子，孔子与之言，及乐，曰："夫《武》之备诫之以久，何也？"对曰："病不得其众。""咏叹之，淫液之，何也？"对曰："恐不逮事。""发扬蹈厉之已蚤，何也？"对曰："及时事。""《武》坐致右而轩左，何也？"对曰："非《武》坐。""声淫及商，何也？"对曰："非《武》音也。"孔子曰："若非《武》音，则何音也？"对曰："有司失其传也。"孔子曰："唯，丘闻诸苌弘，亦若吾子之言是也。若非有司失其传，则武王之志荒矣。"

宾牟贾起，免席而请曰："夫《武》之备诫之以久，则既闻命矣。敢问迟矣而又久立于缀，何也？"

子曰："居，吾语尔。夫乐者，象成者也。总干而山立，武王之事也；发扬蹈厉，太公之志也；《武》乱皆坐，周召之治也。且夫《武》，始成而北出，再成而灭商，三成而南反，四成而南国是疆，五成而分陕，周公左，召公右，六成而复缀，以崇其天子焉。众夹振之而四伐，所以盛威于中国；分夹而进，所以事蚤济；久立于缀，所以待诸侯之至也。今汝独未闻牧野之语乎？武王克殷而反商之政，未及下车则封黄帝之后于蓟，封帝尧之后于祝，封帝舜之后于陈。下车又封夏后氏之后于杞，封殷之后于宋。封王子比干之墓，释箕子之囚，使人行商容之旧，以复其位。庶民弛政，庶士倍禄。既济河西，马散于华山之阳而弗复乘，牛散之桃林之野而弗复服，车甲则衅之而藏诸府库，以示弗复用。倒载干戈，而包之以虎皮。将率之士，使为诸侯，命之鞬櫜，然后天下知武王之不复用兵也。散军而修郊射，左射以《狸首》，右射以《驺虞》，而贯革之射息也。裨冕搢笏，而虎贲之士脱剑；郊配后稷，而民知尊父焉；配明堂，而民知孝焉；朝觐，然后诸侯知所以臣；耕籍，然后民知所以敬亲。六者，天下之大教也。食三老五更于太学，天子袒而割牲，执酱而馈，执爵而酳，冕而总干，所以教诸侯之弟也。如此，则周道四达，礼乐交通，夫《武》之迟久，不亦宜乎？"

## 【译文】

周大夫宾牟贾陪孔子坐着，孔子与他交谈，谈到音乐。孔子问："《武》舞开场前，长时间击鼓是为什么？"宾牟贾回答道："这是模仿周武王担心得不到士众们的支持。"孔子又问道："前奏曲绵延很长是为什么？"宾牟贾回答道："那恐怕是模仿当时周武王担心完不成安民和众的大事吧？"孔子说："舞一跳起来，舞步就雄健有力是为什么？"宾牟贾说："那是模仿武王寻找发动征伐的最好时机。""《武》舞步多变，右腿放低，左腿支起是什么意思？"宾牟贾说："那不是《武》舞的跪法。""歌乐中有过多的杀伐之声，是为什么？"宾牟贾说："那也不是《武》舞的歌乐。"孔子问道："不是《武》舞的乐音，是什么声音？"

宾牟贾回答："这是乐官们错误传授而失去了本来面目。"孔子说："是的，我听苌弘说的，也像您说的这样。如果不是主乐官失误，那么就说明周武王的志向迷乱了。"

宾牟贾听了连忙站了起来，离开席位，向孔子请教说："我说的《武》击鼓警示观众那么长时间的理由，已经得到您的肯定。请问，《武》舞的演出者，演出时站在舞位上久久不动，这是为什么呢？"

孔子说："坐下，我告诉您。那《武》舞乐曲，是象征武王伐纣成功的。拿起盾牌正立，表示武王要开始作战。勇猛冲杀，是太公的心愿。队列散乱又蹲，是表示周公、召公讲文治。再说武舞，第一节从北面出场跳；第二节表示灭了殷商；第三节表示向南征讨，胜利返回；第四节表示在南边各国设立疆界；第五节表示周公、召公分陕而治，周公在左，召公在右；第六节队列又连接起来，站满舞场，表示周天子德天下。众人成夹式跳起来表示四面征伐，威震中原。然后队列又分开前进，表示战胜敌人。队列停止不前，表示等待诸侯到来。你难道没听说牧野一带的传闻吗？说周武王打败纣王后，来到商郊牧野，没来得及下车，就封黄帝的后人在蓟地，封尧的后代在祝地，封殷商的后人在宋，重修比干的墓，释放了箕子，让人们仍然实行商朝的旧制，恢复了他们的官位，对人民解除了纣王的暴政，做官的人增加了一倍的俸禄。然后胜利班师，渡河到黄河以西，把战马放到华山南面不再乘骑，把牛放到桃林野外不再驾驭，铠甲战车涂上牲血而保护起来，收藏在府库，表示不再使用。武器倒放着，用虎皮包裹起来。将帅们当了诸侯。命令人们说，打仗用的一切都封闭收藏。这之后，天下人都知道武王再不用兵了。军队解散，在郊外射宫里习射选士。在西郊射宫里唱《狸首》诗，在东郊射宫里唱《驺虞》诗，能射穿皮革靶心就停止习射。穿上礼服戴上礼帽，衣带插上笏板，勇士们都摘下宝剑当了官。在南郊祭天以后稷配享，老百姓就懂得尊敬长辈了；设立明堂，百姓就懂孝道了；四季朝拜天子，诸侯懂得如何称臣；实行籍田，百姓就懂得怎么恭敬亲人了。这六点是天下最主要的教化方式。在太学宴请三老五更，天子亲自挽起袖子杀牲，亲自献上饭菜。酒后亲自端酒请乡官漱口，然后又亲自拿起盾牌跳起《武》舞，用以教诸侯如何尊敬长者。像这样，周天子的治国之道到处实行，讲究礼乐教化，长久演习《武》舞，不是很适宜吗？"

## 问玉第三十六

【原文】

子贡问于孔子曰："敢问君子贵玉而贱珉，何也？为玉之寡而珉之多欤？

孔子曰："非为玉之寡故贵之，珉之多故贱之。夫昔者君子比德于玉：温润而泽，仁也；缜密以栗，智也；廉而不刿，义也；垂之如坠，礼也；叩之，其声清越而长，其终则诎然，乐也；瑕不掩瑜，瑜不掩瑕，忠也；孚尹旁达，信也；气如白虹，天也；精神见于山川，地也；珪璋特达，德也；天下莫不贵者，道也。《诗》云：'言念君子，温其如玉。'故君子贵之也。"

### 【译文】

子贡向孔子问道："请问君子把玉看得很高贵而把珉看得很轻贱是为什么？是因为玉少而珉多吗？"

孔子说："不是因为玉少而看重它，也不是因为珉多而鄙夷它。从前有德行的人把德行比作玉，玉温和柔润而有光泽，像仁者的德行；细致精密而坚实，像智者的智慧；有棱角但不伤害人，象征义；佩玉悬垂坠下，象征礼，谦恭下人；敲打它，玉的声音清越激扬，韵调悠长，到最后戛然而止，始终如一，就像乐；玉的瑕疵遮盖不住玉的美好，玉的美好也掩饰不了它的瑕疵，就像忠诚之人毫不掩饰；玉色晶莹通明，光彩四溢，就像人的信实发于内心；玉的光气如同白色长虹，直达于天，就像上天无所不覆；玉的精气显现在山川之间，就像地无所不载；朝廷用玉制的珪璋为凭信，就像有德行的人的品德。天下都以玉为贵，是因为人们尊崇道德规范。《诗经》上说：'我怀念好君子，温和如玉有晶光。'正因为这样，所以君子都看重玉。"

### 【原文】

孔子曰："入其国，其教可知也。其为人也，温柔敦厚，《诗》教也；疏通知远，《书》教也；广博易良，《乐》教也；洁静精微，《易》教也；恭俭庄敬，《礼》教也；属辞比事，《春秋》教也。故《诗》之失愚，《书》之失诬，《乐》之失奢，《易》之失贼，《礼》之失烦，《春秋》之失乱。其为人温柔敦厚而不愚，则深于《诗》者矣；疏通知远而不诬，则深于《书》者矣；广博易良而不奢，则深于《乐》者矣；洁静精微而不贼，则深于《易》者矣；恭俭庄敬而不烦，则深于《礼》者矣；属辞比事而不乱，则深于《春秋》者矣。天有四时者，春夏秋冬，风雨霜露，无非教也；地载神气，吐纳雷霆，流形庶物，无非教也。清明在躬，气志如神，有物将至，其兆必先。是故，天地之教与圣人相参。其在《诗》曰：'嵩高惟岳，峻极于天。惟岳降神，生甫及申。惟申及甫，惟周之翰。四国于蕃，四方于宣。'此文武之德也；'弛其文德，协此四国。'此太王之德也。凡三代之王，必先其令问。《诗》云：'明明天子，令问不已。'三代之德也。"

### 【译文】

孔子说："到了一个国家，它的教化情况就可以知道。如果人们言语柔和，性情忠厚，是因为学了《诗》；通达知远，是因为学了《书》；宽广博大，平易善良，是因为学了《乐》；纯洁无邪并善于阐发精微的道理，是因为学了《易》；恭敬庄重，是因为学了《礼》；善于交往联系，是因为学了《春秋》。所以不学《诗》就愚蠢，不学《书》就欺骗，不学《乐》就贪奢，不学《易》就残害，不学《礼》就烦苛，不学《春秋》就混乱。一个人温柔敦厚不愚蠢，说明他深入学习《诗》了；通达知远不欺骗，说明他深入学习《书》了；广博温良不贪奢，说明他深入学习《乐》了；洁静精细不残害，说明他深入学习《易》了；恭敬庄重而又不烦琐细碎，说明他深入学习《礼》了；交往联系不混乱，说明他深入学习《春秋》了。天有四季，春夏秋冬，风雨霜露，都是有教化意义的；地载神气，吐纳雷霆，生长万物，都是有教化意义的。所以，天地的教化，跟圣人相并为三。《诗》上说：'嵩山高大，高至云天。嵩山降下神，生下甫侯、申伯。只有甫侯、申伯，才是周朝的辅翼。四国是周的屏障，四方是周的垣墙。'这是颂赞文王武王的品德。'施于恩德，帮助四国。'这是颂赞周文王的品德。三代的君王，一定是先有美好的声誉，再屡树功德。《诗》说：'圣明天子，美誉永远流传。'这是颂赞三代君王的美德。"

## 【原文】

子张问圣人之所以教。孔子曰："师乎，吾语汝。圣人明于礼乐，举而措之而已。"子张又问。

孔子曰："师，尔以为必布几筵，揖让升降，酌献酬酢，然后谓之礼乎？尔以为必行缀兆，执羽籥，作钟鼓，然后谓之乐乎？言而可履，礼也；行而可乐，乐也。圣人力此二者，以躬己南面。是故天下太平，万民顺伏，百官承事，上下有礼也。夫礼之所以兴，众之所以治也；礼之所以废，众之所以乱也。目巧之室则有隩阼，席则有上下，车则有左右，行则有并随，立则有列序，古之义也；室而无隩阼，则乱于堂室矣；席无而上下，则乱于席次矣；车而无左右，则乱于车上矣；行而无并随，则乱于阶涂矣；列而无次序，则乱于著矣。昔者，明王圣人辩贵贱长幼，正男女内外，序亲疏远近，而莫敢相逾越者，皆由此涂出也。"

## 【译文】

子张向孔子询问圣人是怎样治理政事的。孔子说："颛孙师，我告诉你。圣人精通礼乐，拿过来推行开来就是了。"子张不明白，又问一遍。

孔子说："你以为必须摆设席位，跑上跑下，互相揖让，互相敬酒，这才叫礼吗？你以为必须安排出跳舞的队列，拿着雉翎，吹打乐器，这才叫乐吗？说的话可以实践，这是礼；做的事大家喜欢，这叫乐。圣人努力抓这两点，从而敬肃己身，无为而治。于是天下太平，万民顺服，百官守职，这就是上上下下知礼了。实行礼，从人就治理得好；废掉礼，百姓就会犯上作乱。巧建房屋，要有内室和台阶，摆设座席就要有上下之分，乘车必然分左右尊卑，走路有并行随后之分，站立要有次序，这都是古代传下的礼。房屋没有内室和台阶，那么升堂入室就乱了；座席没有上位下位之分，那么顺序就乱了；车上没有左位右位之分，那么车上就乱了；走路没有并排随后之分，那么台阶上道路上就乱了；队列没有秩序，那么位置就乱了。从前的圣王明君严格区分贵贱长幼，纠正男女内外之别，规定亲疏远近关系，没有人敢逾越，都是根据礼乐提出的。"

## 屈节解第三十七

【原文】

子路问于孔子曰："由闻丈夫居世，富贵不能有益于物，处贫贱之地，而不能屈节以求伸，则不足以论乎人之域矣。"

孔子曰："君子之行己，期于必达于己。可以屈则屈，可以伸则伸。故屈节者，所以有待，求伸者，所以及时。是以虽受屈而不毁其节，志达而不犯于义。"

【译文】

子路向孔子请教："我听说大丈夫活在世上，富贵了却不能对社会有益，贫贱之中却不能屈己下人，以求得施展才能，那么就达不到人们所说的大丈夫的境界了。"

孔子回答道："是这样的。君子所做的事情，追求的是一定要最终达到自己的目的。能委屈自己的人一定都等待着一个好的时机，那些期望自己前途畅达的人一定要善于抓住一个好的时机。但是在屈从别人时却不能使自己的气节受到伤害，使自己的前途畅达时却一定要符合于义。"

【原文】

孔子在卫，闻齐国田常将欲为乱，而惮鲍、晏，因欲移其兵以伐鲁。孔子会诸弟子而告之曰："鲁，父母之国，不可不救，不忍视其受敌。今吾欲屈节于田常以救鲁，二三子谁为使？"于是子路请往焉，孔子弗许。子张请往，又弗许。子石请往，又弗许。三子退，谓子贡曰："今夫子欲屈节以救父母之国，吾三人请使而不获往。此则吾子用辩之时也，吾子盍请行焉？"

子贡请使，夫子许之。遂如齐，说田常曰："今子欲收功于鲁，实难。不若移兵于吴，则易。"田常不悦。子贡曰："夫忧在内者攻强，忧在外者攻弱。吾闻子三封而三不成，是则大臣不听。令战胜以骄主，破国以尊臣，而子之功不与焉，则交日疏于主，而与大臣争。如此，则子之位危矣。"田常曰："善。然兵业已加鲁矣，不可更，如何？"子贡曰："缓师。吾请救于吴，令救鲁而伐齐，子因以兵迎之。"田常许诺。

子贡遂南说吴王曰："王者不灭国，霸者无强敌，千钧之重加铢两而移。今以齐国而私千乘之鲁，与吴争强，甚为王患之。且夫救鲁以显名，以抚泗上诸侯，诛暴齐以服晋，利莫大焉。名存亡鲁，实困强齐，智者不疑。"吴王曰："善。然吴尝困越，越王今苦身养士，有报吴之心，子待我先伐越，然后乃可。"子贡曰："越之劲不过鲁，吴之强不过齐，王置齐而伐越，则齐以私鲁矣。王方以存亡继绝之名，弃强齐而伐小越，非勇也。勇者不计难，仁者不穷约，智者不失时，义者不绝世。今存越示天下以仁，救鲁伐齐，威加晋国，诸侯必相率而朝，霸业盛矣。且王必恶越，臣请见越君，令出兵以从，此则实害越，而名从诸侯以伐齐。"吴王悦，乃遣子贡之越。

越王郊迎，而自为子贡御，曰："此蛮夷之国。大夫何足俨然辱而临之？"子贡曰："今者吾说吴王以救鲁伐齐；其志欲之，而心畏越，曰：'待我伐越乃可。'则破越必矣。且无报人之志而令人疑之，拙矣；有报人之意而使人知之，殆矣；事未发而先闻者，危矣。三者，举事之患矣。"

勾践顿首曰："孤尝不料力而兴吴难，受困会稽，痛于骨髓，日夜焦唇干舌，徒欲与吴王接踵而死，孤之愿也。今大夫幸告以利害。"子贡曰："吴王为人猛暴，群臣不堪。国家疲敝，百姓怨上，大臣内变。申胥以谏死，太宰嚭用事。此则报吴之时也。王诚能发卒佐之，以邀射其志，而重宝以悦其心，卑辞以尊其礼，则其伐齐必矣。此圣人所谓屈节求其达者也。彼战不胜，王之福；若胜，则必以兵临晋。臣还，北请见晋君共攻之，其弱吴必矣。锐兵尽于齐，重甲困于晋，而王制其敝焉。"越王顿首许诺。

子贡返。五日，越使大夫文种顿首言于吴王曰："越悉境内之士三千人以事吴。"吴王告子贡曰："越王欲身从寡人，可乎？"子贡曰："悉人之众，又从其君，非义也。"吴王乃受越王卒，谢留勾践。遂自发国内之兵以伐齐，败之。子贡遂北见晋君，令承其敝。吴晋遂遇于黄池。越王袭吴之国，吴王归与越战，灭焉。

孔子曰："夫其乱齐存鲁，吾之始愿。若能强晋以敝吴，使吴亡而越霸者，赐之说也。

美言伤信，慎言哉。"

## 【译文】

　　孔子在卫国，听说齐国的田常准备作乱专权，又惧怕鲍晏两家贵族，于是就转移兵力想攻打鲁国。孔子召集弟子们，告诉他们说："鲁国是我们的父母之国，有危难，我们不能不救，我不忍心看着她受欺侮。现在我想忍辱到田常那里去以援救鲁国。你们谁愿意出使？"于是子路请求前往鲁国。孔子没有同意。子张请求前往，孔子没有同意。子石请求前往，孔子还是没有同意。三人退下，对子贡说："我们三人请求出使但都被拒绝了。这正是你施展自己非凡的辩论才能的好机会。你何不请求出使呢？"

　　子贡请求出使齐国，孔子允许了。于是子贡到齐国去，劝说田常："你现在想打败鲁国，确实很难，不如把兵力转向吴国，就容易取得成功。"田常听到后非常不高兴。子贡说："忧虑在国内的，攻打强国；忧虑在国外的，攻打弱国。我听说你三次被封，但均没成功，就是因为大臣反对你。你打鲁国，打胜了，让君主骄纵；攻破鲁国，让大臣们提高地位，你的功劳却不在其中啊。你跟国君的关系一天天疏远，却跟大臣争权夺利。像这样，你的地位就危险了。"田常说："好。但我的部队已经开赴鲁国了，不可能从鲁国撤兵再开往吴国，怎么办呢？"子贡说："暂缓用兵，我向吴国请求，让吴救鲁伐齐，你趁机带兵迎战吴军。"田常答应了。

　　于是子贡便向南去游说吴王道："一个王者是不会让诸侯属国灭掉的，一个霸主也不容许天下有另外的强敌出现，这好比千钧的重量加了些细小的东西就会改变情况。现在强齐私下要攻打只有千辆车的弱鲁，想和吴国来争强，我私下里替你担忧。更何况你如果去救鲁，是可以显扬声名的。安抚泗水一带的诸侯，惩罚暴虐的齐国，征服强大的晋国，好处没有比这更大的了。名义上是挽救了即将灭亡的鲁国，实际上是阻止强大齐国的扩张，聪明的人是不会迟疑不决的。"吴王说："好。但是我曾经围困过越国，越王现在正苦修身心、善养将士，有报复吴国的意思。你等我先灭了越国，然后才可以。"子贡说："越国的力量不如鲁国，吴国的强大也比不上齐国，如果大王放弃齐国而攻打越国，那么齐国肯定会平定鲁国了。况且你正以保存危亡、延续将灭国家的名义作旗号，放弃强大的齐国而去攻打小小的越国，这不是勇敢的表现啊！真正勇敢的人是不回避困难的，仁者是不甘困坐愁城的，聪明的人是不肯失去机会的，行义的人不会断绝后嗣，以此树立他们的道义。如今保存越国，向诸侯显示自己的仁德；援救鲁国而讨伐齐国，向晋国显示你的威势，各国诸侯一定相继来吴国朝见，这样，您称霸天下的事业就会大功告成了。如果大王确实憎恨越国，那么我请求会见越王，叫他出兵跟随大王，这实际上是损害越国的，名义是跟随诸侯讨伐齐国。"吴王听后非常高兴，于是派遣子贡出使越国。

越王勾践到郊外迎接，并且亲自为子贡驾车，说："我们这边远国家，哪值得您郑重其事地屈辱自己光临这里呢？"子贡说："现在我劝说吴王援救鲁国而攻打齐国，他心里愿意，只是担心你们越国，他说：'等我打了越国之后才可以这么做。'果真如此，那么攻破越国是必然的事了。况且要是没有报复人的心意却被人怀疑，是很笨拙的；有报复别人的心意却让对方知道，这是很危险的；事情没有发动却先被探知风声，就更危险了。这三种情况，是成事的最大祸害。"

勾践叩头说："我曾不自量力，跟吴作战，被围困在会稽山，痛入骨髓。我日夜急得唇焦舌燥，只想跟吴王交战拼个一死，这是我的真实愿望，幸亏您今天把利害告诉我。"子贡说："吴王为人凶猛残暴，大臣们都忍受不了。现在国家凋敝，百姓怨声载道，大臣蓄谋发动内乱；伍子胥因直谏而被杀，太宰嚭专权，迎合吴王而贪私利，这是您报复吴国的最好时机。如今大王如果发兵辅佐他以投合他的意愿，用重金宝物来获取他的欢心，用谦恭的言辞和礼仪来推尊他，那么他一定会去攻打齐国。这就是古代圣人所说的屈抑志节以实现自己的理想。如果他战败了，那就是您的福分；如果战胜了，他必定会乘胜攻晋争霸中原，带着军队逼近晋国。我请求北上会见晋国国君，让他和您一起攻打吴国，那么吴国的势力是必定会被削弱的。等他的精锐部队在齐消耗得差不多了，重兵又被晋国牵制，你就趁他疲惫交困的时候攻打他，则一定会灭亡吴国的。"越王叩头拜了两拜，十分高兴地答应了。

子贡返回吴国。五天后，越王派使臣文种，向吴王叩头说："越国国君率领国内三千人全都来侍奉您。"吴王将文种的话告诉子贡说："越王要亲自率领军队跟随我攻打齐国，可以答应吗？"子贡说："把别人带来的部众全都接受下来，又让君王当仆从，不义呀。"吴王于是接受了越王派来的士卒，答谢勾践，让他留在越国。亲自率领国内所有的军队讨伐齐国，大败齐军。子贡又往北去见晋君，让晋君在吴困惫时制服它。吴晋两国在黄池相遇。越王乘此良机袭击吴国国都。吴王仓皇从晋撤军回国与越王作战，结果吴王身死国灭。

孔子说："搞乱齐国而保存鲁国，这是我当初的想法，至于让

晋国强盛，吴国疲困甚至让吴国灭亡，越国称霸的情况，是端木赐游说的结果。好听的话有损真诚，说话要特别谨慎啊！"

## 【原文】

孔子弟子有宓子贱者，仕于鲁，为单父宰。恐鲁君听谗言，使己不得行其政，于是辞行，故请君之近史二人与之俱至官。宓子戒其邑吏，令二史书，方书，则掣其肘。书不善，则从而怒之。二史患之，辞请归鲁。宓子曰："子之书甚不善，子勉而归矣。"二史归，报于君曰："宓子使臣书而掣臣肘，书恶，而又怒臣，邑吏皆笑之，此臣所以去之而来也。"

鲁君以问孔子，子曰："宓不齐，君子也。其才任霸王之佐，屈节治单父，将以自试也。意者以此为谏乎。"公寤，太息而叹曰："此寡人之不肖。寡人乱宓子之政而责其善者，数矣。微二史，寡人无以知其过；微夫子，寡人无以自寤。"遽发所爱之使，告宓子曰："自今已往，单父非吾有也，从子之制。有便于民者，子决为之，五年一言其要。"宓子蘉奉诏，遂得行其政，于是单父治焉。躬敦厚，明亲亲，尚笃敬，施至仁，加恳诚，致忠信，百姓化之。

齐人攻鲁，道由单父。单父之老请曰："麦已熟矣，今齐寇至，不及人人自收其麦。请放民出，皆获傅郭之麦。可以益粮，且不资于寇。"三请而宓子不听。俄而齐寇逮于麦。季孙闻之怒，使人以让宓子曰："民寒耕热耘，曾不得食，岂不哀哉？不知犹可，以告者而子不听，非所以为民也。"宓子蹙然曰："今兹无麦，明年可树。若使不耕者获，是使民乐有寇。且得单父一岁之麦，于鲁不加强，丧之不加弱。若使民有自取之心，其创必数世不息。"季孙闻之，赧然而愧曰："地若可入，吾岂忍见宓子哉！"

三年，孔子使巫马期往观政焉。巫马期阴免衣，衣敝裘，入单父界。见夜渔者得鱼辄舍之。巫马期问焉，曰："凡渔者为得，何以得鱼即舍之？"渔者曰："鱼之大者名为鳏，吾大夫爱之。其小者名为鱊，吾大夫欲长之。是以得二者辄舍之。"巫马期返，以告孔子曰："宓子之德至，使民暗行若有严刑于旁。敢问宓子何行而得于是？"孔子曰："吾尝与之言曰：'诚于此者刑乎彼。'宓子行此术于单父也。"

## 【译文】

孔子的弟子有个叫宓子贱的，在鲁国做官，担任单父宰。他怕国君听信谗言，使得他无法推行自己的政令，于是在辞行时，向国君请求，让君王身边的两个记事官和自己一起到官府上任。宓子贱告诉自己的官员，让那两个记事官记录，写的时候就拽他们胳膊肘，写不好就对他们发脾气。两个记事官对此很担心，请求回鲁。宓子贱说："你们写得很不好，赶快回去吧！"二位史官回去后对鲁君说："宓子贱让我们起草文书，在我们书写的时候却让人干扰我们，写得不好又责怪我们，当地的官员都嘲笑我们，这就是我们去单父而又回来的原因。"

鲁君把这些情况告诉给孔子。孔子说："宓子贱是君子，他的才能可以担任霸主的辅臣。此次屈抑志节治理单父，目的是试试自己的能力，他是想用这种办法劝谏吧。"鲁君醒悟了，叹息道："这是我的不贤明造成的。我扰乱了宓子贱的政事却责备有才能的人，这是我的过错。如果没有二位史官，我不知自己的过失；如果没有您，我自己就没有办法醒悟。"于是派遣自己所宠爱的官吏出使单父并告诉宓子贱说："从现在起，单父将不再受我管辖，一切听任您去治理，有方便于人民的地方，请您帮我决断。每五年向我汇报一下您的大概政绩就行了。"宓子贱恭敬地接受了诏令。这才行使自己的主张，于是单父大治。宓子贱自身做到敦厚，宣明亲亲之礼，崇尚恭敬，施行仁德，诚恳忠信，百姓都受到教化。

齐国军队攻打鲁国，取道单父。单父地方一些德高望重的老年人向宓子贱请求道："麦子已经成熟了，如今齐国军队前来侵略，不如让老百姓自己收割了麦子。请您下命令，让老百姓自己收割城郊的麦子。这样既可以增加百姓的口粮，又不至于资助齐国的军队。"多次请求都未得到宓子贱允许。不久齐军来到麦地。季孙氏听到后派人去责备宓子贱，说："百姓寒冬耕作，暑天除草，竟没吃到麦子，难道不可惜吗？不知道还可以，禀告了却不听，这不是为百姓的做法。"宓子贱恭敬而又诚恳地说："今年没有麦子，明年可以重新种植。如果使那些没有耕耘的百姓获得粮食，就会使百姓乐于敌寇入侵。况且即使得到单父一年的麦子，也不会使鲁国更加强盛一些；丢失单父一年的麦子，也不会使鲁国变弱。但如果让百姓有了自取之心，那么这个伤口则好几年得不到弥合。"季孙氏听到这些话，羞愧地说："假若能入地，我怎么忍心见宓子贱呢！"

三年后，孔子派遣弟子巫马期去考察宓子贱的政事。巫马期暗地里脱掉华丽的衣服，穿上非常破旧的衣服，进入单父地界。看见有人晚上捕鱼，把捕得的鱼又放回，巫马期就问捕鱼人，说："捕鱼人是为了捕鱼，你为何捕到鱼却又放回去呢？"捕鱼人说："那种大鱼名叫鲦，我们大夫喜欢它；那小鱼名叫鲤，我们大夫想让它长大，因此捕得这两种鱼就扔回水里。"巫马期回去后，将这件事告诉了孔子，说："宓子贱的道德修养可谓已达到一定的境界了，使得人民私下做事，好像有严酷的刑罚在旁边监视似的。请问宓子贱是用什么方法达到如此境界的？"孔子说："我曾经跟宓子贱说：'自己诚心去做，百姓就会规规矩矩。'宓子贱在单父实施这个办法了。"

【原文】

孔子之旧曰原壤，其母死，夫子将助之以木椁。子路曰："由也昔者闻诸夫子：'无友不如己者，过则勿惮改。'夫子惮矣，姑已若何？"孔子曰："凡民有丧，匍匐救之。况故旧乎？非友也，吾其往。"

及为椁，原壤登木曰："久矣。予之不托于音也。"遂歌曰："狸首之斑然，执女手之卷然。"夫子为之隐，佯不闻以过之。子路曰："夫子屈节而极于此，失其与矣，岂未可以已乎？"孔子曰："吾闻之，亲者不失其为亲也，故者不失其为故也。"

【译文】

孔子的老朋友原壤的母亲去世了，孔子帮他整修棺材。子路说："我曾经听您说过：'不能与不如自己的人交朋友，有了过错不要怕改正。'现在您害怕了，您暂且停止帮他，好吗？"孔子说："大凡百姓有丧事，我们都要尽力去帮助他，何况是老朋友呢？即使不是朋友，我也会前去帮忙的。"

等准备好棺材，原壤敲着棺木说："我好久没有用歌声来表达心意了。"于是就唱起来："棺材的纹理就像狸首一样，握住你的手，心里真高兴。"孔子心里感到难受，装作没有听见就过去了。子路说："您降低身份，屈抑志节到这种地步！已经失去与他交往的必要了，难道您还不停止？"孔子说："我听说，亲人总归亲人，老朋友总归老朋友。"

## 七十二弟子解第三十八

【原文】

颜回，鲁人，字子渊，少孔子三十岁。年二十九而发白，三十一早死。孔子曰："自吾有回，门人日益亲。"回以德行著名，孔子称其仁焉。

【译文】

颜回是鲁国人，字子渊，比孔子小三十岁。二十九岁时头发变白了，三十一岁死去。孔子说："自从我有了颜回，学生们日益亲近。"颜回以品德高尚著名，孔子称赞他的仁德。

【原文】

闵损，鲁人，字子骞，少孔子五十岁，以德行著名，孔子称其孝焉。

## 【译文】

闵损,鲁国人,字子骞,比孔子小五十岁。以品德操行闻名,孔子经常称赞他的孝行。

## 【原文】

冉耕,鲁人,字伯牛,以德著名,有恶疾。孔子曰:"命也夫。"

## 【译文】

冉耕是鲁国人,字伯牛,以极富德行名闻于世,得了不治之症,孔子说:"这是命运的安排啊!"

## 【原文】

冉雍,字仲弓,伯牛之宗族,生于不肖之父。以德行著名。

## 【译文】

冉雍,字仲弓,伯牛(冉耕)的宗族,生养他的父亲为一不肖之人,但冉雍的品德操行却很闻名。

## 【原文】

宰予,字子我,鲁人,有口才,以语言著名。仕齐,为临淄大夫,与田常为乱,夷其三族。孔子耻之,曰:"不在利病,其在宰予。"

## 【译文】

宰予,字子我,是鲁国人,有口才,以能言善辩著名。他在齐国做官,为临淄大夫,因与田常一起犯上作乱,被夷灭了三族。孔子以此为耻,说:"这样的结果,不在于有什么利弊,而在于宰予贪图利益。"

## 【原文】

端木赐,字子贡,卫人。少孔子三十一岁。有口才,著名。孔子每诎其辩。家富累千金,常结驷连骑,以造原宪。
宪居蒿庐蓬户之中,与之言先王之义。原宪衣敝衣冠,并日蔬食,衎然有自得之志。
子贡曰:"甚矣,子如何之病也?"
原宪曰:"吾闻无财者谓之贫,学道不能行者谓之病。吾贫也,非病也。"
子贡惭,终身耻其言之过。子贡行贩,与时转货。历相鲁卫而终齐。

## 【译文】

端木赐，字子贡，卫国人。比孔子小三十一岁，有口才，很著名。孔子经常阻止他的能言善辩。他的家庭非常富有，积累很多金钱，常驾着马车或骑着马，去看望原宪。

原宪居住在茅草屋中，与子贡谈论古代先王治国的道理。原宪穿着破旧的衣服，两天才能吃一顿饭，但仍然很快乐，有自己的志向。

子贡说："太过分了，你怎么会病成这样？"

原宪说："我听说没有钱财叫作贫，学道而不能推行叫作病。我是贫，不是病。"

子贡听了原宪的话感到很惭愧，终身都为说过这样错误的话而羞愧。子贡喜好贩卖货物，能及时转手获利。曾担任鲁国、卫国的宰相，后来死在齐国。

## 【原文】

冉求，字子有，仲弓之宗族。少孔子二十九岁。有才艺，以政事著名。仕为季氏宰。进则理其官职，退则受教圣师。为性多谦退。故子曰："求也退，故进之。"

## 【译文】

冉求，字子有，和冉雍是同族。比孔子小二十九岁。有才艺，以善于处理政事著名。曾为季孙氏的家臣。做官时就处理政务，不做官时就在孔子门下学习。为人性情多谦逊退让。所以孔子说："冉求做事退缩，所以我要鼓励他。"

## 【原文】

仲由，卞人，字子路，一字季路。少孔子九岁。有勇力才艺，以政事著名。为人果烈而刚直，性鄙而不达于变通。仕卫为大夫，蒯聩与其子辄争国，子路遂死辄难。孔子痛之，曰："自吾有由，而恶言不入于耳。"

## 【译文】

仲由，卞地人，字子路，一字季路。比

孔子小九岁。有勇力才艺，以政事著名。为人果烈而刚直，性格粗放而不善于变通。在卫国担任大夫的官职，蒯聩与他的儿子蒯辄争夺国君之位，子路为保护蒯辄而死。孔子非常悲痛，说："自从我有了子路，那些恶意中伤的话再也传不到我耳朵里了。"

## 【原文】

言偃，吴人，字子游。少孔子三十五岁。时习于《礼》，以文学著名。仕为武城宰。尝从孔子适卫，与将军之子兰相善，使之受学于夫子。

## 【译文】

言偃，是吴国人，字子游。比孔子小三十五岁。当时跟随孔子学习《礼》，以文学著名。子游受业以后，出任武城的长官。曾经跟随孔子去卫国，和将军的儿子兰关系很好。因为言偃的关系，兰得以在孔子门下学习。

## 【原文】

卜商，卫人，字子夏。少孔子四十四岁。习于《诗》，能通其义，以文学著名。为人性不弘，好论精微，时人无以尚之。尝返卫，见读史志者云："晋师伐秦，三豕渡河。"子夏曰："非也，己亥耳。"读史志者问诸晋史，果曰"己亥"。于是卫以子夏为圣。孔子卒后，教于西河之上，魏文侯师事之，而谘国政焉。

## 【译文】

卜商，卫国人，字子夏。比孔子小四十四岁。他学习《诗经》，能精通其义，以文学著称。为人胸襟不够大，好论证精微的事情，国人认为没有人能超过他的学问。卜商曾经从晋国到卫国，发现读史志的人说："晋国的军队攻打秦国，三豕渡河。"子夏说："不是三豕渡河，而是己亥渡河。"看史志的人拿这件事请教晋国史官，果然说是己亥。于是卫国人都把子夏当圣人。孔子去世后，子夏在魏国西河讲学，魏文侯请他当老师，和他商讨治理国家的方法。

## 【原文】

颛孙师，陈人，字子张。少孔子四十八岁。为人有容貌，资质宽冲，博接从容。自务居，不务立于仁义之行。门人友之而弗敬。

## 【译文】

颛孙师，陈国人，字子张。比孔子小四十八岁。他容貌很好，对人对物宽容谦虚、广泛接纳，十分从容。只注重追求自己生活的事，不致力于建立仁义的事。孔子的学生对他都很友好，但并不尊敬他。

### 【原文】

曾参，南武城人，字子舆。少孔子四十六岁。志存孝道，故孔子因之以作《孝经》。齐尝聘，欲以为卿，而不就。曰："吾父母老，食人之禄则忧人之事，故吾不忍远亲而为人役。"参后母遇之无恩，而供养不衰。及其妻以藜烝不熟，因出之。人曰："非七出也。"答曰："藜烝小物耳，吾欲使熟，而不用吾命，况大事乎？"遂出之，终身不取妻。其子元请焉，告其子曰："高宗以后妻杀孝已，尹吉甫以后妻放伯奇。吾上不及高宗，中不比吉甫，庸知其得免于非乎？"

### 【译文】

曾参，鲁国南武城人，字子舆。比孔子小四十六岁。一心遵行存道，孔子因他而作《孝经》。齐国曾经聘请曾参，想让他为卿，他不去。说："我父母都老了，如果我食用别人的俸禄，那么就得替别人操心事情。所以我不忍心远离亲人而去被差使。"曾参的后母对他没有恩惠，曾参却始终如一地供养她，孝心丝毫不减。他的妻子因为藜羹蒸不熟，曾参就休弃她。别人说："你的妻子没犯七条被离弃的过错（你怎么离弃了她呢）！"曾参说："蒸藜羹是小事情，我想要藜羹熟，我妻子都不听从我，何况大事情呢？"于是离弃了妻子。终身不再娶，他的儿子元劝他再娶，他对儿子说："高宗因为后妻而杀孝已，尹吉甫因为后妻而放逐伯奇。我上不及高宗贤能，中比不了尹吉甫能干，怎么能知道娶了后妻而又能避免做错事呢？"

### 【原文】

澹台灭明，武成人，字子羽。少孔子四十九岁。有君子之姿。孔子尝以容貌望其才，其才不充孔子之望。然其为人公正无私，以取与去就，以诺为名。仕鲁为大夫。

### 【译文】

澹台灭明是武成人，字子羽，比孔子小四十九岁，有君子的风姿。孔子曾经凭他的容貌期望他成才。他的才能没有达到孔子的期望。但他为人公正无私，以获取和给予来选择去就，以重信用知名。在鲁国做官，当大夫。

### 【原文】

高柴，齐人，高氏之别族，字子羔。少孔子四十岁。长不过六尺，状貌甚恶。

为人笃孝而有法正。少居鲁，见知名于孔子之门。仕为武城宰。

**【译文】**

高柴是齐国人，是高氏家族的一支，字叫子羔，比孔子小四十岁。他身高不到六尺，外貌丑陋，很孝顺，懂规矩。年轻时在鲁国，在孔子门下很出名，做官当武城宰。

**【原文】**

宓不齐，鲁人，字子贱。少孔子四十岁。仕为单父宰。有才智，仁爱，百姓不忍欺。孔子美之。

**【译文】**

宓不齐，鲁国人，字子贱。比孔子小四十岁。官为单父宰。有才智，仁爱，不忍欺凌百姓，孔子对他赞美有加。

**【原文】**

樊须，鲁人，字子迟。少孔子四十六岁。弱仕于季氏。

**【译文】**

樊须，鲁国人，字子迟。比孔子小四十六岁。二十岁时就在季氏当官。

**【原文】**

有若，鲁人，字子有。少孔子三十六岁。为人强识，好古道也。

**【译文】**

有若是鲁国人，字子有，比孔子小三十六岁，记忆力强，喜欢古代的治国之道。

**【原文】**

公西赤，鲁人，字子华。少孔子四十二岁。束带立朝，闲宾主之仪。

**【译文】**

公西赤，鲁国人，字子华。比孔子小

四十二岁。在朝廷当官，对宾主的礼仪十分娴熟。

## 【原文】

原宪，宋人，字子思。少孔子三十六岁。清净守节，贫而乐道。孔子为鲁司寇，原宪尝为孔子宰。孔子卒后，原宪退隐，居于卫。

## 【译文】

原宪，宋国人，字子思。比孔子小三十六岁。清廉纯洁，遵守节操，虽贫穷但以追求道为乐。孔子做鲁国司寇时，原宪曾经当过孔子的管家。孔子死后，原宪退职隐居，住在卫国。

## 【原文】

公冶长，鲁人，字子长。为人能忍耻。孔子以女妻之。

## 【译文】

公冶长，鲁国人，字子长。为人能忍受耻辱。孔子将女儿许配给他做妻子。

## 【原文】

南宫韬，鲁人，字子容。以智自将，世清不废，世浊不污，孔子以兄子妻之。

## 【译文】

南宫韬，鲁国人，字子容。将聪明敏慧作为自己的处世手段，世道清平有所作为，世道污浊不同流合污。孔子将侄女嫁给他做妻子。

## 【原文】

公析哀，齐人，字季沉。鄙天下多仕于大夫家者，是故未尝屈节人臣。孔子特叹贵之。

## 【译文】

公析哀，齐国人，字季沉。鄙视天下的人多到大夫家做官，因此未曾折节而去做别人的臣下。孔子特别赞赏他这一品德。

【原文】

曾点，曾参父，字子皙。疾时礼教不行，欲修之，孔子善焉。《论语》所谓"浴乎沂，风乎舞雩"之下。

【译文】

曾点，曾参的父亲，字子皙。痛心于当时礼教不施行，想整治这种现象。孔子很赞同他的做法，像赞同曾点在《论语》中所说的"在沂河沐浴，在舞雩台乘凉"一样。

【原文】

颜由，颜回父，字季路。孔子始教学于闾里而受学。少孔子六岁。

【译文】

颜由是颜回的父亲，字季路。孔子开始在闾里讲学，他在那儿学习，比孔子小六岁。

【原文】

商瞿，鲁人，字子木。少孔子二十九岁。甚好《易》，孔子传之，志焉。

【译文】

商瞿是鲁国人，字子木。比孔子小二十九岁，特别喜欢《易经》，孔子教他的知识，他都记了下来。

【原文】

漆雕开，蔡人，字子若。少孔子十一岁。习《尚书》，不乐仕。孔子曰："子之齿可以仕矣，时将过。"子若报其书曰："吾斯之未能信。"孔子悦焉。

【译文】

漆雕开，蔡国人，字子若。比孔子小十一岁。学习《尚书》，对当官不感兴趣。孔子对他说："你的年龄可以从政了，否则时机就过去了。"子若写信答复孔子说："我对您的话还不太明白。"孔子十分喜爱漆雕开的这种专心。

【原文】

公良孺，陈人，字子正，贤而有勇。孔子周行，常以家车五乘从。

【译文】

　　公良儒，陈国人，字子正，贤能而勇敢。孔子周游各地，他常常用家里五辆车跟从。

【原文】

　　秦商，鲁人，字丕兹。少孔子四岁，其父堇父，与孔子父叔梁纥，俱以力闻。

【译文】

　　秦商，鲁国人，字丕兹。比孔子小四岁。他的父亲堇父，和孔子的父亲一样，以力气大而闻名。

【原文】

　　颜刻，鲁人，字子骄。少孔子五十岁。孔子适卫，子骄为仆。卫灵公与夫人南子同车出，而令宦者雍渠参乘，使孔子为次乘。游过市，孔子耻之。颜刻曰："夫子何耻之？"孔子曰："《诗》云：'觏尔新婚，以慰我心。'"乃叹曰："吾未见好德如好色者也。"

【译文】

　　颜刻，鲁国人，字子骄。比孔子小五十岁。孔子到卫国去，子骄当孔子的仆人随行。卫灵公和妻子南子同车出游，叫奴仆雍渠陪车，而叫孔子坐在后面的车上。车子经过街市，孔子认为这是一件耻辱的事情。颜刻说："先生为什么为此羞耻呢？"孔子说："《诗经》说：'遇到你们新婚，你们美满我欢欣。'"又叹息道："我怎么没见到喜好美德像喜好美色那样的人呢！"

【原文】

　　司马耕，宋人，字子牛。牛为人性躁，好言语。见兄桓魋行恶，牛常忧之。

【译文】

　　司马耕，宋国人，字子牛。子牛为人性情急躁，喜欢说话。见他哥哥桓魋做坏事，子牛常常为他担忧。

【原文】

　　巫马期，陈人，字子期。少孔子三十岁。孔子将近行，命从者皆持盖。已而果雨。巫马期问曰："旦无云，既日出，而夫子命持雨具。敢问何以知之？"

· 329 ·

孔子曰："昨暮月宿于毕。《诗》不云乎：'月离于毕，俾滂沱矣。'以此知之。"

【译文】

巫马期是陈国人，字叫子期，比孔子小三十岁。孔子准备出门。让随从们都带上遮雨的东西。不一会儿，果真下雨。巫马期问："早上天空无云，太阳已经出来，先生却让带雨具，请问先生根据什么知道会下雨？"孔子说："昨晚月亮在毕星旁边，《诗经》上不是说'月亮经过毕星，天要下大雨'吗？根据这个知道的。"

【原文】

梁鳣，齐人，字叔鱼。少孔子三十九岁。年三十未有子，欲出其妻。商瞿谓曰："子未也。昔吾年三十八无子，吾母为吾更取室。夫子使吾之齐，母欲请留吾。夫子曰：'无忧也，瞿过四十，当有五丈夫。'今果然。吾恐子自晚生耳，未必妻之过。"从之，二年而有子。

【译文】

梁鳣，齐国人，字叔鱼。比孔子小三十九岁。年纪已经三十了还没有儿子，他就想把妻子离弃掉。商瞿对他说："你先别这样做。当年我年纪三十八了还没有儿子，我母亲为我再娶一房妻子。先生（指孔子）派我到齐国，我母亲请求孔子留我下来。先生说：'不用担忧的，商瞿过了四十岁，会有五个男孩。'现在果然如此。我估计你的子女晚生，未必是你妻子的过错。"梁鳣听从商瞿的话，两年后便生育了儿子。

【原文】

琴牢，卫人，字子开，一字子张。与宗鲁友，闻宗鲁死，欲往吊焉。孔子弗许，曰："非义也。"

【译文】

琴牢，卫国人，字子开，一字子张。和宗鲁是朋友，听到宗鲁死了，想去悼念他，孔子不允许，说："这不合乎义。"

【原文】

冉孺，鲁人，字子鲁。少孔子五十岁。
颜辛，鲁人，字子柳。少孔子四十六岁。
伯虔，字子晳，少孔子五十岁。
公孙龙，卫人，字子石。少孔子五十三岁。
曹卹，少孔子五十岁。

陈亢，陈人，字子元，一字子禽。少孔子四十岁。

叔仲会，鲁人，字子期，少孔子五十岁。与孔璇年相比。每孺子之执笔记事于夫子，二人迭待左右。孟武伯见孔子而问曰："此二孺子之幼也，于学岂能识于壮哉？"孔子曰："然，少成则若性也，习惯若自然也。"

## 【译文】

冉孺是鲁国人，字子鲁，比孔子小五十岁。

颜辛是鲁国人，字子柳，比孔子小四十六岁。

伯虔，字叫子皙，比孔子小五十岁。

公孙龙是卫国人，字子石，比孔子小五十三岁。

曹卹，比孔子小五十岁。

陈亢是陈国人，字子元，一字子禽，比孔子小四十岁。

叔仲会，鲁国人，字子期。比孔子小五十岁。和孔璇年龄相近。每当需要学童来帮孔子做记录，叔仲会和孔璇两人相继在孔子左右侍候。孟武伯见孔子就问道："这两个小孩那么小就学习，长大后怎能还记得呢？"孔子说："能知道。一点一点积累就变成一种本能，习惯了就成为自然。"

## 【原文】

秦祖，字子南。

奚葴，字子楷。

公祖兹，字子之。

廉洁，字子曹。

公西舆，字子上。

宰父黑，字子黑。

公西减，字子尚。

穰驷赤，字子徒。

冉季，字子产。

薛邦，字子从。

石处，字子里。

悬亶，字子象。

左郢，字子行。

狄黑，字哲之。

商泽，字子秀。

任不齐，字子选。

荣祈，字子祺。

颜哙，字子声。

原忼，字子籍。
公肩定，字子仲。
秦非，字子之。
漆雕从，字子文。
燕伋，字子思。
公夏守，字子乘。
勾井疆，字子疆。
步叔乘，字子车。
石子蜀，字子明。
邽选，字子饮。
施之常，字子恒。
申绩，字子周。
乐欣，字子声。
颜之仆，字子叔。
孔弗，字子蔑。
漆雕侈，字子敛。
悬成，字子横。
颜相，字子襄。
右夫子弟子七十二人，皆升堂入室者。

## 【译文】

秦祖字叫子南。
奚葴字叫子楷。
公祖兹字叫子之。
廉洁字叫子曹。
公西舆字叫子上。
宰父黑字叫子黑。
公西减字叫子尚。
穰驷赤字叫子徒。
冉季字叫子产。
薛邦字叫子从。
石处字叫子里。
县亶字叫子象。
左郢字叫子行。
狄黑字叫哲之。
商泽字叫子秀。

任不齐字叫子选。
荣祈字叫子祺。
颜哙字叫子祺。
原伉字叫子籍。
公肩定字叫子仲。
秦非字叫子之。
漆雕从字叫子文。
燕伋字叫子思。
公夏守字叫子乘。
勾井疆字叫子疆。
步叔乘字叫子车。
石子蜀字叫子明。
邦选字子饮。
施之常字叫子恒。
申绩字叫子周。
乐欣字叫子声。
颜之仆字叫子叔。
孔弗，字叫子蔑，是孔子的侄儿。
漆雕侈字叫子敛。
悬成字叫子横。
颜相字叫子襄。
以上分列孔子七十二弟子，他们均是在道艺、学问上能够升堂入室的人。

## 本姓解第三十九

【原文】

孔子之先，宋之后也。微子启，帝乙之元子，纣之庶兄，以圻内诸侯，入为王卿士。微，国名，子爵。初，武王克殷，封纣之子武庚于朝歌，使奉汤祀。武王崩，而与管、蔡、霍三叔作难，周公相成王东征之。二年，罪人斯得，乃命微子于殷后，作《微子之命》申之。与国于宋，徙殷之子孙，唯微子先往仕周，故封之贤。其弟曰仲思，名衍，或名泄，嗣微子后，故号微仲。生宋公稽，胄子虽迁爵易位，而班级不及其故者，得以故官为称。故二微虽为宋公，而犹以微之号自终。至于稽乃称公焉。

## 【译文】

　　孔子的先辈，是宋国的后代。微子名启，是帝乙的嫡长子，是纣王的庶兄。因他是畿内的诸侯，所以入朝为天子卿士。微是国名，子是爵位名。当初，周武王灭掉殷国，在朝歌封封的儿子武庚为诸侯，叫他供奉商汤的祭祀。武王死后，武庚和管叔、蔡叔、霍叔反叛，周公辅佐成王东征他们。两年后，武庚等犯人全被擒获，周公命微子接替武庚做诸侯，作《微子之命》申明政治法令，诸侯国建在宋国，迁移殷的百姓往新建的宋国，而微子到周朝去做官，被周朝天子封号为贤。微子的弟弟叫仲思，名叫衍，又名泄。微子死后继位，所以称为微仲。生宋公稽。王子的后代虽然改变了爵位，等级也不如以前，但是可以沿用原来的名号称呼。所以微子、微仲虽然当了宋国君王，还用微的名号称呼到底。到了稽才称宋公。

## 【原文】

　　宋公生丁公申，申公生缗公共及襄公熙，熙生弗父何及厉公方祀。方祀以下，世为宋卿。弗父何生宋父周，周生世子胜，胜生正考甫，考甫生孔父嘉。五世亲尽，别为公族，故后以孔为氏焉。

## 【译文】

　　宋公稽生丁公申，申公生缗公共和襄公熙，熙生弗父何和厉公方祀。从方祀以下，世袭为宋国卿。弗父何生宋父周，周生世子胜，胜生正考甫，考甫生孔父嘉。五代以后服亲尽绝，便别立公族，所以后来其中有一分支以孔为姓氏。

## 【原文】

　　一曰孔父者，生时所赐号也，是以子孙遂以氏族。孔父生子木金父，金父生睾夷，睾夷生防叔，避华氏之祸而奔鲁。防叔生伯夏，伯夏生叔梁纥。曰虽有九女是无子。其妾生孟皮，孟皮一字伯尼，有足病。于是乃求婚于颜氏。颜氏有三女，其小曰徵在。颜父问三女曰："陬大夫虽父祖为士，然其先圣王之裔。今其人身长十尺，武力绝伦，吾甚贪之。虽年长性严，不足为疑。三子孰能为之妻？"二女莫对。徵在进曰："从父所制，将何问焉？"父曰："即尔能矣。"遂以妻之。徵在既往，庙见，以夫之年大，惧不时有男，而私祷尼丘之山以祈焉。生孔子，故名丘而字仲尼。

## 【译文】

　　一说孔父这名号的来源，是生下来时帝王所赐给的号，因而子孙便用以为宗族之氏。孔父生下儿子木金父，金父生睾夷，睾夷生防叔，防叔为了避华氏之祸难逃亡到鲁国。防叔生下伯夏，伯夏生叔梁纥。叔梁纥有九个女儿但没有儿子。叔梁纥的妾生孟皮，孟皮又字伯尼，脚有毛病。于是，叔梁纥便向颜氏求婚。颜家有三个女儿，小女儿叫徵在。颜家老爹问三个女儿，说："陬大夫虽然祖辈父辈是士官，可是他的先祖是圣王的后代。他身高十尺，武力超群，我十分希望这门亲事办成。虽然人年纪大点，性情严厉，这不值得疑虑，你们三个谁愿意嫁给他？"两个女儿不回答，徵在走上前说："听从父亲的决定，还有什么好问的？"父亲说："就是你了。"于是把徵在嫁给叔梁纥。徵在应婚前往，在庙里拜见夫君。因为丈夫年纪大，她怕不能及时生儿子，就默默向尼丘山祈祷生子。她生下孔子，所以起名叫丘，字叫仲尼。

麟吐玉书

【原文】

孔子三岁而叔梁纥卒，葬于防。至十九，娶于宋之丌官氏，生伯鱼。鱼之生也。鲁昭公以鲤鱼赐孔子。荣君之贶，故因以名曰鲤，而字伯鱼。鱼年五十，先孔子卒。

【译文】

孔子三岁时，父亲叔梁纥死了，埋葬在防山。孔子十九岁，娶了宋国丌官氏的女儿做妻，生下伯鱼。当伯鱼出生时，鲁昭公赠送一条鲤鱼给孔子，孔子因国君的赏赐而感到荣耀，所以给他的儿子起名鲤，字伯鱼。伯鱼活到五十岁，比孔子先去世。

【原文】

齐太史子与适鲁，见孔子。孔子与之言道，子与悦，曰："吾鄙人也，闻子之名，不睹子之形，久矣而未知宝贵也，乃今而后知泰山之为高，渊海之为大。惜乎，夫子之不逢明王，道德不加于民，而将垂宝以贻后世。"遂退而谓南宫敬叔曰："今孔子先圣之嗣，自弗父何以来，世有德让，天所祚也。成汤以武德王天下，其配在文。殷宗以下，未始有也。孔子生于衰周，先王典籍错乱无纪，而乃论百家之遗记，考正其义，祖述尧舜，宪章文武，删《诗》述《书》，定《礼》理《乐》，制作《春秋》，赞明《易》道，垂训后嗣，以为法式，其文德著矣。然凡所教诲，束脩以上三千余人，或者天将欲与素王之乎？夫何其盛也！"

敬叔曰："殆如吾子之言，夫物莫能两大。吾闻圣人之后，而非继世之统，其必有兴者焉。今夫子之道至矣，乃将施乎无穷，虽欲辞天之祚，故未得耳。"

子贡闻之，以二子之言告孔子。子曰："岂若是哉？乱而治之，滞而起之，自吾志，天何与焉？"

【译文】

　　齐国的史官子与到了鲁国，拜见孔子，孔子同他谈论治国之道。子与很高兴，说："我是个粗俗的人，早就听说您的大名，但苦于没有机会和您见面，很长时间也不知您的宝贵，从今以后，我才知道泰山多么高峻，深海多么广大。可惜啊！您没遇上圣明的君主，无法将道德教化推行到百姓之中，并将这作为珍宝留给后世。"于是退下对南宫敬叔说："孔子是圣王的后代，从弗父何以来，世世代代有德、讲让，这是上天所赐予的。汤王以武德统一天下，与他相配的在于文德。从殷高宗以下，就没有文德了。孔子生在衰落的周代，先王的典籍，都错乱没了头绪，于是他评论了各家遗留下的记载，考证它们的意义，奉行尧舜之道，遵行文王武王的法制，删定《诗》《书》，编校《礼》《乐》，写了《春秋》，阐明《易》理，垂训后代，让后人效法，他的文德教化卓著啊。凡是他所教过的学生，交过微薄拜师礼物的，有三千多人，是上天想让他当素王吧，为什么这么多人崇拜他。"

　　敬叔说："恐怕像您说的这样。事物没有两头大的，我听说圣人的后代，不是直系的子孙，肯定有兴盛的。如今，先生的道，到了极点了，它将施于无穷无尽的人。即使他想辞掉上天的保佑，也不能啊。"

　　子贡听到这些话，告诉给孔子。孔子说："哪像他们说的这样呢？乱了就治理，停下了，让它起动，这自来是我的志向，和上天有什么关系呢？"

## 终记解第四十

【原文】

　　孔子蚤晨作，负手曳杖，逍遥于门，而歌曰："泰山其颓乎！梁木其坏乎！哲人其萎乎！"既歌而入，当户而坐。

子贡闻之，曰："泰山其颓，则吾将安仰？梁木其坏，则吾将安杖？哲人其萎，吾将安放？夫子殆将病也。"遂趋而入。夫子叹而言曰："赐，汝来何迟？予畴昔梦坐奠于两楹之间。夏后氏殡于东阶之上，则犹在阼。殷人殡于两楹之间，则与宾主夹之。周人殡于西阶之上，则犹宾之，而丘也即殷人。夫明王不兴，则天下其孰能宗余？余殆将死。"遂寝病，七日而终，时年七十二矣。

### 【译文】

孔子早晨起来，背着手，一只手拖着手杖，在门前遥望，并唱道："泰山将倒吗？房梁将塌吗？哲人将要凋落吗？"唱完就走进门，对着卧室的门坐着。

子贡听见了，说："泰山要崩塌了我们仰望什么呢？梁木要是毁坏了，我们依靠什么呢？哲人要是委顿了，我去效仿谁呢？老师大概病得很重了。"就赶快进去拜见孔子。孔子叹息说："赐啊，你怎么来得这么晚。我昨晚梦见自己安坐在东西两楹柱间。夏人停柩在东阶之上，那还是在主位上。商人停柩在两个楹柱中间，就让宾主分夹在两旁。周人停柩在西阶上，那就把他当作宾客了。而我是商的后人啊。圣明的君王不出现，天下人谁还尊崇我？我不久要死了。"随后卧病在床七天就去世了，死时年纪七十二岁。

梦奠两楹

### 【原文】

哀公诔曰："昊天不吊，不慭遗一老，俾屏余一人以在位，茕茕余在疚。于乎哀哉尼父，无自律。"子贡曰："公其不没于鲁乎？夫子有言曰：'礼失则昏，名失则愆。'失志为昏，失所为愆。生不能用，死而诔之，非礼也；称一人，非名。君两失之矣。"

### 【译文】

鲁哀公致悼词说："天不愿暂且留给我一位国老，让他保护我安居君位，让我孤零零的忧愁成病。呜呼哀哉！尼父啊，我已没有了效法的榜样。"子贡说："您不想在鲁国善终么？老师说过：'礼仪丧失就会昏暗不清，名分丧失就会造成过错。'没有意志会引发昏暗，失去身份会造成过错。先生活着时您不重用，去世后才哀悼，这不合礼仪；自称一人，没想到天下百姓，与您国君的身份不相称。您把名与礼都丧失了呀！"

### 【原文】

既卒，门人所以疑服夫子者。子贡曰："昔夫子丧颜回也，若丧其子而无服，丧子路亦然。今请丧夫子若丧父而无服。"于是弟子皆吊服而加麻，出有所之，则由绖。子夏曰："入宜绖可居，出则不绖。"子游曰："吾闻诸夫子，丧朋友，居则绖，出则否；丧所尊，虽绖而出可也。"

### 【译文】

孔子去世后，弟子们拿不准该穿戴什么样的丧服来哀悼孔子。子贡说："从前先生在颜回死的时候，像死儿子一样，但没穿丧服，子路死时也是这样。现在请大家对待先生的丧事就如同对待父亲的丧事一样，但不必穿相应的丧服。"这样孔子的弟子都戴着麻带而把丧服吊挂起来哀悼孔子。出门到哪个地方都束麻带。子夏说："在家里待着应该系麻带，出门就不必了。"子游说："我听好多人说，吊丧朋友，在家时束麻带，出去就不必了。"子游说："我听先生说过，吊丧朋友，在家时束麻带，出去时不束。吊丧所尊敬的人，出去时束麻带也可以。"

### 【原文】

孔子之丧，公西掌殡葬焉，唅以疏米三具，袭衣十有一称，加朝服一，冠章甫之冠，珮象环，径五寸，而缁组绶。桐棺四寸，柏棺五寸。饬棺墙，置翣，设披，周也；设崇，殷也；绸练设旐，夏也。兼用三王礼，所以尊师，且备古也。葬于鲁城北泗水上，藏入地，不及泉。而封为偃斧之形，高四尺，树松柏为志焉。弟子皆家于墓，行心丧之礼。

### 【译文】

孔子死的时候，公西华负责丧葬仪式。遗体口中含粗米，还有三块玉，配套的衣服十一套，外加一件朝服，戴一顶礼帽，佩带象牙环，直径五寸，垂着青白色丝带。内棺是桐木的，四寸厚，柏木的外棺五寸厚。停放灵柩的宫室加了装饰，棺材包上有花纹图案的布。设置了报具，这是按照周朝的礼制；做的魂幡像旌旗一样，这是按照殷代的礼制；魂幡用绸练做成，这是按照夏朝的礼制。兼用三代君王的礼仪，是为了尊重师长，而且使古代的礼仪都具备了。弟子们把孔子棺木安葬在鲁都城北边的泗水北岸，尸体埋入地里，但没到黄泉水的位置。土堆成尖削向上的斧形，高达四尺，坟上种有松树、柏树作为标志。弟子们都在墓地建房住下，行心丧之礼。

## 【原文】

既葬，有自燕来观者，舍于子夏氏。子夏谓之曰："吾亦人之葬圣人，非圣人之葬人，子奚观焉？昔夫子言曰：'吾见封若夏屋者，见若斧矣，从若斧者也。'马鬣封之谓也。今徒一日三斩板而以封，尚行夫子之志而已，何观乎哉？"

二三子三年丧毕，或留或去，惟子贡庐于墓六年。自后群弟子及鲁人处墓如家者百有余家，因名其居曰孔里焉。

## 【译文】

孔子被安葬后，有个从燕国来观看孔子墓的人，住在子夏家里。子夏对他说："我们只不过是一般人安葬圣人，又不是圣人安葬一般人，你观看什么？过去先生说过：'我看见有的坟堆得像夏屋山形，有像斧形的，我赞成堆成斧形的。'也就是所说的'马鬣封'。如今学生们为先生筑坟，一天之内换了三次板子就筑成了，这还是执行先生的志向啊，有什么值得参观的呢？"

孔子的弟子服丧三年后，有的留下有的离开，只有子贡在孔子墓边，建房子住了六年。从那以后，孔子的弟子及鲁国的人在孔子墓边建家而住的，有一百多家，后来就叫这个村居为孔里。

弟子庐墓

# 正论解第四十一

【原文】

孔子在齐,齐侯出田,招虞人以弓,不进,公使执之。对曰:"昔先君之田也,旃以招大夫,弓以招士,皮冠以招虞人。臣不见皮冠,故不敢进。"乃舍之。孔子闻之,曰:"善哉,守道不如守官。"君子韪之。

【译文】

孔子在齐国时,齐侯外出打猎,用旌旗来招呼管山林的官员,官员没有应召进见,齐侯便派人把他抓起来。管山林的人对齐侯说:"从前先君打猎时,用旗子招呼大夫,用弓招呼士人,用皮帽子招呼管山林的人。我没看见皮帽,所以不敢前来进见。"齐侯听了,就放了他。孔子听到这事,说:"好啊,遵循道不如遵循职责。"君子都认为说得对。

【原文】

齐国师伐鲁,季康子使冉求率左师御之,樊迟为右。师不逾沟,樊迟曰:"非不能也,不信子,请三刻而逾之。"如之,众从之,师入齐军,齐军遁。冉有用戈,故能入焉。孔子闻之曰:"义也。"

既战,季孙谓冉有曰:"子之于战,学之乎,性达之乎?"对曰:"学之。"季孙曰:"从事孔子,恶乎学?"冉有曰:"即学之孔子也。夫孔子者大圣,无不该,文武并用兼通。求也适闻其战法,犹未之详也。"季孙悦。樊迟以告孔子,孔子曰:"季孙于是乎可谓悦人之有能矣。"

【译文】

齐国率军来攻打鲁国。季康子命令冉求带兵去抵挡,樊迟给冉求当车右。军队不敢过沟迎战,樊迟说:"不是办不到,是不相信你。请你反复申明号令,并带头过沟。"冉求听从了他的话。结果军队跟着樊迟过了壕沟,冲入齐国的军队,齐军逃跑了。冉求用的是戈,所以能冲入敌阵。孔子听说这事后,说:"这是合乎义的。"

仗打完后,季孙问冉求说:"你对于打仗,是学习来的呢,还是天生就会的呢?"冉求回答说:"学习得来的。"季孙又说:"你跟着孔子,能学到什么呢?"冉求说:"就是从孔子那里学的。孔子是大圣人,他的知识包罗万象,文与武的方法精通并用。我才从他那里学得一些战法,学得不够详细透彻。"季孙听了很高兴。

樊迟把这些告诉了孔子。孔子说："季孙在这点上，可算得上喜欢别人有才能了。"

## 【原文】

南宫说、仲孙何忌既除丧，而昭公在外，未之命也。定公即位，乃命之。辞曰："先臣有遗命焉，曰：'夫礼，人之干也，非礼则无以立。'嘱家老，使命二臣，必事孔子而学礼，以定其位。"公许之。二子学于孔子。孔子曰："能补过者，君子也。《诗》云：'君子是则是效。'孟僖子可则效矣。惩己所病，以诲其嗣，《大雅》所谓'贻厥孙谋，以燕翼子'，是类也夫！"

## 【译文】

南宫说和仲孙何忌已经服完丧，可是鲁昭公在国外，没有诏命他们为卿大夫。鲁定公即位后，就任用他们。二人推辞说："父亲死时有命令，说：'礼是人的根基，不懂礼就无法立身。'他嘱咐家臣，让我们俩一定侍奉孔子，向他学礼，以稳定自己的地位。"定公应允了他们的请求。二人向孔子学习。孔子说："能改正过错的人是君子。《诗经》上说'君子学习典范，仿效榜样'，孟僖子可以学习仿效。他纠正自己的毛病，告诫自己的后人。《诗经·大雅》上所说的'为自己子孙谋划，保护他们，让他们安乐'，就是指孟僖子这类的人啊。"

## 【原文】

卫孙文子得罪于献公，居戚。公卒未葬，文子击钟焉。延陵季子适晋过戚，闻之，曰："异哉！夫子之在此，犹燕子巢于幕也，惧犹未也，又何乐焉？君又在殡，可乎？"文子于是终身不听琴瑟。

孔子闻之，曰："季子能以义正人，文子能克己服义，可谓善改矣。"

## 【译文】

卫国孙文子得罪了卫献公，住在戚这个地方。献公死了，还没安葬，文子就敲钟取乐。延陵季子去晋国时路过戚，听说了这件事，说："真是奇怪啊！你住在这里，就像燕子把巢筑到帷幕上一样危险，担忧害怕还来不及，还有什么可高兴作乐的呢？国君的灵柩还停放着没出葬，可以这样娱乐吗？"文子于是终身不听琴瑟。

孔子听说这件事，说："季子能根据义来纠正别人，文子能克制自己以服从义，都可以说善于改正不足和过失啊。"

赵盾

【原文】

孔子览《晋志》，晋赵穿杀灵公，赵盾亡，未及山而还。史书"赵盾弑君"。盾曰："不然。"史曰："子为正卿，亡不出境，返不讨贼，非子而谁？"盾曰："呜呼！'我之怀矣，自诒伊戚'，其我之谓乎！"孔子叹曰："董狐，古之良史也，书法不隐。赵宣子，古之良大夫也，为法受恶。惜也，越境乃免。"

【译文】

孔子阅读晋国史书，那书上记载赵穿杀死晋灵公，赵盾当时正在逃亡途中，还没走出国界线，听到消息就返回了。史官记载说赵盾杀了国君。赵盾说："不是这样。"史官说："您是正卿，逃亡没走出国境，返回国都，不讨伐犯上作乱的人，你不是凶手谁是凶手？"赵盾说："是我啊！"孔子叹息说："董狐是古代的好史官，记事的原则不隐讳。赵宣子是古代的好大夫，因为记事原则得到坏名声。可惜，（他原本）越过国境就可以免罪了。"

【原文】

郑伐陈，入之，使子产献捷于晋。晋人问陈之罪焉。子产对曰："陈亡周之大德，介恃楚众，冯陵敝邑，是以有往年之告。未获命，则又有东门之役。当陈隧者，井堙、木刊，敝邑大惧。天诱其衷，启敝邑心。陈知其罪，授首于我，用敢献公。"

晋人曰："何故侵小？"对曰："先王之命，惟罪所在，各致其辟。且夫天子一圻，列国一同，自是以衰，周之制也。今大国多数圻矣，若无侵小，何以至焉？"晋人曰："其辞顺。"

孔子闻之，谓子贡曰："《志》有之，'言以足志，文以足言'，不言谁知其志？言之无文，行之不远。晋为伯，郑入陈，非文辞不为功。慎辞哉！"

【译文】

郑国讨伐陈国，攻入了陈国境内，并派子产向晋国奉献战利品。晋国人质问陈国的罪过在哪方面。子产回答说："陈国忘了周朝时我们对他的恩德，一味地倚仗楚国，欺凌我国，所以去年那次向你们报告要攻伐陈国，你们不同意，结果陈国却进攻我国的东门。在陈国军队所经之地，水井被填塞，树木被砍伐，我国的人们感到很恐惧。幸亏上天诱导他们从善，启发了我们攻打陈国的念头。陈国自己知道罪过，得到了应有的惩罚。因此冒昧地奉献战利品。"

晋国人又问："为什么侵略弱小的国家？"子产回答说："先王命令，只要有罪过，都可以分别加以惩罚。况且以前天子的土地方圆千里，诸侯的封地方圆百里，依次递减，这是周朝的制度。现在大国土地大的方圆数千里，如果没有侵占小国，怎么会有这么大呢？"晋国人说："你的话顺理成章。"

孔子知道后，对子贡说："古书上说，'言语足以用来表达志向，文采用来完备语言的'，不说话，谁知道你的意愿是什么？语言没有文采，就不能传得远。晋国成为霸主，郑国入侵陈国，不善辞令就不能成功。要谨慎地注意使用言辞。"

## 【原文】

楚灵王汰侈，右尹子革侍坐，左史倚相趋而过。王曰："是良吏也，子善视之，是能读《三坟》《五典》《八索》《九丘》。"对曰："夫良史者，记君之过，扬君之善。而此子以润辞为官，不可为良史。"臣又尝问焉：昔周穆王欲肆其心，将过行天下，使皆有车辙马迹焉。祭公谋父作《祈昭》，以止王心，王是以获殁于文宫。臣问其诗焉而弗知；若问远焉，其焉能知？"王曰："子能乎？"对曰："能，其诗曰：'祈昭之愔愔乎，式昭德音。思我王度，式如玉，式如金。刑民之力，而无醉饱之心。'"灵王揖而入，馈不食，寝不寐。数日则固不能胜其情，以及于难。

孔子读其《志》，曰："古者有志，克己复礼为仁，信善哉！楚灵王若能如是，岂其辱于乾谿？子革之非左史，所以风也，称诗以谏，顺哉！"

## 【译文】

楚灵王奢侈无度，一次右尹子革陪他坐着，史官倚相从前面快步走过。灵王说："这是个好史官，你要好好地待他。这个人能看懂《三坟》《五典》《八索》《九丘》。"子革说："好的史官记载君王的过错，明扬君王的善行。可这个人把润色辞令当作职责，不能看作是好史官。"我曾问他："过去，周穆王想放纵自己的心，想走遍天下，让天下到处都有他的车辙马迹，祭公谋父写了《祈昭》诗来劝阻穆王的逸游之心，因此穆王能善终在王宫。问他那首诗，他却不知道。如果问更远的事情，又怎么能知道？"灵王说："你能回答吗？"回答说："那首诗上说：'安静和乐啊！这是明王的德行。想我明王的风度，像美玉，像金子，治理万民，自己没有醉饱的心。'"灵王作揖进去，送吃的不吃，躺下睡不着，一连几天不能克制自己的心情，一直到遇难死去。

孔子读到这段记载，说："古书上说，克制自己恢复礼叫作仁，真好啊！楚灵王若能始终这样，哪能在乾谿受辱呢？子革非议史官，用以劝告他，诵诗来劝谏他，是合乎礼的。"

【原文】

叔孙穆子避难奔齐，宿于庚宗之邑。庚宗寡妇通焉，而生牛。穆子返鲁，以牛为内竖，相家。牛谗叔孙二人，杀之。叔孙有病，牛不通其馈，不食而死。牛遂辅叔孙庶子昭而立之。昭子既立，朝其家众曰："竖牛祸叔孙氏，使乱大从，杀嫡立庶，又披其邑，以求舍罪，罪莫大焉，必速杀之！"遂杀竖牛。孔子曰："叔孙昭子之不劳，不可能也。周任有言曰：'为政者不赏私劳，不罚私怨。'《诗》云'有觉德行，四国顺之。'昭子有焉。"

【译文】

叔孙穆子为避难逃亡齐国，在途中住在庚宗的邑里。庚宗的寡妇和他私通，生下一个孩子叫牛。叔孙穆子返回鲁国后，先让牛担任内竖，负责家政。竖牛对叔孙穆子说他二位嫡子的坏话，并把叔孙的儿子杀了。叔孙穆子病了，牛不送食物给他吃，叔孙穆子没有吃的便饿死了。叔孙穆子死后，牛拥立叔孙的庶出儿子昭。昭当政后，召集他的家人臣仆说："牛这小子嫁祸于叔孙，而引起好多祸乱。杀掉嫡生长子而拥立庶出儿子，又想把城邑分散行贿别人，以此求得逃避罪责。没有比这更大的罪行了，应赶快把他杀了。"于是把牛杀了。孔子说："叔孙的庶子昭之所以不把拥立自己这样的功劳给牛，是因为不可以这么做。周任说：'执政的人不能奖赏对自己有私劳的人，不能处罚对自己有私人怨恨的人。'《诗经》中说：'有高尚正直的德行，天下四方便顺从。'昭子就是这样的人。"

【原文】

晋邢侯与雍子争田。叔鱼摄理，罪在雍子。雍子纳其女于叔鱼，叔鱼弊其邢狱。邢侯怒，杀叔鱼与雍子于朝。韩宣子问罪于叔向，叔向曰："三奸同罪，施生戮死可也。雍子自知其罪而赂以置直，鲋也鬻狱，邢侯专杀，其罪一也。己恶而掠美为昏，贪以败官为默，杀人不忌为贼。《夏书》曰：昏、默、贼，杀，皋陶之刑也。'请从之。"乃施邢侯，而尸雍子、叔鱼于市。

孔子曰："叔向，古之遗直也。治国制刑，不隐于亲。三数叔鱼之罪，不为末，或曰义，可谓直矣。平丘之会，数其贿也，以宽卫国，晋不为暴。归鲁季孙，称其诈也，以宽鲁国，晋不为虐。邢侯之狱，言其贪也，以正刑书，晋不为颇。三言而除三恶，加三利。杀亲益荣，由义也夫。"

【译文】

晋国的邢侯和雍子争夺土地，当时叔鱼代办此案。了解到雍子理亏，雍子把女儿嫁给叔鱼，叔鱼断邢侯有罪。邢侯愤怒，在朝廷杀死叔鱼和雍子。韩宣子问叔向谁有罪，叔向说："三个奸人应一同治罪，杀了活着的，将死的暴尸示众就可以了。雍子自己知道有罪，却行贿想换取胜诉；叔鱼出卖法律；邢侯擅自杀人，他们罪行一样。丑的却想夺取美名叫昏，贪图财货，败坏职守叫默，杀人毫无顾忌叫贼。《夏书》上说："昏、默、贼都该杀，这是皋陶的刑法，请照办。"于是就杀了刑侯，雍子和叔鱼的尸首也在市上暴露示众。

孔子说："叔向是具有古代正直遗风的人，治理国家，制定刑法，不为亲人隐罪，三次列举叔鱼的罪行，不为他减轻，这叫义，可谓正直啊！平丘会盟时，数落叔鱼受贿，因而宽免了卫国，晋国不担暴恶之名；会上放了季孙，指出叔鱼的欺诈，因而宽免了鲁国，晋国不担当虐名；邢侯这个案子，指出叔鱼贪心，来正刑法，晋国不担当偏袒之名；叔向三次说，除掉三件坏事，晋得三个好处。杀掉亲人，越发荣耀，是由于他正义啊！"

## 【原文】

郑有乡校，乡校之士，非论执政。䢴明欲毁乡校。子产曰："何以毁为？夫人朝夕退而游焉，以议执政之善否。其所善者，吾则行之；其所否者，吾则改之。若之何其毁也？我闻忠善以损怨，不闻立威以防恐。防怨犹防水也，大决所犯，伤人必多，吾弗克救也。不如小决使导之，不如吾所闻而药之。"孔子闻是言也，曰："吾以是观之，人谓子产不仁，吾不信也。"

## 【译文】

郑国设有乡校，到乡校去的人经常批评和议论政事。䢴明想把乡校毁掉。子产说："为什么要毁掉呢？人们早晚工闲时在这儿游玩，谈论政事的好坏。说对的我就推行它；他们认为不对的，我就改正它。为什么要毁掉它呢？我只听说过使用忠言来减少怨恨，没有听说用让人害怕来堵塞怨恨。堵塞怨恨如同防止洪水为患一样，河水大规模决堤，受灾难的人定会很多，我们就无法挽救。不如小规模地放开水加以疏通，不如给我听到这些话后加以整治。"孔子听到这些话，说："从这件事来观察子产，人们说子产不仁，我不相信。"

【原文】

晋平公会诸侯于平丘，齐侯及盟。郑子产争贡赋之所承，曰："昔者天子班贡，轻重以列尊卑，而贡，周之制也。卑而贡重者，甸服。郑伯，男也，而使从公侯之贡，惧弗给也，敢以为请。"自日中争之，以至于昏。晋人许之。孔子曰："子产于是行也，是以为国也。《诗》云：'乐只君子，邦家之基。'子产，君子之于乐者。"且曰："合诸侯而艺贡事，礼也。"

【译文】

晋平公在平丘与诸侯会盟，齐侯也参加盟会。郑国子产为所承担的进贡物品之事而争论起来，他说："从前，天子颁布贡赋，根据地位定轻重。地位高的贡赋重，这是周朝的制度。地位低，贡赋重的属甸服。郑国国君是男服，却让我们随从公侯纳贡赋，恐怕不能纳足，所以冒昧请示。"从中午争论到晚上，晋国答应了他的请求。孔子说："子产在这个行动中，足以成为国家的根基啊。《诗经》上说：'得到君子的真快乐，是国家的柱石。'子产，就是追求君子快乐的人。"又说："会盟诸侯，定贡赋的标准，是合乎礼的。"

【原文】

郑子产有疾，谓子太叔曰："我死，子必为政，唯有德者能以宽服民，其次莫如猛。夫火烈，民望而畏之，故鲜死焉；水濡溺，民狎而翫之，则多死焉。故宽难。"子产卒，子太叔为政，不忍猛而宽，郑国多掠盗。太叔悔之，曰："吾早从夫子，必不及此。"孔子闻之曰："善哉！政宽则民慢，慢则纠于猛。猛则民残，民残则施之以宽。宽以济猛，猛以济宽。宽猛相济，政是以和。《诗》云：'民亦劳止，汔可小康。惠此中国，以绥四方。'施之以宽也。'毋纵诡随，以谨无良。式遏寇虐，惨不畏明。'纠之以猛也。'柔远能迩，以定我王。'平之以和也。又曰：'不竞不绿，不刚不柔。布政优优，百禄是遒。'和之至也。"子产之卒也，孔子闻之，出涕曰："古之遗爱。"

【译文】

郑国的子产生病了，对子太叔说："我死后，您肯定执掌国政。只有有德行的人能采用宽容的政治来使百姓服从，其次采取严厉政策。就像火势猛烈，人们一看就怕，所以很少人死于火。水性柔弱，往往使人轻视忽略而去玩弄它，（因此）死于水的人就多，所以宽大政策实行起来是不容易的。"子产死后，子太叔执政，不忍心用严厉政策而用宽容，结果郑国出现好多抢劫的盗贼，太叔很后悔，说："如果我一开始就听从先生的话，就不至于到目前这个地步。"孔子听说后，说："是啊，政事宽容会使百姓怠慢，百姓怠慢又用严厉的法令来纠正。严厉的法令会让百姓受到伤害，伤害了百姓就要用宽容来对待。用宽容来调节严厉，用严厉来调节宽容，严厉和宽容相辅相成，国家的政治就平和安稳。《诗经》上说：'百姓够辛劳了，差不多可以让他们休息安乐了。中原各国受赐恩，天下四方的国家便得安抚。'这是实施宽容的政治。'不放纵谲诈欺骗，防止不良的行为，要坚决阻止过于残暴的人，他们的残忍从不惧怕天理的惩罚。'这是用严厉来纠正他们。'安抚远方，亲善近处，使君王的地位安定。'这是用温和来安定国家。又说：'不争强不急躁，不刚猛不柔弱，施政平和宽容，各种福禄临头。'这是和的极致。"子产死去后，孔子知道了消息，流着泪说："子产的仁爱，是古人流传下来的遗风。"

## 【原文】

孔子适齐，过泰山之侧，有妇人哭于野者而哀。夫子式而听之，曰："此哀一似重有忧者。"使子贡往问之。而曰："昔舅死于虎，吾夫又死焉，今吾子又死焉。"子贡曰："何不去乎？"妇人曰："无苛政。"子贡以告孔子。孔子曰："小子识之，苛政猛于虎焉。"

## 【译文】

孔子到齐国去，从泰山旁边经过，有一个妇女在野外哭得很悲哀。孔子扶着车前的横木听着，说："这妇人好像连着有几件悲哀事似的。"让子贡去问她，那妇人回答说："我公公被老虎咬死，我丈夫被老虎咬死，如今我儿子又是死于虎口。"子贡说："为什么不离开呢？"妇人回答说："这里没有苛暴的赋税和政令。"孔子说："学生们记住，苛暴的政令比老虎还厉害啊。"

泰山问政

## 【原文】

晋魏献子为政，分祁氏及羊舌氏之田，以赏诸大夫及其子成，皆以贤举也。又谓贾辛曰："今汝有力于王室，吾是以举汝。行乎？敬之哉，毋堕乃力。"孔子闻之，曰："魏子之举也，近不失亲，远不失举，可谓美矣。"又闻其命贾辛，以为忠。"《诗》云：'永言配命，自求多福。'忠也。魏子之举也义，其命也忠。其长有后于晋国乎！"

## 【译文】

晋国魏献子执政，瓜分了祁氏和羊舌氏的土地，以赏赐大夫们和他的儿子魏成，这些大夫和他儿子，都因为贤明而被他提拔。魏献子又对贾辛说："现在你为周王室出了力，所以我举用你，好吗？你要尊重你已有的荣誉，不要有损于你的名誉。"孔子知道他任命贾辛为大夫，认为魏献子很忠诚，说："《诗经》上说：'永远让我合天命，自然求得众多福禄。'这是忠诚的体现。魏子的举拔合乎义，他的任命又体现了忠诚。恐怕他的后人会长久地存在于晋国吧！"

## 【原文】

赵简子赋晋国一鼓钟，以铸刑鼎，著范宣子所为刑书。孔子曰："晋其亡乎，失其度矣。夫晋国将守唐叔之所受法度，以经纬其民者也。卿大夫以序守之，民是以能遵其道而守其业。贵贱不愆，谓度也。文公是以作执秩之官，为被庐之法，以为盟主。今弃此度也而为刑鼎，民在鼎矣，何以尊贵？何业之守也？贵贱无序，何以为国？且夫宣子之刑，夷之蒐也，晋国乱制，若之何其为法乎？"

晋文公

## 【译文】

赵简子从晋国百姓那里征收到一鼓重的钟，用来铸造刑鼎，上面铸上范宣子制定的刑法条文。孔子说："晋国恐怕要灭亡，它失掉了自己的法度。晋国应按唐叔制定的法治理百姓。卿大夫按位序各守其职，百姓因此能遵道、守业，贵贱的等级没有错乱，这就是所说的法度。晋文公规定执秩之官，制定被庐之法，因此当上盟主。如今抛弃这些法度，铸造刑鼎，铭文公开铸在鼎上，还用什么来尊敬地位高贵的人？人们还保守什么业？贵贱没个顺序，怎么治国？再说范宣子制定的法，是在夷地阅兵时制定的，是晋国的乱法，怎么能算作法呢？"

【原文】

楚昭王有疾，卜曰："河神为祟。"王弗祭，大夫请祭诸郊。王曰："三代命祀，祭不越望。江、汉、沮、漳，楚之望也。祸福之至，不是过乎？不谷虽不德，河非所获罪也。"遂不祭。孔子曰："楚昭王知大道矣，其不失国也宜哉！《夏书》曰：'维彼陶唐，率彼天常，在此冀方。今失厥道，乱其纪纲，乃灭而亡。'又曰：'允出兹在兹。'由己率常可矣。"

【译文】

楚昭王生了病，占卜的人说："黄河的神灵在作怪。"楚昭王没有祭祀，大夫们请求在郊外祭祀，楚昭王说："夏商周三代规定祭祀的制度，祭祀时不超越本国国境。长江、汉水、沮水、漳水，是楚国该祭祀的大川。祸福的到来的原因，恐怕不会超过这些吧？我虽然没有德行，也并没有得罪黄河神，所以就不祭祀黄河神。"孔子说："楚昭王懂得大道理了，他不失去国家是理所当然的。《夏书》上说：'那位古代君王陶唐，遵循天道纲常，据有中国这个地方。现在失去治国之道，法制伦常混乱，于是才走向灭亡。'又说：'付出和收获是相称的。'让自己来服从常道，就可以了。"

【原文】

卫孔文子使太叔疾出其妻，而以其女妻之。疾诱其初妻之娣，为之立宫，与文子女如二妻之礼。文子怒，将攻之。孔子舍蘧伯玉之家，文子就而访焉。孔子曰："簠簋之事，则尝闻学之矣。兵甲之事，未之闻也。"退而命驾而行，曰："鸟则择木，木岂能择鸟乎？"文子遽自止之，曰："圉也岂敢度其私哉？亦访卫国之难也。"将止，会季康子问冉求之战，冉求既对之，又曰："夫子播之百姓，质诸鬼神，而无憾，用之则有名。"康子言于哀公，以币迎孔子，曰："人之于冉求，信之矣，将大用之。"

【译文】

卫国的孔文子让太叔疾休掉了他的妻子，把自己的女儿嫁给太叔为妻。太叔疾又引诱他前妻的妹妹，为她建造了宫室，与文子的女儿住在一起，礼仪上就好像是有两个妻子。孔文子大怒，想攻打太叔疾。孔子当时住在蘧伯玉家，孔文子前去问询。孔子说："祭祀之类的事，我曾经听说而且学习过；打仗之类的事，我没听说过。"退下来命令赶紧套车出发，说："鸟选择树木，树木怎么能选择鸟呢？"孔文子赶紧留住孔子，说："我怎敢考虑自己，是为了防止国家遇祸患。"孔子将留下，正碰上季康子问冉求战术从哪儿学的，冉求回答了，又说："先生的学问如果能传播到百姓中，即使在鬼神面前对质，都没有遗憾，用他就会使鲁国名声大振。"季康子告诉鲁哀公，拿礼物迎孔子，说："人们对冉求的话，是很相信的，我将重用您。"

【原文】

齐陈恒弑其君简公。孔子闻之，三日沐浴而适朝，告于哀公曰："陈恒弑其君，请伐之。"公弗许。三请，公曰："鲁为齐弱久矣，子之伐也，将若之何？"对曰："陈恒弑其君，民之不与者半，以鲁之众，加齐之半，可克也。"公曰："子告季氏。"孔子辞，退而告人曰："以吾从大夫之后，吾不敢不告也。"

【译文】

齐国的陈恒杀了他们的君主齐简公，孔子听说后，斋戒沐浴三天后上朝，对鲁哀公说："陈恒杀了他的君主，请您出兵讨伐他。"鲁哀公不同意。孔子再三请求，鲁哀公说："鲁国被齐国削弱已经很久了，你主张攻伐他们，战败了将怎么办？"孔子回答说："陈恒杀他的君主，百姓不支持他的有一半。以鲁国全国的人加上齐国的一半，完全可以取胜。"鲁哀公说："那你把这事告诉季孙氏。"孔子告辞，退出告诉别人说："因为我曾经做过大夫，所以不敢不报告。"

【原文】

子张问曰："《书》云：'高宗三年不言，言乃雍。'有诸？"孔子曰："胡为其不然也？古者天子崩，则世子委政于冢宰三年。成汤既没，太甲听于伊尹；武王既丧，成王听于周公。其义一也。"

【译文】

子张问孔子说："《尚书》上说：殷高宗为父亲守丧，三年都不轻易说话，服丧期满才说话，等他讲起来大家就和顺欢乐。有这回事吗？"孔子曰："为什么说没有这事呢？古时天子驾崩，嫡长子要把政事委托给国相，自己守孝三年。商汤死，太甲让伊尹听政。周武王死，成王让周公听政，其中的道理是一样的。"

【原文】

卫孙桓子侵齐，遇，败焉。齐人乘之，执新筑大夫仲叔于奚以其众救桓子，桓子乃免。卫人以邑赏仲叔于奚，于奚辞，请曲悬之乐，繁缨以朝。许之，书在三官。子路仕卫，见其政，以访孔子。孔子曰："惜也！不如多与之邑。惟器与名，不可以假人，君之所司也。名以出信，信以守器，器以藏礼，礼以行义，义以生利，利以平民，政之大节也。若以假人，与人政也，政亡，则国家从之，不可止也。"

## 【译文】

卫国孙桓子侵伐齐国，两军相遇，卫国的军队被打败。齐国的军队乘胜追击，要捉拿孙桓子，俘虏了很多卫国人。新筑大夫仲叔于奚带领众人援救孙桓子，他才免于被人活捉。卫国人以城邑来奖赏仲叔于奚，仲叔于奚拒绝接受，而请求悬挂三面礼乐之器，并用繁缨装饰马这样的诸侯之礼来朝见国君，卫国的国君答应了，由三官记载此事。后来子路在卫国做官，知道了这回事，就以此请教孔子。孔子说："可惜啊，还不如多给他城邑。唯有礼器和爵号是不能借给别人的，这是国君所掌握的。爵号用来显示威信，威信可以保护礼器，礼器体现着礼制，礼制可以推行道义，道义可以产生利益，利益用来安定百姓，这是为政的基本准则。如果把政权借给别人，失去政权，那么国家也就跟着失去，势不可挡。"

## 【原文】

公父文伯之母，纺绩不解，文伯谏焉。其母曰："古者王后亲织玄纮，公侯之夫人加之纮綖，卿之内子为大带，命妇成祭服，列士之妻加之以朝服，自庶士以下，各衣其夫。社而赋事，烝而献功，男女纺绩，愆则有辟，圣王之制也。今我寡也，尔又在位，朝夕恪勤，犹恐亡先人之业，况有怠惰，其何以避辟？"孔子闻之，曰："弟子志之，季氏之妇可谓不过矣。"

## 【译文】

公父文伯的母亲始终不停地纺麻，文伯劝她休息。他母亲说："古时候，王后亲自织玄纮，公侯的夫人除了织，还要织纮綖，卿的妻子要织大带，士的妻子要做祭服，士人的妻子还要做朝服，自庶士以下的人的妻子，要缝制丈夫穿用的所有衣服。春季祭土神，妇人有事做，冬天祭祀，要献上一年的劳动成果。男做工，女纺麻，不做有罪过，这是圣王的制度。如今我守寡，你又在低下的官位，早晚谨慎勤劳，还怕辱没了先人的事业，何况怠惰呢，那怎能避开罪过？"孔子听到这话，说："学生们记住，季氏家的媳妇，可以说不会犯过错了。"

## 【原文】

樊迟问于孔子曰："鲍牵事齐君，执政不挠，可谓忠矣。而君刖之，其为至暗乎？"孔子曰："古之士者，国有道则尽忠以辅之，国无道则退身以避之。今鲍庄子食于淫乱之朝，不量主之明暗，以受大刖，是智之不如葵，葵犹能卫其足。"

## 【译文】

樊迟请教孔子说："鲍牵侍奉齐国的君主，为政公直，可以说是很忠于国君了，而齐国的国君却把他双脚砍去，齐国的国君难道是极其愚昧不明吗？"孔子说："古代有才智的人，国家政治清明就尽忠辅佐，国家政治黑暗就退隐避开。现在鲍牵在淫乱的朝廷里获取俸禄，不考虑君主贤明还是昏庸，因此遭受砍去双脚的大刑。他的智力还不如葵，葵还能保护自己的脚。"

【原文】

季康子欲以一井田出法赋焉，使访孔子。子曰："丘弗识也。"冉有三发，卒曰："子为国老，待子而行，若之何子之不言？"孔子不对，而私于冉有曰："求，汝来。汝弗闻乎？先王制土，借田以力，而底其远近；赋里以入，而量其有无；任力以夫，而议其老幼。于是鳏寡孤疾老者，有军旅之出则征之，无则已。其岁，收田一井，出稯秉缶米，刍藁不是过，先王以为足。君子之行必度于礼，施取其厚，事举其中，敛从其薄。若是其已，丘亦足矣。不度于礼而贪冒无厌，则虽赋田，将有不足。且子孙若以行之而取法，则有周公之典在。若欲犯法，则苟行之，又何访焉？"

【译文】

季康子打算按井田亩数收赋税，派人去求问孔子。孔子说："我不懂。"冉求问了三次，最后说："您是国老，等着您的话去办事呢，为什么您不说话？"孔子不回答，私下对冉有说："冉求，你过来，你没听说吗？先王规定土地制度，借民力耕田，以为赋税，并使远近之地得到均平；商业区收赋，还要考虑商贾们有无财产及其差别；让民众服劳役，还要考虑年老年幼。鳏寡孤疾和老年人，打仗时征赋，不打仗时就免了。打仗那年，一井田收一缶米、一把禾、一袋草，不超过这些，先王就认为足够了。君子做事，一定要考虑礼。献出的要丰厚，办事要适中，收税要少，像这样做，我认为就够了。不考虑礼，贪得无厌，那么即使按田收税，也将不够。再说，季孙若想按法规办事，周公的法典还在；若不遵循法，就随便做吧，又何必征求什么意见呢？"

子游

【原文】

子游问于孔子曰："夫子之极言子产之惠也，可得闻乎？"孔子曰："惠在爱民而已矣。"子游曰："爱民谓之德教，何翅施惠哉？"孔子曰："夫子产者，犹众人之母也，能食之，而不能教也。"子游曰："其事可言乎？"孔子曰：

"子产以所乘之舆济冬涉者，是爱而无教也。"

## 【译文】

子游询问孔子说："老师您极力称道子产的仁惠，可以说说其中的原因吗？"孔子说："他的仁惠在于爱护百姓罢了。"子游说："爱护百姓可以称作以道德教化他们，为什么以施舍仁惠来评子产呢？"孔子说："子产像大家的父母一样，能够供养，而没有教化。"子游说："能说说这方面的事例吗？"孔子说："子产把自己的车给冬天涉水过河的人，这就是爱护百姓，只是没有教化他们。"

## 【原文】

哀公问于孔子曰："二三大夫皆劝寡人，使隆敬于高年，何也？"孔子对曰："君之及此言也，将天下实赖之，岂唯鲁哉！"公曰："何也？其义可得闻乎？"孔子曰："昔者有虞氏贵德而尚齿，夏后氏贵爵而尚齿，殷人贵富而尚齿，周人贵亲而尚齿。虞、夏、商、周，天下之盛王也，未有遗年者焉。年者，贵于天下久矣，次于事亲。是故朝廷同爵而尚齿，七十杖于朝，君问则席；八十则不仕朝，君问则就之，而悌达乎朝廷矣。其行也肩而不并，不错则随，斑白之老不以其任于路，而悌达乎道路矣。居乡以齿，而老穷不匮，强不犯弱，众不暴寡，而悌达乎州巷矣。古之道，五十不为甸役，颁禽隆之长者，而悌达乎蒐狩矣。军旅伍什，同列则尚齿，而悌达乎军旅矣。夫圣人之教孝悌，发诸朝廷，行于道路，至于州巷，放于蒐狩，循于军旅，则众感以义，死之而弗敢犯。"公曰："善哉，寡人虽闻之，弗能成。"

## 【译文】

哀公请教孔子道："几位大夫都劝我，要好好敬重年纪大的人，为什么呢？"孔子回答说："您说起这些话，大概天下人都会开始依赖您，哪里能仅限于鲁国呢？"哀公问："为什么？能讲讲其中的道理吗？"孔子说："古代有虞氏，珍重道德而敬重年长者，夏后氏珍重爵位而敬重年长者，殷朝的人珍重富贵而敬重年长者，周朝的人珍重双亲而敬重年长者，虞、夏、殷、周，都是历史上最兴盛的王朝，没有遗忘年长者。德高望重的老者，被天下视为珍宝已经很久了，人们对老者的敬重仅仅次于敬重侍奉双亲，所以朝廷中同一爵位的以年长者最被敬重。七十岁的老者拄着拐杖上朝，君王要请教，要为他设好座席才问，八十岁的老者不上朝，君王要请教，就到他家里去请教，这样敬顺长者就算通行于朝廷了。和老者一起走，不能并肩，根据年龄的差距，不错开就跟着，头发斑白的老者不用负重于路上，那么敬顺长者的行为就算通行于路旁途中。居住乡中，敬重老者，那么老者穷者生活不匮乏，强者不侵犯弱者，人多的不欺负人少的，那么敬顺长者就算通行于州巷了。古代的传统，五十岁就不担当远野田猎的差事，分发猎物把最多的一份给年长者，那么敬顺长者就算通行于狩猎之地了。在军队组织中，级别相同的，就让年长者居上，这样敬老之道就能够通达军队，所以圣明的君王进行孝忠敬顺的教育，从朝廷开始，推行于道路，到达州巷之中，盛行于狩猎活动，施行于军队上下，那么百姓感受其道理意义，宁死而不去违犯它。"哀公说："好啊！我虽然知道了，但却做不到。"

## 【原文】

哀公问之于孔子曰："寡人闻东益不祥，信有之乎？"孔子曰："不祥有五，而东益不与焉。夫损人自益，身之不祥；弃老而取幼，家之不祥；释贤而任不肖，国之不祥；老者不教，幼者不学，俗之不祥；圣人伏匿，愚者擅权，天下不祥。不祥有五，东益不与焉。"

## 【译文】

哀公问孔子说："我听说，向东边扩展住宅是不吉利的，真有这回事吗？"孔子说："不吉的事情有五种，但向东边扩展住宅这事不包括在内。损人肥己，自身不吉祥；抛弃老人只顾小的，家里不吉祥；放弃贤才不用，国不吉祥；老人不教，小孩不学，这是社会不吉祥；圣人隐退，愚人专权，天下不吉祥。不吉祥有这五点，向东扩展住宅不在其中。"

## 【原文】

孔子适季孙，季孙之宰谒曰："君使求假于田，将与之乎？"季孙未言。孔子曰："吾闻之，君取于臣，谓之取；与于臣，谓之赐。臣取于君，谓之假；与于君，谓之献。"季孙色然悟曰："吾诚未达此义。"遂命其宰曰："自今已往，君有取之，一切不得复言假也。"

## 【译文】

孔子到季孙氏那里。季孙氏的管家人禀告说："君王派人来借马，你打算借给他吗？"季孙还没说话，孔子说："我听说，国君从臣下那里拿东西，这叫取；国君送东西给臣下，这叫赐；臣下从国君那里拿东西，这叫借；臣下送东西给君王，这叫献。"季孙听了脸色改变，然后说："我确实不懂这些道理。"于是命令管家说："从今以后，君王来要东西，一切都不许再说'借'。"